OCEANSIDE PUBLIC LIBRARY
330 N. Coast Highway
Oceanside, CA 92054

D0556057

OCEANSIDE PUBLIC LIBRARY

3 1232 00554 5050

El asesinato de García Lorca

SP
92.0
GARCIA LORCA,
F.

IAN GIBSON

El asesinato de GARCÍA LORCA

PLAZA & JANES EDITORES, S. A.

OCEANSIDE PUBLIC LIBRARY
330 N. Coast Highway
Oceanside, CA 92054

Diseño de la portada: Judit Commeleran
Fotografía de la portada: Cartel de la película cedido por
   Columbia TriStar Films de España

Primera edición en esta colección: marzo, 1997
Segunda edición en esta colección: septiembre, 1997
Tercera edición en esta colección: febrero, 1998

© 1979 y 1996, Ian Gibson
© de la presente edición: Plaza & Janés Editores, S. A.
   Enric Granados, 86-88. 08008 Barcelona

Queda rigurosamente prohibida, sin la autorización escrita de los titulares del «Copyright», bajo las sanciones establecidas en las leyes, la
reproducción parcial o total de esta obra por cualquier medio o procedimiento, comprendidos la reprografía, el tratamiento informático y
la distribución de ejemplares mediante alquiler o préstamo públicos.

Printed in Spain – Impreso en España

ISBN: 84-01-01079-9
Depósito legal: B. 5.546 - 1998

Fotocomposición: gama, s. l.

Impreso en Hurope, S. L.
Lima, 3 bis. Barcelona

L 010799

JUL 2 9 1999

20,50

A Gerald Brenan,
sin cuyo ejemplo es posible que este libro no se hubiera escrito

Palabras liminares

En agosto de 1996 se cumplió el sesenta aniversario del asesinato de Federico García Lorca. En junio de 1998 se celebrará el centenario de su nacimiento. Si los fascistas creían que, al eliminar tan vilmente al mejor poeta granadino de todos los tiempos, iban a enterrar también su voz, es decir su obra, se equivocaron rotundamente. Hoy García Lorca, mundialmente conocido, estudiado y amado, es el poeta y dramaturgo español más traducido de la historia.

Me complace que, en el umbral del centenario lorquiano y de otro siglo, la editorial Plaza & Janés haya decidido sacar esta nueva edición de mi libro sobre las circunstancias que rodearon la pasión y muerte del poeta. Todos los autores sienten por su libro inaugural un especial cariño. Es mi caso. Hace ya treinta años que terminé el primer borrador de este trabajo. Su publicación resultó luego difícil, las negativas editoriales británicas fueron muchas y el libro no apareció hasta 1971. Y ello en español, gracias a José Martínez, director de Ruedo Ibérico, la hoy desaparecida y mítica editorial parisiense del exilio.

El éxito del primer libro fue extraordinario, sobre todo a raíz de la concesión del Premio Internacional de la Prensa de Niza, concedido en 1972, y se tradujo a numerosos idiomas. Fue prohibido de inmediato por el régimen de Franco, pero miles de ejemplares cruzaron clandestinamente la frontera. Durante la transición a la democracia tuve la oportunidad de charlar con José Soler, «la sonrisa del régimen», quien me confió que incluso se habló de la molesta obra en un consejo de ministros presidido por el Caudillo. Saberlo me regocijó y me sigue regocijando.

Muerto ya el dictador, el libro se publicó en España y pasó por numerosas reediciones, incorporándose nueva documentación, corrigiéndose errores y añadiéndose apéndices. Pero no hubo cambio de tesis en cuanto a las causas de la muerte del poeta. Ni la hay hoy.

Debo explicar que la presente edición del libro es una reimpresión de la publicada por Círculo de Lectores en 1986. Dicha edición, a su vez, estaba basada en la de la Editorial Crítica, de Barcelona, pero contenía un sustancioso caudal de documentación nueva. Es la versión más completa, más depurada, de mi investigación. Desde entonces ningún otro investigador, que yo sepa, ha aportado más datos para aclarar la desaparición del poeta, con la excepción del fallecido Agustín Penón, cuyos papeles inéditos, ordenados y comentados por nosotros, fueron publicados por Plaza & Janés en 1990 bajo el título *Diario de una búsqueda lorquiana (1955-56)*.

Me aprovecho de este prólogo para indicar que parece cada vez más probable la intervención del general Queipo de Llano en la muerte del poeta. A la información que damos en las páginas 218-222 sobre esta cuestión hay que añadir ahora el reciente testimonio oral de un militar granadino jubilado que por aquellos días trabajaba a las órdenes del comandante Valdés, gobernador civil faccioso en Granada. Una tarde estaba con Valdés cuando Queipo de Llano llamó desde Sevilla. Al enterarse de que García Lorca estaba todavía en el Gobierno Civil, el «virrey de Andalucía» ordenó a Valdés, tajantemente, que fusilara sin demora al poeta. Luego colgó. No estoy autorizado para dar ahora el nombre de este ex militar, pero en su día se sabrá.

En la edición de Círculo de Lectores prometí, en una nota, dar a conocer en el libro de Agustín Penón sendas declaraciones, hechas el 9 de marzo de 1940, en las cuales se basó el juez del Juzgado de Primera Instancia N.º 1 de Granada para redactar el certificado de defunción del poeta (págs. 251-252). Me olvidé de hacerlo entonces. Helas aquí por vez primera:

En Granada a nueve de Marzo del mismo año siendo la hora señalada ante el Sr. Juez y de mí el Secretario compareció el testigo don Emilio Soler

Fernández de esta vecindad, soltero, empleado, con domicilio en Huertas de Belén, Villa Visita, mayor de edad, a quien S. S.ª instruyó y juramentó con arreglo a derecho e interrogado dijo: Que el día veinte de Agosto de 1936, en ocasión que iba el declarante por la carretera de Víznar a Alfacar, paseando con su amigo Alejandro Flores Garzón, encontraron el cadáver de un hombre y acercándose y examinándolo reconocieron, sin duda alguna, al que en vida se llamó Don Federico García Lorca, el cual, a juzgar por las heridas que presentaba, falleció en hecho de guerra. Que ignora si dicho Sr. era afecto al Movimiento Nacional.

Leída que le fue se afirmó y ratificó y firma con S. S.ª doy fe.

EMILIO SOLER

Seguidamente ante el Sr. Juez y de mí el Secretario compareció el testigo don Alejandro Flores Garzón, de esta vecindad, casado, Alguacil del Juzgado Municipal N.º 2 de esta Capital y mayor de edad; a quien S. S.ª instruyó y juramentó con arreglo a derecho e interrogado dijo: Que si mal no recuerda el día veinte de Agosto de 1936 iba el declarante por la carretera de Víznar acompañado de don Emilio Soler, viendo que a un lado de dicha carretera había un hombre tendido y acercándose observaron que presentaba heridas por disparo de arma de fuego y que había fallecido. Que reconoció en dicho cadáver a don Federico García Lorca, no tiene duda alguna que se trataba de este Sr. el cual supone que falleciera por motivo o por consecuencia del estado de guerra que existía en aquella fecha; ignora el testigo si era o no afecto al Movimiento Nacional.

Leída que le fue se afirmó y ratificó y firma con S. S.ª doy fe.

ALEJANDRO FLORES

En cuanto al odio o desprecio que suscitaba García Lorca entre la burguesía granadina por su condición de homosexual, no cabe duda de que influyó en la decisión de eliminarlo o de no intervenir para salvarlo. ¿No llamaban a Lorca «el maricón de la pajarita» en algunas familias cuyos hijos luego destacarían como represores? El hecho de que el poeta había expresado públicamente en numerosas ocasiones su rechazo del fascismo y su apoyo a la democracia fue, para aquella misma gente, el colmo. Además hay indicios de que, en consecuencia de todo ello, los esbirros del Gobierno Civil no se limitaron a fusilar al poeta sino que, antes de matarlo, lo torturaron. No sería sorprendente: el fascismo, por su machismo frenético, consideraba digno de eliminación a cualquier hombre tachado de afeminado, y con cuanta mayor brutalidad mejor. ¿Y la envidia, considerada por Unamuno como el vicio nacional español por excelencia? La envidia nunca declara su nombre. Se disfraza de odio y mata alevosamente. Lorca, el más famoso y triunfante de los nuevos escritores españoles, era muy envidiado y tal vez en Granada más que en ningún sitio. Tenía, qué duda cabe, todo en contra.

Dijo García Lorca en 1931, unos pocos meses antes de las elecciones municipales que abrieron el paso a la Segunda República: «Yo creo que el ser de Granada me inclina a la comprensión simpática de los perseguidos. Del gitano, del judío..., del morisco, que todos llevamos dentro.» Cinco años después, en vísperas de la guerra, *El Sol* de Madrid le preguntó por su opinión acerca de la caída de Granada en manos de Fernando e Isabel, y contestó por escrito: «Fue un momento malísimo, aunque digan lo contrario en las escuelas. Se perdieron una civilización admirable, una poesía, una astronomía, una arquitectura y una delicadeza únicas en el mundo, para dar paso a una ciudad pobre, acobardada; a una "tierra del chavico" donde se agita actualmente la peor burguesía de España.» Unas pocas semanas después aquella peor burguesía de España, que había tomado buena nota de las palabras del poeta, destrozó su cuerpo y lo tiró a una cuneta.

¿Se daría cuenta García Lorca, en aquellos últimos y espantosos momentos, de la profunda ironía de lo que le ocurría? ¿De que en él se repetía, casi al pie de la letra, la historia de Mariana Pineda, que con intuición certera él mismo había llevado al teatro? Quisiéramos saberlo pero sólo nos responde el silencio.

Para toda la eternidad pesará sobre Granada el oprobio de la muerte de su poeta. Lo siento por ella y por los granadinos y las granadinas que aún no han nacido. Haber podido historiar aquella tragedia, espero que con la debida serenidad, creo que es la mayor satisfacción de mi vida de escritor.

IAN GIBSON
Restábal (Granada), 3 de septiembre de 1996

Desde entonces no sabemos nada, sino su propia muerte,
el crimen por el que Granada
vuelve a la Historia con un pabellón negro
que se divisa desde todos los puntos del planeta.

PABLO NERUDA (1974)*

1

SOBRE EL PRETENDIDO «APOLITICISMO» DE GARCÍA LORCA

Durante cuarenta años, los propagandistas de Franco insistieron en que Federico García Lorca era apolítico y que su muerte había sido o bien un accidente o el resultado de alguna enemistad personal. En el último libro sobre la muerte del gran poeta publicado en vida de Franco, escrito por José Luis Vila-San-Juan, se seguía afirmando que Lorca era apolítico. Pero Vila-San-Juan no había llevado a cabo una investigación original sobre la postura política de Lorca y, en vez de examinar la prensa de la época republicana en busca de datos nuevos, se limitó a citar las opiniones, bastante confusas, de unas personas que han tratado superficialmente el tema, entre ellas Edgar Neville, Ignacio Agustí, Guillermo de Torre, Rafael Martínez Nadal y Dámaso Alonso. «En fin —concluyó Vila-San-Juan—, muchísimas más referencias podrían citarse para probar su total apoliticidad.»[1]

Una persona que, para estudiar a García Lorca, sólo tuviera acceso al libro de Vila-San-Juan, llegaría a la conclusión no solamente de que el poeta no definió nunca su posición respecto al fascismo y al Frente Popular, sino de que no fue ni republicano siquiera. Todo lo cual sería un gran error, pues el hecho es que Lorca sí era republicano; que era explícita y públicamente antifascista; que rechazó la España tradicionalista y católica, la España imperial de Fernando e Isabel y sus sucesores, tan añorada entonces por mucha gente de derechas; que deploró, otra vez en público, la represión política llevada a cabo durante el «bienio negro» de 1933 a 1936; que apoyó públicamente la campaña electoral del Frente Popular en 1936 y valoró su triunfo como «la reconquista de la República»; que, a pesar de no pertenecer a ningún partido de izquierdas ni ser «militante» político, tenía ideas socialistas

liberales; y que, desde la óptica derechista de entonces, era decididamente «rojo».

Sólo por ignorancia total de las actividades de Lorca durante los
años de la República y especialmente bajo el Frente Popular (o la
determinación de silenciarlas) se puede hoy en día seguir creyendo
en la «total apoliticidad» del poeta. Téngase en cuenta, además, que
por aquellos años de la República, cuando el fascismo amenazaba
con destruir las mismas bases de la democracia europea, era difícil,
si no imposible, que un español liberal no radicalizara más su actitud política. Éste fue seguramente el caso de Lorca.

Comenzaremos por aducir, en apoyo de nuestra tesis, una serie
de documentos que desde hace cuatro décadas yacen olvidados en
las páginas de la prensa republicana. Algunos de ellos son largos,
pero los reproducimos íntegros en apéndice por pensar que no se
puede comprender la actuación política del poeta granadino sin in-
sertarle plenamente en su contexto social.

Diremos, en primer lugar, que dos años antes de la llegada de la
República, Federico y otros varios jóvenes escritores de su generación habían ya negado explícitamente su *apoliticidad*, publicando
un documento que demostraba su insatisfacción ante la política de
Primo de Rivera, su deseo de buscar nuevos senderos políticos y su
intuición del nacimiento de una nueva y esperanzada España. Este
texto, olvidado hasta su reimpresión en 1969 en las *Obras completas*
de José Ortega y Gasset, puede parecernos ingenuo en 1986. Pero en
su época (está fechado en abril de 1929) significaba una importante
toma de conciencia por parte de un grupo de jóvenes que creían
que, sin unos profundos cambios políticos, España se desmoro-
naría.[2]

Dos meses después de firmado este documento, García Lorca se
fue a Nueva York y allí, entrando en contacto por vez primera con
la vida de una enorme ciudad (Madrid era un pueblo en compara-
ción con «aquel inmenso mundo»),[3] su visión del hombre y de la
vida moderna se ensanchó. Lorca siempre había simpatizado con
los pobres y los marginados, pero en Nueva York –la Nueva York
de la depresión– vio el sufrimiento de los hombres en dimensiones
antes insospechadas. Todos los que han escrito sobre el poeta están
de acuerdo en que la experiencia de Nueva York fue fundamental,
y que confirmó su creencia en la misión humana del arte y su pro-

fundo sentido de la injusticia de la sociedad. Prueba de ello es el impresionante libro *Poeta en Nueva York*.

Cuando Lorca desembarcó en Cuba después de su temporada neoyorquina, un periodista subrayó el gran interés del poeta por los problemas sociales y políticos:

> García Lorca, además de gran poeta, es, como José María[4] me afirmó, «un muchacho encantador», lo más lejos posible de esos artistas encasquillados en el arte por el arte, curioso por cuanto a su alrededor ocurre, apasionado, mejor diría exaltado, por los problemas políticos y sociales de España, de Cuba, del mundo [...]. Su interés por los problemas político-sociales se revela en estos hechos: que espontáneamente y sin conocerlo fue a felicitar al doctor Cosme de la Torriente porque leyó «que había ganado un pleito en que defendía los derechos individuales y políticos», y está más entusiasmado con la celebración del mitin nacionalista que el propio Mendieta o Carlos Manuel Álvarez Tabío.[5]

Lorca, como veremos, no perdería nunca su interés por los problemas de América Latina, y en muchas ocasiones expresaría su solidaridad con los revolucionarios.

El poeta regresó a España en el verano de 1930 y, poco después, vino la República. Para Federico, como para los otros signatarios del documento de abril de 1929, era el nacimiento de la Nueva España que tanto anhelaban.

En 1932 Fernando de los Ríos, ministro de Instrucción Pública del gobierno de Azaña, nombró a Federico (a quien había conocido por primera vez en Granada en 1915) director del nuevo teatro universitario «La Barraca». Como se sabe, uno de los propósitos de «La Barraca» era llevar el drama clásico español a las aldeas y los pueblos de provincias. Bajo la inspiración de Lorca, «La Barraca» fue un éxito rotundo, la expresión, como él mismo decía, «del espíritu de la juventud de la España nueva».[6] «Toda esta modesta obra –explicó en otra ocasión– la hacemos con absoluto desinterés y por la alegría de poder colaborar en la medida de nuestras fuerzas con esta hermosa hora de la Nueva España.»[7] Pero desde el primer momento «La Barraca», proyecto netamente republicano, tenía sus enemigos entre los que concebían una Nueva España distinta de la de Azaña, Fernando de los Ríos y García Lorca. Se decía que se iba a gastar demasiado dinero público (cargo que rechazó Fernando de los Ríos en un apasionado discurso pronunciado en las Cortes el 23 de marzo de 1932)[8] y, cuando la derecha accedió al poder en 1933, el presupuesto fue considerablemente reducido.[9] Como veremos más adelante, otras acusaciones más siniestras se dirigían contra «La Barraca».

El 30 de enero de 1933 Hitler fue nombrado canciller de Alemania, y en marzo todos los partidos representados en el Parlamento alemán, entre ellos el partido católico (Zentrum), con la excepción de los socialdemócratas (los comunistas estaban ya fuera de la ley), acordaron dar plenos poderes a Hitler. Poco después el Führer firmó un concordato con el Vaticano, y en julio se promulgó una ley que abolía los pocos partidos políticos que no habían aceptado ya disolverse «voluntariamente». A partir de este momento sólo existía legalmente en Alemania el Partido Nacional Socialista. Comenta Gabriel Jackson:

> La subida de Hitler al poder en Alemania, con el claro apoyo de la derecha tradicional, mostró lo rápidamente que podían los conservadores [españoles] colaborar en la destrucción de una República cuya Constitución estaba inspirada principalmente en la de la Alemania republicana.[10]

La prensa republicana seguía de cerca el desarrollo de la situación alemana, y daba detalles de las persecuciones de que eran objeto, con creciente intensidad, los judíos de aquel país. Pronto empezaron a llegar judíos exiliados a España, trayendo consigo relatos de primera mano de las atrocidades que cometían los nazis. En España, como en otras partes, personas liberales, que antes no tenían ideas políticas definidas, empezaron a preocuparse por lo que pasaba en Alemania y a evolucionar hacia la izquierda. A principios de abril de 1933, Federico firmó, con otros muchos intelectuales y artistas, el manifiesto de la Asociación de Amigos de la Unión Soviética, organización promovida por el catedrático de Derecho Romano y militante comunista Wenceslao Roces.[11]

Sintomática de esta nueva toma de conciencia del peligro que suponía el crecimiento del totalitarismo fue la publicación en Madrid, el 1 de mayo de 1933, del adelanto de una nueva revista comunista, *Octubre. Escritores y Artistas Revolucionarios*, cuyo primer número salió poco después. El entusiasmo expresado en las cuatro páginas de este adelanto hacia la Rusia soviética (por Xavier Abril, André Gide, Waldo Frank, María Teresa León y otros) era ilimitado; y un poema de

Rafael Alberti, «S.O.S.», protestaba contra la crueldad capitalista haciendo coro al Lorca de *Poeta en Nueva York*:

> *Y hay un medio planeta sin cultivo*
> *y hay barreras que impiden la posesión común del sol*
> *   agrario de las granjas*
> *y hay ríos que quisieran desviarse,*
> *erguirse hasta regar el lecho de los trigos.*
>
> *No hay trabajo*
> *y hay manos.*
>
> *El capital prefiere dar de comer al mar.*
> *En Brasil el café se quema y es hundido entre las algas,*
> *el azúcar en Cuba arrojada en las olas se disuelve*
> *   salada,*
> *las balas de algodón en Norteamérica*
> *y los trenes de harina son volcados en la prisa invasora*
> *de los ríos.*

La segunda página del adelanto llevaba un manifiesto contra la persecución por los nazis de los escritores alemanes, firmado por un grupo de intelectuales españoles de izquierdas. Lorca encabezaba la lista y, como veremos, entre 1933 y 1936 firmaría otros manifiestos antifascistas parecidos. Es importante subrayar, sin embargo, que el odio del poeta por el fascismo no implicaba su aceptación del marxismo. No se afilió nunca al Partido Comunista, ni publicó ningún texto en los siete números de *Octubre* que vieron la luz entre junio de 1933 y abril de 1934, a diferencia de Emilio Prados y Luis Cernuda, por ejemplo, que proclamaron allí su adhesión al partido. A pesar de ello, la presencia de Federico en el adelanto de la revista como firmante del manifiesto antifascista no dejaba lugar a dudas: García Lorca era un «intelectual de izquierdas», un «revolucionario».[12]

El 14 de julio de 1933 tres miembros de las JONS (Juntas Ofensivas Nacional Sindicalistas) allanaron la oficina de la Asociación de Amigos de la Unión Soviética y se llevaron las fichas de los afiliados, entre las cuales, es de suponer, figuraba la de García Lorca. Volveremos en un capítulo posterior sobre este sonado episodio.

En octubre de 1933 Federico García Lorca embarcó para Buenos Aires, perdiéndose así las elecciones de noviembre que dieron el triunfo a las derechas. En la capital argentina se montaron sus obras de teatro con enorme éxito, un éxito seguido con orgullo desde España por sus muchos amigos y admiradores (y, seguramente, con envidia por sus detractores, que tampoco escaseaban). A mediados de abril de 1934, de vuelta a España, era, sin duda alguna, el poeta y dramaturgo español más famoso en América.

Durante los seis meses de la ausencia de García Lorca, se había acentuado en España la tensión política. En Granada las elecciones de noviembre habían sido ganadas por las derechas, y la situación de los obreros y campesinos se había deteriorado notablemente (en un capítulo posterior, analizo detenidamente la vida política granadina antes del Movimiento). Federico tuvo ocasión de comprobar el cambio durante los días que pasó en Granada a su vuelta de Buenos Aires:[13] casi simultáneamente con la llegada del poeta a la ciudad se celebró allí un importante acto de la organización de juventudes de la CEDA, la JAP (Juventud de Acción Popular), durante el cual los oradores expresaron abiertamente su admiración por Hitler y Mussolini.[14]

Dijimos antes que «La Barraca» tenía desde los primeros momentos sus enemigos entre las derechas. Pues bien, al volver a España, Federico se encontró con que las críticas se habían recrudecido durante su ausencia. El 10 de febrero de 1934, por ejemplo, la revista satírica *El Duende* había lanzado el rumor de que Lorca mantenía relaciones homosexuales con los chicos del teatro estudiantil: «También el Estado da dinero para "La Barraca" donde Lorca y sus huestes emulan las "cualidades" que distinguen a Cipri...ano Rivas Cherif, su "protector". ¡Qué vergüenza y qué asco!» Luego, el 5 de julio de 1934, la revista falangista madrileña *F.E.*, principal órgano del partido, acusó a «La Barraca» no sólo de llevar una vida inmoral, de corromper a los campesinos y de practicar el «marxismo judío», sino de malgastar su presupuesto. Es un documento que expresa muy claramente la opinión de la Falange sobre «La Barraca» y sus promotores, y, aunque el nombre de García Lorca no aparece explícitamente citado en él, nadie como el poeta podía sentirse aludido en cuanto director del teatro y protegido del exministro de Instrucción Pública Fernando de los Ríos.[15]

En relación con el ataque de *F.E.* a «La Barraca», creemos que vale la pena recordar un artículo aparecido en *ABC* de Sevilla el 6 de junio de 1937, es decir, diez meses después de la muerte del poeta granadino.

En octubre de 1933, Federico García Lorca viajó a Buenos Aires, donde se habían de representar varias de sus obras. A su regreso a Granada, en abril de 1934, la situación política había cambiado: las elecciones de 1933 habían sido ganadas por las derechas. (Fotografía de su estancia en la capital argentina)

Puede observarse en él hasta dónde llegaba el odio de las derechas por Fernando de los Ríos, «La Barraca» y, en consecuencia, García Lorca.[16]

El 1 de octubre de 1934 cayó el Gabinete radical, privado del apoyo que la CEDA le había proporcionado durante diez meses. Gil Robles, que siempre se había pronunciado por la «accidentalidad» de las formas parlamentarias, exigió la participación de la CEDA en el nuevo Gobierno. El presidente de la República, Alcalá Zamora, tuvo que ceder y encargó a Alejandro Lerroux la formación de un Gobierno de coalición. La CEDA tomó posesión de los Ministerios de Agricultura, Trabajo y Justicia. La reacción hostil de la clase obrera era tanto más previsible cuanto que, como observa Jackson, la presencia de aquel partido en el Gabinete «parecía, tanto a los liberales de la clase media como a la izquierda revolucionaria, como un equivalente a la implantación del fascismo en España».[17]

La revolución de los mineros asturianos, que estalló cuatro días después, el 4 de octubre de 1934, era una respuesta directa a la entrada de la CEDA en el Gobierno. Como se sabe, la represión llevada a cabo en Asturias fue muy brutal, con numerosas ejecuciones, torturas y encarcelamientos. Los detalles de la represión, sin embargo, no llegaron al público debido a la estricta censura de los medios de comunicación impuesta por el Gobierno, y sólo serían revelados al ganar las elecciones de 1936 el Frente Popular. Pero García Lorca tuvo que haberse enterado muy temprano de la realidad de la situación asturiana, ya que su amigo y «querido maestro» Fernando de los Ríos[18] formaba parte de la comisión parlamentaria que investigaba el asunto.

La rebelión asturiana coincidió con la proclamación en Barcelona del Estat Català, que sólo duró diez horas. Manuel Azaña, que había llegado a la capital catalana a fines de septiembre, y que proyectaba volver a Madrid el 4 de octubre, fue víctima del levantamiento. El 7 de octubre fue detenido, al dar por descontado las autoridades que el ex-primer ministro había estado implicado en los acontecimientos. La inocencia de Azaña sólo fue reconocida el 6 de abril de 1935, por el Tribunal de Garantías Constitucionales, y desde la fecha de su encarcelamiento hasta entonces las derechas no cesaron de calumniarle. El 14 de noviembre de 1934, un nutrido grupo de intelectuales liberales e izquierdistas dirigió una carta de protesta al Gobierno quejándose del intolerable tratamiento a que se sometía a Azaña. La carta, entre cuyos signatarios encontramos otra vez a García Lorca, no pudo ser publicada en la prensa de entonces a causa de la censura, y apareció por primera vez al principio del libro de Azaña, *Mi rebelión en Barcelona* (1935).[19]

El 15 de diciembre de 1934, *El Sol* publicó una importante entrevista con García Lorca en la cual el poeta expresó sin titubeos su solidaridad con los pobres de este mundo. Cuando se tiene en cuenta la tensión imperante entonces en España, el desarrollo del fascismo dentro y fuera del país, la represión de los mineros asturianos llevada a cabo unos pocos meses antes y los sucesos de Barcelona, las palabras del poeta adquieren una evidente significación política y de compromiso social. La entrevista se reprodujo, además, en *El Defensor de Granada* el 21 de aquel mes, de modo que podemos estar seguros de que las ideas de Lorca sobre la injusticia social también se conocieron en aquella ciudad:

> «Yo sé poco, yo apenas sé» –me acuerdo de estos versos de Pablo Neruda–, pero en este mundo yo siempre soy y seré partidario de los pobres. Yo siempre seré partidario de los que no tienen nada y hasta la tranquilidad de la nada se les niega. Nosotros –me refiero a los hombres de significación intelectual y educados en el ambiente medio de las clases que podemos llamar acomodadas– estamos llamados al sacrificio. Aceptémoslo. En el mundo ya no luchan fuerzas humanas, sino telúricas. A mí me ponen en una balanza el resultado de esta lucha: aquí, tu dolor y tu sacrificio, y aquí la justicia para todos, aun con la angustia del tránsito hacia un futuro que se presiente, pero que se desconoce, y descargo el puño con toda mi fuerza en este último platillo.[20]

El 29 de diciembre de 1934, después de semanas de expectación por parte de público y críticos, tuvo lugar el estreno de *Yerma* en el Teatro Español de Madrid. El auditorio estaba abarrotado, y entre el público había muchas personalidades republicanas. Antes de que se levantara el telón se produjeron varios disturbios en la sala (jóvenes derechistas gritaron *slogans* contra Azaña y su amiga Margarita Xirgu, la gran actriz que representaba el papel de Yerma), pero el público logró imponer el silencio haciendo expulsar a los alborotadores.

El estreno fue un gran éxito,[21] pero los críticos de derechas condenaron casi unánimemente la obra, tildándola de inmoral, blasfematoria, anticatólica y poco realista. Típica de esta reacción fue la reseña de Jorge de la Cueva publicada en *El Debate*, el diario católico más importante del país, órgano de la CEDA y adulador, por esas mismas fechas, de los regímenes de Hitler y de Mussolini. Algunas frases del artículo de Jorge de la Cueva, que se publicó el 30 de diciembre, habían sido suprimidas debido a falta de espacio, de modo que el ataque resultó menos feroz de lo que el crítico se proponía. El 3 de enero de 1935 *El Debate* rectificó:

> De la [crítica] de *Yerma* desaparecieron las líneas en que nuestro crítico hacía resaltar su protesta indignada ante la odiosidad de la obra, ante su inmoralidad, ante las blasfemias y ante todo el falso pastiche de arte fácil y de audacia al alcance de cualquier despreocupado, que son las notas salientes de la desdichada producción.[22]

Al leer las reseñas de *Yerma*, uno se da cuenta de que, desde la óptica de la derecha, la obra constituía una severa crítica de la España tradicional y católica, y de sus costumbres sociales y sexuales. Y no podemos poner en duda que, a consecuencia del éxito del drama (que continuó en escena hasta el 2 de abril de 1935 con más de cien representaciones), Lorca estaba ya clasificado por la derecha como enemigo.[23]

Desde los primeros días de octubre de 1935, y durante los meses siguientes, la prensa española publicaba muchos detalles sobre la invasión fascista italiana de Abisinia y los inútiles esfuerzos de la Gran Bretaña y la Liga de Naciones para intervenir en favor de los atropellados. Era otro ejemplo de agresividad fascista imperialista, y confirmó a las izquierdas en su convicción de que Hitler estaba decidido a emprender una expansión del mismo tipo.

El gobierno derechista español no tenía interés, claro está, en criticar ni a los italianos ni a los alemanes. Es más: en octubre de 1935 el fiscal del Estado demandó al escritor Antonio Espina por haber osado publicar un artículo en el cual criticaba al Führer alemán. Espina fue encarcelado durante un mes y un día, y García Lorca (entonces en Barcelona con Margarita Xirgu) mandó, junto con la actriz, su adhesión al banquete ofrecido a Espina por sus colegas y amigos cuando fue puesto en libertad.[24]

Poco antes de estos acontecimientos, Federico había hablado repetidas veces de un viaje que pensaba hacer a Italia con Margarita Xirgu. Pero, el 12 de octubre, la gran actriz anunció públicamente que había cancelado su visita como protesta contra la invasión de Abisinia.[25] Lorca compartía su punto de vista y, el 6 de noviembre de 1935, durante una breve escapada a Madrid, firmó un segundo manifiesto antifascista con Antonio Machado, Fernando de los Ríos y otras destacadas personalidades. Parece ser que *Diario de Madrid* fue el único periódico que se atrevió a publicar en seguida este manifiesto, el 9 de noviembre.[26]

María Teresa León dirige la palabra a los asistentes al banquete que el 9 de febrero de 1936 les fue ofrecido, a ella y a Rafael Alberti, con motivo del regreso de ambos de un largo viaje a Rusia y América. García Lorca (a su derecha) leyó durante el banquete un enérgico manifiesto de la intelectualidad española que había de ser enviado a los poderes públicos

España estaba ya en vísperas del Frente Popular. En diciembre de 1935 volvieron Rafael Alberti y María Teresa León a Madrid después de una larga visita a América y Moscú. Durante los dos meses precedentes a las elecciones de febrero de 1936 desplegaron ambos una actividad infatigable en favor del Frente Popular. Al final de la campaña sus amigos decidieron ofrecerles un banquete.[27]

El 9 de febrero de 1936 (último domingo antes de las elecciones) fue un día de exaltada actividad política. Habría sido difícil encontrar fecha más señalada para festejar a Alberti y María Teresa León, y el acto tuvo una evidente significación frentepopulista. La descripción más completa del banquete se publicó en *Mundo Obrero* el 11 de febrero y

Federico, como podrá juzgar el lector, no se limitó a hacer acto de presencia.[28]

El 5 de enero de 1936, Ramón del Valle-Inclán había muerto en Santiago de Compostela, y el 15 de febrero, dos días antes de las elecciones, Alberti y María Teresa León organizaron en el Teatro de la Zarzuela un homenaje popular en memoria del gran escritor gallego. El acto, que fue patrocinado por el Ateneo de Madrid y al que los organizadores daban una indudable significación republicana, se comentó en la mayoría de los periódicos de la capital. El programa se dividió en dos partes. En la primera, tras un discurso de María Teresa León, García Lorca leyó («con sabroso acento expresivo», según *La Voz*) el prólogo de Rubén Darío a la obra de Valle-Inclán *Voces de gesta* («Del país del sueño, tinieblas, brillos...») y los dos sonetos del poeta nicaragüense dedicados a la persona y la

«El insigne poeta Federico García Lorca» participó activamente en un acto benéfico de la Asociación Auxiliar del Niño (de la que él, con otras personas de buena voluntad, era cofundador) celebrado en Madrid el 11 de febrero de 1936. Así informaba de la reunión el periódico *Ahora*, el 16 de febrero

obra del escritor fallecido.[29] A continuación, Luis Cernuda leyó «Castilla de quema» de Juan Ramón Jiménez; Francisco Vighi recordó algunas pintorescas anécdotas de la vida de Valle-Inclán, y Elisa Risco habló (como en el banquete de Alberti y María Teresa León) a favor de las Bibliotecas Populares de Madrid, pidiendo a los asistentes que regalaran «libros en que saciar su dramática hambre de cultura la juventud proletaria que, después de ocho y diez horas de trabajo diario, buscan en esas bibliotecas el reposo del cuerpo en las andanzas del espíritu». Terminó la primera parte del acto con la lectura por Alberti de unas cuartillas de Antonio Machado, que no pudo asistir en persona.

La segunda parte del acto consistió en la primera representación pública del esperpento de Valle, *Los cuernos de don Friolera*, montado por la compañía «Nueva Escena» con escenografía de Manuel Fontanals. Si esta obra es capaz todavía de causar ofensa en círculos militares, ya puede imaginarse su impacto en aquellos momentos de fervor electoralista y delante de tal público.[30]

Federico García Lorca compadecía profundamente a los niños pobres y desasistidos, y a fines de 1935 fundó con otras personas de buena voluntad (entre ellas el siquiatra Gonzalo R. Lafora y el dibujante Ángel Ferrant) la Asociación Auxiliar del Niño, una biblioteca infantil sita en la calle de Granada, y hasta un club de niños.[30 bis] En una reunión de la Asociación Auxiliar del Niño celebrada el 11 de febrero de 1936, Federico leyó algunos poemas del *Romancero Gitano*, comentándolos a continuación con los niños y luego subastando un ejemplar de su famoso libro. Estuvo presente en aquella ocasión el arquitecto Luis Lacasa, quien percibió la evidente significación política de los actos de Federico en los últimos meses de su vida. Las palabras de Lacasa –poco conocidas– merecen ser citadas:

Federico estaba decididamente del lado del pueblo y su camino era claro y ascendente, pero de lento movimiento; sabía su responsabilidad y que no podía dar un paso inconsciente; no podía hacer lo que no dominaba profundamente. Además, aún no le habían alcanzado los acontecimientos que precipitaron a nuestra generación en el fuego.

Sin embargo, en los últimos tiempos de su vida en Madrid, la fuerza de los hechos iba también envolviéndole a él. Comenzó a aparecer en los actos políticos, y recordamos cómo, en un mitin obrero al que asistía, fue reconocido por el público y se vio obligado a pronunciar unas palabras. Le vimos participar en un acto que organizó en el Hotel Ritz la Asociación Auxiliar del Niño con el fin de recoger fondos para las bibliotecas populares de Madrid. Federico recitó algunos poemas y luego, con un ejemplar de su *Romancero* en la mano, hizo que la puja en la subasta del libro alcanzara varios cientos de pesetas. Sabía muy bien Federico que éste era un acto político, sabía muy bien qué finalidad tenía. Nunca se hubiera prestado a hacer algo semejante para nuestros enemigos.

Los obreros madrileños repetían ya su nombre. Y los panaderos le nombraron miembro honorario de su sindicato, según él mismo nos dijo con sincera satisfacción.[30 ter]

En el reportaje del banquete ofrecido a Alberti y María Teresa León, publicado por *Mundo Obrero*, se decía que, una vez firmado el manifiesto leído por García Lorca, éste sería dado a conocer. Nos parece probable que el texto leído por el poeta sea el mismo que el de *Mundo Obrero* del sábado 15 de febrero de 1936, la víspera de las elecciones.[31] El hecho de que Federico García Lorca haya firmado el primero este documento es una prueba fehaciente de su apoyo al Frente Popular y su rechazo de la derecha que, desde hacía dos años, dominaba la escena política española:

Los intelectuales, con el Bloque Popular

Partidos a quienes separan considerables divergencias de principios, pero defensores todos de la libertad y la República, han sabido sumar sus esfuerzos generosos en un amplio Frente Popular. Faltaríamos a nuestro deber si en esta hora de auténtica gravedad política, nosotros, intelectuales, artistas, profesionales de carreras libres, permaneciésemos callados sin dar públicamente nuestra opinión sobre un hecho de tal importancia. Todos sentimos la obligación de unir nuestra simpatía y nuestra esperanza a lo que sin duda constituye la aspiración de la mayoría del pueblo español: la necesidad de un régimen de libertad y de democracia, cuya ausencia se deja sentir lamentablemente en la vida española desde hace dos años.

No individualmente, sino como representación nutrida de la clase intelectual de España, confirmamos nuestra adhesión al Frente Popular, porque buscamos que la libertad sea respetada, el nivel de vida ciudadano elevado y la cultura extendida a las más extensas capas del pueblo.

Federico García Lorca, poeta; *Rafael Alberti*, poeta; *Luis Alaminos*, inspector de Primera Enseñanza; *José Navas García*, músico; *José Domínguez Luque*, médico; *Serafín Linares*, maestro de Primera Enseñanza; *Cayetano L. Trescastro*, periodista; *Luis Torreblanca*, pintor; *Antonio Martínez Virel*, pintor; *Antonio Ramos Acosta*, médico; *Enrique Rebolledo*, médico; *Do-*

mingo Fernández Barreiro, periodista; *Rafael Verdier*, director de Graduada; *Luis Sánchez Asensio*, médico; *E. Baeza Medina*, abogado; *Vicente Sarmiento*, médico; *Francisco Martín Lodi*, maestro; *Francisco Salas*, maestro; *Emilio Prados*, escritor; *Gonzalo Sánchez Vázquez*, estudiante; *Francisco Saval*, farmacéutico; *Enrique Sanín*, dibujante; *María Teresa León*, escritora. (Siguen más firmas hasta 300.)[32]

La familia del poeta también apoyaba el Frente Popular. Poco antes de las elecciones el periodista argentino Pablo Suero, a quien Federico había conocido en Buenos Aires, visitó a los padres de éste en su piso de la Calle de Alcalá (número 96, hoy 102). Suero se acordaba, al

Así convocaba *Mundo Obrero*, el sábado 28 de marzo de 1936, al acto por la libertad de Luis Carlos Prestes, líder comunista brasileño que había sido encarcelado por el dictador Getulio Vargas

volver a su país, de aquel ambiente impregnado de «socialismo cristiano»:

En la casa de Federico todos son partidarios de Azaña y Fernando de los Ríos es amigo venerado de la familia de García Lorca, de quien es vecino.[33] Los padres de Federico son agricultores ricos de la vega de Granada. No obstante, están con el pueblo español, se duelen de su pobreza y anhelan el advenimiento de un socialismo cristiano. En la vega granadina los adoran. Son muy caritativos y buenos. A Federico lo miran con una ternura conmovedora a la que él corresponde con un gran amor. Habla de sus hermanos, de sus padres y de sus sobrinos como si fueran dioses tutelares. Era en vísperas de las elecciones, y la madre de Federico, que tiene un gran carácter, me decía:
–Si no ganamos, ¡ya podemos despedirnos de España!... ¡Nos echarán, si es que no nos matan!...[34]

El 21 de febrero de 1936, pocos días después del triunfo del Frente Popular, Federico asistió al estreno de la obra de Felipe Ximénez de Sandoval y Sánchez Neyra, *Hierro y orgullo*. Según el testimonio del biógrafo de José Antonio Primo de Rivera, Lorca se negó a saludar a éste en aquella ocasión.[35] En otro libro hemos investigado la supuesta amistad de Lorca y Primo de Rivera, llegando a la conclusión de que sólo se conocían superficialmente.[36]

El 23 de febrero se publicó en *El Sol* el manifiesto de la Unión Universal de la Paz, que había sido firmado en Madrid a principios del mes. Entre la larga lista de adhesiones publicadas por el gran diario madrileño figuraba otra vez el nombre de García Lorca.[37]

Hacia finales de marzo de 1936 llegó a España la noticia de que Luis Carlos Prestes, el líder comunista brasileño, había sido encarcelado por el dictador Getulio Vargas, así como varios miles de trabajadores, y que corría peligro de ser fusilado. El Socorro Rojo Internacional, cuya sección española había sido muy perseguida entre octubre de 1934 y la subida al poder del Frente Popular, decidió organizar en seguida un gran acto de solidaridad con Prestes en la Casa del Pueblo de Madrid. Se pidió la colaboración de Federico (el poeta y dramaturgo español más famoso en América Latina, no lo olvidemos) y durante varios días se anunció su participación en el acto. Éste tuvo lugar el sábado 28 de marzo y, al día siguiente, *El Socialista* publicó un amplio informe sobre la velada.[38]

Aunque María Teresa León[39] y Esteban Vega recordaban años después de aquel emocionante acto político que Federico había recitado poemas de *Poeta en Nueva York*, no sabemos por desgracia cuáles. Según Vega, también recitó el poeta granadino su famoso «Romance de la Guardia Civil española», que, en aquellas circunstancias, debió entusiasmar a un público con tan favorable predisposición. Al recordar el recital de Federico aquella noche, Vega acude a la descripción hecha por Alberti del don de recitación del poeta («una descarga de eléctrica simpatía, un hechizo, una irresistible atmósfera de magia para envolver y aprisionar a los auditores»)[40] y sigue:

> Entre las conclusiones del acto salió el siguiente cable dirigido al presidente de Cuba, Miguel Mariano Gómez: «En nombre Amigos de América Latina, rogamos conceda, como prometió, libertad 3.000 presos antiimperialistas, sin distinción de partidos ni clases». Y otro, para el presidente Getulio Vargas, del Brasil, pidiendo la libertad de Luis Carlos Prestes que se encontraba enfermo y cuya vida estaba seriamente amenazada. Cables al pie de los cuales, entre otras firmas, estaba la de Federico.[41]

Tres días después de este acto de inconfundible sello antiimperialista y antifascista (del cual queda un interesante, aunque algo borroso, testimonio fotográfico publicado por *Mundo Obrero* en el cual se ve a Federico recitando, con las manos expresivamente levantadas) se dio a conocer un nuevo manifiesto, firmado, entre otros, por Lorca y hecho público por *Mundo Obrero* el 31 de marzo de 1936.[42]

El 1 de abril de 1936 *La Voz* de Madrid publicó una versión un poco abreviada de este manifiesto de los intelectuales de izquierdas,[43] y el 5 de abril este mismo periódico dio a conocer una larga y enjundiosa entrevista concedida por Federico a Felipe Morales. La toma de conciencia social del poeta y su concepto de la responsabilidad del artista en aquellos momentos dramáticos del país se hacen explícitos en esta entrevista, especialmente en un pasaje frecuentemente citado:

> –Ahora estoy trabajando en una nueva comedia. Ya no será como las anteriores. Ahora es una obra en la que no puedo escribir nada, ni una línea, porque se han desatado y andan por los aires la verdad y la mentira, el hambre y la poesía. Se me han escapado de las páginas. La verdad de la comedia es un problema religioso y económico-social. El mundo está detenido ante el hambre que asola a los pueblos. Mientras haya desequilibrio económico, el mundo no piensa. Yo lo tengo visto. Van dos hombres por la orilla de un

r aspiraciones del pueblo lo, que no lucha contra sus le Norteamérica, sino con-rialismo yanqui. Terminó a la libertad de Prestes y a popular.

una adhesión del Comité mann, y d e s p u é s habló . Cuesta, nacionalista por-que mostró la adhesión de a la España que lucha por , ocupándose después del nacionalista portorrique-califica de revolucionario Pero—dijo—no debe susci-cias nuestro nombre. No se n movimiento nacionalista e los países sudamericanos nos la Revolución social, e con la explotación de las imidas.

pués de la palabra el pin-ada García Maroto, que juramente al imperialismo

◆◆◆◆◆◆◆◆◆◆◆◆◆◆◆◆◆◆

¡UBERNAMENTAL iOLIA

la política el Gobierno

elacionadas con los monas-los lamas y otros religiosos. en consideración la grave d que padece el primer mi-Consejo acordó acceder a su y concederle una licencia Ili-ısta que se restablezca y primer ministro y ministro os extranjeros a su presi-r, y para reemplazar a éste, okson.—I. de F.

◆◆◆◆◆◆◆◆◆◆◆◆◆◆◆◆◆◆

casas-cunas en los coljoses

)e nuestro redactor-corresponsal.)

-Este verano se instalarán ljoses casa-cunas para tres loscientos niños coljosianos, que las campesinas colecti-n libres durante las faenas

◆◆◆◆◆◆◆◆◆◆◆◆◆◆◆◆◆◆

mas la Consura

POESIAS DE ALBERTI E INTER-VENCIONES DE MARIA TERESA LEON Y JOSE OCHOA

Seguidamente, el poeta revoluciona-rio Rafael Alberti, recitó diversas poesías, siendo calurosamente aplau-dido.

Tanto García Lorca como Alberti tuvieron que recitar otras poesías an-te el requerimiento entusiasta del pú-blico.

Acto seguido, María Teresa León hizo uso de la palabra con gran acier-to, poniendo de manifiesto cómo los p a í s e s sudamericanos han estado siempre prisioneros del imperialismo. Comentó la revolución brasileña, co-mo consecuencia de la cual se hallan encarcelados 17.000 trabajadores, en-salzando la figura del camarada Pres-tes, del que hizo una atinada biogra-fía.

En un análisis minucioso de la si-tuación económica del Brasil llegó a la conclusión de que el dinero yan-qui es el que rige la política brasi-leña, porque tiene en sus manos el poder económico. Dijo que es preciso luchar por salvar la vida a Prestes; pero si muriera—añade—, debemos decir que Carlos Prestes murió fusi-lado por el imperialismo yanqui, en-tregando su sangre por la causa re-volucionaria del proletariado. El Bra-

que por su extensión puede ser en América el guía del proletariado, co-mo lo fué Rusia en Europa. Examinó el colonialismo a que se tiene some-tido a los pueblos sudamericanos, y después analizó la figura cumbre de Luis Carlos Prestes, en su calidad de militante revolucionario y miembro del Comité Ejecutivo de la Interna-cional Comunista.

Sacó atinadas deducciones sobre la lucha en los países americanos, y des-pués de comparada con la mantenida en España, hizo un llamamiento a la solidaridad de todo el proletariado en defensa de Luis Carlos Prestes y to-dos los antiimperialistas.

Todos los oradores fueron calurosa-mente ovacionados, terminándose el acto en medio de gran entusiasmo, después de ser aprobadas unas inte-resantes conclusiones de protesta que han de ser presentadas a las Emba-jadas de los países fascistas, y en es-pecial a la del Brasil.

◆◆◆◆◆◆◆◆◆◆◆◆◆◆◆◆◆◆

Ayudad a MUNDO OBRERO

◆◆◆◆◆◆◆◆◆◆◆◆◆◆◆◆◆◆

En la fotografía superior: Un aspecto de la presidencia del mitin organizado por el S. R. I. en solidaridad con Luis Carlos Prestes.—Abajo: El mitin cele-brado en el Cinema Europa pro monumento a las víctimas de Asturias.

El 3 de abril de 1936, *Mundo Obrero* informó del acto que se había celebrado el 28 de marzo en solidaridad con Luis Carlos Prestes, líder comunista brasileño encarcelado. En la algo borrosa fotografía (mitad superior del fotomontaje) puede verse a Federico García Lorca recitando

río. Uno es rico, otro es pobre. Uno lleva la barriga llena, y el otro pone sucio el aire con sus bostezos. Y el rico dice: «¡Oh, qué barca más linda se ve por el agua! Mire, mire usted, el lirio que florece en la orilla.» Y el pobre reza: «Tengo hambre, no veo nada. Tengo hambre, mucha hambre.» Natural. El día en que el hambre desaparezca, va a producirse en el mundo la explosión espiritual más grande que jamás conoció la Humanidad. Nunca jamás se podrán figurar los hombres la alegría que estallará el día de la Gran Revolución. ¿Verdad que te estoy hablando en socialista puro?[44]

Aunque el grupo de Amigos de América Latina había surgido inmediatamente después del acto de la Casa del Pueblo madrileña de finales de marzo, parece ser que su existencia no se dio a conocer en la prensa hasta finales del mes siguiente. El 30 de abril *La Voz* publicó una nota donde una vez más vemos la firma de Lorca, el «poeta apolítico», al lado de las de sus amigos de izquierdas.[45]

Muchos de los amigos de Federico –entre ellos Esteban Vega, Alberti y María Teresa León– pertenecían a Socorro Rojo Internacional, organización dedicada a la defensa de los obreros. María Teresa León dirigía la revista de Socorro Rojo, *¡Ayuda!*, y es probable que fuera ella quien le pidió a Federico que escribiera algo para el número correspondiente al 1 de mayo de 1936, Día del Trabajo. Sea como fuere, aquel número de *¡Ayuda!* llevaba en una misma página sendos mensajes dirigidos a los trabajadores de España por Alberti, Eduardo Ortega y Gasset, Julio Álvarez del Vayo, José Díaz y García Lorca. Éste escribió: «Saludo con gran cariño y entusiasmo a todos los trabajadores de España, unidos el Primero de Mayo por el ansia de una sociedad más justa y más unida.»[46]

Federico, dada su preocupación por la represión de los obreros que se llevaba a cabo en varios países de América, no podía permanecer indiferente tampoco ante el caso más cercano de Portugal y su régimen fascista. No nos puede sorprender, pues, su presencia entre los nombres que aparecen en la nota publicada por *El Socialista* el 6 de mayo de 1936.[47]

Pocos días después de publicado este texto, donde vemos otra vez al Lorca amigo de las víctimas del fascismo, llegaron a España la madre y la hermana de Luis Carlos Prestes. Durante todo el mes de mayo se organizaron numerosos mítines de apoyo a Prestes y a las demás víctimas de los dictadores americanos. Federico, que se había solidarizado con Prestes desde el primer momento, como hemos visto, no dudó en firmar más declaraciones y manifiestos en relación con el encarcelamiento del líder brasileño y sus compañeros. Y en primer lugar una carta dirigida por los Amigos de América Latina a la madre de Prestes y publicada en un suelto de ¡Ayuda!⁴⁸

El 21 de mayo *Heraldo de Madrid* publicaba otro texto de los Amigos de América Latina en el cual expresaban su rechazo del fascismo a la vez que su apoyo incondicional a la República «reconquistada por el sacrificio popular». Es decir, su apoyo incondicional al Frente Popular. La primera firma del texto pertenecía otra vez al «apolítico» García Lorca.⁴⁹

Entretanto, en este mayo de 1936 tan preñado de tensiones políticas, cuando los periódicos republicanos seguían comentando a diario los atropellos cometidos por los italianos en Abisinia, la persecución de los judíos alemanes por los nazis y el crecimiento del fascismo español, habían llegado a la capital, en representación del Frente Popular francés, tres conocidos escritores del país vecino: André Malraux, el dramaturgo Henri-René Lenormand y el hispanista (y amigo de Federico) Jean Cassou. Fue una semana de intensa actividad política e intelectual (conferencias de Malraux y Cassou en el Ateneo, representación de *Asia* de Lenormand en el Español, entrevistas con la prensa) que terminó con un impresionante banquete celebrado el 22 de mayo en los salones altos del Restaurante Luckys, en el edificio Madrid-París. La convocatoria del banquete, firmada por un nutrido grupo de intelectuales, entre ellos Lorca, se publicó en *El Sol* el 20 de mayo.⁵⁰

El banquete, al que acudieron más de doscientas personas, incluidos varios ministros, tuvo una marcadísima significación izquierdista, aunque muchos de los comensales no eran militantes políticos. Es más: Américo Castro leyó unas cuartillas en francés para explicar precisamente «por qué los intelectuales que no pertenecían a ningún partido político concurrían a este homenaje». En lo que todos estaban de acuerdo, militantes y no militantes, era en subrayar el peligro mundial que suponía el fascismo. Jean Cassou declaró que «España y Francia son las dos civilizaciones occidentales que han de oponerse al paso del bárbaro fascismo». Al principio y al final del banquete la orquesta tocó La Marsellesa, el *Himno de Riego* y *La Internacional* y, durante la ejecución de ésta, «la mayoría saludó con el puño en alto».⁵¹

García Lorca, aunque asistía al acto, no habló, pensando acaso que

Américo Castro había dicho lo necesario. No así interpretó su silencio Guillermo de Torre, en un pasaje de *Tríptico del sacrificio* traído a colación (y citado incompleta y erróneamente) por José Luis Vila-San-Juan:[52]

> Federico no había tenido jamás la menor relación activa con la política. Incluso –podemos afirmarlo– era perfectamente ajeno a la utilización que de su nombre y de su obra hubieran hecho las banderías políticas en ciertas ocasiones; por ejemplo, cuando el estreno de *Yerma*. Rehuía igualmente participar en actos de sentido político, aunque tuviesen matiz literario: así recuerdo, como testigo presencial del hecho, su negativa absoluta a hablar o recitar, en cierto banquete a varios escritores parisienses de paso en Madrid, festejados no tanto como literatos, sino en cuanto representantes del Frente Popular francés. Si sus amistades eran liberales, si los medios en que se movía eran republicanos, inclusive avanzados, es porque en ese lado habían estado sus amigos de siempre y a ese sector correspondía con preferencia el público que le festejaba. Por lo demás, jamás había pensado en inscribirse en un partido, ni en suscribir ningún programa político.[53]

En vista de los textos que aportamos aquí, firmados por García Lorca sin que nadie le forzara a ello (¡incluida la convocatoria al banquete ofrecido a «varios escritores parisienses de paso en Madrid»!), hay que considerar las palabras de Guillermo de Torre con sumo escepticismo. El compromiso del poeta con el Frente Popular ha quedado demostrado (no es el caso de Guillermo de Torre), aunque ello no quiere decir que Federico se sintiera obligado cada día a hacer declaraciones públicas en contra del fascismo o a leer versos en actos políticos.

Es más: parece ser que Lorca empezaba a cansarse de las presiones que ejercían, o pretendían ejercer, sobre él ciertos amigos comunistas para que se afiliara al partido o se declarara marxista.

Tenemos, en primer lugar, el testimonio del poeta José Luis Cano, que nos ha contado:

> Yo le llevé a Federico un documento, no fue espontáneo mío, fue un encargo de Alberti, que me dijo: «Mira, pásale este papel a Federico para que lo firme.» Posiblemente se trataría de aquella cosa del saludo a los obreros que firmó en *¡Ayuda!* el 1 de mayo de 1936. No me acuerdo exactamente, pero sí recuerdo que había allí una persona del Partido Comunista, no sé quién, que quería que Federico firmara un manifiesto explícitamente parti-

dista. Y Federico se apoyó en mí para no firmarlo, preguntándome: «¿Es verdad que no debería firmar esto y en cambio el tuyo sí?» Y yo le contesté: «Hombre, yo creo que tienes razón.» Y no firmó la cosa partidista del PC. En eso de apoyar el PC no estaba Federico ni mucho menos. Vicente Aleixandre me ha confirmado que, en los últimos tiempos, Federico ya estaba un poco molesto por tanta presión de sus amigos comunistas.[54]

Además hay el testimonio de Juan Ramón Jiménez. El 28 de mayo de 1936 le comunicó Juan Ramón a Juan Guerrero («el cónsul de la poesía», en palabras de Federico) que Isabel García Lorca, hermana del poeta, le acababa de decir que Federico «está harto del grupo que acaudilla Pablo Neruda y que no quiere nada con ellos, deseando marcharse una temporada a Granada para que lo dejen tranquilo».[55]

Luego se han conocido recientemente algunos interesantes detalles nuevos en relación con la importante entrevista de Lorca con el caricaturista Bagaría, publicada en *El Sol* de Madrid el 10 de junio de 1936. En la entrevista el poeta había rechazado el concepto del arte por el arte, solidarizándose otra vez con los sufrimientos del proletariado y abogando por un arte comprometido:

> Ningún hombre verdadero cree ya en esta zarandaja del arte puro, arte por el arte mismo.
> En este momento dramático del mundo, el artista debe llorar y reír con su pueblo. Hay que dejar el ramo de azucenas y meterse en el fango hasta la cintura para ayudar a los que buscan las azucenas. Particularmente, yo tengo un ansia verdadera por comunicarme con los demás. Por eso llamé a las puertas del teatro y al teatro consagro toda mi sensibilidad.

Después, al preguntarle Bagaría por su opinión sobre la caída de Granada en manos de Fernando e Isabel en 1492, el poeta había contestado sin vacilaciones:

> Fue un momento malísimo, aunque digan lo contrario en las escuelas. Se perdieron una civilización admirable, una poesía, una astronomía, una arquitectura y una delicadeza únicas en el mundo, para dar paso a una ciudad pobre y acobardada; a una «tierra de chavico» donde se agita actualmente la peor burguesía de España.[56]

Al decir esto el poeta se enfrentaba no sólo con uno de los mitos primordiales de la España tradicionalista, sino con la clase social granadina que pronto le iba a matar. *El Sol* se leía, desde luego, en Granada y estas palabras de Federico debieron de conocerse en seguida allí, así como los numerosos manifiestos antifascistas que antes había firmado. La Granada de Lorca, a diferencia de la simbolizada por el palacio de Carlos V (o de la de los grandes banqueros), era la Granada íntima, oculta, ausente, la Granada destruida por los Reyes Católicos. «Yo creo –dijo en una ocasión– que el ser de Granada me inclina a la comprensión simpática de los perseguidos: Del gitano, del negro, del judío..., del morisco, que todos llevamos dentro.»[57]

Después de preguntar al poeta por su opinión sobre el colapso de la civilización de Granada, Bagaría había llevado la conversación hacia un tema de más actualidad:

–¿No crees, Federico, que la patria no es nada, que las fronteras están llamadas a desaparecer? ¿Por qué un español malo tiene que ser más hermano nuestro que un chino bueno?

–Yo soy español integral, y me sería imposible vivir fuera de mis límites geográficos; pero odio al que es español por ser español nada más. Yo soy hermano de todos y execro al hombre que se sacrifica por una idea nacionalista abstracta por el solo hecho de que ama a su patria con una venda en los ojos. El chino bueno está más cerca de mí que el español malo. Canto a España y la siento hasta la médula; pero antes que esto soy homre del mundo y hermano de todos. Desde luego no creo en la frontera política.[58]

La reciente publicación de una carta dirigida por Federico a su amigo Adolfo Salazar en relación con esta entrevista con Bagaría revela que, a pesar de la identificación del poeta con los anhelos del Frente Popular y de su rechazo de la patriotería nacionalista española, se daba perfecta cuenta ya de la necesidad de hablar con prudencia de sus ideas políticas. La carta a Salazar demuestra que Bagaría le había hecho a Lorca una pregunta directa sobre el fascismo y el comunismo y que el poeta, después de haber entregado su respuesta, empezaba a inquietarse por su contenido. A Salazar (como Bagaría, asiduo colaborador de *El Sol*), Federico le pide un favor:

Me gustaría que si tú pudieras, y sin que lo notara Bagaría, quitaras la pregunta y la respuesta que está en una página suelta escrita a mano, página 7 (bis), porque es un añadido y es una pregunta sobre el fascio y el comunismo que me parece indiscreta en este preciso momento, y además está ya contestada antes.[59]

Nosotros creemos que Mario Hernández está en lo cierto al opinar que, con suprimir su respuesta a la pregunta de Bagaría (seguramente favorable a la izquierda), García Lorca quería «evitar el que pareciera que adoptaba una opción política concreta, fiel a su postura de radical independencia».[60] Al decir que la pregunta «está ya contestada antes», cabe pensar que el poeta consideraba que, en sus declaraciones sobre el arte por el arte y el nacionalismo español, quedaba suficientemente explícito su compromiso tanto social como político.

A mediados de junio murió el escritor ruso Máximo Gorki. La Alianza de Intelectuales para la Defensa de la Cultura, a la que pertenecía García Lorca, decidió organizar en su memoria un acto de homenaje, y publicó en la prensa la siguiente nota:

Un acto en memoria de Gorki

La Alianza de Intelectuales para la Defensa de la Cultura, al enterarse de la muerte del gran novelista ruso Máximo Gorki, maestro y compañero nuestro en la Asociación Internacional, hace un llamamiento a todos los lectores de sus obras, a todas las organizaciones obreras, a todos aquellos que lo admiren y estimen, para que estén con nosotros en un gran acto que en su honor y memoria celebraremos próximamente. Las organizaciones que quieran participar en él deberán dirigirse al Ateneo de Madrid a nombre de José de Benito.

Pésame al gobierno soviético

La Alianza ha dirigido el siguiente telegrama:
«Pravda. Moscú. U.R.S.S.:
Alianza Intelectuales Españoles expresa su dolor Gobierno y pueblo rusos pérdida gran Máximo Gorki. Rafael Alberti, Baeza, García Lorca, Arconada, María Teresa León, Sender, Wenceslao Roces.»[61]

El acto tuvo lugar en el Teatro Español en la noche del 30 de junio de 1936. Según *Mundo Obrero* de aquel día, intervendrían en él «representaciones del Ateneo de Madrid, en cuyo nombre hablará el catedrático don José Benito; el escritor don Ricardo Baeza, por la A.I.D.C.; don José Díaz Fernández, por el Consejo Nacional de Izquierda Republicana; la camarada Dolores Ibárruri (Pasionaria) por el Partido

Comunista; el camarada Julio Álvarez del Vayo, por el Comité Internacional de los A.U.S.; el gran poeta Federico García Lorca y, en nombre de la Ejecutiva del Partido Socialista, María Lejárraga de Martínez Sierra. Presidirá el acto Wenceslao Roces. Están invitados su excelencia el Presidente de la República, el Gobierno y el Ayuntamiento de Madrid».

Pero Federico decidió a última hora no asistir al acto, y es posible que el testimonio, muy posterior, de Edgar Neville nos explique en parte su ausencia. A éste le diría el poeta granadino unos días después: «La otra noche me han organizado una encerrona en el Teatro Español, con ministros, etc. Yo no quiero eso, soy amigo de todos y lo único que deseo es que todo el mundo trabaje y coma.»[62]

El último manifiesto político firmado por García Lorca del cual tenemos conocimiento se publicó el 4 de julio de 1936. Se trataba de una «enérgica protesta» dirigida al dictador Salazar por el Comité de Amigos de Portugal.[63]

En conclusión, nosotros creemos que los datos y documentos aportados demuestran que la posición política de Lorca estaba próxima a la del socialismo liberal. Hijo de una familia acomodada y consciente de los grandes privilegios que su bienestar económico le había conferido, Federico, que desde sus primeras obras *(Impresiones y paisajes, El maleficio de la mariposa, Libro de poemas)* se había solidarizado con las víctimas de la injusticia social,[64] no podía por menos de ser hombre de izquierdas, enemigo del fascismo y, desde luego, ferviente frentepopulista. Todo lo cual era perfectamente compatible con el hecho de no estar afiliado a un partido político concreto y de sentir un profundo desinterés por los mecanismos de la vida política (sería difícil concebir al poeta como miembro, por ejemplo, de una comisión parlamentaria). Creemos, en definitiva, que Federico García Lorca hubiera podido hacer suyas las palabras de Antonio Machado, a cuyo lado había firmado varios de los documentos reproducidos en apéndice:

> Desde un punto de vista teórico, yo no soy marxista, no lo he sido nunca, es muy posible que no lo sea jamás. Mi pensamiento no ha seguido la ruta que desciende de Hegel a Carlos Marx. Tal vez porque soy demasiado romántico, por el influjo, acaso, de una educación demasiado idealista, me falta simpatía por la idea central del marxismo: me resisto a creer que el factor económico, cuya enorme importancia no desconozco, sea el más esencial de la vida humana y el gran motor de la historia. Veo, sin embargo, con

entera claridad, que el Socialismo, en cuanto supone una manera de convivencia humana, basada en el trabajo, en la igualdad de los medios concedidos a todos para realizarlo, y en la abolición de los privilegios de clase, es una etapa inexcusable en el camino de la justicia; veo claramente que es ésa la gran experiencia humana de nuestros días, a que todos de algún modo debemos contribuir.[65]

———— N O T A S ————

* Pablo Neruda, *Viajes: Al corazón de Quevedo y Por las costas del mundo*, Santiago de Chile, 1947, en *Obras completas*, Losada, Buenos Aires, 1968, II, p. 17.

1. José Luis Vila-San-Juan, *García Lorca, asesinado: toda la verdad*, Planeta, Barcelona, 1975, p. 234.

2. Véase apéndice I, *1*, p. 311.

3. Federico García Lorca, lectura titulada «Un poeta en Nueva York», pronunciada en Madrid el 16 de marzo de 1932, en *Obras completas* [en adelante: OC], 2 vols., Aguilar, Madrid, 1977[20], I, pp. 1 124-1 134; la cita en p. 1 126.

4. El poeta y crítico cubano José María Chacón y Calvo.

5. «El Curioso Parlanchín» [seudónimo de Emilio Roig de Leuchsenring], «Habladurías. Federico García Lorca, poeta ipotrocasmo», *Carteles*, La Habana, XV, n.º 17 (27 abril 1930), pp. 30 y 46-47; la cita en p. 30. Le agradezco a mi amigo Eutimio Martín el haberme facilitado una copia de este artículo de difícil acceso.

6. Entrevista de García Lorca con José María Salaverría, titulada «El carro de la farándula», *La Vanguardia*, Barcelona (1 diciembre 1932), en OC, II, p. 945-948; la cita en p. 947.

7. Luis Sáenz de la Calzada, «*La Barraca*». *Teatro universitario*, Revista de Occidente, Madrid, 1976, p. 125.

8. *Ibíd.*, p. 43.

9. *Ibíd.*, p. 79.

10. Gabriel Jackson, *La República española y la guerra civil*, Crítica, Barcelona, 1976[2], p. 125.

11. Véase apéndice I, *2*, p. 314.

12. Véase apéndice I, *3*, p. 316.

13. *El Defensor de Granada* [en adelante *Defensor*] (23 abril 1934), p. 3, publicaba la siguiente nota: «*García Lorca, en Granada*. – A su regreso de América, ha venido a Granada nuestro paisano el gran poeta Federico García Lorca. Por tierras americanas ha realizado el autor de *Bodas de sangre* su viaje triunfal. En Buenos Aires, donde se han estrenado con éxito clamoroso todas las obras teatrales, el poeta granadino ha sido reiteradamente aclamado, rindiéndosele por el público y por la crítica los homenajes más fervientes. García Lorca ha quedado consagrado en América como el más alto representante de la moderna lírica española. Vuelve lleno de emoción y de gratitud. Sea bienvenido.»

14. «Un mitin de la Juventud de Acción Popular», *Defensor* (17 abril 1934), p. 1.

15. Véase apéndice I, *4*, p. 318.

16. Véase apéndice I, *5*, p. 318.

17. Jackson, *op. cit.*, pp. 142-144; la cita en p. 144.

18. Véase la nota 19 del capítulo 8, p. 182.

19. Véase apéndice I, *6*, p. 319. La fecha, que no figura en el libro de Azaña, la da Jackson, pp. 166-167.

20. Entrevista de García Lorca con Alardo Prats, titulada «Los artistas en el ambiente de nuestro tiempo. Federico García Lorca espera para el teatro la llegada de la luz de arriba, del paraíso...», *El Sol*, Madrid (15 diciembre 1934), en *OC*, II, pp. 1 032-1 037; la cita en p. 1 036.

21. En Granada los amigos y admiradores del poeta recibieron la noticia de su triunfo con alegría. Véase *Defensor* (30 diciembre 1934): «El estreno de la obra de García Lorca constituye un éxito extraordinario.»

22. *El Debate* (3 enero 1935), p. 6.

23. Sobre el estreno de *Yerma* y la reacción de los críticos, véanse Marcelle Auclair, *Vida y muerte de García Lorca*, Era, México, 1968, pp. 284-293, y Francisco Olmos García, «*Yerma* o la lucha de la mujer española», *Tiempo de Historia*, Madrid, n.º 29 (abril 1977), pp. 80-89.

24. «Banquete a Antonio Espina», *Diario de Madrid* (18 noviembre 1935), p. 7: «A los postres el Sr. Venegas leyó las adhesiones de Luis Companys y demás compañeros del Gobierno de la Generalidad, Martínez Barrio, Francisco Villanueva, viuda de Serval, Manuel Fontdevila, Casona, Hermosilla, Palanco, Marañón, Massá, Ruiz de Velasco, Vidal y Moya, Fernando Vela, Ribas, José Lorenzo, Candamo, Domenchina, Victoria Kent, Tenreiro, Blanco-Fombona, Francisco Agustín, Besteiro, Jiménez de Asúa, Gómez de la Serna, Margarita Xirgu, Sanoza Silva, Ciges Aparicio, Rivas Cherif, Federico García Lorca y otras.»

25. Marie Laffranque, «Bases cronológicas para el estudio de Federico García Lorca», en *Federico García Lorca*, edición de Ildefonso-Manuel Gil, Taurus, Madrid, 1973, pp. 411-459; la referencia en p. 452.

26. Véase apéndice I, *7*, p. 321. El manifiesto se publicó después en *Heraldo de Madrid* (25 diciembre 1935), p. 4; *La Libertad*, Madrid (26 diciembre 1935), p. 1; *Renovación*, Barcelona (28 diciembre 1935), p. 14.

27. Véase apéndice I, *8*, p. 322.

28. Véase apéndice I, *9*, p. 323.

29. Es decir, el que empieza «Este gran don Ramón, de las barbas de chivo» y el «Soneto autumnal al marqués de Bradomín».

30. *El Sol* (15 febrero 1936), p. 8; *La Libertad* (15 febrero 1936), p. 4; *Heraldo de Madrid* (18 febrero 1936), p. 9; *Ahora*, Madrid (15 febrero 1936), p. 24; *La Voz*, Madrid (15 febrero 1936), p. 3; *Mundo Obrero*, Madrid (15 febrero 1936), p. 5: Valle-Inclán «el gran amigo del pueblo, de los perseguidos, de los presos, de los revolucionarios, y que por serlo así, lo era también de la Unión Soviética».

30 bis. «En Madrid hay un club infantil», *Ahora*, Madrid, 16 de febrero de 1936.

30 ter. Luis Lacasa «Recuerdo y trayectoria de Federico García Lorca», *Literatura Soviética*, Moscú, n.º 9, 1946, pp. 38-46; véase también *Ahora*, Madrid, 12 de febrero de 1936, p. [27].

31. Que sepamos, este manifiesto sólo se publicó en *Mundo Obrero*.

32. *Mundo Obrero* (15 febrero 1936), p. 3.

33. Este dato no es exacto. Fernando de los Ríos vivía entonces, según nos ha explicado su hija, Laura de los Ríos, en la calle de Diego de León, número 25.

34. Pablo Suero, «Los últimos días con Federico García Lorca. El hogar del poeta», *España levanta el puño*, Noticias Gráficas, Buenos Aires, 1936. Citamos del artículo de Eutimio Martín, «Un testimonio olvidado sobre García Lorca en el libro *España levanta el puño*, de Pablo Suero», *Trece de Nieve*, Madrid, 2.ª época, n.º 3 (mayo 1977), pp. 74-78; la cita en p. 88.

35. Felipe Ximénez de Sandoval, *José Antonio (Biografía apasionada)* (Barcelona, Juventud, 1941), p. 514.

36. Ian Gibson, *En busca de José Antonio* (Barcelona, Planeta 1980), pp. 215-221.

37. Véase apéndice I, *10*, p. 324.

38. Véase apéndice I, *11*, p. 326.

39. María Teresa León, «Doña Vicenta y su hijo», *El Nacional*, Caracas (14 mayo 1959) y *Memoria de la melancolía*, Losada, Buenos Aires, 1970, pp. 198-200.

40. Rafael Alberti, *Imagen primera de...*, Losada, Buenos Aires, 1945, pp. 15-31.

41. Esteban Vega, «Federico García Lorca en el XX aniversario de su muerte», *Novedades*, México (16 septiembre 1956).

42. Véase apéndice I, *12*, p. 328.

43. «Los escritores y artistas españoles piden la libertad de Luis Carlos Prestes», *La Voz* (1 abril 1936), p. 2.

44. Entrevista de García Lorca con Felipe Morales, titulada «Conversaciones literarias. Al habla con Federico García Lorca», *La Voz*, Madrid (7 abril 1936), en *OC*, II, pp. 1 076-1 081; la cita en pp. 1 079-1 080.

45. Véase apéndice I, *13*, p. 329.

46. *¡Ayuda!*, Madrid (1 mayo 1936), p. 5.

47. Véase apéndice I, *14*, p. 329.

48. Véase apéndice I, *15*, p. 330.

49. Véase apéndice I, *16*, p. 330.

50. Véase apéndice I, *17*, p. 331.

51. *La Libertad* (23 mayo 1936), p. 9; *Claridad* (23 mayo 1936), p. 5.

52. Vila-San-Juan, *op. cit.*, p. 233.

53. Guillermo de Torre, *Tríptico del sacrificio*, Losada, Buenos Aires, 1960², pp. 69-71. Según consta en la p. 77 de esta edición, la redacción del ensayo de Torre era de 1938.

54. Declaración de José Luis Cano al autor, 11 de junio de 1980.

55. Juan Guerrero Ruiz, *Juan Ramón de viva voz*, Ínsula, Madrid, 1961, p. 466. Isabel García Lorca no recuerda haber pronunciado estas palabras. «Federico se llevó siempre bien con Neruda», nos aseguró (Madrid, 14 noviembre 1978).

56. Entrevista de García Lorca con Bagaría, titulada «Diálogos de un caricaturista salvaje. Federico García Lorca habla sobre la riqueza poética y vital mayor de España. Reivindicación intelectual del toreo. Las diferencias del cante gitano y del flamenco. El arte por el arte y el arte por el pueblo», *El Sol* (10 junio 1936), en *OC*, II, pp. 1 082-1 087; las citas en pp. 1 083, 1 085.

57. Entrevista del poeta con Rodolfo Gil Benumeya, titulada «Estampa de García Lorca», *La Gaceta Literaria*, Madrid (15 enero 1931), en *OC*, II, pp. 938-941; la cita en p. 939.

58. Véase nota 55, en *OC*, II, p. 1 085.

59. Carta del poeta a Adolfo Salazar reproducida por Mario Hernández en el número extraordinario en homenaje a García Lorca de la revista *Trece de Nieve*, Madrid, 2.ª época, n.º 1-2 (diciembre 1976), p. 51, en *OC*, II, p. 1 187.

60. Comentario de Mario Hernández a la carta de Salazar, *op. cit.* en la nota 59, pp. 51-54; la cita en p. 54.

61. *Heraldo de Madrid* (22 junio 1936), p. 2.

62. Edgar Neville, «La obra de Federico, bien nacional», *ABC*, Madrid, 6 de noviembre de 1966, p. 2.

63. *Heraldo de Madrid* (4 julio 1936), p. 15. Véase apéndice I, *18*, p. 332.

64. Sobre el compromiso social de Lorca a través de la totalidad de su obra el mejor estudio, sin lugar a dudas, es el sucinto y profundo ensayo de la gran hispanista Marie Laffranque, «Puertas abiertas y cerradas en la poesía y el teatro de García Lorca», en *Federico García Lorca*, edición Ildefonso-Manuel Gil, pp. 249-269. Véase también el estudio de J. Lechner, *El compromiso en la poesía española del siglo xx*, Universidad de Leyden, 1968, I, pp. 77-79.

65. Citamos de José María Valverde, *Antonio Machado*, Siglo XXI, Madrid, 1975, pp. 291-292.

2

E n la carta que Federico García Lorca dirigió a Adolfo Salazar a principios de junio de 1936 en relación con la entrevista concedida a Bagaría, aludió a su intención de hacer una breve visita a su patria chica: «Me voy dos días a Granada para despedirme de mi familia. Como me voy en auto, por eso ha sido cosa precipitada y nada te dije.»[1] Puesto que los padres de Federico estaban entonces en Madrid, cabe suponer que el poeta pensaba en su hermana Concha, casada con Manuel Fernández-Montesinos, y en sus tres niños. Pero, ¿por qué tenía Federico necesidad de «despedirse» de ellos? La hipótesis más verosímil es que, por aquellas fechas, pensaba todavía en irse a México, donde Margarita Xirgu representaba a la sazón sus obras, y que Salazar estaba enterado del proyecto.

En abril de 1936, en efecto, Lorca había anunciado públicamente su intención de hacer un viaje a México, con escala en Nueva York. En México iba a reunirse con Margarita Xirgu y a dar una conferencia sobre la poesía de Quevedo («Hablaré en Méjico de Quevedo, porque Quevedo es España»).[2] No sabemos si el viaje a Granada a principios de junio se realizó (creemos más bien que no), pero lo que sí parece seguro es que durante todo aquel mes Federico dudaba si ir o no ir a México. A Juan Larrea le diría en 1951 Francisco García Lorca, hermano del poeta, que en julio de 1936 el poeta «llevaba su pasaje en el bolsillo y que a Granada se trasladó para despedirse de sus padres».[3]

Federico vivió las últimas dos semanas madrileñas con gran intensidad e innegable inquietud.

El 3 de julio le acompañó el periodista Antonio Otero Seco al juzgado de Buenavista, en el barrio de Salamanca, donde tenía que firmar las últimas diligencias en relación con una inesperada denuncia. Antes de llegar al juzgado, Federico le explicó a Otero:

No lo vas a creer, de puro absurda que es la cosa; pero es verdad. Hace poco me encontré sorprendido con la llegada de una citación judicial. Yo no podía sospechar de lo que se tratara porque, aun cuando le daba vueltas a la memoria, no encontraba explicación a la llamada. Fui al juzgado, y ¿sabes lo que me dijeron allí? Pues nada más que esto, que un señor de Tarragona, al que, por cierto, no conozco, se había querellado por mi «Romance de la Guardia Civil española» publicado hace más de ocho años en el *Romancero gitano*. El hombre, por lo visto, había sentido de pronto unos afanes reivindicatorios, dormidos durante tanto tiempo, y pedía poco menos que mi cabeza. Yo, claro, le expliqué al fiscal minuciosamente cuál era el propósito de mi romance, mi concepto de la Guardia Civil, de la poesía, de las imágenes poéticas, del surrealismo, de la literatura y de no sé cuántas cosas más.
   –¿Y el fiscal?
   –Era muy inteligente y, como es natural, se dio por satisfecho.[4]

Dos días después, los padres de Federico volvieron a Granada. Federico les fue a despedir con su antiguo maestro de escuela Antonio Rodríguez Espinosa, quien escribiría en sus memorias:

El día 5 de julio de 1936 marcharon a Granada los padres de Federico García Lorca con el fin de pasar la temporada de verano, como tenían por costumbre, en el carmen de su propiedad, llamado «Villa Vicenta».[5] A despedirlos acudimos a la Estación del Mediodía varios amigos; allí estaba Federico, que acudió también a despedir a sus padres. Al preguntarle yo por qué no se marchaba con ellos me dijo: «Tengo citados a unos cuantos amigos para leerles una obra que estoy terminando, llamada *La casa de la Bernarda*, porque me gusta oír el juicio que a mis amigos les merece.»[6]

Algunos días después, Federico cenaba en casa de su amigo Carlos Morla Lynch. Estuvo presente Fernando de los Ríos, que se mostraba «visiblemente inquieto» ante la situación política. «El Frente Popular se disgrega –decía– y el fascismo toma cuerpo. No hay que engañarse. El momento actual es de gravedad extrema e impone ingentes sacrificios.» Carlos Morla anotó también en su diario que Federico no desplegó en aquella ocasión su habitual vitalidad:

Pero Federico hoy ha hablado poco; se halla como desmaterializado, ausente, en otra esfera. No está como otras veces, brillante, ocurrente, luminoso, pletórico de confianza en la vida y rebosante de optimismo. Por fin murmura su profesión de fe habitual: «él es del partido de los pobres». Pero esta noche –como pensando en voz alta– agrega una frase más: «él es del partido de los pobres... *pero de los pobres buenos*».

Y, no sé por qué, su voz me parece distinta –como lejana– al pronunciar estas palabras.[7]

Marcelle Auclair recoge en su libro sobre García Lorca la angustia de estos últimos días antes de que estallara la guerra civil: días llenos de presagios. José Caballero le dijo a la escritora francesa que una tarde, inquieto por no haber visto a Federico, se presentó en el piso de la Calle de Alcalá:

–Poco ha faltado para que me encontraras muerto –le dijo [el poeta] arrastrándole a la sombra (las persianas estaban cerradas aunque era mediodía) para enseñarle, sobre el dintel de una puerta, el impacto de una bala.
–¿Estabas tú en este cuarto?
–No, pero ¿y si llego a estar?
Y contó a Pepe que había prohibido salir a la criada, la cual hacía el pan en la casa... Se escondía, huía de los amigos, no respondía al teléfono y sólo aparecía raramente en casa de los Morla.[8]

Otro día Federico estaba en una cervecería del Pasaje de Mathéu (entre la calle de la Victoria y la de Espoz y Mina) con Santiago Ontañón, Rafael Rodríguez Rapún, el capitán Francisco Iglesias, Jacinto Higueras y otros amigos. Recuerda Santiago Ontañón:

«De repente nos vinieron unos amigos que nos dijeron: "¡Están quemando el Teatro Español!" Entonces a nosotros eso nos parecía monstruoso, y salimos corriendo a ver qué pasaba. Y al desembocar en la Plaza de Santa Ana, allí cerca, vimos que el teatro estaba intacto, que no pasaba nada y no salía humo ni nada, pero que sí salía humo de esa iglesia que está entre la calle del Prado y la de Huertas. La gente corría hacia esa iglesia, la Iglesia de San Ignacio de Loyola. Y entonces nos calmamos un poco, porque para nosotros hubiera sido mucho más trágico, claro, que se quemara el Español, donde todos habíamos vivido muchos años, estrenando comedias y decorados y tal. Entonces recuerdo que nos quedamos viendo la cosa, aunque no nos acercamos hacia la iglesia porque había mucha gente. Y allí empezamos a decir: "¡Qué barbaridad! ¿Cómo pueden hacer esto?" Estaba Madrid entonces muy inquieto, y se notaba que iba a pasar algo.

»Entonces nos fuimos separando, y yo recuerdo que me quedé con Federico. Íbamos bajando por la calle del Príncipe y al llegar a este sitio donde hay dos mojones de piedra,[8 bis] pues sobre uno de ésos, como si eso fuera un monumento a la memoria mía, ¿no?, me despedí de él. "¡Qué barbaridad! ¡Qué barbaridad!", me dice. "Esto se va a armar. ¡Me voy a Granada! ¡Me voy a Granada!" "Pero, ¿por qué te quieres ir a Granada?", le contesté. "Estás mejor aquí en Madrid, pase lo que pase." "No, no, no, yo en Granada tengo amigos. Me voy. Me voy." Y nos despedimos. Y Federico decía: "¡Pobrecicos obreros, ay, pobrecicos obreros", y se marchó hacia la calle de Echegaray. Ésta fue la última vez que le vi.»[9]

El sábado 11 de julio, Lorca y otros amigos, entre ellos el diputado socialista por Extremadura, Fulgencio Díez Pastor, cenaban en casa de Pablo Neruda. Díez Pastor estaba extremadamente preocupado por la situación política, y Federico no cesaba de hacerle preguntas: «¡Me voy a Granada!», exclamó el poeta. «Quédate aquí», respondió Díez Pastor. «En ningún sitio estarás más seguro que en Madrid.» El escritor falangista Agustín de Foxá le daría al poeta el mismo consejo: «Si tú quieres marcharte, no vayas a Granada sino a Biarritz.» A lo cual Federico contestaría: «¿Y qué haría yo en Biarritz? En Granada, trabajo.»[10]

El domingo 12 de julio a las nueve y media de la noche unos pistoleros asesinaron al teniente José Castillo, de la Guardia de Asalto. Castillo, de ideas férvidamente republicanas, había recibido numerosas amenazas de muerte. Su asesinato tendría nefastas consecuencias.

Sería probablemente aquella noche cuando leyó Federico *La casa de Bernarda Alba* en casa del doctor Eusebio Oliver. Entre otros amigos del poeta estuvieron presentes entonces Jorge Guillén, Guillermo de Torre, Pedro Salinas y Dámaso Alonso. Este último recordaría que, al salir de la casa, se hablaba de «uno de los muchos escritores que por entonces ya estaban entregados a actividades políticas». Federico exclamó: «¿Has visto, Dámaso, qué lástima? ¡Ya no va a hacer nada!... [Aquí, según Dámaso Alonso, se omite una frase.] Yo nunca seré político. Yo soy revolucionario, porque no hay verdaderos poetas que no sean revolucionarios. ¿No lo crees tú así? Pero político, ¡no lo seré nunca, nunca!»[11] Hay que suponer que estas palabras, citadas hasta la saciedad por quienes propugnan el «apoliticismo» de Lorca, expresaban tan sólo la resolución del poeta de no militar jamás en un partido político determinado.[12]

Algunas horas después, a eso de las tres de la madrugada del 13 de julio, fue secuestrado y asesinado Calvo Sotelo por un grupo de paisanos y compañeros del teniente Castillo al mando del Capitán de la Guardia Civil Fernando Condés. El asesinato del jefe monárquico, en quien las derechas habían depositado su fe, convenció a todos de la inevitabilidad de una próxima guerra civil.

«Fecha fatídica», consignaba Morla Lynch en su diario aquella noche del 13 de julio:

> Federico no ha venido y nos extraña su ausencia. Hace días que no le vemos, pero no debe de haber partido todavía para Granada.[13]

El poeta Luis Cernuda también asistió a la cena de aquella noche en casa de los Morla Lynch, y su testimonio al respecto, publicado en 1938 –es decir, veinte años antes de que se editara el diario de Morla–, añade un detalle de gran relieve a las palabras del diplomático chileno. Cernuda había estado con Federico unos días antes:

> «Pensaba encontrarle pocos días más tarde. Yo me marchaba a París y debíamos reunirnos en casa de unos amigos como despedida. Llegó ese día y por la mañana ocurrió la muerte de Calvo Sotelo. Al anochecer estuvimos comentando el suceso mientras aguardábamos a Federico García Lorca. Alguien entró entonces y nos dijo que no le esperásemos porque acababa de dejarlo en la estación, en el tren que salía para Granada.»[14]

El «alguien» que acababa de dejar a Lorca en la estación no podía ser sino Rafael Martínez Nadal, quien –lo sabemos por el diario de Morla– también estuvo entre los comensales de aquella noche y que, en 1963, publicaría un artículo titulado «El último día de Federico García en Madrid», artículo que llegaría a ser muy conocido.[15] Martínez Nadal afirma en dicho trabajo que Federico salió de Madrid el 16 de julio, pero en vista de que nunca ha recuperado el diario en el cual apuntaría sus impresiones de aquel día, podemos concluir que en el detalle de la fecha le ha fallado la memoria. Además, como veremos, hay otros indicios que nos llevan al convencimiento de que el poeta abandonó Madrid en la noche del 13 de julio, tal como lo afirma Luis Cernuda.

Lo que sí queda fuera de duda es que Federico estuvo acompañado durante buena parte de aquel último día por su amigo Rafael Martínez Nadal. Éste recogió a Federico a eso de las dos y le llevó a comer a su casa. Luego, después de comer, fueron en taxi a la Puerta de Hierro, en las afueras de Madrid, y allí, de repente, Federico tomó la decisión de partir aquella noche para Granada, exclamando: «Rafael, estos campos se van a llenar de muertos. Está decidido. Me voy a Granada y sea lo que Dios quiera.» Según Martínez Nadal, fueron en seguida a la agencia Cook a sacar el billete del tren, volviendo luego al piso de la Calle de Alcalá donde prepararon las maletas de Federico.[16]

Martínez Nadal no menciona en su relato una visita que posiblemente haría el poeta aquella noche a su antiguo y querido maestro de Fuente Vaqueros, Antonio Rodríguez Espinosa. Éste escribiría en sus memorias:

> La noche del día 13 del mismo [es decir, de julio] vino a casa a las 9 de la noche; llamó, y cuando le abrió la muchacha le preguntó: «¿Está don Antonio?» «Sí, señor.» «Pues dígale usted que está aquí don Homobono Picadillo.» Yo, que conocía sus bromas y además conocí su voz, salí y le dije: «¿Qué se le ocurre al sinvergüenza de don Homobono?» «Nada más que darle a usted un sablazo de 200 pesetas; porque esta misma noche a las diez y media me voy a Granada. Hay visos de tormenta y me voy a mi casa, donde no me alcancen los rayos.»[17]

¿Se equivocaba Antonio Rodríguez Espinosa de fecha al consignar que dicha visita tuvo lugar en la noche del 13? No lo podemos decir a ciencia cierta, aunque por la precisión de los detalles aducidos nos inclinamos a creer en la exactitud de su relato.

Tampoco menciona Martínez Nadal otra visita de despedida que sí tuvo lugar, sin duda alguna, aquella noche: la hecha por Federico a la Residencia de Señoritas en la Calle de Miguel Ángel, número 8, donde vivían su hermana Isabel y la hija de Fernando de los Ríos, Laura. Mientras el poeta se despedía de ellas, Martínez Nadal le esperaba en el taxi.[18]

Martínez Nadal le acompañó luego a la estación y le instaló en su coche cama. Entonces ocurrió la siguiente escena:

> Alguien pasó por el pasillo del coche cama. Federico, volviéndose rápidamente de espaldas, agitaba en el aire sus dos manos con los índices y meñiques extendidos:
> –¡Lagarto, lagarto, lagarto!
> Le pregunté quién era.
> –Un diputado por Granada. Un gafe y una mala persona.

Claramente nervioso y disgustado, Federico se puso en pie.
–Mira, Rafael, vete y no te quedes en el andén. Voy a echar las cortinillas
y me voy a meter en cama para que no me vea ni me hable ese bicho.
Nos dimos un rápido abrazo y por primera vez dejaba yo a Federico en
un tren sin esperar la partida, sin reír ni bromear hasta el último instante.[19]

Allá por los años sesenta, Rafael Martínez Nadal nos aseguraba a
nosotros y a Marcelle Auclair que el «gafe» y «mala persona» que tanto
asustó a Federico no era sino Ramón Ruiz Alonso, el «obrero amaestrado» de la CEDA. Pero, en 1977, Martínez Nadal tuvo la amabilidad
de explicarnos, en contestación a nuestras preguntas, que no podía estar absolutamente convencido de ello:

> No. I cannot be *absolutely* convinced* de que era Ramón Ruiz Alonso el
> individuo que se deslizó por el pasillo del coche cama.
> Yo no vi la cara del sujeto en cuestión, y aunque la hubiera visto hubiera
> sido igual. Yo no conocía al luego tristemente famoso personaje ni Fede-
> rico lo mencionó por su nombre. Sólo dijo: «Un diputado de la CEDA por
> Granada...» Mi prólogo al libro sobre *El público* está tomado, como sabes,
> del artículo que publiqué en el número conmemorativo de *Residencia* (Mé-
> xico, 1963). Yo, a ruegos de don Alberto Jiménez,[20] accedí a suprimir las pa-
> labras «de la CEDA». Temía don Alberto que su inclusión dificultara aún
> más la circulación de ese número especial de *Residencia* por España. (Lo
> que pasa es que si dos y dos son cuatro... suma los datos y te darán Ramón
> Ruiz Alonso, o, al menos, me lo dan a mí.)[21]

Dos y dos no pueden no ser cuatro, pero el misterioso personaje del
tren difícilmente podía ser Ramón Ruiz Alonso, por cuanto se hallaba
en esos momentos en Granada, víctima de un accidente de tráfico. Los
detalles del suceso ocurrido tres días antes, cuando Ruiz Alonso regre-
saba de Madrid a Granada, pueden leerse al final de nuestro capítulo
sobre el político derechista.[22]
No sabemos quién podía ser el «diputado de la CEDA» que volvía a
Granada en la noche del 13 de julio, un exdiputado, en todo caso, ya
que los cedistas granadinos habían perdido unos meses antes todos sus
escaños.[23]
Martínez Nadal ha insistido siempre, erróneamente, en que Federico salió de Madrid en la noche del 16 de julio de 1936: la prensa

---

* No. No puedo estar absolutamente convencido...

granadina demuestra que el poeta llegó a Granada en la mañana del 14, lo cual presupone su partida de Madrid en la noche del 13.

El 15 de julio *El Defensor de Granada* anunciaba, en el centro de la primera página, la llegada del poeta:

García Lorca, en Granada

Se encuentra en Granada, desde ayer, el poeta granadino don Federico García Lorca.

El ilustre autor de *«Bodas de sangre»* se propone pasar una breve temporada con sus familiares.

Constantino Ruiz Carnero, director de *El Defensor de Granada* (y víctima también de la represión), era buen amigo de Federico. Cabe suponer que fue el mismo Ruiz Carnero quien redactó esta nota después de haber visto al poeta. El tren de Madrid llegaba normalmente a las 8.20 (según la prensa local), de modo que había tiempo de sobra durante el 14 de julio para que los dos amigos se viesen. Además, el pequeño pero significativo detalle de que el poeta se proponía pasar sólo una «breve temporada» en Granada, y no el verano entero, llama la atención. ¿De quién podía proceder esta infor-

El Defensor de Granada del 15 de julio de 1936 anuncia en primera plana la llegada de Federico García Lorca a Granada

A la izquierda de Federico García Lorca, Constantino Ruiz, director de *El Defensor de Granada* y buen amigo suyo

mación sino del propio Federico? Posiblemente el poeta pensaba todavía en ir a reunirse con Margarita Xirgu en México después de pasar unos días o semanas con su familia en Granada, y así se lo diría a Ruiz Carnero.

La reciente publicación de parte de una carta de doña Vicenta Lorca Romero, madre de Federico, confirma la llegada de éste a Granada el 14 de julio de 1936. Fechada en Granada el 15 de julio de aquel año, está dirigida a Isabel García Lorca y empieza así: «Queridísima hija: Ayer por la mañana tuvimos la alegría de que llegara Federico...»[24]

El 16, el diario católico *Ideal* recogía en su «Carnet mundano» –con menos efusividad, por supuesto, que *El Defensor*– la noticia de la llegada del poeta a la ciudad:

Se encuentra en Granada el poeta granadino Federico García Lorca.[25]

Y, el 17, *Noticiero Granadino*, periódico liberal, anunciaba en su primera página:

Pasa una temporada en Granada con sus familiares el ilustre poeta, nuestro querido paisano, Federico García Lorca.

Era notorio, pues, que el poeta había vuelto a Granada.[26]
A la Granada donde, muy pronto, «se le vio caminar entre fusiles».

──── N O T A S ────

1. Véase nota 59 del capítulo 1.

2. Entrevista de Lorca con Felipe Morales, titulada «Conversaciones literarias. Al habla con Federico García Lorca», *La Voz* (7 abril 1936), en *OC*, II, pp. 1 076-1 081; la cita en p. 1 081.

3. Carta inédita de Juan Larrea a Mario Hernández, 10 de febrero de 1978.

4. Antonio Otero Seco, «Una conversación inédita con Federico García Lorca. Índice de las obras inéditas que ha dejado el gran poeta», *Mundo Gráfico*, Madrid (24 febrero 1937), en *OC*, II, pp. 1 088-1 090; la cita en pp. 1 088-1 089.

5. En realidad, como veremos en el capítulo 8, no se trataba de un carmen sino de una casa de campo, la Huerta de San Vicente.

6. Antonio Rodríguez Espinosa, extracto de sus memorias inéditas dado a conocer, en traducción francesa, por Marie Laffranque, *Federico García Lorca*, Seghers, París, 1966, p. 110. Marie Laffranque ha tenido la amabilidad de facilitarnos el texto español de esta cita.

7. Carlos Morla Lynch, *En España con Federico García Lorca*, Aguilar, Madrid, 1958, pp. 491-492.

8. M. Auclair, *Vida y muerte de García Lorca*, Ediciones Era, México, 1972, pp. 322-323.

8 bis. A la entrada de la calle, muy pequeña, de Manuel Fernández y González.

9. Testimonio de Santiago Ontañón, grabado por nosotros en cinta magnetofónica, Madrid, 12 de junio de 1980.

10. Auclair, *op. cit.*, pp. 324-325.

11. Dámaso Alonso. *Poetas españoles contemporáneos*, Gredos, Madrid, 1978[3], pp. 160-161.

12. Estamos de acuerdo con el comentario que hace José Luis Cano a estas palabras del poeta: «sin duda quería decir que no tenía la menor vocación de político, de político actuante y profesional, y que estaba decidido a no doblegarse jamás a la actividad política. Era el oficio, la actuación pública, lo que no le interesaba». «Desde Madrid, José Luis Cano nos envía este artículo en que recuerda los 25 años de la muerte de Federico García Lorca...», *Gaceta del Fondo de Cultura Económica*, México, n.º 84 (agosto 1961).

13. Morla Lynch, *op. cit.*, pp. 493-494.

14. Luis Cernuda, «Federico García Lorca (Recuerdo)», *Hora de España* (Barcelona), núm. XVIII, junio de 1938, pp. 13-20. Reproducido en Luis Cernuda, *Prosa completa*, edición a cargo de Derek Harris y Luis Maristany (Barcelona, Barral, 1975), pp. 1 334-1 341.

15. Rafael Martínez Nadal, «El último día de Federico García Lorca en Madrid»,

Residencia. Revista de la Residencia de Estudiantes, número conmemorativo publicado en México, D.F. (diciembre 1963), pp. 58-61. Martínez Nadal ha reproducido el artículo como prólogo a su edición de *El público* de García Lorca, Seix Barral, Barcelona, 1978, pp. 13-21.

16. *Ibíd.*

17. Véase nota 6, cap. 2.

18. Testimonio de Laura de los Ríos y de Isabel García Lorca, Madrid, septiembre de 1978.

19. Véase nota 16, cap. 2.

20. Alberto Jiménez Fraud, director de la Residencia de Estudiantes.

21. Carta de Rafael Martínez Nadal al autor, 19 de diciembre de 1977.

22. Véase pp. 161-162.

23. Véase capítulo 3.

24. Francisco García Lorca, *Federico y su mundo* (Madrid, Alianza Tres, 1980), p. XXVI.

25. *Ideal*, Granada (16 julio 1936), p. 6.

26. Sobre la salida del poeta de Madrid, véase nuestro artículo «Lorca y el tren de Granada», *Triunfo*, Madrid (8 abril 1978), pp. 26-27.

3

GRANADA BAJO EL FRENTE POPULAR. LA CONSPIRACIÓN

E n la provincia de Granada, como en otros lugares rurales del país, las derechas hicieron lo posible durante las semanas que precedieron a las elecciones de febrero de 1936 para impedir –a veces con violencia– que el Frente Popular celebrase actos políticos. Se distribuyeron armas y muchos alcaldes no permitieron que se abriesen las Casas del Pueblo. Un telegrama mandado al presidente del Consejo por la minoría parlamentaria granadina, y publicado por *Heraldo de Madrid* el 7 de febrero, expuso algunas de estas quejas:

> Consideramos un deber hacer llegar a V. E. los siguientes hechos que indican la actitud ilegal de las autoridades: continúan cerradas las Casas del Pueblo de Güéjar-Sierra, Montejícar, Beznar, Lanjarón, Salobreña, Bérchules, Cortes, Graena, Pinos del Valle, Pinos Genil, Benalúa de Guadix, Torre Cardela, Cástaras, Cúllar de Baza y otras muchas de la provincia.
> Se llega a impedir todo acto de las izquierdas y tal acontece en Puebla de Don Fadrique, Albondón y Güéjar, y la fuerza pública hace objeto de vejaciones a nuestras Comisiones de propaganda.
> Seguros de su sentido de justicia acudimos a V. E. – *Fernando de los Ríos, José Palanço, Emilio Martínez Jerez*.[1]

El domingo 16 de febrero de 1936 España fue a las urnas.

En Granada, como en las demás ciudades del país, la jornada resultó bastante tranquila, aunque hubo una momentánea excitación en uno de los diez colegios electorales municipales cuando un partidario de las derechas, apodado «El Sabañón», rompió la urna.[2]

En la votación granadina provincial, a diferencia de la municipal, hubo frecuentes atropellos, y *El Defensor de Granada* describe minuciosamente las maniobras electorales de ciertos caciques. En el pueblecito de Güéjar, por ejemplo, muchos electores fueron obligados a abandonar sus hogares aquel domingo bajo la amenaza de las armas,[3] y abusos parecidos se registraron en Motril, las Alpujarras y otros distritos donde la población dependía, para ganarse la vida, de los grandes terratenientes.[4] Cuando se reunieron las nuevas Cortes, los diputados de la minoría granadina describieron ante la Cámara otros muchos atropellos que habían tenido lugar.[5]

Los resultados finales de las elecciones dieron al Frente Popular una estrechísima mayoría numérica. Las cifras comúnmente aceptadas como más correctas son:

Frente Popular	4 700 000
Frente Nacional	3 997 000
Centro	449 000
Nacionalistas vascos	130 000[6]

Al considerar estos resultados, hay que tener en cuenta que la distribución de escaños en las Cortes, de acuerdo con la Ley Electoral de 1932, no correspondía de modo estrictamente proporcional a los votos ganados por la mayoría, sino que el vencedor recibía, automáticamente, una bonificación de escaños. Así, en febrero de 1936, el Frente Popular obtuvo 267 escaños en las nuevas Cortes y las derechas solamente 132, del mismo modo que en noviembre de 1933 las derechas habían conseguido una gran mayoría de escaños a pesar de haber obtenido menos votos que la totalidad de los partidos de izquierda.[7]

El 21 de febrero de 1936 tanto *El Defensor* como *Ideal* publicaron los resultados definitivos de las elecciones. La derecha había ganado la contienda, es decir, los diez escaños granadinos reservados a la mayoría:

Número de electores de la provincia	333 263
Número de votantes	248 598
Francisco González Carrascosa (Agrario)	148 649
Manuel Torres López (CEDA)	148 304
José Fernández Arroyo (CEDA)	148 196
Natalio Rivas Santiago (Independiente)	148 171
Julio Moreno Dávila (CEDA)	148 168

Ramón Ruiz Alonso (CEDA) 148 074
Gonzalo Muñoz Ruiz (Progresista) 147 889
Francisco Herrera Oria (CEDA) 147 792
Melchor Almagro Sanmartín (Progresista) 147 291
José María Arauzo de Robles (Tradicionalista) 145 934
Emilio Martínez Jerez (Frente Popular) 100 013
Fernando de los Ríos (Frente Popular) 99 749
José Palanco Romero (Frente Popular) 99 005

Los diputados del Frente Popular, alegando que estos resultados no reflejaban los verdaderos deseos electorales de la población granadina –objeto de coacciones de las derechas–, pedirían su anulación (y los de Cuenca) cuando se reuniesen las nuevas Cortes.

Aunque los resultados de las elecciones parlamentarias no habían sido satisfactorios para las izquierdas granadinas, el Frente Popular ya controlaba por lo menos la administración municipal. El 20 de febrero de 1936 el gobernador civil, Torres Romero, había dimitido como consecuencia normal del cambio de Gobierno. Su puesto fue ocupado al día siguiente por Aurelio Matilla García del Campo –teniente coronel de Ingenieros, abogado, periodista y miembro del partido de Martínez Barrio, Unión Republicana–.[8] De modo semejante, el Consejo municipal se vio obligado a dimitir colectivamente, siendo reemplazado el mismo 20 de febrero por los republicanos destituidos por orden gubernativa en octubre de 1934. Su vuelta al poder en 1936 fue acogida con gran entusiasmo por el pueblo de Granada, aunque no por la clase media.

La breve alocución pronunciada en la sesión de apertura del repuesto Ayuntamiento por el alcalde interino, Constantino Ruiz Carnero (director de *El Defensor de Granada*, brillante e irónico periodista político, destacado miembro de Izquierda Republicana, gran amigo de García Lorca y uno de los principales «indeseables» liquidados más tarde por los sublevados granadinos) exterioriza el júbilo de aquellos momentos:

Señores concejales. Pueblo granadino: Sin más autoridad que la de ocupar interinamente este cargo, yo quiero dirigir ante todo un saludo emocionado a Granada. Aquí estamos otra vez después del paréntesis a que se nos ha obligado. No es una toma de posesión, es una reposición, es una reanudación de funciones. Ha quedado restablecida la legalidad republicana con el triunfo del pueblo. Hace dieciséis meses, los concejales elegidos por el pueblo de Granada fuimos despojados de nuestra función arbitrariamente no por haber dilapidado los fondos públicos, sino porque nuestro título de concejales era de republicanos, y por eso se nos arrojó, al mismo tiempo que se proporcionaba el espectáculo bochornoso de que vinieran a este salón de sesiones los «esquiroles» de concejales que se ponían a jugar graciosamente con los intereses de la ciudad.

En este momento yo no quiero pronunciar más que palabras de paz y orden. Yo recomiendo mucho orden y mucha serenidad, porque la República tiene que ser orden y serenidad.

En este momento solemne, decimos a la ciudad que aquí estamos para defender sus intereses, para ocuparnos de sus problemas y para procurar su engrandecimiento.

Y al pueblo granadino queremos decirle que venimos a esta Casa con más fervor republicano que nunca y que estamos dispuestos en todo instante a defender la República.

¡Granadinos! ¡Trabajemos por Granada y por la República!⁹

Pero, dadas las condiciones que existían en Granada, el sincero idealismo de Ruiz Carnero y sus colegas se estrellaría contra la realidad de la situación.

La irritación frentepopulista por los procedimientos electorales utilizados por las derechas en Granada llegó a su colmo el domingo 8 de marzo de 1936, cuando se celebró un gran mitin político en el estadio de los Cármenes. Según la cifra, acaso exagerada, dada por *El Defensor*, se reunieron aquel día en el estadio 100 000 personas. Durante el acto hablaron Fernando de los Ríos, ya otra vez ministro; el dirigente de UGT Ramón González Peña; el abogado granadino José Villoslada, miembro de Unión Republicana, el partido de Martínez Barrio, y el sindicalista granadino José Alcántara García. Terminado el mitin se formó una imponente manifestación que, atravesando las principales calles de la ciudad –Avenida de la República, Gran Vía, Reyes Católicos, Puerta Real–, se dirigió al Gobierno Civil. Allí se entregó una petición en la que, entre otras cosas, se reclamaba la anulación de las elecciones granadinas. Luego, los manifestantes se disolvieron.¹⁰

Era la mayor manifestación de izquierdas que se había visto nunca en Granada, y no es difícil imaginar el efecto que produjo en la clase media católica de la ciudad.

Al día siguiente del mitin de los Cármenes, el lunes 9 de marzo, hubo en Granada varios choques entre falangistas y miembros del Frente Popular. Al anochecer un grupo de pistoleros falangistas abrieron fuego contra una concurrida reunión de trabajadores y sus familias celebrada en la Plaza del Campillo, y varios niños y mujeres resultaron heridos. Los sindicatos decidieron actuar sin pérdida de tiempo, y fue declarada una huelga general de veinticuatro horas en Granada a partir de aquella misma medianoche.[11]

Cuando apareció El Defensor a la mañana siguiente, el 10 de marzo, traía un llamamiento dirigido a los obreros de Granada por los jefes locales de la CNT (15 000 miembros), de la UGT (10 000 miembros), del Partido Comunista (1 500 miembros) y del Partido Sindicalista.[12] El documento explicaba por qué se había declarado la huelga, y pedía a la vez la disolución de las organizaciones derechistas y la destitución de todos los elementos militares «subversivos».

La huelga exacerbó al máximo una situación ya de por sí peligrosa, y aquel día se produjeron disturbios sin precedentes en la historia reciente de la ciudad.

Según El Defensor del 11 de marzo, que publicó una amplísima información sobre los acontecimientos del día anterior, la primera acción de los trabajadores fue quemar el local de Falange, situado en la Cuesta del Progreso, número 3.

Eran las nueve y media de la mañana. Poco después otro grupo incendiaba el Teatro Isabel la Católica, que durante muchos años había desempeñado un papel importante en la vida cultural granadina. A las diez y cuarto se saqueó el «burgués» Café Colón. Se hizo una hoguera con mesas y sillas y, a continuación, se pegó fuego al edificio. Otro café, el Royal, sufrió igual suerte, y sin duda por la misma razón. En este momento parece ser que elementos derechistas aprovecharon el desorden para disparar desde azoteas y balcones sobre los manifestantes y la Policía. Según El Defensor, tanto la policía como los trabajadores fueron tiroteados durante todo el día por pistoleros antirrepublicanos.

Otro edificio quemado poco después fue el del periódico católico Ideal, tan odiado por los partidarios granadinos del Frente Popular. Las máquinas fueron destrozadas y el local inundado de gasolina e incendiado ante la pasividad de veinte guardias de Asalto al mando de un sargento. El Defensor explicaba que la policía había sido rodeada por mujeres que le «impidieron intervenir», pero la excusa no parece muy convincente. Es más probable que los agentes del orden obedecieran las instrucciones del gobernador civil de evitar a toda costa el causar bajas entre los obreros.

Mientras ardía *Ideal*, otros edificios sufrían la cólera de la multitud. Pronto fueron pasto de las llamas los locales de Acción Popular y los de Acción Obrerista, la organización obrera católica de la CEDA; la fábrica de chocolates de San Antonio, propiedad del dirigente provincial de Acción Popular, Francisco Rodríguez Gómez;[13] y varias tiendas pertenecientes a familias de derechas. No se libró tampoco el pabellón del Tenis Club de Granada, símbolo de la burguesía adinerada de la ciudad.

Ante la destrucción de sus propiedades, se comprende que hubiera, entre varios sectores de la clase media granadina, una reacción de odio. Este rencor lo desahogarían al estallar el Movimiento nacionalista: entre los miembros de las escuadras de asesinos figuraban a menudo los hijos de las familias más acomodadas de Granada.

Al final de la jornada se incendiaron también dos iglesias del Albaicín: el convento de San Gregorio el Bajo y la iglesia de El Salvador, de la cual sólo quedaron los muros. ¿Quiénes fueron los responsables de estos actos de vandalismo? No lo sabemos, pero no se puede descartar la intervención de agentes provocadores. *El Defensor* observa que los bomberos no pudieron llegar a las iglesias incendiadas a causa de los disparos que recibían al tratar de subir por las escarpadas y estrechas calles del Albaicín. El fácil incendio de una iglesia puede presentar una rentabilidad política inmediata, y al recaer la culpabilidad sobre el Frente Popular éste se granjearía así el odio de la clase media católica. Añadiremos que, al día siguiente, *El Defensor* publicó un aviso del Comité del Frente Popular a los trabajadores de Granada, poniendo en guardia a los partidos de izquierdas contra la infiltración de «agentes provocadores al servicio de la reacción». Lo cierto es que, cuando los nacionalistas se apoderaron de la ciudad en julio de 1936, algunos de los más vociferantes «rojos» del Frente Popular aparecieron de pronto con su verdadero color: el azul falangista.

En relación con los tiroteos del 10 de marzo se detuvo a más de 300 personas, y en los registros domiciliarios practicados por la Policía se encontró gran cantidad de armas de fuego.[14] Se recogieron además en la provincia de Granada, a raíz de los sucesos de marzo, unas 14 000 armas, la mayoría de ellas escopetas, que se depositaron en el cuartel de

Artillería y serían utilizadas por los rebeldes al estallar el Movimiento.[15]

Era evidente que la situación granadina había empeorado sensiblemente, pues mucha gente pensaba ya en la necesidad de armarse. La guarnición granadina no intervino el 10 de marzo, pero parece seguro que el comandante militar de la plaza, el general Eliseo Álvarez Arenas, visitó al gobernador civil durante el día, declarándole que, de no terminar la huelga aquella noche como estaba previsto, saldrían las tropas a la calle.[16] Álvarez Arenas fue reemplazado poco después del 10 de marzo, probablemente debido a esta intervención. El 22 de enero de 1937 volvió a Granada, es decir cinco meses después de iniciada la sublevación, y fue recibido como huésped de honor de la ciudad. Según el cronista oficial de Granada, «su digno comportamiento frente a las autoridades marxistas durante los vergonzosos sucesos de marzo de 1936 evitó la destrucción de la ciudad por las hordas rojas».[17]

El sucesor de Álvarez Arenas fue el general Llanos Medina, hombre de derechas «dispuesto a secundar, al frente de la guarnición granadina, cualquier intento de salvar a España».[18]

También fue destituido a consecuencia de los sucesos del 10 de marzo el gobernador civil, Aurelio Matilla. Le sustituyó otro miembro de Unión Republicana, Ernesto Vega, descrito por Gollonet y Morales como «fiel intérprete de los altos dirigentes de la masonería y del judaísmo, personificados en Granada por Alejandro Otero, a quien el gobernador tenía orden de obedecer ciegamente».[19]

Parecía bien claro a todo el mundo que, después del 10 de marzo, una reconciliación entre izquierdas y derechas en Granada sería muy difícil, por no decir imposible. Los ultraderechistas Gollonet y Morales comentan de esta forma las consecuencias de aquel violento día:

La lucha revolucionaria del mes de marzo dejó profunda huella en la ciudad. Durante muchos días la desanimación en las calles fue extraordinaria. Sólo circulaban las fuerzas de orden público y grupos de obreros encargados de perseguir a quien llevara cuello y corbata. Era el signo, por lo visto, de honradez y hombría de bien incompatible con las desvergüenzas de los marxistas.[20]

Cuatro días después de los acontecimientos del 10 de marzo en

Granada, el Gobierno proscribió la Falange y encarceló a sus líderes, incluido José Antonio Primo de Rivera.[21]

La Falange había sido numéricamente débil hasta las elecciones de 1936, y sus métodos violentos desagradaban a la burguesía católica. Pero el triunfo electoral del Frente Popular radicalizó a la clase media, desilusionada por la ineficacia de la CEDA. Las filas falangistas y los fondos puestos a disposición del partido por las derechas aumentaron proporcionalmente.

Comenta Herbert R. Southworth:

Alejandro Otero, famoso ginecólogo, fue acaso el líder socialista más odiado por las derechas granadinas. Ésta es una de sus últimas fotografías

El gran momento de los fascistas españoles había llegado. Por primera vez en España la coyuntura favorecía el desarrollo fascista. Los elementos conservadores estaban aterrorizados por el triunfo del Frente Popular y, en cuarenta y ocho horas, perdieron su fe en la eficacia de los grupos políticos que antes habían defendido sus intereses. Jóvenes católicos que, unos pocos días antes, gritaban «¡Jefe! ¡Jefe! ¡Jefe!» cada vez que aparecía en público Gil Robles, ya abandonaban en masa la organización católica de juventudes, las JAP y, por primera vez, miraban con interés y asombro la solución fascista de «la dialéctica de los puños y las pistolas», porque su «justicia» y su «Patria» habían sido insultadas por la victoria de la izquierda.[22]

Otro historiador del fascismo español, Stanley G. Payne, cita el testimonio de quien había sido jefe local de la Falange en Sevilla, Patricio González de Canales:

Después de las elecciones de febrero yo tuve fe ciega en el triunfo de la Falange porque estimamos a las derechas, nuestro enemigo más difícil, arruinadas y eliminadas. Su derrota constituyó para nosotros una fabulosa ventaja, y heredamos a sus mejores jóvenes. Además estábamos absolutamente convencidos de que el Frente Popular fracasaría, por su desorganización interna y por su posición francamente antinacional, claramente opuesta ésta a los sentimientos de una gran masa de españoles.[23]

En lo que respecta a Granada, no cabe duda de que los disturbios del 10 de marzo de 1936 estrecharon las relaciones entre la clase media y la Falange.

Otro factor importante en este proceso fue la anulación por las Cortes, el 31 de marzo de 1936, de los resultados de las elecciones de febrero. El 1 de abril *El Defensor* publicó un amplio reportaje sobre el debate de las Cortes que había desembocado en la decisión mayoritaria a favor de la anulación, debate en el cual había descollado Fernando de los Ríos. El diario señalaba la furiosa reacción de los diputados de derechas (muchos de los cuales abandonaron la Cámara sin votar) e informaba a sus lectores que se habían convocado nuevas elecciones para el 3 de mayo.

El 15 de abril los republicanos granadinos, enardecidos por la anulación de las elecciones, ofrecieron un banquete a *El Defensor* durante el cual hablaron el concejal de Izquierda Republicana, Francisco Rubio Callejón, el catedrático de la Universidad de Granada, Joaquín García Labella y, al final, el director del periódico, Constantino Ruiz Carnero. Las derechas, que odiaban *El Defensor*, no olvidaron este banquete y muchos de los asistentes, incluidos los tres que acabamos de mencionar, fueron fusilados.

En abril, el Frente Nacional –la coalición derechista– presentó su lista de candidatos para Granada: un «nacionalista independiente» (el general José Enrique Varela), cinco miembros de la CEDA (José María Pérez de Laborda, Avelino Parrondo Parrondo, Francisco Herrera Oria, Julio Moreno Dávila y Ramón Ruiz Alonso) y cuatro falangistas (Julio Ruiz de Alda, Manuel Valdés Larrañaga, Augusto Barrado Herrero y Raimundo Fernández Cuesta). Los cuatro últimos se encontraban en aquellos momentos en la cárcel, de donde, en caso de elección, los habría sacado la inmunidad parlamentaria.[24] Al unirse en esta lista con la Falange, la CEDA granadina perdió el ya escaso respeto que todavía merecía a los republicanos.

Como era de prever, la campaña electoral del Frente Nacional topó con constantes obstáculos. Sus candidatos recibieron amenazas, y en ocasiones hasta fueron objeto de agresión física. Las autoridades del Frente Popular censuraron su propaganda. Según Gil Robles, el gobernador civil hizo presión sobre los candidatos del Frente Nacional para que se retirasen de la campaña electoral, alegando que su presencia en ella no tardaría en provocar graves disturbios.[25]

De todos modos el Frente Nacional comprendió que no tenía ninguna posibilidad de ganar la elección. Cuando se hicieron públicos los resultados era evidente que había habido una abstención casi total por parte de los votantes de derechas. Según *Noticiero Granadino* del 8 de mayo, ningún candidato del Frente Nacional recibió más de 700 votos, lo que dio lugar a que el Frente Popular obtuviera no solamente los diez escaños de la mayoría, sino también los tres de la minoría, situación apenas concebible.[26] Comentó algunos años después la franquista *Historia de la cruzada española*: «El último intento de resistencia legal en Granada ha fracasado. El enemigo sólo quiere guerra: la guerra con todas sus consecuencias.»[27]

Sería un error, sin embargo, atribuir el fracaso del Frente Nacional en Granada únicamente a la intimidación de las izquierdas. El Frente Popular estaba en el poder, y era natural que las elecciones de mayo favoreciesen más a las izquierdas que a las derechas, especialmente en las zonas rurales, donde los caciques ya no podían atemorizar tanto como antes a los campesinos ni forzarlos a votar por una lista derechista.

No se puede dudar de que, a partir del momento en que perdieron esta elección, varios exdiputados granadinos empezaron a conspirar contra la República. Y entre ellos, según su propia confesión, Ramón Ruiz Alonso.[28]

La situación política y social granadina era ahora muy inestable, y las relaciones entre la autoridad civil y la militar empeoraban cada día. Parece ser que el Gobierno, conocedor de los sentimientos antirrepublicanos de varios oficiales de la guarnición, había ordenado al gobernador civil, Ernesto Vega, vigilar de cerca los movimientos de los militares sospechosos. Éstos no tardaron en darse cuenta de que eran objeto de una vigilancia gubernamental. Vega fue destituido el 25 de junio de 1936.[29]

El nuevo gobernador civil, César Torres Martínez, llegó al día siguiente desde Jaén. Había nacido en 1905 y era uno de los gobernadores más jóvenes de España. Durante el primer bienio de la República fue destinado a Almería y a Ávila. Torres Martínez –gallego, abogado, católico sincero, miembro de Izquierda Republicana e íntimo amigo de Casares Quiroga– había sido gobernador civil de Jaén desde abril de 1936. El día antes de su llegada a Granada le había llamado desde Madrid el subsecretario de Casares Quiroga, Ossorio Tafall. «Oye, César –le había dicho–, te mandamos a Granada. Vega se va, y hay un follón tremendo que tienes que resolver.»[30]

Al llegar a Granada, Torres Martínez descubrió que, efectivamente, había en la ciudad un gran desorden. Para empezar, en el Consejo municipal no reinaba la armonía precisamente: hacía meses que los distintos concejales izquierdistas se mostraban incapaces de decidir quién de entre ellos ocuparía la alcaldía. No llegarían a un acuerdo hasta el 10 de julio de 1936, cuando fue elegido finalmente el socialista Manuel Fernández-Montesinos, marido de Concha García Lorca, hermana del poeta.[31] Montesinos ocuparía el cargo sólo diez días. Fue detenido en los primeros momentos de la sublevación en su despacho y fusilado cuatro semanas después.

En vista de la falta de unidad del Consejo municipal, Torres Martínez (que conocía a poquísimas personas en Granada)[32] tuvo que luchar casi solo, apenas llegado a la ciudad, con el problema de una doble huelga de tranvías y de basureros que desde hacía semanas dificultaba la vida granadina.[33] Su intervención dio resultado. Luego, enterado de que en varios pueblos de la provincia elementos izquierdistas prohibían al cura decir misa, o que se tocasen las campanas de la iglesia, el gobernador civil intervino de nuevo con la misma eficacia. Torres, cuyo testimonio sobre la caída de Granada en manos de los sublevados reproducimos más adelante, habría pasado solamente veinticinco días en la ciudad cuando estalló el Movimiento. Poquísimo tiempo, cabe pensar, para enterarse de lo que se tramaba en torno suyo.

El 1 de julio de 1936 reapareció *Ideal*, después de tres meses y medio de forzosa ausencia del escenario granadino. Dentro de los límites impuestos a la vez por la censura y la prudencia, el diario expresó con bastante claridad sus aspiraciones políticas, declarando entre otras cosas:

No llegamos tarde para incorporarnos a las huestes de los que han emprendido la meritoria tarea de sacar al país de las actuales horas dramáticas.

Todavía es tiempo de unirnos a quienes luchan para salvar los principios tradicionales de España y volver a una organización donde el espíritu ocupe el cenit de la Jerarquía.[34]

Los dirigentes de *Ideal* sabían perfectamente que la conspiración contra la República estaba ya muy avanzada.

¿Qué papel desempeñó en ella la Falange granadina?

Con José Antonio Primo de Rivera en la cárcel, los falangistas de Granada podían difícilmente mantener el contacto con la organización central del partido. Hacia finales de abril de 1936, sin embargo, varios de ellos lograron visitar a Primo de Rivera en la Cárcel Modelo de Madrid y recibir instrucciones. Nos contó José Rosales:

> Nos queman el centro de Falange y la Falange se deshace totalmente. Entonces el jefe local de Falange en Granada delegó en mí. Nos vamos a Madrid José Díaz Pla y yo, este Ramón Ruiz Alonso, Enrique de Iturriaga y alguno más, porque en Granada la Falange ya la habían estropeado por completo y había que ir a recibir instrucciones nuevas. Entonces nos vamos a verle a José Antonio en la cárcel y me manda a mí, nos manda, a su casa. Entonces la Falange la llevaba un tal Andrés de la Cuerda –lo matarían o lo que fuera porque no sé, no volví a oír más de él– y este Andrés de la Cuerda dijo «no os preocupéis que os mandaremos un enlace a Granada», y nos manda a José Luis de Arrese.[35]

Arrese llegó a Granada a fines de mayo y, asesorado por José Rosales, nombró los siguientes cargos:[36]

Jefe Provincial	Antonio Robles Jiménez
Jefe de la Milicia	José Valdés Guzmán
Secretario Provincial	Luis Gerardo Afán de Ribera
Tesorero Provincial	Antonio Rosales Camacho
Jefe Local	José Díaz Pla
Secretario Local	Julio Alguacil González

Arrese volvió a Granada el 25 de junio para tomar las medidas definitivas tocantes a la intervención de la Falange en la sublevación militar que se sabía tendría lugar en breve.[37] José Valdés Guzmán aceptó el encargo de organizar «los elementos de orden», es decir, los paisanos granadinos que decidiesen apoyar una sublevación militar contra la República. Según Gollonet y Morales, «no le fue difícil encontrar en

El comandante José Valdés Guzmán, «camisa vieja» de Falange, asumió el mando del Gobierno Civil cuando los rebeldes se apoderaron de Granada el 20 de julio de 1936

pocos días, debido a sus numerosas amistades, hombres dispuestos a colaborar en la noble causa». Siguen los mismos autores:

Los primeros pasos fueron para nombrar los jefes de distrito, encargados de buscar afiliados a Falange. Cada jefe de grupo tenía contacto solamente con los falangistas que mandaba y con el señor Valdés. Desde esa fecha se celebraban reuniones, casi a diario, con los jefes de grupo para cambiar impresiones y organizar el movimiento civil. En pocos días se contaba con unos cuatrocientos afiliados de primera línea, dispuestos a dar el pecho.[38]

La *Historia de la cruzada española* afirma que en Granada tenía la Falange, por entonces, 575 miembros, 300 de ellos de primera línea.[39]

Esta cifra abarca seguramente a toda la provincia, ya que en la capital es improbable que tuviese el partido más de 400 miembros antes del comienzo de la guerra.

Los jefes de distrito (o sector) nombrados a consecuencia de la segunda visita de Arrese a Granada eran Enrique de Iturriaga, Cecilio Cirre y José Rosales.

De los jefes falangistas mencionados hay que señalar especialmente a José Valdés Guzmán, pues fue él quien asumió el mando del Gobierno Civil al apoderarse los rebeldes de Granada, el 20 de julio de 1936.

Valdés nació en Logroño en 1891. Su padre era general de la Guardia Civil y el hijo optó también por una carrera militar, participando entre 1918 y 1923 en la guerra de Marruecos. Gravemente herido, Valdés tuvo que pasar siete meses en un hospital de Sevilla. Fue operado en 1929 de una úlcera de duodeno, y siguió sufriendo hasta su muerte en 1939 dolencias de estómago o intestino.[39 bis]

Cuando llegó la República en 1931, Valdés fue destinado a Granada en calidad de comandante comisario de Guerra –es decir, como jefe de la administración de la guarnición granadina– y conservaría este puesto hasta el estallido del Movimiento. Mientras gobernadores civiles y militares se sucedieron en Granada con monótona regularidad entre 1931 y 1936, Valdés no se movió de la ciudad en cinco años, lo cual le permitió conocer no sólo a los demás oficiales de la guarnición sino a mucha gente, sobre todo de derechas, entre la población civil. Podemos estar seguros de que Valdés conocía la ciudad y su situación política al dedillo.[40]

El hecho de que Valdés fuera «camisa vieja» de Falange, como hemos visto, además de oficial militar especializado en administración (pudiendo así servir eficazmente de enlace entre las dos ramas de la conspiración), explica en gran parte su importancia durante la preparación del levantamiento y el puesto que asumió a partir del 20 de julio de 1936.

Permítasenos una aclaración. Parece seguro que Valdés, a pesar de ser «camisa vieja» de Falange y de haber sido nombrado por José Luis de Arrese jefe de las milicias falangistas granadinas, no fue en su fuero interno totalmente adicto a las ideas de José Antonio Primo de Rivera. Marcelle Auclair y luego José Luis Vila-San-Juan llegaron a esta conclusión a través de conversaciones con el jerarca falangista Narciso Perales, presente en Granada cuando empezó el levantamiento.[41] Nosotros también hemos acudido a Perales, que nos habló de su primer encuentro con Valdés, uno o dos días antes de la sublevación:

Yo conocí a Valdés en un bar de la Gran Vía de los Reyes Católicos. Creo que se llamaba el Jandilla, pero no recuerdo exactamente. Era un hombre más bien seco, desagradable. Y para él, claro, lo de la Falange era una cosa extraña, aunque él pertenecía al directivo de Falange nombrado por Arrese, como tal encargado de milicias. Y le digo yo: «Bueno, yo estoy aquí por una serie de circunstancias familiares», le explico, «pero en realidad, pues, yo tengo que estar al tanto de todo, y yo soy Fulano», y le digo cuál es mi personalidad. Y entonces él me dice: «Sí, sí», con muy gran desconfianza, dice:

Granada, sábado 25 de julio de 1936.　　IDEAL　　Año V. Número 1.152. Página 3.

Las nuevas autoridades granadinas

LA CRUZ ROJA DE GRANADA, FALTA DE RECURSOS

El aumento extraordinario de gastos extingue sus reservas

Gratitud a IDEAL por sus informaciones

La Cruz Roja de Granada ve escasear, de un modo alarmante, sus recursos y tiene que, de prolongarse las actuales circunstancias, no le será posible atender a sus menesterosos servicios, prestados estos días, con toda generosidad como heroísmo, cuando la ocasión lo requiere.

Así nos lo manifestaron ayer, en visita hecha a nuestra Redacción, el secretario de la institución, don Santiago Martín, y el miembro de la misma don Francisco Zurita Prados.

La Cruz Roja de una retribución de cinco pesetas a los miembros de ella que tienen que prestar servicio durante un día. En el actual servicio permanente, obligado por la necesaria previsión de las circunstancias, viene a gastar unas seiscientas pesetas diarias, aproximadamente.

Los fondos alcanzaban la suma de 4.000 pesetas, que corren el riesgo de agotarse, pese a la cuidadosa administración que con ellas se hace.

En efecto, y para atemar el volumen de los gastos, la señora del presidente, don Antonio Hernández, da de comer, diariamente, a treinta afiliados de la Cruz Roja. Por otra parte, el vecindario granadino no escatima sus aportaciones, colaboración y atenciones para con ellos y ofrecen coches en gran cantidad. La gasolina la facilita actualmente la Artillería. En los primeros momentos fue costeada por la Institución.

La Cruz Roja granadina ruega, por medio de nuestras columnas, un llamamiento a la generalidad de todos para que establecen con un donativo a la tarea llena de abnegación que es fundamental en su vida y actividades. En este sentido ha solicitado que se hable por la entidad local. Los donativos pueden entregarse en el domicilio de su presidente, calle de la Sierpe Alta, 2.

Gratitud a IDEAL

Nuestros visitantes nos expusieron la gratitud de todos los componentes de la Cruz Roja de nuestra ciudad, por el reportaje que apareció ayer en nuestras columnas, dando cuenta de los servicios y actividades que realizan. Entre otros servicios, ayer estuvieron algunos individuos recogiendo heridos en Loja. Y, constantemente, algunas vigilancias en sus puestos, rendidos de cansancio, pero siempre dispuestos al cumplimiento de su deber.

También nos interesaron que se hiciera público que los chóferes Juan José Rodríguez Almenara y Cecilio González, que conducen los coches requisados para la Institución, prestan también constantemente servicios humanitarios en las diversas ambulancias establecidas por la Cruz Roja de Granada.

PRESTAMOS HIPOTECARIOS

en toda España. Sobre fincas rústicas y urbanas, largos plazos, módico interés. Casa Reyes, Ponsano, 63. MADRID.

DOS MUERTOS Y DOS HERIDOS GRAVES AL INTENTAR DESARMAR A UN GUARDIA

Dispararon al intentar darse a la fuga

En las inmediaciones del Puente Cristiano unos guardias sorprendieron a cuatro sospechosos en el interior de una finca, y al darles el alto, intentaron desarmar a uno de los agentes, pero al no conseguirlo se dieron a la fuga. La fuerza pública disparó sobre ellos y les produjo lesiones de gravedad.

Conducidos los heridos al Hospital dos de ellos llegaron cadáveres, sin que pudieran ser identificados. Los otros heridos son Juan Rubira Molina, de 33 años, domiciliado en calle de Caracas, 15, que sufre una herida en el vientre con otro perforaciones intestinales, y Francisco Martín Barranco, con domicilio en el Barranco de Tello, 10, que resultó con un balazo en el hombro izquierdo y otro en el costado derecho. El estado de ambos es gravísimo.

Las víctimas parece que se dedicaban a hurtar patatas en la finca donde fueron sorprendidas.

DON JOSE VALDES GUZMAN, NUEVO GOBERNADOR CIVIL DE GRANADA

INGRESO EN EL EJERCITO COMO SOLDADO VOLUNTARIO

Declarado el estado de guerra en nuestra capital y provincia, por la autoridad militar fue designado para el cargo de gobernador civil el comandante, comisario de Guerra, don José Valdés Guzmán.

Carácter castellano y como tal se...

Hijo del general Valdés

Don José Valdés Guzmán nació en Logroño y es hijo del general de la Guardia civil, en situación de reserva, don Perfecto Valdés Díaz. Cursó el bachillerato en los Institutos Cisneros y San Isidro de Madrid. Trasladado su padre a Barcelona, merced por estudios de promoción e industrial; pero sintiendo que su vocación era por la carrera de las armas, abandonó los estudios comenzados para dedicarse por entero a preparar su ingreso en la Academia militar.

Soldado voluntario

A poco era trasladado su padre a las islas Canarias, donde condujo aquella preparación; pero viendo que era ese su padre carecía de los términos necesarios para costearla carrera tan caro como la de militar decidió sentar plaza como soldado voluntario en el Regimiento de Infantería de Las Palmas número 66.

En él ascendió a cabo; mas por animosidad con algún jefe resistido el compromiso e ingresó como militar en la Comandancia de Artillería de Gran Canarias. A los tres meses ascendía a cabo y cuando llevaba dos años de servicio, tiempo insuficiente para ingresar en la Guardia civil, con derecho preferente por su calidad del Cuerpo y poseer título académico, solicitó el pase a la Benemérita e ingresó en la Comandancia de Gran Canarias.

Al terminar sus estudios en la Academia fue destinado al Regimiento de Menorca y al cabo de unos meses, a petición propia, se le destinó al Regimiento de San Fernando, de guarnición en África. También, voluntario, pasó al poco tiempo al grupo de Regulares indígenas de Tetuán número 1.

Durante su permanencia en el elitista Regimiento de San Fernando prestó servicios en comisión en la Academia de Melilla. En los Regulares de Tetuán asistió a todas las operaciones llevadas a cabo en 1918 a 1923.

Herido grave

Resultó herido leve en una ocupación y más tarde grave en la ocupación de Dahar-el-Bureija, pues después de un intenso fuego de fusilería y de fuente ingresando en el hospital de Tetuán, rápidamente fue herido el actual gobernador civil a uno de los soldados pidiéndoles comenzaron a caer por aquellas posiciones.

En el mando del 1923 se personó en las operaciones del Cuerpo de intervenciones militares, donde obtuvo plaza, y una vez terminadas las prácticas de dicho Cuerpo marchó de nuevo a África, donde permaneció hasta 1926 en la que por fin a Sevilla. Desde entonces el soldado como habían hasta su total curación.

En el mando del 1923 se personó en las operaciones del Cuerpo de intervenciones militares, donde obtuvo plaza, y una vez terminadas las prácticas de dicho Cuerpo marchó de nuevo a África, donde permaneció hasta 1926 en que fue a Sevilla. Desde entonces el soldado como habían hasta su total curación.

En esta última capital fue destinado a una oficina en el estómago y al poco tiempo, a toda la población, y a todas las clases les fueron impuestas las condecoraciones era el comandante de Artillería.

El advenimiento de la República

EL COMANDANTE MILITAR DE GRANADA. PERSONALIDAD MILITAR DE GRAN RELIEVE

Ha intervenido en importantes hechos de armas en África

Don Basilio León Maestre, comandante militar de Granada, tiene una personalidad fuerte y amada como militar de gran relieve. Joven para su cargo de coronel; ha obtenido rápidos ascensos por méritos de guerra y acciones realizadas en la campaña africana.

Pertenece al arma de Infantería. En la promoción del año 1896, recibió con espíritu eminentemente militar, tuvo ocasión de destacar con sus hechos de armas en las acciones del Ejército español en tierras de Marruecos en la campaña de los años 1921 al 1925, en que ya fue tomado Alhucemas.

Don Basilio León Maestre fue jefe del batallón del Regimiento de la Corona, que las intensas operaciones realizó en la toma de varias importantes plazas enemigas. Por su relevante comportamiento fue ascendido a teniente coronel.

Después en la península, cuando obtuvo el grado de coronel, fue comandante militar de la plaza de...

...río y severo, de gran energía e incansable actividad, el señor Valdés ha tomado sobre sus hombros la ardua tarea de regir las destinos de nuestra provincia en estos momentos tan difíciles.

Condecoraciones

Posee, dentro del señor León, nombre, sabe oruma rojas sencillas 2 además la Medalla de sufrimientos por la Patria con aspa de herido, medalla Marruecos y cruz de San Hermenegildo.

La sublevación del cuartel del Carmen

En el año 1929 se encontraba con licencia en Zaragoza cuando tuvo conocimiento de la famosa sublevación de las tropas del cuartel del Carmen, ocurrida en la madrugada del día 9 de enero del citado año. Acompañado otro de una pareja de la Guardia civil, fue el primero en llegar al estado cuartel, donde cumpliendo con su deber restableció el orden con riesgo de su vida y resto de la fuerza de la Guardia civil al mando de su padre, que estando, con un grupo de guardias asaltó el sitio dando tan brillantemente a las órdenes pertinentes del cuartel. Sofocó la rebelión y rápidamente a la empezado a sofocar; por lo que puede hacer lo que de bien como tan poderoso extinguida la rebelión.

Por este hecho le fue concedida en aquella época otra recompensa.

D. LORENZO TAMAYO PRESIDIO LOS MAS IMPORTANTES CONSEJOS DE GUERRA

Enviado en comisión de justicia a Asturias y juez militar de Almería

La Diputación provincial de Granada está presidida desde la proclamación del estado de guerra por el teniente coronel de Infantería don Lorenzo Tamayo.

Procedente de la Academia de Infantería de Toledo, de la promoción del año 1897, contaba con servicios en la península hasta el año 1914 en que le fue confiado el mando del batallón de ametralladoras de Gibraltar. Después pasó a la zona de protección de África, en donde las notas de bajas enemigas, en donde con actividad era una estrada y desde más de una vez denunciado en diversos cometidos.

Con el grado de comandante fue ayudante de campo del general que prestaba sus servicios a felicitarle por su designación para el puesto de comandante militar de Málaga en el año 1923, en que tuvo una intervención en el cuerpo tan brillantísima. Era el comandante general del arma de Infantería.

En 1934, cuando se produjo en el jueve de guerra española regir los soldados que escasamente a embarcar con dirección a África. Fueron momentos difíciles. Cuando el señor Tamayo fue trasladado los referidos, a quienes al fin logró embarcar.

Trasladado a Almería, ha encargado allí el cargo de juez militar y su actuación en estos momentos es bien patente ante todo con las operaciones militares y tan a Oviedo durante la revolución asturiana de 1934, en donde por su actuación como de apresar a cada uno de los sediciosos en diversos consejos.

En el mes de julio del pasado año todavía en Asturias, presidió los más importantes Consejos de guerra celebrados contra los revolucionarios. Fue enviado especialmente para este cometido en comisión de justicia.

Procedente de Asturias ha marchado a Cataluña, en cuya región intervino activamente para relevar huelgas revolucionarias y otros conflictos sociales planteados por la clase trabajadora. Y en 1932 pasó a las islas Canarias, con el empleo de teniente coronel.

En el mes de marzo del presente año fue destinado a Almería, ha encargado allí el cargo de juez militar y su actuación en estos momentos es bien patente ante todo con las operaciones militares.

En su nuevo cargo de presidente de la Diputación provincial tiene una gran voluntad y deseo de realizar una fructífera labor. Como ya publicamos hace dos días, en unas manifestaciones hechas por el señor Tamayo, su principal preocupación por el momento es el problema de la Beneficencia, a la que quiere prestar toda su atención para resolver de una forma definitiva.

EL ALCALDE. DON MIGUEL DEL CAMPO. NACIO EN PUERTO PRINCIPE. (CUBA)

Tomó parte activa en las guerras de Marruecos y fue herido la noche del 24 de diciembre de 1911

No necesita de grandes presentaciones el nuevo alcalde de Granada don Miguel del Campo Robles, teniente coronel de Infantería. Goza del máximo prestigio en nuestra capital, ya que las incontables dotes de caballerosidad y campaña le han hecho granjearse la amistad de innumerables granadinos. Militar de recio temperamento patriótico y su figura bien destacada del glorioso Ejército español.

Militar de tanto afable y cariñoso lo ha valido la estimación rápida de cuantos trabajan en el Ayuntamiento. Por el despacho oficial de la alcaldía han desfilado de innumerables personas que preclaramente acudieron a felicitarle por su designación para el puesto más representativo de la ciudad.

Y hecha esta salvedad previa entramos en los datos biográficos. Don Miguel del Campo nació en Puerto Príncipe (Cuba) el 4 de julio de 1885. Con pocos años marchó con su familia a La Habana, en cuyo Instituto cursó el bachillerato. Más tarde, el 6 de marzo de 1902 ingresó en las filas obreras en el empleo de primer teniente.

Una sola anécdota

En España, interesado en la Academia militar de Toledo, de la que salió dos años después con la graduación de segundo teniente de Infantería.

Entonces se le destinó a África, en donde y por puede marchar a Filipinas por haberse suspendido la expedición hubo de quedar en el sur de África el 1888. Con pocos años marchó con su familia a La Habana, en cuyo Instituto cursó el bachillerato.

Por entonces, don Miguel del Campo marchó en uso de licencia a la Habana con el fin de visitar a su familia. Se presentó en una capital cubana con su familia el deseando que en el Nautilus buque escuela de la Armada española. Una de las más famosas sociedades de La Habana requirió un baile en honor de los marineros españoles. El señor Del Campo fue invitado al baile para que asistiera con el uniforme de Arma de Infantería española, con más diversas. El vistoso genio-lenciario de España en la Habana asistió también al baile y siendo al uniforme del Del Campo que vestía el uniforme español de recio porte que le hacía tan a un tirano del salón. Las cosas que se indujeron a ella otras de no le hubiere permitido pasar el baile con el uniforme en Cuba.

A pesar de la protesta de algunos directivos de dicha sociedad, el señor Del Campo tuvo que retirarse. Creyendo que había sido ofendido moral y materialmente, el señor Del Campo acudió al embajador de las naciones, pero el rol no fue aceptado. La Prensa de ocupó del caso y llamó la atención del Gobierno español ante...

DOS HERIDOS AL SER AGREDIDOS POR EXTREMISTAS

De Colomera reportan ayer haber en el Hospital provincial Pío López, de 24 años, obrero del campo, que presentaba una herida de arma de fuego en la cabeza y otra en el cuerpo, y a Manuel Gómez Ruiz, de 18 años, también obrero del campo, con una herida de arma de fuego en el costado derecho.

Ambos fueron agredidos por un grupo de extremistas. Dijo que habían sido perseguidos por unos extremistas.

Las Arenas del Rey Antonio Vilarraso de Luro, de 18 años, resultó herido de un disparo al ser agredido su domicilio por un grupo de extremistas. Ingresó ayer en el Hospital de San Juan de Dios y su estado es de pronóstico reservado.

Se compra Oro y Plata
ZACATIN, 11
(ESQUINA A ALCAICERIA)

yendo que había sido ofendido moral y materialmente, a señor Del Campo acudió al embajador las naciones, pero el rol no fue aceptado. La Prensa de ocupó del caso y llamó la atención del Gobierno español ante...

«Usted permanece en contacto» –*usted*, eso entre nosotros era insólito– «usted permanece en contacto con Aureliano Castilla, que él le transmitirá mis instrucciones». Es decir, me pone a mí –fundador de la Falange, Palma de Plata de José Antonio (sabe usted que eran muy pocos, ¿no?), y era una personalidad que ha desarrollado distintas funciones de relativa importancia en Falange, entre ellas jefe provincial de Valladolid accidentalmente, cosa que le digo, ¿entiende?–, me pone a las órdenes de un advenedizo, de derechas.

Entonces yo trato de sondearle acerca de su ideología. Y entonces es cuando le hablo de nacionalsindicalismo, de la revolución, etc. Y me corta. Me dice: «Mire usted, a mí lo de nacionalsindicalismo me da tres patadas en la boca del estómago, y lo tengo enfermo, sabe usted.» Muy demostrativo. Me digo: «¿Qué clase de hombre está aquí? ¿Y cómo puede ser falangista un tío que dice esto? ¡Es imposible! ¿Pero adónde acudo yo, cómo puedo decir que ese hombre no puede ser nada en Falange?»[42]

El joven poeta granadino Luis Rosales también tuvo un roce con Valdés poco antes de la sublevación. Al llegar Luis desde Madrid por aquellos días, su hermano José le pidió que llevara un paquete de documentos comprometedores a Valdés, que vivía en la Calle de San Antón. Luis no era conocido en Granada por los del Frente Popular –llevaba varios años estudiando en Madrid y sólo volvía a Granada para las vacaciones– y así corría menos riesgo que sus hermanos de ser detenido. Pero al llegar a casa de Valdés se encontró con que éste lo recibió muy fríamente, mostrando bien claramente que no se fiaba de él y haciendo como si no comprendiera de qué se trataba. Luis, furioso, arrojó el paquete sobre la mesa y se fue:

> Mi torpeza, tan poco adaptada a las costumbres de la acción clandestina, me valió el desprecio de Valdés, y la viveza de mis palabras su enemistad.[43]

Como veremos después, podría ser que este incidente, no olvidado por Valdés, influyera en la persecución y muerte de Federico García Lorca.

José Rosales nos habló de sus reuniones con Valdés y otros conspiradores durante las últimas semanas que precedieron a la sublevación. Éstas se celebraban unas veces en el piso de Valdés, otras en cafés y bares granadinos e incluso en el campo u otros pueblos cercanos de la provincia. También se veía a veces el grupo en un piso vacío de una casa de la Calle de San Isidro, número 29, perteneciente a Antonio Rosales.[44]

En varias ocasiones los conspiradores estuvieron a punto de ser sorprendidos por la Policía en posesión de papeles, pistolas y demás materiales comprometedores. Parece ser, además, que los republicanos no tardaron en sospechar de Valdés:

> Había la dificultad de la falta de armas. Sólo disponía el señor Valdés de unas treinta pistolas, que guardaba en su domicilio. Unos días antes del Movimiento, los del Frente Popular tenían montada una vigilancia permanente en la casa de la Calle de San Antón donde vivía el comisario de Guerra. Una de estas guardias de sicarios fue observada, cuando precisamente estaban en el domicilio del señor Valdés varios de sus amigos conspiradores. No había más remedio que salir a la calle y así se hizo. Pero antes, dos o tres de los reunidos tuvieron que despejar a la chusma [...].
>
> Se esperaba que hicieran algún registro en la casa del señor Valdés y por ello la documentación comprometedora se albergó en lugar seguro. Para ocultar las armas se buscó un truco, en colaboración con un vecino de la casa. El señor Medina, que habitaba el segundo piso, recogió las pistolas y las tenía preparadas en una cesta. En caso de que se llegara a efectuar el registro y se pretendiera hacer lo mismo en el segundo piso, la cesta sería descolgada por el ojo de patio con una cuerda. Por una ventana del primero sería recogida, burlando así la acción de los agentes del Gobierno.[45]

De todo lo dicho se deduce que, aunque Valdés y los hermanos José y Antonio Rosales estaban estrechamente relacionados, el primero ocupaba un puesto mucho más importante que ellos dentro de la jerarquía de la conspiración granadina. Decir que los hermanos Rosales eran los «jefes todopoderosos» de la Falange granadina o que José Rosales era el «jefe supremo» de ella, como se ha venido diciendo,[46] es comprender mal la realidad de la situación de mandos en Granada. José Rosales, es cierto, era jefe de sector (como Cecilio Cirre y Enrique de Iturriaga), y su hermano Antonio tesorero provincial del partido, pero estos cargos no podían competir en importancia con los ocupados por Valdés, quien era a la vez jefe de las milicias falangistas de Granada, oficial militar y luego gobernador civil. Los Rosales, a diferencia de Valdés, eran paisanos, y la Falange, no lo olvidemos, nunca habría podido imponerse sin el éxito del alzamiento militar. Hay que insistir en estos matices porque, como veremos, la familia Rosales se encontraría muy complicada en las circunstancias que rodearon la detención y la muerte de García Lorca.

El papel desempeñado por Valdés en la conspiración granadina había adquirido aún más importancia al ser destituido por el Gobierno, el 10 de julio de 1936, el comandante militar de la plaza, general Llanos Medina. Llanos, desde su llegada a la ciudad en marzo, había conspirado activamente contra la República. A principios de julio recibió una visita de Queipo de Llano, quien le informó «de la marcha de sus trabajos conspiratorios».[47] El Gobierno, enterado por lo visto de esta reunión, decidió trasladar sin demora a Llanos, dando de este modo un golpe inesperado a los conspiradores. «Granada –comenta la *Historia de la cruzada española*– ha perdido la cabeza directora de su Alzamiento.»[48]

El nuevo comandante militar, general Miguel Campins Aura, tomó posesión de su mando el 11 de julio.[49] Campins tenía un brillante historial militar,[50] y, como no tardaron en comprender los oficiales rebeldes, era un republicano convencido. La conspiración continuó a espaldas suyas y, como veremos más adelante, Campins no se dio cuenta del complot hasta que fue demasiado tarde.

Entre los oficiales facciosos hay que citar al coronel Basilio León Maestre, jefe del Regimiento de Infantería Lepanto (300 hombres), al comandante Rodríguez Bouzo, también de Infantería y, especialmente, al coronel Antonio Muñoz Jiménez, jefe del Regimiento de Artillería número 4 (180 hombres).[51]

León Maestre, Rodríguez Bouzo y Muñoz Jiménez contaban con el apoyo de otros oficiales antirrepublicanos, entre los cuales hay que destacar al capitán de Infantería José María Nestares Cuéllar. Nestares era amigo de José y Antonio Rosales y, como ellos y Valdés, «camisa vieja» de Falange. Cuando llegó al poder el Frente Popular en febrero de 1936, Nestares ocupaba el puesto de capitán jefe de las Fuerzas de Seguridad y Asalto de Granada[52] y parece ser que, al principio, las nuevas autoridades no sospechaban de su lealtad. Durante los sucesos del 10 de marzo de 1936, sin embargo, Nestares fue enviado con una escuadra de guardias de Asalto a contener a los falangistas,[53] y su comportamiento aquel día motivó su destitución.[54]

La experiencia de Nestares como jefe de las Fuerzas de Seguridad y Asalto granadinas le sería sumamente útil al producirse la sublevación militar pocos meses después. ¿Cómo no iba a saber perfectamente un exjefe de Policía quiénes en Granada eran enemigos del Movimiento? ¿Máxime siendo Granada entonces poco más que un pueblo, donde todo el mundo se conocía? El mismo 20 de julio de 1936 Nestares asumió el mando de la Delegación de Orden Público, y es innegable que fue uno de los mayores responsables de la represión granadina de los primeros momentos. Dicen de su actuación Gollonet y Morales:

> Eficaz colaboración de la primera autoridad civil fue la del delegado de Orden Público capitán don José Nestares Cuéllar. Conocedor de los elementos peligrosos de la población y hombre de gran actividad, organizó en los primeros días los servicios necesarios para la captura de los extremistas complicados en la trama revolucionaria.[55]

A finales de julio de 1936 Nestares asumió el mando del destacamento falangista de Víznar, pueblo ubicado a unos nueve kilómetros al noroeste de Granada, al pie de la Sierra de Alfacar. Volveremos a ocuparnos de él y de Víznar.

Para terminar esta lista de los principales conspiradores granadinos, mencionemos a Mariano Pelayo, teniente de la Guardia Civil. El jefe de la Guardia Civil granadina, teniente coronel Fernando Vidal Pagán, era leal a la República, y Pelayo conspiró a espaldas suyas. Hombre duro, decidido y enérgico, su aportación a la sublevación fue importantísima.

Éstos eran, pues, los principales artífices de la conspiración granadina. Una vez tomada la ciudad se mostrarían implacables contra las personas tenidas por enemigos de la España tradicional y católica.

─── NOTAS ───

1. *Heraldo de Madrid* (7 febrero 1936), p. 5.
2. *Defensor* (17 febrero 1936), p. 4.
3. *Defensor* (19 febrero 1936), p. 4.
4. *Defensor* (17, 18, 19 febrero 1936), *passim*.
5. Para el debate en las Cortes sobre las elecciones granadinas, véase Javier Tusell, *Las elecciones del Frente Popular*, Cuadernos para el Diálogo, Madrid, 1971, II, pp. 143-151.
6. Gerald Brenan, *El laberinto español*, Ruedo Ibérico, París, 1962, p. 225.
7. *Ibíd.*, pp. 225-226.
8. *Ideal* (21 febrero 1936); *Defensor* (22 febrero 1936).
9. *Defensor* (21 febrero 1936).
10. *Defensor* (9 marzo 1936).

11. *Defensor* (10 marzo 1936).
12. Cifras de *Historia de la cruzada española*, director literario, Joaquín Arrarás, Ediciones Españolas, Madrid, 1941, vol. III, tomo XI, p. 272 [en adelante nos referiremos al mismo volumen y tomo de esta obra por *Cruzada*].
13. El 5 de julio de 1935 Rodríguez Gómez, irritado por un artículo publicado en *El Defensor de Granada*, había allanado el domicilio de su director, Constantino Ruiz Carnero, injuriándole y golpeándole. Véase *Defensor* (6 julio 1935), p. 1.
14. *Defensor* (12 marzo 1936).
15. *Cruzada*, p. 280.
16. A. Gollonet Megías y J. Morales López, *Rojo y azul en Granada*, Prieto, Granada, 1937, pp. 41-43.
17. Cándido G. Ortiz de Villajos, *Crónica de Granada en 1937. II Año Triunfal*, Granada, 1937, p. 116.
18. Gollonet y Morales, *op. cit.*, p. 47.
19. *Ibíd.*, pp. 47-48.
20. *Ibíd.*, p. 37.
21. Stanley G. Payne, *Falange. A History of Spanish Fascism*, Oxford University Press, Londres, 1961, p. 100.
22. Herbert Rutledge Southworth, «The Falange: An Analysis of Spain's Fascist Heritage», en *Spain in Crisis*, edición de Paul Preston, The Harvester Press, Hassocks, Sussex, Inglaterra, 1976, pp. 1-22; la cita en página 9.
23. Payne, *op. cit.*, p. 95.
24. «Los cuatro sufren encarcelamiento y Primo de Rivera quiere que, por el triunfo electoral, consigan su libertad» (*Cruzada*, p. 272).
25. José María Gil Robles, *No fue posible la paz*, Ariel, Barcelona, 1968, p. 558.
26. *Noticiero Granadino* (5 mayo 1936), p. 1: «La contienda quedó reducida [...] a los tres puestos de la minoría que se disputaban dos socialistas, un comunista, uno de Izquierda Republicana, dos de Unión Republicana y los señores Barriobero, Ortega y Gasset y Sánchez Roca.» Fueron elegidos Ricardo Corro Moncho (Izquierda Republicana), Antonio Pretel (comunista) y Francisco del Toro (socialista).
27. *Cruzada*, p. 272.
28. Ramón Ruiz Alonso, *Corporativismo*, Salamanca, 1937, pp. 249-250.
29. Gollonet y Morales, *op. cit.*, pp. 47-53, *passim*; *Cruzada*, p. 274.
30. Testimonio de César Torres Martínez, 15 de octubre de 1978.
31. *Ideal* (11 julio 1936); *Defensor* (11 julio 1936).
32. Al llegar a Granada, Torres Martínez, según nos informó, se encontró con que casi todos los diputados estaban ausentes de la ciudad. Dos excepciones eran su amigo José Palanco Romero, miembro como Torres de Izquierda Republicana, y el diputado comunista Pretel.
33. El 17 de junio de 1936 *La Voz* de Madrid comentaba la huelga de los basureros granadinos bajo el título: «La CNT granadina acusa de caciques a los socialistas.» El diario habla del «grave peligro para el vecindario, pues se forman en las calles grandes montones de basura que despiden un olor insoportable» (p. 1).
34. *Ideal* (1 julio 1936), p. 1.
35. Testimonio de José Rosales, grabado por nosotros en cinta magnetofónica, Granada, 26 de agosto de 1978.
36. *Cruzada*, p. 275.
37. *Ibíd.*

38. Gollonet y Morales, *op. cit.*, p. 99.

39. *Cruzada*, p. 275.

39 bis. En la *Gaceta de Madrid*, con fecha 23 de julio de 1936, p. 790, aparece la siguiente nota oficial:

«Ilmo. Sr.: En vista del certificado facultativo expedido por el Tribunal Médico militar de la plaza de Granada, como consecuencia del reconocimiento sufrido por el Comisario de Guerra de segunda clase del Cuerpo de Intervención civil de Guerra D. José Valdés Guzmán, con destino en la Intervención de los servicios de Guerra de dicha plaza, y accediendo a lo solicitado por el interesado.

»Este Ministerio ha resuelto concederle dos meses de licencia por enfermo para Padul (Granada), con arreglo a las instrucciones aprobadas por Orden circular del Ministerio de la Guerra de 5 de junio de 1905.

»Lo comunico a V.I. para su conocimiento y cumplimiento. Madrid, 14 de julio de 1936.»

Sin duda Valdés contaba utilizar su licencia para mejor dedicarse a la conspiración. Le agradezco a Daniel Sueiro el haberme facilitado una copia de este documento.

40. Detalles de la breve biografía de Valdés publicada por *Ideal* (25 julio 1936).

41. M. Auclair, *op. cit.*, p. 341; Vila-San-Juan, *op. cit.*, p. 258.

42. Testimonio de Narciso Perales, grabado por nosotros en cinta magnetofónica, Madrid, 23 de septiembre de 1978.

43. Detalles y cita de Marcelle Auclair, *op. cit.*, pp. 386-390 («El caso de Luis Rosales»).

44. Testimonio de José Rosales, Granada, 1967. Antonio Rosales había ofrecido a José un piso en su casa.

45. Gollonet y Morales, *op. cit.*, pp. 102-103.

46. Claude Couffon, «Le crime a eu lieu à Grenade...», en *À Grenade, sur les pas de García Lorca*, Seghers, París, 1962, pp. 70 y 98; Jean-Louis Schonberg, *Federico García Lorca. L'homme-L'œuvre*, Plon, 1956, p. 111, nota.

47. *Cruzada*, p. 276.

48. *Ibíd.*

49. *Ibíd.*

50. Detalles de la carrera de Campins, *Noticiero Granadino* (11 julio 1936), p. 1.

51. Detalles de los efectivos de los regimientos granadinos, *Cruzada*, p. 276.

52. Gollonet y Morales, *op. cit.*, p. 37.

53. *Defensor* (11 marzo 1936).

54. Gollonet y Morales, *op. cit.*, p. 37.

55. *Ibíd.*, p. 208.

4

GRANADA EN MANOS DE LOS SUBLEVADOS

L a rebelión de los militares se inició el viernes 17 de julio de 1936 con la sublevación de un pequeño grupo de oficiales de la guarnición de Melilla que, apoyados por las tropas de la Legión, se hicieron pronto dueños de la ciudad. Los alzamientos de las guarniciones de Ceuta y de Tetuán tuvieron igual éxito, y llegada la medianoche los insurrectos controlaban ya todo el Protectorado. Se pusieron inmediatamente en operación los preparativos previstos para la ofensiva contra la península.[1] Veamos ahora el desarrollo del levantamiento, pensando principalmente en Granada.

Sábado, 18 de julio de 1936

En las primeras horas del 18 de julio se apoderaron los generales Franco y Orgaz de Las Palmas de Gran Canaria, y a las 5.15 de la mañana Franco lanzaba desde las emisoras canarias y marroquíes su famoso manifiesto en el que anunció el Movimiento Nacional y pidió la colaboración de todos los españoles «patriotas».[2]

Unas horas después, el Gobierno informó por radio al pueblo español que había estallado una sublevación contra la República en Marruecos, pero que todo estaba tranquilo en la metrópoli.[3] Esta noticia llegó demasiado tarde para que los periódicos granadinos pudieran comentarla. Además, los periodistas no habían podido ponerse en contacto con Madrid por teléfono porque el Gobierno había cortado las líneas. Indicio de que ocurría algo anormal era una nota publicada por *Ideal* en primera página: «Causas ajenas a nuestra voluntad nos

EL ASESINATO DE GARCÍA LORCA

han impedido recibir la acostumbrada información general. Por esta circunstancia el presente número consta sólo de ocho páginas.» En su cuarta página, *Ideal* refería que, el día antes, se habían reforzado los servicios de vigilancia de la ciudad:

> La vigilancia extraordinaria que desde hace días prestaba en la capital fue reforzada en algunos centros oficiales. Por las calles patrullaban guardias de Asalto.
> Uno de nuestros redactores visitó al gobernador civil de madrugada para pedir informes sobre los rumores que circulaban, pero el señor Torres Martínez se limitó a decir que la tranquilidad era absoluta.

A pesar de las afirmaciones del Gobierno, no todo estaba tranquilo en el territorio peninsular, ni mucho menos, y aquella mañana el general Queipo de Llano se apoderó de la guarnición de Sevilla. Queipo, que se encontraba en la ciudad andaluza en viaje de servicio, como director general de Carabineros, había detenido, casi sin ayuda, al capitán general de la región, general Villa-Abrille, y al coronel del regimiento, y, con sólo un centenar de soldados y quince falangistas, controlaba al anochecer el centro de la ciudad. Por aquellos momentos se le unieron la Guardia Civil y una batería de Artillería, asegurándole así el triunfo. Los obreros, desmoralizados y sin armas, no pudieron hacer sino replegarse a los barrios populares, levantar barricadas y esperar a que los salvara el Gobierno.[4]

Durante todo el día 18 de julio, Madrid siguió transmitiendo por radio imprecisos boletines de noticias en los cuales se negaba a admitir que, en realidad, había estallado una verdadera sublevación militar.

En la capital, aunque la República controlaba la situación, reinaba un estado de gran confusión en el Gobierno, que parecía incapaz de decidir qué hacer e incluso de comprender la significación de lo que estaba ocurriendo. Un tiempo precioso se perdía en titubeos, y hasta el 19 de julio el Gobierno se negó tercamente a armar al pueblo. Más aún, el presidente del Consejo y ministro de la Guerra, Santiago Casares Quiroga, anunció que todo dirigente que lo hiciera sin su permiso sería fusilado: a esta orden, respetada por la gran mayoría de los gobernadores civiles, entre ellos el de Granada, se debieron, más que a otra cosa, los éxitos de los militares rebeldes en los primeros momentos de la contienda.[5]

Por fin, a las 7.20 de la tarde del 18 de julio, el Gobierno admitió que Queipo de Llano había proclamado el estado de guerra en Sevilla, pero insistió en que la situación había sido ya normalizada:

> Se produjeron actos de rebeldía por parte de los elementos militares, que fueron reducidos por las fuerzas al servicio del Gobierno. En este momento ha entrado ya en la capital [es decir, en Sevilla], como refuerzo, un regimiento de caballería al grito de «Viva la República». El resto de España continúa fiel al Gobierno que domina en absoluto la situación.[6]

Hora y media después, Unión Radio de Sevilla transmitía la primera emisión de una larga serie de intervenciones del «radiofónico» general Queipo de Llano, intervenciones notables por su retórica desmesurada, su sanguinario fanatismo y sus abultadas mentiras propagandísticas. Queipo afirmó que el alzamiento militar había triunfado en toda España salvo en Madrid y Barcelona; que en aquel mismo momento las tropas de África llegaban a la península; que columnas militares avanzaban sobre Granada, Córdoba, Jaén, Extremadura, Toledo y Madrid y que la *canalla* –su palabra preferida para designar a todos los que no estaban de acuerdo con los sublevados– sería cazada como «alimañas».[7]

La descripción de la situación dada por Queipo en la noche del 18 de julio era intencionadamente inexacta. Por el momento, el alzamiento había quedado limitado a Andalucía, donde la resistencia de los republicanos había sido vencida en Sevilla, Córdoba y Cádiz. Pero Málaga estaba en manos del Frente Popular y en Granada no había habido todavía disturbios.[8]

El primer discurso nocturno de Queipo llenó de confusión tanto a la población civil granadina como a la guarnición. En 1936 Granada no era Capitanía General, sino Comandancia Militar subordinada a Sevilla. De ahí que una sublevación militar en Sevilla tuviese forzosamente que producir conflictos entre los oficiales granadinos, que es lo que pasaba efectivamente ahora.

El general Campins, que el 17 de julio llevaba sólo seis días en Granada, era afecto a la República. Hombre, por lo visto, políticamente ingenuo, no se dio cuenta de lo que se tramaba a su alrededor y creía firmemente en la lealtad de sus oficiales, a quienes apenas conocía. Según Gollonet y Morales, Campins reunió a todos los jefes y oficiales de la guarnición granadina en la mañana del 18 de julio para explicarles la situación:

> El ministro le había autorizado a tomar cuantas medidas creyera oportunas para impedir cualquier intento de unirse a los «sublevados». Él, por su parte, sería inflexible con quien pretendiera un levantamiento contra «el poder legalmente constituido». Pero tenía «la seguridad» de que ningún jefe ni oficial de la guarnición granadina secundaría el movimiento y que cada uno sabría «cumplir con su deber». (Así habría de ocurrir, en efecto, pero con su deber de español, de patriota.)[9]

Los mismos autores apuntan que, durante todo el día 18 de julio, se registró en el Gobierno Civil una actividad febril, reuniéndose Torres Martínez repetidas veces con los dirigentes de los sindicatos y partidos políticos de izquierdas.

También estuvo Torres Martínez en contacto permanente con el general Campins:

> A partir de la muerte de Calvo Sotelo, cuando ya se empezó a enrarecer un poco el ambiente y la situación, estuvimos en un contacto continuo, es decir, que había días que hablábamos tres y cuatro veces por teléfono. Y él venía al Gobierno Civil, vino tres o cuatro veces en estos días también, no sé si dos o tres pero, en fin, por teléfono continuamente estuvimos hablando.[10]

Torres Martínez recuerda que Campins (a quien no había conocido antes de la llegada de éste a Granada) tenía una confianza absoluta en la lealtad republicana de sus oficiales:

> Yo no sé las promesas que tuvo Campins de los dos coroneles porque no las conozco. Lo que sí es evidente es que el general Campins creía que la guarnición no se sublevaría si no se le daban motivos de desorden público, de que la gente saliese a la calle, de que se armase algo gordo en Granada, que no saldrían. Y esto lo pensó hasta el final. A mí me dijo que él respondía del Ejército si nosotros garantizábamos que el pueblo no se desbordara.

Hemos dicho que, siguiendo las órdenes de Casares Quiroga, Torres Martínez, así como otros gobernadores civiles, no accedió a la demanda de dar armas al pueblo para que éste pudiera aplastar el levantamiento militar. Esto es rigurosamente cierto, y vale la pena hacer hincapié en ello frente a las mentiras propagadas después por los sublevados para justificar la represión de Granada, una de las más brutales de toda España. No sólo no hemos podido encontrar ninguna prueba de que las autoridades granadinas repartiesen armas, sino que todos los supervivientes de la represión con quienes hemos hablado –y son muchos– critican al gobernador civil por haber obedecido las órdenes de Casares Quiroga. La mejor prueba, además, de que los obreros no estaban armados, es que no hubo virtualmente ninguna oposición a los militares cuando empezó la sublevación. Comenta Torres Martínez:

Sí, hablé varias veces por teléfono con Casares. Me dijo que no había de ninguna manera que distribuir armas, que la sublevación sería cosa de ocho días y que armar al pueblo en tales circunstancias sería una locura. Además todos los dirigentes republicanos y de izquierdas de Granada que se reunían conmigo en el Gobierno Civil estaban de acuerdo. Campins nos había convencido a todos de que podíamos fiarnos de él y de la guarnición y de que no había ninguna razón para armar al pueblo. Todo el mundo estaba contento creyendo que todo iba bien, y nadie me pidió allí que se distribuyesen armas. Además, ¿cómo hubiera podido yo pedir armas a los militares para dárselas al pueblo cuando, según Campins, los mismos oficiales se declaraban leales al Gobierno? Y otra cosa, de haber sido distribuidas armas, ¿quiénes entre la población civil hubieran sido capaces de manejarlas adecuadamente en el caso de una sublevación militar?

Torres Martínez y los dirigentes del Frente Popular tenían la convicción, además, de que la Guardia de Asalto granadina, que, al mando del capitán Álvarez, comprendía unos ciento cincuenta hombres bien armados y entrenados, cumpliría su misión de defender el poder legalmente establecido. Sigue Torres Martínez:

Cuando yo me hago esta reflexión ahora, *a posteriori*, de cómo hemos confiado en los de Asalto, me digo «pero, ¿cómo no íbamos a confiar, si la fuerza de Asalto era la única fuerza creada por la República y de una lealtad absoluta?». Era un cuerpo creado por la República. Entonces, que teníamos amigos allí no hay duda alguna, y que los jefes debían serlo, también, porque si no, no los hubieran nombrado. Y además este capitán de Asalto que había en Granada, capitán Álvarez, había venido a Granada después de dejarlo Nestares, porque si siguiera siendo Nestares capitán de Asalto nosotros no hubiéramos intentado siquiera defender el Gobierno Civil con las fuerzas de Asalto. Esto es seguro, porque el Frente Popular nos hubiera dicho «cuidado, éste es un enemigo, es un falangista, es un hombre del Movimiento, es un hombre que se va a sublevar». Pero de Álvarez nadie del Frente Popular me dijo a mí que era un hombre que pudiese ofrecernos ninguna desconfianza, no hubo nadie que me lo dijera.

El gobernador civil también creía firmemente en la lealtad de la Guardia Civil granadina. Este cuerpo, como el de Asalto, dependía de la autoridad civil, no de la militar, y Torres Martínez, en su experiencia como gobernador civil en varias provincias, no había tenido nunca el menor problema con la Benemérita. Además, ¿no le había declarado personalmente su lealtad el teniente coronel de los civiles, Fernando Vidal Pagán?:

A mí en el Frente Popular nadie me dijo que tenía que desconfiar de los de Asalto. El Frente Popular sí desconfiaba de la Guardia Civil. Yo pensaba lo contrario, yo pensaba que la Guardia Civil sería una fuerza leal. Porque tienen una disciplina tan tremenda, son tan fieles a la obediencia al mando, que yo no creí nunca que la Guardia Civil se levantase. Y además es verdad que no se levantaron en casi ningún lado de España.

Pero la triste verdad era que, en los dos cuerpos, había oficiales facciosos que conspiraban contra la República. El capitán Álvarez resultaría un traidor. Y, a espaldas de su jefe, Vidal Pagán, el teniente Mariano Pelayo preparaba la sublevación de la Guardia Civil.

Durante la noche del 18 de julio pocos granadinos pudieron dormir tranquilos. Radio Granada retransmitía los boletines de noticias del Gobierno, así como llamamientos de diferentes oradores del Frente Popular local, mientras Radio Sevilla aseguraba que los militares rebeldes estaban obteniendo victoria tras victoria en todo el país.

¿Qué iba a pasar en Granada? ¿Se sublevaría la guarnición contra la República? Con tales pensamientos los granadinos esperaban llenos de inquietud el nuevo día.

Domingo, 19 de julio de 1936

A la mañana siguiente, Granada recibió confirmación oficial de que Queipo de Llano tenía verdaderamente en sus manos la ciudad de Sevilla. Los titulares de la primera página de *Ideal* declaraban: «El Gobierno denuncia la existencia de una sublevación militar», y, debajo, «Dice que está circunscrita a Marruecos y Sevilla». Lo que equivalía a admitir que la situación era mucho más seria de lo que el Gobierno confesaba. *Ideal* no había podido obtener ninguna información de Madrid ni por teléfono ni por teletipo y, para poder dar cuenta de lo que pasaba en el país, se había visto obligado a escuchar los boletines de noticias que radiaba el Gobierno desde la capital. Además el diario había sido visado por la censura. Pero, a pesar de la escasez de informaciones fidedignas sobre la situación, nadie podía dudar ya de que los españoles habían entrado en una guerra civil.

Ideal había entrevistado muy temprano aquella mañana al gobernador civil. Éste afirmaba que, según sus noticias, la situación en Granada era completamente normal. «El orden en Granada era absoluto [...] estaban tomadas todas las medidas para evitar cualquier alteración del mismo», habría declarado Torres Martínez.[11]

Sin embargo, en aquellos momentos, los rebeldes ya daban los últimos toques a sus planes. Según la *Historia de la cruzada española*, a las 4 de la madrugada el coronel Antonio Muñoz, del regimiento de Artillería, había visitado al coronel Basilio León Maestre, del regimiento de Infantería, para perfeccionar las tácticas a emplear en la sublevación. Pero surgieron algunos desacuerdos en cuanto a los detalles y las conversaciones entre los oficiales rebeldes seguirían durante todo el día 19 y parte del 20.[12]

La misma fuente indica que el general Campins recibió una urgente llamada telefónica del Gobierno a las 11 de la mañana. Debía organizar una columna para apoderarse de Córdoba, que había caído en poder de los insurrectos al mando del coronel Cascajo. Campins convocó a sus dos coroneles y les explicó la situación, ordenándoles que preparasen inmediatamente una columna para marchar sobre aquella ciudad. Muñoz y León Maestre se vieron ante un imprevisto dilema. Si obedecían las instrucciones del Gobierno la guarnición, ya de por sí reducida a causa de la concesión de numerosos permisos, no sería bastante fuerte para asegurar el triunfo de la sublevación en Granada. Muñoz y León Maestre decidieron tergiversar, y durante todo aquel día engañaron a Campins con diversos pretextos: los oficiales se mostraban reacios a abandonar Granada, el material se estaba revisando...[13]

El capitán José Nestares Cuéllar fue uno de los hombres clave en la sublevación militar en Granada. El mismo 20 de julio de 1936, asumió el mando de la Delegación de Orden Público. En la fotografía aparece con Pilar Primo de Rivera

También a eso de las 11 de la mañana tenía lugar en los locales de Izquierda Republicana de Granada una reunión, de la cual nos ha hablado uno de los allí presentes, el doctor José Rodríguez Contreras:

Era un domingo. Y me enteré, quizá me citarían, aunque yo no pertenecía a Izquierda Republicana, porque yo ya me había borrado desde que se deshizo el viejo Partido Radical-Socialista y no volví yo a actuar afiliándome a ningún partido. Yo estaba en mi casa, colaboraba y aconsejaba, pero sin actuar como militante de ningún partido. Bueno. Pero me citaron, yo no sé si sería Paco Escribano, que era el secretario de Izquierda Republicana, que era un cliente y además muy amigo, que me dijo que fuera.

Y fui. Serían las 11 de la mañana. Y allí estaba, pues, la plana mayor de Izquierda Republicana. Estaba el alcalde, que era Fernández-Montesinos, estaba también Virgilio Castilla, que era presidente de la Diputación; total, muchos había allí. Torres Martínez, el gobernador, no estaba, no. Y ya, pues, me dirigí yo a Montesinos y le dije: «Mira, es necesario tomar medidas aquí, porque estáis con los brazos cruzados, sois imbéciles todos, inactivos, incapaces, y esto es muy serio.» Dice: «No, tú, ya veremos...» «No», dije, «no, hombre, es menester tomar medidas, porque lo mismo vosotros que yo, y que yo que vosotros, sabemos (y generalmente se conoce en Granada) quiénes son los dirigentes del posible alzamiento aquí, que son Mariano Pelayo» –que entonces era teniente de la Guardia Civil–, «el capitán Fernández, el capitán Nestares y algunos más». «Tal y cual...», empezaron a dudar, dudar, dudar, dudar y dije: «Miren, esta noche se puede detener a todos y se acaba y no se hacía el levantamiento pese al alzamiento militar en Sevilla.» Y no me hicieron caso.[14]

A primeras horas de aquella tarde, el capitán Nestares visitó los cuarteles de Artillería e Infantería para convencer a ambos jefes y a sus oficiales rebeldes de que urgía tomar rápidamente la iniciativa de la situación. Sus movimientos fueron observados y notificados a Torres Martínez, que llamó en seguida a Campins para preguntarle por la razón de las idas y venidas de Nestares. Torres, que había recibido llamadas telefónicas contradictorias de Madrid durante todo aquel largo día y que se encontraba cansadísimo, recibió del no menos agotado Campins la respuesta de que trataría de averiguar lo que había en el asunto. Llamó al cuartel de Artillería, sin conseguir, otra vez, más que una vaga explicación.[15]

Mientras tanto, la inquietud aumentaba entre los obreros, como es fácil imaginar. Gracias a las noticias que daban las radios, sabían que se combatía en todo el país. Parece, sin embargo, que todavía confiaban en la lealtad de la guarnición granadina, porque tomaron la decisión de formar su propia columna de socorro para liberar a Córdoba, enviando en este sentido una petición de ayuda al Gobierno de Madrid. Poco después el teniente coronel de la Guardia Civil, Fernando Vidal Pagán (quien, como hemos dicho, era republicano leal), recibió un telegrama de Madrid que le transmitía la orden de equipar dicha columna con las armas depositadas en el parque de Artillería. Pero Muñoz, el jefe de los artilleros, estaba bien decidido a no soltar ni una sola de las armas en su poder. Nuevas llamadas telefónicas en ambos sentidos entre Granada y Madrid. Por fin, a las 9 de la noche, Campins se decidió a visitar los cuarteles él mismo.

Allí reunió a los oficiales y les ordenó que entregasen las armas necesarias a la Guardia Civil. Volvió entonces a la Comandancia Militar sin haberse enterado –¡todavía!– de que los coroneles le traicionaban.

Aquella noche Vidal Pagán recibió nuevas instrucciones del Gobierno que confirmaban la orden de recoger las armas depositadas en el parque de Artillería. Vidal Pagán encargó el cumplimiento de dicha orden al teniente Mariano Pelayo, de quien, evidentemente, no sospechaba.[16]

Desde aquel momento la situación en Granada empeoraría rápidamente para los republicanos.

Lunes, 20 de julio de 1936

A la 1.30 de la madrugada del 20 de julio Pelayo llegó al cuartel de Artillería con una orden del Gobierno para la entrega de 3 000 fusiles para el uso de la columna que se preparaba para marchar sobre Córdoba. Decididos los conspiradores militares a no cumplir tal orden, se le dijo otra vez a Campins que las armas no estaban listas todavía.[17]

Aquella madrugada la pasó el comandante Valdés en la Comandancia Militar:

> La madrugada no fue estéril para el señor Valdés y demás jefes y oficiales que compartían la tertulia. No podía girar la conversación nada más que sobre los momentos que comenzaban a vivirse en España y se proyectaba la forma en que iba a declararse el estado de guerra en Granada.
>
> Se convino en que la acción del elemento civil tendría más eficacia realizada al lado de las fuerzas del Ejército [...]. A las 7 de la mañana del lunes marchaba en automóvil el señor Valdés desde la Comandancia al cuartel de Artillería.[18]

Allí se ultimaron los detalles de la sublevación. Pocos minutos después el comandante Rodríguez Bouzo del regimiento de Artillería fue enviado por el coronel Muñoz a sondear al capitán Álvarez de la Guardia de Asalto. Aunque no sabemos qué se dijo en aquella ocasión, es cierto que Álvarez prometió en seguida su colaboración.[19] Fue un momento decisivo, pues con el apoyo de los de Asalto el triunfo de la sublevación estaba prácticamente garantizado. Nos declaró Torres Martínez:

> Digo que, si los de Asalto hubieran ofrecido resistencia, si no se hubieran puesto al lado del Movimiento, creo que el Movimiento no hubiera transpi-

rado en Granada. Es más. Creo que si las fuerzas de Asalto, los jefes de Asalto, no se hubieran comprometido con las personas que dicen (nosotros no conocíamos esas visitas, claro), si los militares no hubieran tenido la seguridad de que los de Asalto se pondrían a su lado, no habrían salido a la calle. No hubieran salido a la calle porque no tenían fuerzas; yo creo que no llegarían a los 200 hombres.

Pero los de Asalto sí se sumaron a los militares rebeldes y, en las primeras horas del 20 de julio, éstos ya sabían que se podían apoderar sin problemas de la ciudad. Era evidente, sin embargo, que había que actuar con rapidez, pues existía la posibilidad de que los obreros se lanzasen en masa a la calle de un momento a otro, aun sin armas, y que por su simple fuerza numérica estrangulasen el alzamiento. Se decidió, · pues, que a eso de las 5 de la tarde saldrían las tropas de los cuarteles.

Aquella tarde estaban reunidos con Torres Martínez en el Gobierno Civil varios dirigentes republicanos, entre ellos Virgilio Castilla, presidente de la Diputación de Granada, y Antonio Rus Romero, secretario del Comité del Frente Popular. Con ellos estuvo el teniente coronel de la Guardia Civil, Fernando Vidal Pagán, que había dado a Torres su palabra de permanecer leal a la República.

A eso de las 4.30 de la tarde alguien llamó a Rus Romero. «La tropa está formada en el patio del cuartel de Artillería –le informaron–. Van a salir pronto, hay que hacer algo.»[20]

Torres Martínez, que llamó en seguida a Campins, recuerda perfectamente aquellos momentos:

Cuando le dijimos el día 20 que, en el cuartel de Artillería, teníamos noticias de que estaban preparados para salir, él me dijo a mí personalmente por teléfono que no, que no era posible eso, porque desconocía semejante cosa, que él tenía la palabra de que los militares no se moverían y que saldría para el cuartel de Artillería y que antes de media hora me llamaría desde allí para desmentir la cosa.

Campins no llamó, y Torres Martínez no volvió a verle nunca.

Cuando llegó Campins al cuartel de Artillería, se quedó asombrado al encontrar que, efectivamente, el regimiento estaba formado en el patio y listo para salir a la calle. Con los soldados formaban también unos 60 paisanos, la mayoría de ellos falangistas, al mando del comandante José Valdés. Tuvo lugar en seguida el enfrentamiento inevitable

SANTORAL DEL DIA

DOMINICA VII DE PENTECOSTES

San Vicente de Paul, fundador: San España y San Martín, obispo; Santas Justa y Aurea Rufina, vrgs. mrts.

IDEAL

AÑO V   Granada, martes 21 de julio de 1936   NUM. 1.178

EL TIEMPO QUE HACE

Tiempo probable: Cantabria y Galicia, vientos del tercer cuadrante; alguna precipitación en la región nordeste. Resto de España, vientos flojos de dirección variable y buen tiempo; Levante en el Estrecho de Gibraltar. Temperaturas máximas: máxima de 39 en Sevilla; mínima de 11 en León, Salamanca y Soria.

Redacción: Teléfono 1744   Tendillas de Santa Paula, 6   Administración: Teléfono 1747

Ayer fué declarado el estado de guerra

Las razones del estado de guerra

Las autoridades querían dar a los extremistas las armas de Artillería

SE EXCITABA A LOS SOLDADOS A REBELARSE CONTRA LOS JEFES

El comandante militar de la Plaza, general señor Campins, nos hizo anoche las siguientes manifestaciones:

—He querido en todo momento mantenerme dentro de la legalidad, pero ante el abandono manifiesto en que nos tenía el Poder central, la falta de atención por parte del gobernador civil, con el que yo en todo momento he querido mantener contacto, ha dado lugar a que yo crea que en la provincia de Granada sea declarado el estado de guerra.

Por otra parte, los elementos extremistas de nuestra capital se habían decidido, a pesar de la actitud abstinencia del Ejército, a lanzar a los soldados, arrojando hojas en las que se excitaba a la rebelión contra jefes y otras cosas.

Comunique al gobernador lo que ocurría, y éste, por su parte, no hizo nada para evitar estos vergonzosos acontecimientos.

El Ejército, ante semejante actitud, daba muestras de gran nerviosismo. También los elementos extremistas habían pedido al gobernador civil que les fueran entregadas las armas que existen en el cuartel de Artillería. Esto ha sido, sin duda, lo que más me ha inducido a tomar la decisión adoptada, puesto que yo no veía conveniente que esas armas fueran a poder de semejantes elementos aun cuando el gobernador me había afirmado que no estaba entre sus cálculos el entregar esas armas para que fueran usadas contra mis compañeros nuestros, cino los oficiales muy sinceramente corridos en la cuidad con que se penaba salteaz el cuartel de Infantería.

El señor Campins terminó diciendo que era unánime el entusiasmo o que en toda España y que espera de todo seguirá desenvolviéndose con normalidad, como hasta el momento.

UNANIMIDAD EN EL EJERCITO E INSTITUTOS ARMADOS

BANDO

DON MIGUEL CAMPINS AURA, General de Brigada y Comandante Militar de esta plaza, HAGO SABER:

Artículo primero. En vista del estado de desorden imperante en todo el territorio de la nación, desde hace tres días, ausencia de acción del Gobierno central y con el fin de salvar a España y a la República del caos existente, se declara desde este momento en todo el territorio de la provincia el ESTADO DE GUERRA.

Artículo 2.º Todas las autoridades que no aseguren por todos los medios a su alcance el orden público, serán en el acto suspendidas en sus cargos y responsables personalmente.

Artículo 3.º El que con propósito de perturbar el orden público, aterrorizar a los habitantes de una población o realizar alguna venganza de carácter social, utilizare sustancias explosivas o inflamables o emplear cualquier otro medio o artificio proporcionado y suficiente para producir graves daños, originar accidentes ferroviarios o en los medios de locomoción terrestre o aérea, serán castigados con las máximas penalidades que establecen las leyes vigentes.

Artículo 4.º El que sin la debida autorización, fabricare, tuviere o transportara materia explosiva o inflamables, o aunque las poseyera de un modo legítimo las expediere o facilitare sin suficientes previas garantías a las que luego las emplearan para cometer los delitos que define el artículo anterior, será castigado con las penas de arresto mayor en su grado máximo a presidio mayor.

Artículo 5.º El que sin inducir directamente a otros a ejecutar el delito castigado en el artículo primero, provocase públicamente a cometerlo o hiciere la apología de esta infracción o de su autor, será castigado con las penas de arresto mayor en su grado máximo a prisión menor.

Artículo 6.º El robo con violencia o intimación en las personas ejecutado por dos o más malhechores, cuando alguna de ellos llevare armas y del hecho resultase homicidio o lesiones de las a que se refiere el número 1 del artículo 1 de esta ley, será castigado con la pena máxima.

GRANADINOS: Por la paz perturbada, por el orden, por amor a España y a la República, por el restablecimiento de las leyes del trabajo espero vuestra colaboración a la causa del orden.

Viva España. Viva la República.

Granada, 20 de julio de 1936.

Las fuerzas ocuparon sin incidentes la población y los edificios públicos

ORDEN DE APERTURA DE TODOS LOS ESTABLECIMIENTOS. LOS PANADEROS QUE NO SE PRESENTEN AL TRABAJO SERAN DETENIDOS

Del Ayuntamiento se ha hecho cargo el teniente coronel señor Del Campo, y del Gobierno Civil el comisario de Guerra señor Valdés

Ayer, a las cinco de la tarde, se declaró en nuestra capital el estado de guerra.

Una compañía de Infantería salió a ocupar el banco, haciéndola en todo los momentos necesarios. Leía ésta el comandante ayudante del general, señor Rosaleny.

El Regimiento de Artillería salió simultáneamente una batería, que ocupa la plaza del Carmen, frente al Ayuntamiento; la Puerta Real y la plaza de la Trinidad.

Diferentes fuerzas de la guarnición ocuparon en compañía de la Guardia civil y Asalto los sitios estratégicos de la población. También fueron ocupado Radio Granada, ante cuyo micrófono se leyó también el bando. La fuerza de guarnición eran numerosísimos los paisanos que se presentaron en auxilio de la Comandancia militar para ponerse a disposición de la referida autoridad militar.

Las fuerzas de Orden público se suman al movimiento

Cuando asomaban las fuerzas de Artillería por el Triunfo se ignoraba aún en la Comisaría la declaración del estado de guerra, aún no había noticia concreta ya por los jefes.

El capitán de Infantería don José Nestares Cuéllar, que desempeña la jefatura de la plantilla de Seguridad hasta no sucesos del mes de marzo último, descuidose de un coche y proveló en el centro policíaco dando vivas a España. Sus compañeros los oficiales que llamaban las fuerzas contestaron los vivas y toda la plantilla de guardias de Seguridad y de asalto que se hallaban con terceración al orden en el patio de la Comisaría contestaron en igual forma.

El señor Nestares pronunció breves palabras dándole apoyo al Ejército y Guardia civil se encontraban en aquellos momentos en las calles que mandaban las fuerzas que la República, en la forma que hadida hecho la mayoría de las patrióticas guarniciones de nuestra Patria.

Los agentes de la plantilla de Policía que tuvieron conocimiento de la...

Tan pronto fué proclamado el estado de guerra en Granada y mientras la fuerza pública y el Ejército ocupaba los lugares estratégicos, desde la calle y desde los balcones de esta casa sonaban prolongados vivas a España y a los cuerpos armados.

Estos vivas se repetían cada vez que circulaba algún oficial o cualquier patrulla de las que recorrían las calles Asimismo circulaban numerosos automóviles con paisanos, que también daban vivas. Las demostraciones de simpatía del vecindario hacia la tropa prosigue de madrugada, pues son muchas las personas que permanecían en vela.

proclamación del estado de guerra a ningún tiempo no vacilaron ni un solo momento en asentar a movimiento y gritaron igualmente repetidos vivas ¡Viva España!

Pasados los primeros instantes, el señor Nestares informó a los agentes de la autoridad que había sido de la plena delegación de Orden público.

Los Jefes de Seguridad y Asalto arengaron seguidamente a sus tropas y les dieron instrucciones de lanzarse a la calle para cumplir la misión: la de velar por el mantenimiento del orden.

Los guardias salieron de la Comisaría dando vivas a España y al Ejército y se distribuyeron por distintos lugares de la capital.

Como las demás fuerzas, fueron aclamadas por el público que transitaba por las vías y por todas las personas que asomaron a los balcones o a las patrióticas voces.

Adhesión y colaboración

A la media hora escasa de la proclamación del estado de guerra e nuestra ciudad, la Comandancia militar tenía el ofrecimiento de una cantidad incalculable de personas de orden, que asciende desde luego a muchos millares, para todo cuanto necesitase de medios de incondicional y prestación personal. El entusiasmo que reinaba en el interior del edificio era enorme. Se comenzaba a abrir luta normalidad con que se había tomado todos los centros oficiales, si la menor resistencia y sin necesidad de hacer uso alguno de la violencia.

Todos los oficiales y clases de escala de reserva se presentaron en mediatamente a ponerse a las orden del general, así como un tiene considerable de soldados licenciados.

Los servicios militares y de la vida civil de la población están organizados perfectamente y todo sigue e funcionar normal, dentro de las medidas excepcionales del estado de guerra.

Registro en el Centro Comunista

En el local del partido comunista y Socorro Rojo Internacional se ha dejado el edificio abierto y al fué. Varios soldados rodearon la casa y en ella penetraron también de Seguridad y del Ejército provista de literal y de electrones. Aunque ignoramos comportamiento el resultado, parece que este fué negativo.

«El Defensor de Granada», clausurado

En la puerta del periódico «El Defensor de Granada» se fijó una faz de guerra salía a máquina en la que hacía constar que el comandante militar de la plaza, en turno a l

El general Campins, ya prisionero de los rebeldes, fue obligado a firmar el bando que declaraba el estado de guerra en la provincia de Granada

entre Campins y el coronel Muñoz, y el general debió de quedar ano-
nadado al darse cuenta de que su subordinado había estado conspi-
rando a espaldas suyas. Informado de que el regimiento de Infantería,
la Guardia Civil y la de Asalto se habían unido también a los sublevados, el desesperado e incrédulo Campins, prisionero ya, fue llevado
por Muñoz al cuartel de Infantería. Allí también encontró a las tropas
formadas en el patio de armas. Poco después el infortunado general
fue conducido bajo escolta a la Comandancia Militar, donde se le
obligó a firmar un bando preparado por los oficiales rebeldes y en el
cual se proclamaba el estado de guerra en Granada.[21]

> BANDO. DON MIGUEL CAMPINS AURA, General de Brigada y Coman-
> dante Militar de esta plaza. HAGO SABER:
> *Artículo primero.* En vista del estado de desorden imperante en todo el te-
> rritorio de la nación, desde hace tres días, ausencia de acción del Gobierno
> central y con el fin de salvar a España y a la República del caos existente, se
> declara desde este momento en todo el territorio de la provincia el Estado
> de Guerra.
> *Artículo 2.º* Todas las autoridades que no aseguren por todos los medios a
> su alcance el orden público, serán en el acto suspendidas en sus cargos y res-
> ponsables personalmente.
> *Artículo 3.º* El que con propósito de perturbar el orden público, aterrori-
> zar a los habitantes de una población o realizar alguna venganza de carácter
> social, utilizara sustancias explosivas o inflamables o empleare cualquier
> otro medio o artificio proporcionado y suficiente para producir graves da-
> ños, originar accidentes ferroviarios o en otros medios de locomoción te-
> rrestre o aérea, serán [sic] castigados [sic] con las máximas penalidades que
> establecen las leyes vigentes.
> *Artículo 4.º* El que sin la debida autorización, fabricare, tuviere o trans-
> portare materias explosivas o inflamables, o aunque las poseyera de un
> modo legítimo las expediere o facilitare sin suficientes previas garantías a
> las que luego las emplearen para cometer los delitos que define el artículo
> anterior, será castigado con las penas de arresto mayor en su grado máximo
> a presidio mayor.[22]
> *Artículo 5.º* El que sin inducir directamente a otros a ejecutar el delito cas-
> tigado en el artículo primero, provocase públicamente a cometerlo o hi-
> ciese la apología de esta infracción o de su autor, será castigado con las pe-
> nas de arresto mayor en su grado máximo a prisión menor.[23]
> *Artículo 6.º* El robo con violencia o intimidación en las personas eje-
> cutado por dos o más malhechores, cuando alguno de ellos llevare armas
> y del hecho resultase homicidio o lesiones de las a que se refiere el núme-
> ro 1 del artículo 1 de esta ley, será castigado con la pena máxima.

Artículo 7.º Todo individuo que tuviese en su poder armas de cualquier clase o explosivos, debe entregarlas antes de las veinte horas de hoy en el puesto militar o de Guardia Civil más próximo.

Artículo 8.º Los grupos de más de tres personas serán disueltos por la fuerza con la máxima energía.

GRANADINOS: Por la paz perturbada, por el orden, por amor a España y a la República, por el restablecimiento de las leyes del trabajo, espero vuestra colaboración a la causa del orden.

Viva España. Viva la República.[24]

Granada, 20 de julio de 1936

Hablando de la redacción de este bando, dicen Gollonet y Morales que Campins «opuso algunos reparos e introdujo numerosas modificaciones, principalmente en lo que se refería a las penas, que aparecieron irrisoriamente moderadas».[25] Como Campins era ya prisionero de los oficiales rebeldes, nos parece imposible que hubiese podido introducir modificaciones de cualquier tipo en el bando, que seguramente se redactó bastantes horas antes. Según la *Historia de la cruzada española*, publicada dos años después de terminada la guerra y cinco después de editado el libro de Gollonet y Morales, el bando –con su patriótica «Viva la República»– reflejaba la confusión en que se encontraba en aquellos momentos el general Campins.[26] Creemos, sin embargo, que sería más verosímil decir que reflejaba un deseo por parte de los militares facciosos de engañar al pueblo granadino, haciéndole creer durante las primeras y críticas horas del alzamiento que el Ejército se había sublevado en defensa de la República y no para destruirla.

Hubo, en efecto, una gran confusión entre la población cuando, a las 5 de la tarde, salieron las tropas a la calle, y mucha gente creía que los soldados habían abandonado sus cuarteles para defender a la República y garantizar el orden público. Comentan Gollonet y Morales:

> Un grupo de extremistas contempla desde una esquina el paso de las fuerzas. Están desconcertados. No contaban con esto. Alguno dice que las fuerzas han sido sacadas por el general para batir a los fascistas. Y el grupo de revolucionarios inicia un saludo a las tropas con el puño izquierdo en alto.[27]

La *Historia de la cruzada española*, con el sarcasmo que le caracteriza cada vez que habla de los republicanos, describe así la escena:

> Hasta los rojos, víctimas de la ilusión de que las fuerzas han salido «para confraternizar con el pueblo», aplauden el desfile. Pronto conocen su error. La fuerza cargó contra ellos y Carrera del Darro arriba hacia los aledaños del Paseo de los Tristes, a la caravana roja, maltrecha y desorientada, va aturdiendo con su pánico las calles que le dan salida. Unos trepan por las pinas callejuelas o buscan refugio en la Plaza Larga; quienes esconden su pavor bajo las bóvedas del Arco de las Pesas o bajo los muros insignes de Santa Isabel la Real.[28]

Al salir del patio de armas del cuartel de Artillería, una batería se dirigió hacia el centro de la ciudad y se colocaron piezas de artillería en la Plaza del Carmen, frente a la puerta principal del Ayuntamiento; en la Puerta Real, eje de Granada; y en la Plaza de la Trinidad, detrás del Gobierno Civil.[29]

Otra batería subió por la carretera de El Fargue detrás de la ciudad «con el fin de escoger posiciones estratégicas que dominen la población».[30]

Ante el cuartel de la Guardia de Asalto, en la Gran Vía, se detuvo un camión con soldados, y «todos los guardias salen al encuentro de las tropas con los brazos abiertos y dando vivas a España».[31] Parece evidente que el capitán Álvarez, que aquella mañana había dado su palabra de adhesión al comandante Rodríguez Bouzo, había convencido durante el día a una mayoría de sus oficiales para que se uniesen a los sublevados.

Entretanto, otra sección de Artillería se dirigía al aeródromo de Armilla, situado a unos pocos kilómetros de Granada, en la carretera de Motril. Los rebeldes se apoderaron del aeródromo sin encontrar resistencia, pues casi todos los oficiales se habían dado a la fuga.[32] La excelente pista de Armilla revestiría una importancia de primer orden en la guerra, permitiendo a los rebeldes mantener el contacto con Sevilla y el resto de la España sublevada, y sirviendo de base para los aviones que atacaban las posiciones republicanas.

Al mismo tiempo otro grupo armado tomaba la fábrica de explosivos de El Fargue, situada a cuatro kilómetros de Granada en la carretera de Murcia. El Fargue era la mayor fábrica de explosivos de Andalucía y era fundamental para los sublevados apoderarse de ella cuanto antes. La resistencia que encontraron los rebeldes en El Fargue se aplastó fácilmente, y de la «limpieza» que allí hicieron a continuación se habla todavía en Granada. Durante la guerra, El Fargue produciría gran cantidad de explosivos para el Ejército sublevado, y jugó un papel decisivo en el curso de los acontecimientos.

La noticia de que las tropas estaban en la calle había llegado en seguida al gobernador civil, a cuyo lado seguían Virgilio Castilla, Rus Romero y el teniente coronel Vidal Pagán de la Guardia Civil. Torres Martínez recuerda:

> Nosotros estábamos esperando a que Campins llamase, pero, claro, no llamó. En esta espera ya supimos que las tropas salieron a la calle. No sabíamos en ese momento si Campins se habría unido a ellos o no se habría unido a ellos.

Custodiaba el Gobierno Civil una sección de guardias de Asalto, unos 20 o 25 hombres, al mando del teniente Martínez Fajardo, con quien Torres, al recibir la llamada telefónica que advertía que las tropas de Artillería estaban formadas en el patio del cuartel, había hablado en seguida:

> Nosotros dimos órdenes a los soldados de abajo, a los guardias de Asalto, de que nos defendiesen y de que disparasen. E incluso con las tropas en la puerta, en la puerta misma del Gobierno Civil, dimos la orden de que disparasen.

Un poco antes de las 6 llegó el capitán Nestares a la comisaría de Policía, situada en la Calle Duquesa a dos pasos del Gobierno Civil. La Policía se unió en seguida a los rebeldes.[33]

En el momento de llegar Nestares a la comisaría, seis republicanos de Jaén, que habían acudido aquella mañana a Granada con una orden oficial para que en la comisaría les entregaran una consignación de dinamita, cargaban su vehículo con los explosivos. Dándose cuenta de que los policías se habían sublevado, los «extremistas» abrieron fuego sobre ellos, siendo heridos y detenidos a continuación.[34] Serían los primeros fusilados de la represión granadina. Cayeron ante las tapias del cementerio el 26 de julio de 1936.

Unos pocos momentos después llegó a la entrada del Gobierno Civil una sección de soldados de Artillería mandados por el capitán García Moreno y el teniente Laínez y apoyada por Valdés y sus falangistas. A ellos se unió Nestares, que esperaba su llegada en la comisaría de Policía. Minutos después llegó una sección de Infantería con ametralladores.[35]

Los guardias de Asalto encargados, bajo el mando del teniente Martínez Fajardo, de custodiar el Gobierno Civil, se dieron cuenta al ver llegar a tanta gente armada que sería inútil toda resistencia. ¿O es que Fajardo estaba ya en el complot? Sea lo que fuera, los de Asalto, que seguramente estarían informados de que su jefe, el capitán Álvarez, y las demás fuerzas del Cuerpo se habían sublevado también, no obedecieron las órdenes de Torres Martínez. No dispararon, y los rebeldes franquearon la puerta del edificio sin el menor obstáculo.

En un instante entraron en el despacho del gobernador en el segundo piso. «La sorpresa mayor –recuerda Torres Martínez– fue cuando vimos que los propios soldados, los propios guardias de Asalto, que nos iban a defender en el Gobierno Civil, fueron los primeros que nos enfocaron con sus fusiles y que nos detuvieron.» Sólo ofreció resistencia Virgilio Castilla, que sacó una pistola y fue detenido en seguida. El teniente coronel de la Guardia Civil, Vidal Pagán, se comportó con una nobleza que Torres Martínez no puede olvidar:

> Cuando los de Asalto me apuntaron a mí, y entró ya la tropa, yo creo que era Valdés, sí, Valdés, y otros más, entraron allí, en el Gobierno Civil, en mi despacho, el teniente coronel Vidal dijo: «Yo correré la misma suerte, yo quiero correr la misma suerte, que el gobernador civil.» No es que fuera personalmente una adhesión a mí, sino que él quería demostrar que era leal a la palabra que había dado de defensa de la República.

Vidal Pagán, Castilla y Rus Romero fueron conducidos a la comisaría de Policía, mientras que a Torres le encerraron los sublevados en su pabellón particular del Gobierno Civil.

Entretanto, en la Plaza del Carmen, donde los rebeldes habían emplazado un cañón, la Policía Urbana había salido del Ayuntamiento, poniéndose a las órdenes de quienes mandaban la batería. Varios funcionarios republicanos que se encontraban en el edificio consiguieron fugarse por la puerta trasera del local, pero el alcalde, Manuel Fernández-Montesinos, fue detenido en su despacho, posesionándose de la alcaldía, en seguida, el teniente coronel de Infantería, Miguel del Campo.[36]

Simultáneamente, otra sección de militares, al mando del comandante Rosaleny y los capitanes Miranda y Salvatierra, ocupaba el edificio de Radio Granada, situado en la Gran Vía, 27, enfrente del cuartel de la Guardia de Asalto.[37] A las 6.30 de la tarde Rosaleny leyó por el micrófono de Radio Granada el bando firmado por Campins. La lectura de este documento se repitió cada media hora a partir de entonces.[38]

Al caer la noche del 20 de julio, todo el centro de Granada estaba en manos de los facciosos. Cientos de «revolucionarios», «marxistas», «extremistas» y demás «indeseables» habían ido ya a parar a la cárcel o a la comisaría de Policía, y empezaba a reinar el pánico en Granada.

No se había ofrecido en realidad resistencia alguna a los rebeldes, e *Ideal*, hablando al día siguiente del gran número de paisanos que se pusieron a disposición de la Comandancia Militar, testimonió que «se comentaba la absoluta normalidad con que se habían tomado todos los centros oficiales, sin la menor resistencia y sin necesidad de hacer uso alguno de la violencia». Y añade la misma fuente de información:

> Ni un solo herido por la fuerza pública ha ingresado en los centros benéficos, no obstante haberse hecho en distintos lugares de la capital algunos disparos, unas veces contra sospechosos que no hicieron caso al requerimiento de levantar las manos para transitar por las calles y otras para contestar a las agresiones que con pistolas se han hecho, muy aisladamente, contra la fuerza.[39]

Estos detalles nos parecen contundentes, y son confirmados por el relato de Gollonet y Morales:

> La noche transcurre tranquila. Sólo algún disparo se oye de vez en cuando. No hubo más víctima en esta jornada gloriosa que un guardia de Seguridad que fue muerto por un disparo, cuando iba en un coche con otros compañeros y el capitán Nestares.[40]

Sólo en el viejo barrio popular del Albaicín, con su laberinto de calles pinas y estrechas, había habido alguna resistencia a las tropas. Para los obreros del Albaicín el significado de lo que sucedía no dejaba lugar a dudas, y, en consecuencia, con sus filas engrosadas por gente que había logrado huir del centro de la ciudad, se preparaban ahora febrilmente a enfrentarse con los insurrectos. Se levantaron barricadas por todas partes y, en particular, se hizo todo lo posible para impedir que el enemigo pudiese subir por el acceso principal al barrio, la Carrera del Darro, y, luego, por la empinadísima Cuesta del Chapiz. Al pie de ésta se abrió una profunda zanja para imposibilitar la subida de vehículos.

Viendo estos preparativos, los rebeldes comprendieron que el Albaicín iba a resistir en serio. Emplazaron, pues, una batería de artillería al pie de la iglesia de San Cristóbal, en la carretera de Murcia, detrás de la ciudad, desde donde se domina el Albaicín; y otra en un cubo de la Alhambra al otro lado del pequeño río Darro, exactamente enfrente del Albaicín. Puesto que la noche caía ya, los sublevados decidieron dejar su ofensiva contra el Albaicín para la mañana siguiente. Sólo habían cruzado algunos tiroteos con los republicanos, que les causaron dos muertos. Probablemente tuvieron más bajas los resistentes.[41]

Aquella noche una nota atribuida al general Campins, leída por Radio Granada, aseguraba a los ciudadanos que la guarnición estaba «dispuesta a servir en todo momento los intereses de España y de la República, expresión de la voluntad popular». Otro cruel engaño. A continuación, el supuesto Campins añadía una severa admonición a los que se negasen a cumplir las órdenes de la autoridad militar:

> Si algún obcecado no hiciese todo lo que esté a su alcance para la consecuencia de que en nada sea alterada la vida de esta población, los máximos rigores del Código Militar caerán sobre él. Igualmente exijo que todos los intentos de perturbación sean denunciados a mi autoridad y aseguro que tengo todas las medidas tomadas para que en nada sea notada la declaración del estado de guerra, que ha de ser inflexible para los contraventores de mis órdenes.[42]

Los «obcecados» del Albaicín ya sabían a qué atenerse.

Martes, 21 de julio de 1936

A la mañana siguiente, las dos baterías mencionadas abrieron fuego sobre el Albaicín. Estalló al mismo tiempo un violento tiroteo entre los bien armados rebeldes (infantería, guardia de Asalto y falangistas) y los obreros que, desde balcones y tejados, disparaban desesperadamente con las pocas pistolas y escopetas de que disponían. Pero, a pesar de esta tenaz resistencia, los sublevados consiguieron abrir varias brechas en las improvisadas defensas del barrio y practicaron numerosas detenciones entre los habitantes. Las fuentes impresas no dan una relación de las bajas habidas, pero se supone que fueron considerables.

Cuando llegó la noche del 21 de julio, el Albaicín no se había rendido todavía.[43]

Mientras tanto el coronel Basilio León Maestre se había hecho cargo de la Comandancia Militar de Granada, reemplazando así al desafortunado general Campins. Éste fue llevado en avión a Sevilla tres días después, juzgado en sumarísimo y fusilado en la mañana del 16 de agosto. Según *ABC* de Sevilla del 18 de agosto, Campins había sido ejecutado «por haber tratado de hacer fracasar el movimiento salvador de España». Es decir, por haberse mantenido leal al Gobierno constituido. Se nos ha dicho, además, que Queipo de Llano ordenó que durante un día entero el cadáver del general fusilado fuera expuesto al público en el centro de Sevilla.[44] Según el testimonio de Francisco Franco Salgado-Araujo, primo hermano de Franco, éste hizo todo lo posible por conseguir que Queipo indultara a Campins. El «virrey de Andalucía» se negó terminantemente a la petición, posiblemente por razones de despecho hacia quien sería Caudillo de la España Nacional.[44 bis]

León Maestre publicó en seguida un nuevo bando militar, mucho más duro que el anterior:

> Don Basilio León Maestre, coronel comandante militar de esta plaza y, en el presente momento, única autoridad de Granada y su provincia:
> Hago un llamamiento a todos los patriotas granadinos que sientan la España única, noble y gloriosa para que pongan su alma entera y serena disciplina en el cumplimiento de todo lo que ordeno y mando:
> 1.º En esta capital y en su provincia regirá como única ley el Código de Justicia Militar, sometiéndose todo hecho delictivo a conocimiento de estos tribunales.
> 2.º Será juzgado en juicio sumarísimo y pasado por las armas todo el que realice agresiones y hostilidades en contra del Ejército o de la fuerza pública.

3.º Será juzgado en juicio sumarísimo y pasado por las armas todo el que sea sorprendido con las armas en la mano y los que en el plazo de tres horas no hayan entregado las armas de todas clases que tuviesen en las comandancias de la Guardia Civil, Asalto o Policía.

4.º Quedan terminantemente prohibidos los grupos de más de tres personas, que serán disueltos por la fuerza pública, sin previo aviso.

5.º A partir de la promulgación de este bando, queda terminantemente prohibida la circulación de vehículos de todas clases que no vayan conducidos por la fuerza pública.

6.º Queda abolido el derecho de huelga y serán pasados por las armas los comités.

7.º Los que realicen actos de sabotaje de cualquier índole y en especial contra las comunicaciones, serán juzgados en juicio sumarísimo y serán ejecutados inmediatamente.

Dado en Granada para su más estricto y riguroso cumplimiento a veintiuno de julio de mil novecientos treinta y seis.

Viva España. Viva la República. Viva Granada.[45]

Radio Granada divulgó este nuevo bando y lanzó en su apoyo frecuentes llamamientos a la «lealtad» y «buen sentido» de los granadinos. Se advirtió claramente a los resistentes del Albaicín que serían aplastados si no se rendían:

La conducta criminal de unos forajidos que desde el Albaicín perturban la vida de Granada, en los últimos estertores de su fracasado intento de devorar a nuestra España, va a tener fin; siguiendo las normas del último bando, del que Granada ya tiene conocimiento, nuestras valientes fuerzas de Asalto, Infantería y Artillería han hecho acto de presencia para acosarlos en sus cubiles de fieras. Espero de la serenidad de los granadinos no se alarmen ante nuestros propósitos de que Granada disfrute, al fin, de la calma de sus incomparables noches.

Vuestro comandante militar vibra con vosotros en un ¡Viva España! ¡Viva la República! ¡Viva Granada![46]

Miércoles, 22 de julio de 1936

En las primeras horas del 22 de julio un ultimátum fue transmitido por Radio Granada a los habitantes del Albaicín. En el plazo de tres horas las mujeres y niños del barrio deberían dejar sus hogares y concentrarse en los lugares señalados; los hombres debían permanecer en la puerta de sus domicilios con los brazos en alto, después de dejar en medio de la calle sus armas; en los balcones de las casas dispuestas a rendirse había que colocar banderas blancas. De no ser obedecidas estas órdenes, la artillería procedería a bombardear el Albaicín en serio a partir de las 2.30 de la tarde. También actuaría la aviación.[47]

Poco después de este anuncio, largas filas de mujeres y niños atemorizados empezaron a bajar por las estrechas calles del Albaicín en dirección a los puntos de reunión indicados en el ultimátum. Allí las mujeres fueron registradas por simpatizantes femeninas del Movimiento, interrogadas, y conducidas a un campo de concentración provisional en las afueras de la ciudad.

Los hombres del Albaicín se negaron a rendirse, pensando sin duda que más valía morir luchando que fusilado contra una tapia, y al poco tiempo se reanudaron los tiroteos. Luego las tropas y demás facciosos se retiraron para permitir que la artillería pudiese cañonear sin trabas el barrio. Así se hizo, efectivamente, añadiendo su apoyo al ataque tres aviones de caza capturados aquella mañana cuando aterrizaron en Armilla creyendo que el aeropuerto estaba todavía en manos de los republicanos.[48] Estos aviones sobrevolaron el Albaicín, disparando con sus ametralladoras sobre los focos de resistencia. También dejaron caer granadas de mano.[49] Aunque varias casas fueron destruidas totalmente por los bombardeos y hubo numerosas bajas entre los defensores, los «forajidos» del Albaicín seguían en sus «cubiles de fieras» al caer la noche. Pero llegaba el final de la heroica defensa del barrio.

Jueves, 23 de julio de 1936

En la mañana del 23 de julio se intensificó el bombardeo de la artillería y, al poco tiempo, banderas improvisadas empezaron a aparecer en balcones y ventanas. Era evidente que las escasas municiones de que disponían los republicanos se habían agotado.

Los soldados y falangistas, que esperaban este momento, invadieron ahora el Albaicín, y pronto terminó todo.[50] Los más afortunados de entre los defensores del barrio lograron escaparse por detrás de la ciudad, llegando después a las líneas republicanas cerca de

Guadix. Otros, con menos suerte, fueron detenidos al tratar de huir; y otros cazados como ratas en sus propias casas. Cientos de hombres fueron llevados en seguida a la cárcel, a la comisaría de Policía u otros centros, donde fueron sometidos a interrogatorios y toda clase de brutalidades. Muchos de ellos serían fusilados poco después.

Ideal anunciaba a la mañana siguiente, el 24 de julio, que la resistencia del Albaicín había sido aplastada, publicando a continuación una descripción detallada del estado del barrio después de la rendición. «La fuerza de las armas modernas ha dejado en el Albaicín huellas de su irresistible eficacia –comenta el periodista–. En muchas casas las fachadas presentan numerosos impactos de fusil, pistola, ametralladora y cañón.» Varias casas habían quedado completamente destrozadas, y el periodista se burla de los patéticos esfuerzos hechos por los obreros para protegerse con defensas inadecuadas contra el armamento superior de los militares. *Ideal* mostraba por fin su verdadero rostro.

La resistencia había terminado. Otros pequeños focos de oposición obrera habían sido fácilmente reducidos tiempo antes, y al caer la noche del 23 de julio los rebeldes podían congratularse de haberse apoderado de la ciudad con poquísimas bajas.

Como ya hemos dicho, los republicanos granadinos no tenían prácticamente armas. Y las que tenían no estaban adecuadamente provistas de municiones, como lo prueba la propia documentación de los sublevados.[51] Un puñado de pistolas y fusiles, y éstos sin municiones, difícilmente pueden oponer resistencia a metralletas, cañones, granadas y demás armamento militar. Granada cayó en manos de los sublevados porque ellos tenían las armas y sabían manejarlas. La «resistencia» aplastada con tanta facilidad por los rebeldes no era, en realidad, tal resistencia, y este hecho innegable, subrayado además constantemente por los testimonios contemporáneos de los mismos sublevados (*Ideal* y Gollonet y Morales), nos lleva a afirmar que la represión de Granada, iniciada acto seguido, fue uno de los mayores crímenes de la guerra.

──── N O T A S ────

1. Hugh Thomas, *op. cit.*, I, pp. 239-243.
2. *Ibíd.*, p. 243.
3. *Ibíd.*, p. 244.
4. *Ibíd.*, pp. 245-247.
5. *Ibíd.*, pp. 243-244.
6. *Ideal* (19 julio 1936), p. 2.
7. *Cruzada*, p. 183.
8. Thomas, *op. cit.*, pp. 247-248.
9. Gollonet y Morales, *op. cit.*, p. 80.
10. Testimonio de César Torres Martínez, grabado por nosotros en cinta magneto-fónica, 15 de octubre de 1977. Todas las citas de Torres Martínez que siguen corresponden a la misma conversación.
11. *Ideal* (19 julio 1936), p. 2.
12. *Cruzada*, p. 284.
13. *Ibíd.*, p. 279.
14. Testimonio del doctor José Rodríguez Contreras, grabado por nosotros en cinta magnetofónica, Granada, 23 de agosto de 1978.
15. *Cruzada*, pp. 279-280.
16. Detalles de estos tres párrafos tomados de *Cruzada*, páginas 280-281.
17. *Ibíd.*, pp. 281-282.
18. Gollonet y Morales, *op. cit.*, pp. 105-106.
19. *Cruzada*, pp. 280-282.
20. Testimonio de Torres Martínez.
21. Detalles de la confrontación entre Campins y los oficiales rebeldes, *Cruzada*, p. 282.
22. Condenas de cuatro a doce años de prisión.
23. Condenas de cuatro meses a seis años de prisión.
24. Publicado en *Ideal* (21 julio 1936), p. 1.
25. Gollonet y Morales, *op. cit.*, p. 91.
26. *Cruzada*, p. 286.
27. Gollonet y Morales, *op. cit.*, pp. 112-113.
28. *Cruzada*, p. 284.
29. *Ideal* (21 julio 1936), p. 2.
30. Gollonet y Morales, *op. cit.*, p. 112.
31. *Ibíd.*, p. 112.
32. *Ibíd.*, pp. 120-121; *Cruzada*, p. 285.
33. Gollonet y Morales, *op. cit.*, p. 113.
34. *Ibíd.*, pp. 113-114.
35. *Ibíd.*, p. 114.
36. *Ibíd.*, pp. 115-116.
37. *Ibíd.*, p. 116.
38. *Ideal* (21 julio 1936), p. 1.
39. *Ibíd.*, p. 2.
40. Gollonet y Morales, *op. cit.*, p. 117.
41. *Cruzada*, p. 288.
42. *Ideal* (21 julio 1936), p. 4.

43. Gollonet y Morales, *op. cit.*, p. 123; *Ideal* (22 julio 1936); *Cruzada*, p. 288.
44. Parece ser que el hijo de Campins, oficial del Ejército, trató de vengarle al enterarse de su ejecución. Según un evadido de Sevilla, el hijo se presentó en el despacho de Queipo de Llano: «"Campins –le dijo el grotesco Queipo–: tú eres un militar digno; no tu padre, que se puso al servicio de la canalla marxista."
»La pistola del oficial respondió a la crueldad, y una bala –desafortunada en trayectoria– hirió a Queipo levemente en un brazo. El hijo del general Campins volvió el arma contra sí y se suicidó en el mismo despacho. El atentado fue ocultado a la publicidad bajo pena de muerte al que lo divulgara», *Heraldo de Madrid* (20 octubre 1936), p. 7.
44 bis. Manuel Barrios, *El último virrey* (Barcelona, Argos-Vergara, 1978), pp. 233-234.
45. Publicado en *Ideal* (22 julio 1936), p. 1.
46. *Ibíd.*, p. 4.
47. *Ibíd.*
48. *Ideal* (23 julio 1936), p. 4.
49. *Ibíd.*, p. 3.
50. *Ideal* (24 julio 1936), p. 3.
51. Hablando de la facilidad con que los rebeldes se apoderaron de Granada el 20 de julio, comentan Gollonet y Morales: «En seguida comienza la clausura de centros extremistas. La Casa del Pueblo, *El Defensor de Granada*, los Sindicatos. En ningún sitio se encuentra a nadie. En todo caso los guardias y conserjes de los edificios. Los que blasonaban de guerreros se han perdido. *Cuantas armas se repartieron a los marxistas las noches anteriores son recogidas. Y en grandes montones se depositan en los centros oficiales*» (p. 117; el subrayado es nuestro). *Ideal* confirma que, aunque los obreros tenían algunas pistolas, no había municiones pues, en el caso de haberlas, ¿cómo iban a abandonar sus armas los «rojos»?: «Como se tuviera la sospecha de que en algunas dependencias del Ayuntamiento había armas de fuego, de las repartidas en días anteriores entre los elementos marxistas, el propio alcalde [Miguel del Campo], acompañado de varios soldados, procedió a recorrer los distintos departamentos del edificio. En el cajón de un armario del despacho del asesor jurídico se encontraron, efectivamente, gran cantidad de armas de fuego cortas y algunas municiones» (22 julio 1936). No creemos que una «gran cantidad de armas de fuego cortas» quepan en un cajón de armario; y además es evidente que las armas que se descubrieron no estaban provistas de municiones. La verdad es que los obreros disponían de muy pocas armas y menos municiones. De haber sido de otra forma, habría habido muchas más bajas entre los sublevados.

5

LA REPRESIÓN
DE GRANADA

Aunque los nacionalistas se habían apoderado sin dificultades y casi sin bajas de la capital granadina, sabían que era menester actuar con rapidez y determinación para consolidar su posición. La sublevación había fracasado en Málaga, y Granada estaba rodeada por territorio republicano. La línea entre ambas zonas pasaba, en los primeros días de la guerra, aproximadamente, por Güéjar-Sierra, Sierra Nevada, Orgiva, Venta de las Angustias, La Malá, Santafé, Láchar, Illora, Cogollos, Vega, Huétor-Santillán, Beas, Dúdar y Quéntar. En algunos sitios los «rojos» estaban a unos ocho kilómetros de la ciudad.[1] Todo indicaba, pues, que en cualquier momento podían o podrían producirse contraataques. Era evidente, además, que en la capital granadina hormigueaban los enemigos.

En vista de esta situación los rebeldes decidieron crear cuanto antes nuevas milicias y engrosar las que ya existían; emprender inmediatamente la pacificación de la provincia; y detener y fusilar a cuantos enemigos de la sublevación se pudiese identificar o imaginar como tales.

Con arreglo a la creación de las nuevas milicias, llegó a Granada desde Tetuán, el 25 de julio de 1936 –día de Santiago–, el general Luis Orgaz Yoldi, tras aterrizar en el aeropuerto de Armilla en un Junker alemán.[2]

El 29 de julio tuvo lugar el primer bombardeo de Granada por aviones republicanos, bombardeo ineficaz, como los que le siguieron, y que no alcanzó ningún objetivo militar.[3] Los bombardeos republicanos obraron sólo en beneficio de los sublevados, pues causaron varias bajas entre la población civil e incluso destrozos en la Alhambra, de lo que sacó partido la propaganda nacionalista. Cada vez que se producía un bombardeo, además, se fusilaba en represalia a una tanda de presos republicanos. Parece increíble la ineptitud de los aviadores republicanos, que no lograron –ni, por lo visto, intentaron– volar la imprescindible fábrica de pólvora y municiones de El Fargue.

Al día siguiente del primer bombardeo, el 30 de julio de 1936, una fuerte concentración de milicianos republicanos trató de entrar en Granada por Huétor-Santillán. Fueron rechazados por las tropas sublevadas al mando del comandante Villalba, a quienes apoyaban unos guardias civiles mandados por el teniente Mariano Pelayo. Los republicanos dejaron en la retirada numerosos muertos y una considerable cantidad de armas.[4] Fue el único intento serio de reconquistar la ciudad. De haber organizado la República una operación militar concertada contra Granada en las primeras semanas de la guerra, hubiera sido difícil que la ciudad no se rindiera. Pero después del 18 de agosto de 1936, cuando el general Varela, en combinación con una operación de la guarnición granadina, tomó Loja y restableció así las comunicaciones entre Granada y Sevilla, tal posibilidad se volvió muy problemática. Comentan Gollonet y Morales:

> El cerco de Granada duró un mes. Lo rompió la columna del glorioso general Varela, en una operación combinada con la guarnición granadina. El dos veces laureado general trazó una línea de victorias a través de las provincias de Cádiz, Sevilla y Málaga. Pueblo tras pueblo fueron cayendo todos ante su empuje, hasta llegar a Loja. En la tarde calurosa del 18 de agosto estrechaba la mano del coronel León Maestre, jefe de la columna granadina, en la Venta del Pulgar. Desde entonces Granada quedó unida materialmente al resto del territorio español [...]. No tardaron en restablecerse las comunicaciones ferroviarias con Sevilla y bien pronto un tren militar llevaba a la capital andaluza muestras del material de guerra fabricado en Granada.[5]

Veamos ahora los organismos militares y civiles que actuaron en Granada durante la guerra, recordando que en la práctica lo civil y lo militar tendían a confundirse, entre otras causas, porque muchos puestos normalmente civiles fueron ocupados entonces por los militares.

1) La Comandancia Militar. – Hemos visto que la guarnición granadina estaba integrada por dos regimientos, uno de Artillería y otro de Infantería, los dos bastante reducidos cuando estalló la sublevación dados los numerosos permisos concedidos. Al ser detenido el general Campins el 20 de julio de 1936, asumió interinamente el mando de la Comandancia Militar el coronel Basilio León Maestre. Éste, a su vez, fue reemplazado el 29 de julio por el general Antonio González Espinosa, que llegó en avión desde Sevilla, enviado por Queipo de Llano.[6] Recordemos que la Comandancia Militar de Granada dependía de la Capitanía General de Sevilla, lo cual significaba que, a partir del 20 de julio, el verdadero dirigente de la Granada sublevada era Queipo, el «virrey de Andalucía».

La Comandancia Militar, como era natural, se ocupaba especialmente de las operaciones militares de la contienda, dejando a las autoridades civiles la responsabilidad principal de organizar la represión de la población granadina. Ello no impedía que en la Comandancia Militar se preparasen, así como en otros sitios, listas de aquellos que debían ser detenidos y fusilados. Un juez, Francisco Angulo Montes, dirigía estas actividades en los primeros días, asistido por el sargento Romacho, de la Guardia Civil. Angulo pasaría luego a ser director de la cárcel de Granada. Todavía hoy en la ciudad se habla de la crueldad de estos dos hombres.

En la Comandancia Militar tuvieron lugar en los primeros días de la represión varios consejos de guerra que, en juicio sumarísimo, condenaron a muerte a decenas de republicanos, entre ellos a los oficiales de la guarnición Fenoll y Oterino que se habían negado a sublevarse.[7] Uno de los oficiales «no afectos al Movimiento» que tuvo la suerte de no ser condenado a muerte fue Bonifacio Jiménez Carrillo. Jiménez, que murió en su Galicia nativa hace unos once o doce años, era amigo del comandante Valdés, que intervino –caso insólito– en su favor. Lo cual no impidió que Jiménez Carrillo fuera condenado a reclusión militar perpetua.[8]

En la noche del 31 de julio y primeras horas del 1 de agosto de 1936 fue juzgado en juicio sumarísimo el gobernador civil, César Torres Martínez. Con él comparecieron dos miembros del Frente Popular que se encontraban en su despacho del Gobierno Civil cuando entraron allí los rebeldes: Virgilio Castilla Carmona, presidente de la Diputación de Granada, y Antonio Rus Romero, secretario del Comité del Frente Popular. Y, con ellos, el sindicalista José Alcántara García, uno de los oradores que se habían dirigido a la multitud el 10 de marzo

El general Orgaz llega a Granada, procedente de Sevilla y Marruecos, tras la sublevación. *Ideal*, 27 de julio de 1936

de 1936 durante el gran acto político celebrado en el campo de depor-
tes de los Cármenes; el abogado Enrique Marín Forero; y el ingeniero
Juan José de Santa Cruz.

La sentencia dictada contra Torres Martínez –que se reproduce ín-
tegra en el apéndice 4– se parece a un esperpento de Valle-Inclán y
hace pensar en su violenta sátira antimilitarista, *Los cuernos de don
Friolera.* A Torres se le acusaba de haber abusado de su cargo y posición social para preparar con otros elementos «un amplio movimiento
subversivo como preparación del que estaba preparado en toda España, tendente en implantar en nuestra ciudad y por medio del terror
las doctrinas ruso-marxistas más avanzadas»; de haber distribuido armas a los marxistas; de haber instado a los mismos a que abrieran
fuego contra las tropas sublevadas; de haber contribuido a la organización de la columna que iba a marchar sobre Córdoba; y de otros delitos de «rebelión militar».

En el apéndice 3 analizamos la mentira propalada por los sublevados según la cual se habrían levantado para reprimir una revolución
marxista-judaica-masónica, mentira que dio lugar a toda una serie de
tergiversaciones y extraños usos lingüísticos y que, desde luego, ayudó
a estimular a la gente de derechas a que denunciaran a cuantos «sospechosos» conociesen.

Los jueces, sabiendo que los cargos contra Torres Martínez eran casi
todos falsos y admitiendo tácitamente que era inevitable que un gobernador civil republicano actuara como republicano, decidieron no
fusilarlo. También intervino a favor de Torres, según parece, el arzobispo de Granada, monseñor Parrado y García. Los jueces condenaron
al exgobernador, «con la concurrencia de la atenuante de obediencia
debida», a reclusión militar perpetua. Pasaría Torres Martínez ocho
años en la cárcel.

Tuvo más suerte que Castilla, Rus, Alcántara, Marín Forero y Santa
Cruz, que fueron condenados a muerte y fusilados en la madrugada
del 2 de agosto de 1936.

Según los numerosos testimonios que hemos escuchado, los consejos de guerra granadinos sólo actuaron en las primeras semanas de la
contienda. Después, fueron excepcionales. Se fusiló posteriormente a
los presos sin tomarse la molestia de formarles ni un simulacro de juicio. Era mucho más fácil deshacerse de procedimientos tan innecesa-
rios y, al optar por tal solución, es casi cierto que los rebeldes granadi-

nos seguían directivas del mismo Queipo de Llano que ya había fusilado a cientos de obreros y republicanos en Sevilla.[9]

2) El Gobierno Civil. – El comandante Valdés estaba rodeado de un abigarrado grupo de falangistas, oficiales del Ejército, amigos personales, matarifes y asesores que se ocupaban entre ellos de la represión de Granada. Entre estos personajes figuraban el jefe de Policía, Julio Romero Funes, responsable de cientos de muertes, a quien mataron después los famosos guerrilleros granadinos, los hermanos Quero; Pablo Rodríguez, un matón cruel, alto y fuerte a quien se le puso el apodo de «Italobalbo» por su parecido con el barbudo dirigente fascista italiano; el exdiputado de la CEDA, Ramón Ruiz Alonso, y otros miembros de Acción Popular; los hermanos Manuel y José Jiménez de Parga; el capitán Fernández, organizador de la represión en Sierra Nevada; Antonio Godoy Abellán, rico terrateniente granadino y «camisa vieja» de la Falange; y los asesinos apodados «El Chato de la Plaza Nueva» y «El Panadero».

Varias dependencias del Gobierno Civil habían sido habilitadas como celdas provisionales y allí se encerraba interinamente a los «indeseables» llevados al edificio por los colaboradores de Valdés. Hubo a veces escenas atroces. En los interrogatorios se recurría a menudo a la tortura, y se había instalado en una de las salas un instrumento conocido como «el aeroplano»: con los brazos atados a la espalda las víctimas eran izadas hasta el techo por las muñecas, desarticulándoseles los omóplatos. Los porteros del edificio, con quienes hemos hablado, oían constantemente los gritos de los torturados, y hubo ocasiones en que éstos trataron de suicidarse arrojándose por la ventana al Jardín Botánico.

Cuando los del Gobierno Civil habían «terminado» con un prisionero, le entregaban a los especialistas de los *paseos*. En general los presos del Gobierno Civil no pasaban a la cárcel, sino que eran llevados a varios sitios en las afueras de la ciudad, o directamente abatidos en el mismo cementerio municipal. Hablaremos más adelante de las actividades de esos grupos de asesinos, conocidos colectivamente como la «escuadra negra».

3) La Guardia Civil. – Según la *Cruzada*, no había más de 40 guardias civiles en Granada cuando empezó la sublevación.[10] El teniente coronel de la Guardia Civil, Fernando Vidal Pagán, era leal a la República, como hemos dicho. El papel de conspirador principal le tocó al teniente Mariano Pelayo quien, al poco tiempo de iniciarse el Movimiento, sería nombrado delegado de Orden Público. Pelayo era un hombre valiente, duro y, a su manera, moral. Amigo de sus amigos, era implacable con sus enemigos y, desde luego, ferozmente antirrepublicano.

Los guardias civiles, que siempre han sido tiradores de primera, tomaban parte a menudo en los fusilamientos del cementerio.

4) *La Guardia de Asalto.* – Esta fuerza de Policía Armada, que contaba en Granada con unos 300 hombres, era considerada como especialmente leal a la República, lo cual no impidió que el capitán Álvarez, jefe de los Guardias de Asalto, decidiera ponerse al lado de los sublevados, como hemos visto. Bastantes guardias de Asalto fueron fusilados en Granada. Los que escaparon a la matanza hicieron lo que se les ordenaba, como es natural, y parece ser que, como castigo, se les forzaba frecuentemente a actuar en los pelotones de ejecución tanto en Granada como en los pueblos colindantes.

5) *La Policía.* – La Comisaría de Policía se encontraba en la Calle Duquesa (donde sigue hoy día), frente al Gobierno Civil. Durante la represión había un constante ir y venir entre ambos edificios. Los calabozos de la Comisaría fueron escenario de inauditas violencias, algunas de las cuales nos han sido descritas por varios testigos, entre ellos un masón que vive todavía en Granada.

6) *La Falange.* – La Falange contaba con pocos afiliados en Granada antes de la sublevación. Una vez caída la ciudad, sin embargo, esta situación cambió radicalmente. Según una nota publicada el 22 de julio por *Ideal*, la Falange estaba ya dispuesta a alistar a todos aquellos que fueran avalados por un «camisa vieja». La oficina de reclutamiento, instalada en el mismo Gobierno Civil, se inundó de solicitudes de admisión: la *Cruzada* afirma que se enrolaron 900 miembros en unos pocos días, mientras que Gollonet y Morales dan la cifra mucho más alta de 2 000 hombres alistados en veinticuatro horas.[11]

Los nuevos afiliados eran organizados, según el sistema falangista, en dos «líneas»: la primera destinada a luchar junto al Ejército en el frente; y la segunda encargada del buen funcionamiento de los servicios de abastecimiento de la capital.

La segunda línea de Falange se dedicaba, además, a otras actividades menos inocentes. En un artículo sobre la Falange publicado el 1 de septiembre de 1936 en *Ideal*, se dice de la segunda línea: «Esta sección está obligada a dar cuenta a la organización de todos aquellos casos que conozcan y que vayan en contra de la Patria o de Falange Española.» La Falange granadina, digan lo que digan los «camisas viejas», fue directamente responsable de la muerte de muchos cientos de granadinos. Para su siniestro cometido contaba con la inapreciable ayuda del capitán Manuel Rojas, el ejecutor de la matanza de obreros andaluces en Casas Viejas tres años antes, ascendido ahora a jefe provincial de las milicias falangistas de Granada.[12] Sin duda, al estallar la sublevación, muchas personas ingresaron en la Falange para salvar su vida, o simplemente porque no existía otra opción. Pero, aun con este distingo, la responsabilidad de la Falange es innegable.

7) Milicias de Acción Popular. – Hemos señalado que, a consecuencia del triunfo del Frente Popular en las elecciones de febrero de 1936, muchos miembros de las JAP pasaron a la Falange. No todos, sin embargo, y en Granada, como en otros sitios, se procuró formar unas milicias de Acción Popular que serían dirigidas por el exdiputado de la CEDA, Ramón Ruiz Alonso. El intento de Ruiz Alonso fracasó, integrándose los militantes de Acción Popular en la Falange y otras formaciones.[13]

8) Los Requetés (milicia de la Comunión Tradicionalista). – Tuvieron más suerte que las de Acción Popular. Los requetés anunciaron en *Ideal* el 22 de julio de 1936 que apoyaban con todas sus fuerzas el Movimiento salvador: «Nuestra Comunión ofrece sus servicios al Ejército, que es el servicio de España, pidiendo a Dios y a su Madre Santísima protejan nuestras banderas.» Se ordenó a todos los requetés que se pusieran inmediatamente en contacto con el cuartel general de la Comunión «para hacer listas y organizar servicios de la manera que sea más útil». Aunque había pocos «boinas rojas» en Granada, se logró al poco tiempo formar un tercio completo.[14]

9) El Batallón Pérez del Pulgar. – Durante el sitio de Granada por

Falange Española celebró ayer en Víznar una solemne misa de campaña

MUCHOS FALANGISTAS Y GRAN NUMERO DE FIELES RECIBIERON LA SAGRADA COMUNION

TERMINADA LA MISA, FUE TREMOLADA LA BANDERA NACIONAL Y ANTE ELLA DESFILARON TODAS LAS FUERZAS

(De nuestro enviado especial)

En la plaza de Víznar, al pie de la sierra de la Alfaguara, para conmemorar la festividad de la Asunción de Nuestra Señora y el restablecimiento de la bandera roja y gualda, se celebró ayer una solemnísima Misa de campaña a la que asistieron mil quinientos falangistas armados de los pueblos de los alrededores, al mando del capitán Nestares. La inmensa mayoría de los asistentes recibieron la Sagrada Comunión y una banda de música interpretó escogidas composiciones y el himno de Falange en el momento de alzar.

Terminado el Santo Sacrificio de la Misa fué tremolada la bandera española desde un balcón de la plaza e inmediatamente desfilaron las fuerzas.

zas de Falange a los acordes de la banda.

El pueblo en masa asistió al brillante acto y aplaudió y vitoreó a las fuerzas defensoras del orden. El día de ayer fué de gran fiesta para Víznar.

* * *

A las tres de la madrugada se organizó una nutrida orquesta que recorrió las calles del pueblo para anunciar la inmediata salida del Rosario de la Aurora.

Este apareció a las puertas del templo al clarear el día, y con extraordinario acompañamiento de vecinos y falangistas recorrió las calles de Víznar en fantástica peregrinación piadosa.

Por las calles del recorrido los fieles entonaron las estrofas del Santo Rosario, acogidas con vítores y aplausos por la muchedumbre que presenciaba el cortejo.

LA MISA DE CAMPAÑA

Por la mañana la plaza principal del pueblo presentaba un aspecto admirable por los artísticos adornos de guirnaldas de papel de colores que se habían colocado, así como por la infinidad de flores situadas en distintos sitios.

Frente a la iglesia, en la acera de en frente de la plaza, se había levantado un artístico altar adornado bellamente con plantas y flores. Sobre él se elevaba un dosel rojo, en cuyo fondo se había puesto una M. inicial de María Inmaculada, formada con un lazo de los colores nacionales.

Delante del altar formaron las escuadras uniformadas de Falange Española de la capital que operan en la región de Víznar al mando del capitán Nestares.

A ambos lados de estas escuadras formaron en dos largas filas las es-

cuadras de Falange de Alfacar, Nívar, Güevéjar y Cogollos Vega, juntamente con las de Víznar. En total las fuerzas de Falange que asistieron al Santo Sacrificio de la Misa se elevaban a mil quinientos hombres. Otros tantos, según nos informaron, completan el número de las fuerzas de aquella zona, pero no pudieron asistir estos últimos por estar prestando servicio.

Finalmente, en otro lugar de la plaza formaron los «santiaguillos» y en el lado del Evangelio se colocaron bancos para las señoras y señoritas, que en gran cantidad asistieron al acto, acto opuesto se situó la banda de música.

Junto al altar dieron guardia de honor cinco falangistas armados de fusil y el banderín de las fuerzas.

Da comienzo el Santo Sacrificio y en la multitud que llena la plaza se hace el silencio más profundo. Con extraordinario recogimiento, falangistas y público asisten a la Misa. Rostros curtidos por el sol y el viento radiantes de alegría y entusiasmo pero recogidos por la solemnidad del espectáculo, cuerpos erguidos con el fusil al lado. Ambiente de profunda religiosidad. Este era el aspecto que presentaba ayer la plaza del pintoresco pueblo de Víznar.

Ambiente religioso y sublime, que se anima en el momento en que el sacerdote oficiante, después de convertir el pan y el vino en el Cuerpo y Sangre de Jesucristo, eleva a Dios y todas las fuerzas rinden sus armas el pueblo se arrodilla y la orquesta interpreta el himno de Falange. Mientras tanto, el viento lejano no trae el estampido del cañón, que con sus mortíferas balas destroza a los enemigos de la causa, hermanos de los allí reunidos, de cuyos labios s escapan en aquellos momentos pie

21

Comprad

Mantelerías, Colchas, Sábanas, Toallas, en la

FABRICA

ARANDAS, 7

y El Fénix Español

L: 12.000.000 DE PESETAS

ACCIDENTES DEL TRABAJO

tumulto en toda su extensión.

anada y su provincia

QUINTANA

Teléfono 2621

No todas las actividades de la Falange eran tan inocentes como uno podría pensar al leer esta crónica aparecida en *Ideal* el 17 de agosto de 1936. Víznar, cuya guarnición estaba bajo el mando del capitán José Nestares, era lugar de fusilamientos, donde cientos de «rojos» cayeron asesinados

Fernando e Isabel en 1491, un noble español de nombre Hernán Pérez del Pulgar cobró fama al saltar una noche las murallas de la ciudad y colocar un cartel que llevaba las palabras «Ave María» en la puerta principal de la Gran Mezquita. El batallón nombrado en su honor fue constituido a finales de agosto de 1936. Entre sus organizadores figuraba Ramón Ruiz Alonso, quien nos declaró en 1967: «El batallón fue formado para dar a los prisioneros políticos, que de otro modo hubieran sido fusilados, una oportunidad de redimirse en el campo de batalla o de morir con honor bajo el fuego enemigo. De este modo sus hijos no llevarían el estigma de haber tenido como padre a un rojo.» Nos parece probable, sin embargo, que la formación del batallón obedeciera más a la necesidad de crear nuevas milicias que a un deseo de salvar moralmente a los «rojos».

El batallón se componía de unos 500 hombres, y Ruiz Alonso nos mostró una fotografía en la que se le veía desfilar a la cabeza de sus hombres por el centro de Granada, camino del frente de Alcalá la Real en la provincia de Jaén.

El comportamiento de los hombres de Ruiz Alonso fue poco entusiasta, y una noche –en imitación quizá de la hazaña del pintoresco caballero de quien el batallón tomaba su nombre– buena parte de los «pulgarcitos» saltaron las líneas y se unieron con sus hermanos republicanos. El batallón fue disuelto poco después.

10) Los Españoles Patriotas. – Esta milicia fue organizada por el general Orgaz a fines de julio de 1936. En pocos días llegó a tener 5 175 afiliados mandados por 29 oficiales y 150 clases. Se estableció su cuartel en la plaza de toros.[15] Los Españoles Patriotas actuaron al principio de Policía Municipal, tomando así parte en la represión granadina, pero más tarde varias secciones de la milicia lucharon al lado del Ejército en el frente. Posteriormente, el 29 de diciembre de 1936, anunció *Ideal* que los Españoles Patriotas se unían con la Falange.

11) Defensa Armada de Granada. – Esta organización se formó a principios de septiembre de 1936. Sus afiliados –conocidos popularmente como los «mangas verdes» por sus brazaletes de este color– eran paisanos inútiles para el servicio militar a causa de ser demasiado viejos, enfermos o estar ocupados en otros quehaceres. Su misión se reducía a espiar a sus vecinos y denunciar metódicamente cualquier actividad o antecedentes de orientación izquierdista que descubriesen. Defensa Armada dividió la ciudad en tres sectores –siguiendo el sistema de la Falange–, cada uno de los cuales estaba al mando de un jefe que, a su vez, nombraba a los «jefes de calle» o «jefes de zona» de su sector. Cada inmueble de Granada debía tener por lo menos un miembro de Defensa Armada, y se había planeado que la organización se hiciera cargo de las funciones policíacas desempeñadas al principio por los Españoles Patriotas, para que éstos pudieran consagrarse a actividades militares.

El 6 de septiembre de 1936, a los pocos días de su formación, Defensa Armada tenía 2 086 afiliados y 4 000 solicitudes de admisión. Estas últimas eran examinadas minuciosamente y eliminados todos aquellos solicitantes que hubiesen tenido la menor actuación izquierdista antes de la sublevación.[16] En un ambiente digno del *1984* de George Orwell, Defensa Armada fue responsable de la muerte de cientos de granadinos inocentes, en muchos casos ejecutados por razones de enemistad, envidia, celos, deudas económicas u otros motivos personales.

12) La Legión Extranjera Española (el Tercio). – El general Orgaz se dio cuenta durante su corta visita a Granada de que la guarnición, a pesar del apoyo de las nuevas formaciones civiles y de la Falange, no podría resistir un ataque republicano bien organizado. Decidió, pues, que no había más remedio que reforzar la guarnición con elementos militares profesionales traídos desde fuera.

De nuevo jugó el aeropuerto de Granada un papel decisivo. A las 10.30 de la mañana del 3 de agosto de 1936 aterrizó en Armilla un trimotor Junker que hora y media antes había despegado de Tetuán. Llevaba a los primeros 20 hombres del sexto batallón de la Legión Extranjera. Siguieron llegando otros trimotores, y aquella tarde una compañía completa desfiló por las calles granadinas, produciendo júbilo y alivio entre los sublevados y sus simpatizantes, pues la presencia en Granada de estas fuerzas significaba que la recuperación de la ciudad por los republicanos sería ya más difícil.

En días sucesivos llegaron otros legionarios, hasta formar una bandera completa.[17]

Los legionarios fueron desplegados en numerosas acciones contra los focos republicanos de la provincia, especialmente en la toma de

Una Compañía del Tercio Extranjero, residente en Tetuán, vino ayer desde esta ciudad a Granada, a bordo de grandiosos trimotores del Ejército, para unirse a las tropas granadinas que luchan por la reconquista de España de las hordas rojas marxistas. En su desfile por nuestra capital, los legionarios fueron delirantemente aplaudidos y vitoreados por una enorme muchedumbre que se agolpaba en las calles recorridas por las fuerzas y como demuestran bien a las claras las fotos que ofrecemos a nuestros lectores. En ellas aparecen también algunos aspectos de la llegada de las fuerzas al aeródromo de Armilla, al descender de los aviones «Junkers» en que vinieron

La llegada de una compañía de la Legión a Granada, el 3 de agosto de 1936, reforzó el poder de resistencia de los sublevados

Loja –importante posición estratégica en la carretera de Málaga– el 18 de agosto de 1936, uniéndose aquel día las tropas granadinas con las mandadas por el general Varela.

13) Los Regulares. – A consecuencia de la toma de Loja se restableció el contacto tanto por carretera como por ferrocarril entre Granada y Sevilla. Pocos días después Queipo de Llano mandó a Granada un tabor de Regulares, es decir, de soldados moros traídos de Marruecos. Los Regulares lucharon en el frente al lado de los soldados de la guarnición granadina y de los legionarios, y se dice que cometieron no pocas barbaridades en los pueblos de la provincia. Su presencia en Granada, añadida a la del sexto batallón de la Legión Extranjera, significaba un importante apoyo a los sublevados.[18]

14) La «Escuadra Negra». – Hemos dejado para el final la notoria «Escuadra Negra», de que tanto se ha hablado en los libros sobre la muerte de García Lorca, y de la que tanto se sigue hablando en Granada.

Es importante comprender, para entrar en materia, que esta escuadra no constituía una organización claramente definida como, por ejemplo, la Falange. La «Escuadra Negra» estaba integrada por un grupo más o menos amorfo de individuos –quince o veinte de ellos, en su mayoría muy jóvenes– que mataban por gusto y a quienes Valdés, con la finalidad de sembrar el pánico entre la población civil, había otorgado una gran libertad de acción.

Muchos de estos matarifes eran hijos de familias acomodadas. Está atestiguada la presencia de los siguientes personajes en esta escuadra de asesinos: Francisco Jiménez Callejas, «El Pajarero», que tenía entonces 20 años y murió en Granada el 24 de mayo de 1977, habiendo sido rico propietario de una fábrica de maderas; José Vico Escamilla, que también murió y tenía una hojalatería en la Calle de San Juan de Dios;[19] Perico Morales, un sereno que había sido miembro de la CNT antes de la sublevación; los hermanos Pedro y Antonio Embiz; los hermanos López Peralta, uno de los cuales, Fernando, se suicidó después de la guerra; Cristóbal Fernández Amigo; Miguel Cañadas; Manuel García Ruiz; Manuel López Barajas; Miguel Hórquez, también muy joven, de unos 20 años; Carlos Jiménez Vílchez (empleado del Ayuntamiento granadino en 1966) y los individuos apodados «El Chato de la Plaza Nueva», «El Cuchillero del Pie de la Torre», «El Afilaor», «Paco el Motrileño» y «El Panadero». La mayoría de estos hombres han muerto ya, y los pocos supervivientes son objeto del desprecio del pueblo granadino.

Según varios testimonios, «El Panadero» fue jefe de la «Escuadra Negra».

La «Escuadra Negra» actuaba –de ahí en parte lo de «negra»– por la noche, utilizando coches que habían sido requisados y que a veces llevaban un banderín con una calavera y dos tibias cruzadas. Claude Couffon ha descrito gráficamente sus métodos:

> Las operaciones de limpieza practicadas por la «Escuadra Negra» tienen un nombre evocador: *el paseo*. Se desarrollan siguiendo un procedimiento tan característico que bien se puede hablar de método. Para el hombre puesto en la mira de los verdugos, todo comienza con la frenada brusca de un vehículo en la puerta de su casa, generalmente a altas horas de la noche. Después gritos, risas, insultos, y pasos en las escaleras, cuando se vive, como sucede en los barrios populares, amontonados en todos los pisos. Finalmente una andanada de puñetazos contra la puerta. Y es la escena atroz: la madre que se pega al hijo e implora a los torturadores, quienes la rechazan a culatazos; los hijos y la mujer que lloran sobre el pecho en que apuntan los fusiles. El hombre, vestido a la ligera, es empujado, brutalmente precipitado en la escalera. Un motor ronca, el vehículo parte. Detrás de las persianas cerradas de la casa, vecinos y vecinas espían y piensan que mañana les puede tocar el turno... A veces la salva de fusiles estalla en la misma esquina, o simplemente en la acera. Y la madre o la esposa pueden descender, saben que sólo encontrarán el cadáver. Pero que no salgan demasiado pronto, pues en tal caso puede suceder que suenen otros disparos, haciendo rodar su cuerpo sobre el cadáver que venían a recoger.[20]

Todas las mañanas había que recoger en camiones los cuerpos de los muertos o moribundos, que a menudo iban a parar al Hospital de San Juan de Dios. Estaba al cargo de la «sala de heridos detenidos» el doctor Rafael Jofré García. Jofré, que murió en 1971, nos describió sus experiencias del hospital por aquellos días. Frecuentemente se personaban allí miembros de la «Escuadra Negra» y se llevaban a la fuerza a alguien, sin hacer caso de las protestas del personal médico, para matarle en la misma calle. Jofré se acordaba, sobre todo, de las visitas de un sádico sargento de la Guardia Civil. Un día mató este guardia a un padre y a su hijo internados en el hospital *varios meses antes de la suble-*

vación. También recordaba el doctor la llegada de un grupo de presos extranjeros heridos durante la célebre batalla del barranco del Buco: todos fueron sacados y fusilados en seguida, así como un muchacho de unos catorce años que había sido herido y detenido cuando defendía el Albaicín.

Éstos fueron los principales grupos y organizaciones responsables de los asuntos militares de la provincia y de la represión civil. Dada la saña con que se perseguía a todos los enemigos del Movimiento, reales o imaginados, no es de extrañar que a los pocos días de estallar la sublevación la cárcel de Granada, situada en los arrabales de la ciudad, en la carretera de Jaén, estuviera abarrotada de gente. Allí, en un edificio destinado a contener como máximo a unos 400 prisioneros, se amontonaron pronto unos 2 000 hombres, que vivían en condiciones realmente espantosas. Cada noche se leían públicamente las listas de los presos que habían sido condenados a muerte. Los infortunados pasaban sus últimas horas en capilla –una capilla especial había sido habilitada a estos efectos–, y podían confesarse si querían. Luego, unas horas antes del amanecer, eran llevados en camiones al cementerio y fusilados contra las tapias. Puede imaginarse la moral de los presos, viviendo en un espacio físico estrechísimo, comiendo mal y durmiendo peor, y con el temor continuo de la ejecución. Escuchemos el testimonio del que fue gobernador civil antes de la sublevación, César Torres Martínez:

> Aquello fue un momento tan tremendo, tan brutal, tan colosal, que no se puede olvidar, y la personalidad nuestra en general quedó anulada. Hubo casos excepcionales de hombres de un temple superior –los hay siempre, claro–, pero en general estábamos todos con el alma metida en un puño, y con un temor incesante, con una preocupación continua. No había manera de que un hombre fuese como es. Aquello estaba todo dislocado, estaba todo distorsionado completamente.
>
> Sí, se dieron unos casos excepcionales. Contaban un caso allí de un chico jovencillo, no sé si tendría 21 años o 20 años, a quien fusilaron una noche. Coincidía con el día en que su madre le había mandado un melón. Esto es verdad. Es anecdótico, pero es verdad. Y el tío en capilla, el hombre en capilla y tal, dice: «¿Me hacen el favor de que vayan a mi brigada a buscarme el melón? Porque este melón me lo mandó mi madre para mí y voy a comérmelo antes de que muera.» Esto es verdad, auténticamente verdad. Y se comió el melón en capilla.

Yo estoy completamente convencido de que el 99 por ciento de la gente estaba aterrada, totalmente aterrada. Porque si no, no me explico que, siendo miles de personas allí, sabiendo que podían matarnos a todos, no hubiéramos hecho algo para salir de allí. Aunque fuera matando, y aunque fuera muriendo la mayor parte –¡si ibas a morir igual!–, pero en realidad había siempre la duda de si ibas a morir o no ibas a morir. Y había el temor. Y que la gente estaba aterrorizada para mí no ofrece la menor duda.[21]

Según Torres Martínez –y esto nos lo decía también el abogado Antonio Pérez Funes, que estuvo con él en la cárcel–, la mayoría de los funcionarios era bonísima gente que hacía todo lo posible para que a los presos se les tratara con decencia. Pero tales funcionarios tenían que proceder con suma prudencia pues tampoco estaban a salvo de la brutalidad de los sublevados. Sigue recordando Torres Martínez:

Los propios funcionarios de prisiones, en su mayoría, estaban asombrados, verdaderamente asombrados. Yo estoy hablando por mí y por mis amigos, pero en general se portaron muy humanamente y sentían, no sé si alguno sentiría otra cosa distinta, pero sentían aquello de una manera brutal, brutal. Estaban asombrados de aquello. Eran funcionarios y todos no tenían más remedio que hacer aquello porque, si no, se los cargaban a ellos también, pero lo hacían con verdadero dolor los que yo conocía. En general todos tenían bondad. No había manera de no tener bondad, si aquello era disparatado, tan loco, tan brutal, tan sanguinario, que no había manera, siendo un hombre, de no sentir compasión.

Además de las «sacas» nocturnas oficiosas, a veces llegaba a la cárcel algún que otro miembro de la «Escuadra Negra» en busca de una víctima particular a quien o bien se llevaba consigo o dejaba tumbado sin sentido en la celda. Hubo también varios intentos muy comprensibles, además, de suicidio. Un caso notorio fue el del abogado José Villoslada –que había hablado durante el gran mitin político celebrado en el estadio de los Cármenes en marzo de 1936–, quien se abrió las muñecas con un alambre. Villoslada no logró matarse, y fue fusilado poco después.

Los presos de la cárcel granadina tenían poquísimo contacto con el mundo exterior, por lo menos en los primeros días de la represión. Por eso tiene interés, un interés excepcional y patético, la inserción en *Ideal*, el 8 de agosto de 1936, de una carta firmada por un grupo de encarcelados republicanos destacados. Se trataba de una protesta contra los bombardeos aéreos que, a partir de fines de julio, venían ocasionando varias bajas entre la población granadina y muchas represalias entre los presos de la cárcel:

> Por Radio Granada se leyeron ayer, entre otras, las siguientes notas:
> Excelentísimo señor comandante militar de Granada:
> Los abajo firmantes por sí y en nombre de todos los presos políticos detenidos en esta prisión provincial, a V. E. respetuosamente exponen:
> Que protestan enérgicamente contra los repetidos bombardeos aéreos de que está siendo objeto Granada.
> Esta protesta la hemos hecho patente desde el primer día que los aviadores causaron víctimas inocentes en la población civil, ajena en absoluto a esta contienda que por desgracia padecemos, y testigo de ello es el señor director de este establecimiento, a quien repetidamente hemos manifestado nuestra indignación.
> Nuestro dolor ha llegado a su colmo cuando por la prensa de esta mañana nos hemos enterado del imperdonable atentado artístico que supone el bombardear la Alhambra, el más inapreciable tesoro de Granada, y de las víctimas producidas.
> Contra tales actos de destrucción y exterminio estamos los que suscribimos la presente, enemigos de toda violencia y crueldad y así queremos hacerlo público desde esta cárcel donde vivimos días de angustia, serenamente confiados en la caballerosidad de los militares españoles. Por todo lo expuesto, Excmo. señor, nos dirigimos a V. E. autorizando con nuestra firma el presente escrito, del que puede V. E. hacer el uso que estime oportuno, incluso radiarlo para que conste a todo el mundo que en modo alguno nos solidarizamos con tales actos.
> ¡Ojalá que todos los españoles se hagan eco de nuestros sentimientos y cese ya de derramarse tanta sangre inocente por bien de España! Viva V. E. muchos años.
> Granada, 7 de agosto de 1936.
> Firmado: *Francisco Torres Monereo, Pablo Casiriai Nieva, José Villoslada, Fernández-Montesinos, Joaquín García Labella, José Megías, Luis Fajardo, Melchor Rubio, Arturo Marín Forero, Miguel Lozano, José Valenzuela, Rafael Vaquero, Maximiliano Hernández, Plácido E. Vargas Corpas* (y otras varias ilegibles).[22]

Tres días después, y cuando varios firmantes de este documento habían sido ya fusilados, a pesar de su protesta contra los bombardeos y de su confianza en «la caballerosidad de los militares españoles», Manuel Fernández-Montesinos, horrorizado por lo que pasaba en la cár-

cel, le escribió una
carta urgente a su her-
mano Gregorio, mé-
dico como él. Se com-
prende al leer esta car-
ta la terrible angustia
de aquellos inocentes
presos:

Queridísimo Grego-
rio: Hoy te escribo im-
presionadísimo por lo
que está ocurriendo
aquí desde hace varios
[días] y que esta noche
ha continuado: El fusi-
lamiento de presos
como represalia por las
víctimas de los bom-
bardeos. Con los de
esta noche van ya se-
senta,[23] escogidos no sé
cómo, pero de entre los
presos gubernativos, es
decir, aquellos que no

Manuel Fernández-Montesinos Lustau, cuñado
de Federico, fue fusilado el mismo día que
detuvieron al poeta, el 16 de agosto de 1936. Era
alcalde de Granada desde el 10 de julio

sufren proceso. Hay
imposibilidad de comunicación, y por eso te escribo por conducto seguro,
para que llegue a ti esta llamada angustiosa. Las primeras ejecuciones fue
algo tan monstruoso que no creíamos nunca que se repitiera, pero esta noche se ha repetido a pesar de todo.[24] No sé lo que pedirte que hagas. Sólo
te anuncio que de seguir así todos iremos cayendo más o menos rápidamente, y no se sabe qué desear, pues si es terrible acabar de una vez es más
angustioso esta espera trágica sin saber a quién le tocará esta noche. Es necesario que hagáis algo para ver si termina este suplicio. Ponte de acuerdo
con Diego[25] y busca a tío Frasquito[26] para ver si hablan con Rosales que es
uno de los dirigentes de F. E. A Del Campo[27] le hablas de esto sin decirle
que yo he escrito. Éste no es un caso en el que influya el grado de peligrosidad del detenido, pues hasta ahora a los que les ha tocado ninguno se
distinguió de manera precisa. El último ha sido Luis Fajardo.[28] Con esto te
lo digo todo.

A mamá y a Conchita no les digas estas cosas. No quisiera que se ente-
raran de esta situación angustiosa por la que pasamos. Yo ya estoy re-

signado a no volveros a ver más y desearía que su sufrimiento fuera el más llevadero posible.

Adiós. Un fuerte abrazo de tu hermano

Manolo

11. VIII. 36
Prisión Provincial[29]

Cinco días después, en la madrugada del 16 de agosto de 1936, fusilaron a Fernández-Montesinos.

En la cárcel se hablaba mucho de las actividades de una delatora conocida como «la dama (o tía) del abanico». Esta mujer, a quien los presos de las primeras semanas no podían conocer, se llamaba, parece, Alicia Herrero Vaquero. Había sido mandada a Granada desde Jaén con su marido Luis Tello como espía de los republicanos y, por lo visto, con la consigna de organizar un alzamiento popular contra los nacionalistas. Pero la desenmascaró pronto Mariano Pelayo, de la Guardia Civil, ya delegado de Orden Público, que le perdonó la vida a condición de que hiciera contraespionaje y delatara a elementos izquierdistas.

A estos efectos le montó Pelayo un bar en la Calle de Puentezuelas, número 11, donde, en seguida, empezaron a reunirse numerosos izquierdistas. Antes de que se diesen cuenta de la trampa muchos de ellos fueron delatados y fusilados. Nos dijo el abogado socialista Antonio Pérez Funes, que estuvo muchos años preso: «"la tía del abanico" llenó de gente la cárcel».[30]

Entre las víctimas de esta mujer figuraban las dos chicas conocidas como «las niñas de la Fuente», hijas de don Jesús Peinado, arrendatario del Carmen de la Fuente, situado, en una posición aislada, a orillas del río Darro y no lejos de la ganivetiana Fuente del Avellano. Las «niñas» estaban en contacto con los republicanos huidos a Sierra Nevada, que a menudo bajaban por la noche al Carmen de la Fuente, y también participaban en las reuniones del bar de la Calle de Puentezuelas. Al recibir la denuncia de «la tía del abanico» los rebeldes no tardaron en fusilarlas.

A principios de octubre de 1938 recibió «la tía del abanico» un paquete que contenía un aparato explosivo. Pero Pelayo, que la vigilaba de cerca, interceptó el paquete y lo abrió. El aparato estalló, y el guardia civil perdió el brazo. En represalia, el 4 de octubre, fusilaron a 60 presos en el cementerio.[30 bis]

Por supuesto, había otros muchos delatores en Granada que trataban de salvar el pellejo haciendo la misma sucia faena que «la tía del abanico». Y muchos que, sin estar en peligro alguno, ponían denuncias por el gusto de condenar a muerte a un «rojo».

Un día Torres Martínez recibió una visita inesperada:

Me dijeron que quería hablar conmigo Nestares en el locutorio. Y como yo tampoco podía negarme, yo no podía hacer lo que hizo Ossorio y Gallardo en la cárcel, en una época en que estuvo en la dictadura, que fue a verle un señor y él no quería recibirlo y entonces le dijo al funcionario de prisiones: «Dígale usted que no estoy en casa como se diga esto en la cárcel.» De modo que no tuve más remedio que salir y hablar con él. Era un hombre bajo, de complexión bastante fuerte me pareció, y me saludó. La razón de que viniese a verme no sé cuál era porque no había ninguna razón para que me viese. Supongo que querría conocer a quien había sido gobernador civil antes de la sublevación. No sé. Me saludó, hablamos un poco y luego él empezó a hablar del liberalismo, de los intelectuales, de las equivocaciones que se cometían en contra de la Patria. Dijo que estábamos equivocados, que la Patria necesitaba que se la sirviese con entera dedicación, y que no se cometiesen errores de los intelectuales como éste de don Antonio Maura que dijo en un discurso que el pensamiento no delinque. «Claro que delinque», decía Nestares. Dijo que él pensaba que los cerebros de los intelectuales deberían estar al servicio de la Patria, de lo que él consideraba Patria, claro. ¡Y yo no le podía decir, claro, que nosotros éramos tan patrióticos como él!

A pesar de ser muy duro con sus enemigos, el capitán Nestares –que tenía entonces 36 años– trató de salvar la vida a varios republicanos granadinos destacados, en particular a Joaquín García Labella, catedrático de Derecho Administrativo de la Universidad de Granada y dirigente de Izquierda Republicana; al concejal Francisco Rubio Callejón, que había sido gobernador civil de Jaén antes que Torres Martínez; a Jesús Yoldi Bereau, catedrático de Farmacia de la Universidad; y al concejal Manuel Salinas. Los cuatro fueron detenidos en los primeros momentos de la represión, pero a mediados de agosto logró Nestares sacarlos de la cárcel, llevándolos con él a Víznar, donde mandaba el destacamento falangista, y vistiéndoles con sendas camisas azules. Pero sus esfuerzos eran inútiles. Recuerda Torres Martínez:

El 15 de agosto, el día de San Joaquín, se despidió de mí en la cárcel García Labella y me dijo que salía gracias a Nestares para que pasase el día de su
santo con su familia, y que luego se iría para Víznar. Pero, a los pocos meses, volvió una tarde a ingresar en la cárcel y me vio. Estuvo conmigo y me
dijo que «no sé, no sé, me traen para aquí, no sé para qué, no sé por qué». Estaba preocupado, como era natural. Se marchó para su celda. Y a las dos horas, por ahí, a las ocho de la noche, a las ocho y media, abrieron mi celda y
vino Labella a despedirse de mí. Y aquella noche lo fusilaron.

Era una escena tremendamente emotiva, enternecedora. Lloramos los
dos, nos abrazamos. Yo tenía un recuerdo extraordinario de Joaquín García
Labella, que entre los primeros alumnos que tuvo él como catedrático en
Santiago, era muy joven, fui yo. Yo, desde aquel día en que lo tuve por catedrático mío, tuve con él una amistad íntima y entrañable. Me trató siempre
de una manera afectuosísima y cariñosa, para mí era una persona encanta-
dora, buena, un hombre ponderado. En fin, ha sido un golpe tremendo. Y
aquella noche lo fusilaron.

Aquel mismo día habían traído también a la cárcel desde Víznar a
Francisco Rubio Callejón. No le vio Torres Martínez, pero se lo
contó García Labella. Y a la mañana siguiente fusilaron también a
Rubio.

Vale la pena haber destacado este episodio, pues demuestra que
Nestares, a pesar de su innegable importancia dentro de la jerarquía de
los sublevados granadinos, no podía salvar la vida de sus propios protegidos, máxime siendo ellos republicanos que hubiesen desempeñado cargos importantes en la política o en la enseñanza. ¿Quién se
oponía a que Nestares salvase a estos hombres? No lo hemos podido
averiguar a ciencia cierta, aunque en Granada se da la siguiente explicación de lo ocurrido. Parece ser que, al pasar Valdés un día por Alfacar, se enfrentó con él un teniente coronel de la Guardia Civil, retirado, que vivía en el pueblo. Se llamaba Isidro Torres Soto. El hijo de
este hombre, Francisco Torres Monereo, había sido fusilado poco
tiempo antes en Granada (después de firmar, con Fernández-Montesinos y otros presos la carta de protesta contra los bombardeos republicanos). Torres Soto, según esta versión, protestaría ante Valdés de que
a Nestares se le permitiese proteger a varios «rojos» en Víznar mientras
que a elementos menos peligrosos, como su hijo, se les fusilaba en el
cementerio de Granada. Valdés se comprometería a ocuparse del
asunto.

Sea como fuera, parece seguro que los esbirros del gobernador civil esperaron hasta que Nestares estuviera ausente de Víznar antes de ir allí a por sus víctimas.

En la cárcel de Granada tuvo lugar en tales circunstancias una extraordinaria floración de religiosidad. Como los nacionalistas se declaraban soldados de una cruzada católica contra los enemigos de Dios, era sumamente prudente además de psicológicamente comprensible declararse, y sentirse, católico en aquellos momentos. Era como si, siendo –y siendo reconocido– católico, hubiese más posibilidad de sustraerse a la muerte. Sabemos, además, que muchas víctimas de los pelotones gritaban antes de caer: «soy inocente, soy católico». Dejemos hablar otra vez a Torres Martínez, que era entonces y sigue siendo un católico convencido:

> Lo que salió, por lo menos en Granada y creo que en toda España, fue una floración de fe, una cosa no sé si era interna pero por lo menos externamente era una cosa verdaderamente colosal. Una cosa que impregnaba toda la vida de los ciudadanos entre el temor, entre el deseo de salvarse, y como además ellos consideraban que estaban defendiendo la religión en contra de unos ataques que les habían hecho en la República, pues aquello fue cada día más fuerte, más potente. Parecía que era todo el mundo de un catolicismo tremendo. Realmente después el conducto no era así. La cosa externa lo era. Era extraordinario aquello. Desde luego estaba la gente enfervorizada. Y todo el mundo andaba con detentes.

A propósito de los detentes, Torres Martínez recuerda unos detalles que expresan gráficamente la superstición religiosa de la cárcel y el temor a la muerte que llenaba entonces todas las almas:

> La primera vez que oí hablar de los detentes fue después de tomarme declaración el juez. El secretario, el que escribió a máquina, era un chico joven, muy agradable, vestido con una camisa azul, pero muy buena persona, muy agradable, porque, al marcharse –primero salió el juez, yo me quedaba allí para marcharme a mi celda después–, este señor, al recoger la máquina, me dice: «¿A usted le molestaría mucho llevar un detente, llevar este detente?» Yo dije: «No, claro, ¿cómo me va a molestar este detente?» Y me lo puse. Y, claro, ¡se dio la casualidad que de los que fuimos al consejo de guerra el único que se salvó fui yo! El segundo consejo de guerra se celebró calculo yo el día 6 a 8 de agosto, contra seis elementos militares que consideraban como contrarios al Movimiento e izquierdistas. ¡Y se volvió a dar la misma historia! Porque el único que se salvó era el capitán, o coman-

dante, don Bonifacio Jiménez que era de Intervenciones Militares, y que llevaba también un detente dado por la misma persona. Claro, yo después he visto que los detentes tuvieron una floración extraordinaria, extraordinaria. Porque todo el mundo andaba con detentes.

Entonces vino, pasados unos meses, vino un padre, el padre Rubio, a verme a la cárcel, y me dijo: «Mire usted, es que yo estoy investigando sobre la conducta de una monjita, mejor dicho, sobre las virtudes de una monjita, sor Cristina, que nosotros consideramos que es santa, es una mujer tan buena, y parece que usted llevaba un detente, ¿es verdad esto?» «Sí, pues lo llevaba y es éste, claro», y se lo enseñé. Dice: «Pues este detente lo hizo sor Cristina.» Dije: «Pues muy bien», pero yo no sabía ni quién era sor Cristina. Dijo él: «Y da la circunstancia notable de que el otro que se salvó en el segundo consejo de guerra también llevaba un detente de sor Cristina.» Pues aquel padre me dice esto. Y a las pocas semanas esta propia sor Cristina me mandó una imagen, escrita de su puño y letra, diciendo «orar, rezar y sufrir» o un lema parecido, y yo la tenía en mi celda, y me parece que la conservo todavía.

Torres Martínez, fuera o no por las poderosas virtudes del detente de sor Cristina, tuvo la suerte de escapar a la muerte. Pero no así otros muchos presos, puesto que es un hecho comprobado que de la cárcel granadina sacaron los sublevados a más de 2 000 «rojos» para fusilarlos.

———— N O T A S ————

1. Gollonet y Morales, *op. cit.*, p. 138.
2. *Ideal* (26 julio 1936), p. 1; *Cruzada*, p. 289.
3. *Ideal* (30 julio 1936), p. 3; Gollonet y Morales, *op. cit.*, pp. 138-139.
4. Gollonet y Morales, *op. cit.*, pp. 138-140.
5. *Ibíd.*, pp. 140-141.
6. *Cruzada*, pp. 287-288.
7. *Ibíd.*, p. 284.
8. Testimonio de César Torres Martínez, 14 de octubre de 1977.
9. No se ha publicado todavía un detallado estudio de la represión de Sevilla. Según el documento del Colegio de Abogados de Madrid, publicado en la prensa republicana a fines de septiembre de 1936, se había asesinado ya en la capital andaluza a más de 9 000 obreros. Véase «Un importante documento sobre la insurrección. El Colegio de Abogados de Madrid expone los casos de barbarie fascista que se han registrado en las poblaciones ocupadas por los facciosos», *Heraldo de Madrid* (30 septiembre 1936), p. 5. Vila-San-Juan, *op. cit.*, pp. 214-215, publica una fotocopia del texto de dicho documento, tomándola de *Solidaridad Obrera* (2 octubre 1936).

EL ASESINATO DE GARCÍA LORCA

10. *Cruzada*, p. 276.
11. *Cruzada*, p. 289; Gollonet y Morales, *op. cit.*, p. 165.
12. Cuando estalló la sublevación militar, Rojas estaba desterrado en Granada. Se sumó en seguida al Movimiento. El 17 de septiembre de 1936 estuvo en Cádiz con otros falangistas. Leemos en *ABC* de Sevilla del 18 de aquel mes: «Nuestra sorpresa fue grande y grata cuando al intentar hablar con los falangistas en cuestión nos encontramos frente al jefe provincial de Falange Española de Granada, que es nada menos que nuestro antiguo y buen amigo el capitán de Artillería don Manuel Rojas, que viene acompañado de su escolta, en la que figura el jefe local de Antequera, don Carlos Moreno Luna» (p. 13).
13. Testimonio de Narciso Perales, Madrid, 23 de septiembre de 1978.
14. Gollonet y Morales, *op. cit.*, p. 166.
15. *Cruzada*, p. 289.
16. *Ideal* (6 septiembre 1936), p. 5; Gollonet y Morales, *op. cit.*, pp. 167-168.
17. *Cruzada*, p. 289; *Ideal* (4 agosto 1936), pp. 1, 3, 4.
18. Gollonet y Morales, *op. cit.*, p. 141.
19. Ésta fue quemada durante los sucesos del 10 de marzo de 1936, acentuando el odio de su propietario al Frente Popular. Dicen Gollonet y Morales: «También fue destruida una hojalatería modesta de la Calle de San Juan de Dios, porque su dueño, el señor Vico, era fascista» (p. 36).
20. Couffon, «Le crime a eu lieu à Grenade...», *op. cit.*, p. 89.
21. Testimonio de César Torres Martínez, grabado por nosotros en cinta magnetofónica, 15 de octubre de 1977.
22. Documento reproducido por Vila-San-Juan, *op. cit.*, pp. 89-90. Sabemos a ciencia cierta que fueron fusilados Torres Monereo, Villoslada, Fernández-Montesinos, García Labella, Megías Manzano, Fajardo, Valenzuela, Baquero *(sic)*, Hernández y Vargas Corpas. Manuel Marín Forero nos informa de que su hermano, Arturo, se salvó, teniendo así más suerte que su otro hermano, Enrique, fusilado el 2 de agosto de 1936.
23. Según las cifras proporcionadas por el libro registro del cementerio de Granada, que reproducimos en el apéndice 2, entre el 26 de julio de 1936 y el 11 de agosto del mismo año se fusiló a 180 personas en el cementerio.
24. El 12 de agosto de 1936 fueron enterrados en el cementerio por lo menos 12 fusilados.
25. Manuel Fernández-Montesinos García nos informa de que no ha podido identificar a esta persona.
26. Francisco García Rodríguez, hermano del padre de Federico y Concha García Lorca.
27. Creemos que Fernández-Montesinos se refiere aquí al teniente coronel de Infantería Miguel del Campo, que se posesionó de la alcaldía de Granada al ser detenido Montesinos.
28. Concejal granadino de Izquierda Republicana.
29. Agradecemos sinceramente a Manuel Fernández-Montesinos García su amabilidad al querer entregarnos esta carta para su publicación aquí.
30. Testimonio de Antonio Pérez Funes, Granada, 1965.
30 bis. El historiador Rafael Abella se encontraba entonces en Granada. Tenía 21 años. Un día le dijo un miembro de la Escuadra Negra, comentando el accidente de Pelayo: «La explosión le ha arrancado la mano izquierda. No importa, porque le queda la mano derecha para seguir firmando sentencias de muerte» (declaración de Rafael Abella al autor, Barcelona, 9 mayo 1980).

6

EL CEMENTERIO
DE GRANADA

Los sublevados de Granada fusilaban a la mayoría de sus víctimas, y a todos los presos de la cárcel condenados a muerte, ante las tapias del cementerio municipal. Esta zona fue declarada de acceso prohibido a partir de los primeros días del alzamiento –hubo un puesto de la Guardia Civil en el camino del cementerio– y en el caso de muertes «naturales» sólo se permitía que subiesen al entierro dos o tres familiares del difunto.

El cementerio de Granada se encuentra en un sitio aislado, detrás del palacio de la Alhambra. Para llegar allí, los camiones de la muerte tenían que cruzar el centro de la ciudad por la Gran Vía y luego subir por la empinada Cuesta de Gomeres.

En la cumbre de la colina, donde tuerce el camino a la izquierda, vivían en una hermosa casa el vicecónsul británico de Granada, William Davenhill, y su hermana Maravillas. Cada madrugada los Davenhill oían subir los camiones y, luego, el chirrido de los cambios en la esquina. Un día Maravillas se atrevió a mirar cautelosamente por la ventana. «Era horrible –nos dijo en 1966–, en cada camión había 20 o 30 hombres y mujeres amontonados unos sobre otros, atados como cerdos para el mercado. Diez minutos después oímos disparar en el cementerio y supimos que todo había terminado.»

Existe el testimonio de otros extranjeros que vivían entonces cerca de la Alhambra. Se dio la casualidad de que, al estallar la sublevación, se encontraba en Granada un grupo de viajeros norteamericanos y, entre ellos, Robert Neville, el cronista de bridge del famoso periódico *New York Herald Tribune*. Neville, hombre liberal y amigo de la República, describió en su diario –minuciosa y cotidianamente– sus experiencias de aquellos días, desde el 18 de julio, fecha de su llegada a Granada, hasta el 12 de agosto cuando, con los demás norteamericanos, fue evacuado a Sevilla por avión.

A finales de agosto de 1936 Neville estaba ya de vuelta en Nueva York, y el 30 de ese mes publicó íntegro su diario en el *Herald Tribune*. Neville se había hospedado en la Pensión Americana, cerca de la Alhambra, y veía cada día a sus compatriotas instalados en el célebre Hotel Washington Irving, sito justamente en la esquina donde el camino tuerce a la derecha para seguir hasta el cementerio. Con fecha 29 de julio Neville anotó en su diario:

> Ya hemos desentrañado la significación de la ráfaga de disparos que oímos cada mañana al amanecer y cada tarde al anochecer. También hemos podido relacionarlo con los camiones de soldados que suben por el Washington Irving unos pocos minutos antes de que oigamos los disparos y que bajan otros pocos minutos después. Hoy cuatro de nosotros jugábamos al bridge en una habitación de la segunda planta del hotel cuando pasaron dos camiones. Desde abajo habría parecido que todos los hombres en aquellos enormes camiones fuesen soldados, pero hoy los vimos desde arriba y observamos que en el centro de cada camión había un grupo de paisanos.
>
> El camino que pasa por el Washington Irving va al cementerio. No va a otro sitio. Hoy los camiones subieron con aquellos paisanos. En cinco minutos oímos los disparos. A los cinco minutos bajaron los camiones, y esta vez no había paisanos. Aquellos soldados eran el pelotón y aquellos paisanos iban a ser fusilados.

El 30 de julio Neville pudo arreglárselas, no sabemos cómo, para visitar el cementerio. Habían caído algunas bombas republicanas aquella madrugada, y los rebeldes habían anunciado que, en adelante, por cada bomba lanzada se fusilaría a cinco miembros del Frente Popular. Aquella tarde en el cementerio Neville vio a doce enterradores «que trabajaban duro».

Otro testigo norteamericano de las idas y venidas de los camiones de la muerte fue Helen Nicholson, escritora que veraneaba aquel mes de julio con su yerno Alfonso Gámir Sandoval –conocido historiador y anglófilo granadino– en su casa, Villa Paulina, situada un poco más arriba que el Washington Irving al otro lado de la carretera del cementerio (y ahora desaparecida). Gámir estaba casado con Asta Nicholson, hija de la escritora. En su libro publicado en Londres en 1937 con el título bien significativo de *Death in the Morning*[1] *(Muerte en la mañana)* –libro poco conocido por los estudiosos de la guerra civil–, Helen Nicholson describió su experiencia de la vida granadina durante el primer mes y medio de la contienda. Es un testimonio importante el de la Nicholson porque, a pesar de ser declaradamente pronacionalista, la escritora no calla lo que sabe de las ejecuciones del cementerio:

El domingo 2 de agosto tuvimos nuestro primer bombardeo aéreo a las 4.30, y el segundo a las 8. Después bajamos a desayunar a la planta baja, en bata. Recuerdo que estuvimos todos de bastante malhumor, pues cuatro horas y media de sueño es bien poco en tiempo de guerra, cuando uno está bajo un nerviosismo constante. Después de desayunar nos arrastramos penosamente escaleras arriba, y mi hija y su marido dijeron que iban a misa. Como yo no soy católica, me fui a mi habitación con la esperanza de recuperar una hora de sueño, pero parecía que pasaban delante de nuestra casa un mayor número de camiones militares que de costumbre, y con el estrépito que hacían, pitando a cada momento, y el ruido que subía del patio de las criadas, era difícil dormitar más de unos pocos minutos seguidos. Ade-

La tapia del cementerio de Granada, donde cayeron miles de víctimas de la represión nacionalista, mostraba aún en 1966 los impactos de las balas, así como algunas pequeñas cruces grabadas por familiares de los ejecutados

más me atormentaba un inquieto recuerdo de la noche. A eso de las 2 me había despertado el ruido de un camión y de varios coches que subían por la cuesta hacia el cementerio, y poco después había oído una descarga de fusilería y luego los mismos vehículos que volvían. Después llegué a familiarizarme ya demasiado con estos ruidos y aprendí a temer hondamente la llegada del alba, no solamente porque era la hora escogida con preferencia por el enemigo para lanzarnos sus bombas, sino a causa de las ejecuciones que tenían lugar entonces.[1 bis]

El libro de registros del cementerio, del cual pronto hablaremos, demuestra que desde el 20 de julio de 1936 hasta que salió Helen Nicholson de Granada a finales de septiembre del mismo año sólo hubo *tres días* en que no se inscribieron entierros de fusilados. Se comprende la impresión que le hizo a Helen Nicholson su estancia en Granada la Bella. Citemos otro párrafo de su libro en el cual deja constancia de las barbaridades cometidas por los sublevados en el cementerio:

Desde hacía bastante tiempo las ejecuciones habían ido aumentando a un ritmo que alarmaba y asqueaba a toda la gente ponderada. El guardián del cementerio, que tenía una pequeña y modesta familia de 23 hijos, nada menos, le rogó a mi yerno que le encontrara algún sitio donde su esposa, y sus 12 hijos más pequeños, que todavía vivían con ellos, pudiesen recogerse. Su casa en la portería –situada en la misma entrada del cementerio– les resultaba ya intolerable. No podían evitar el oír los tiros y a veces otros sonidos –los lamentos y quejidos de los agonizantes– que hacían de su vida una pesadilla, y temía el efecto que pudiesen producir en sus niños más pequeños.[1 ter]

Robert Neville también recogió unos datos en relación con el conserje del cementerio. Anotó en su diario el 4 de agosto:

Hoy se volvió loco el conserje del cementerio y hubo que llevarle al manicomio. Su familia huyó a la Pensión Alhambra, cerca de nosotros. Ayer por la tarde vimos a 37 paisanos que hacían su último viaje al cementerio. Esta mañana el periódico admite que hubo 30 ejecuciones, 15 de ellas en represalia contra los bombardeos.[2]

Al llegar al cementerio, los camiones torcían a la izquierda de la entrada y se paraban. Las ejecuciones oficiosas, es decir, de los presos mandados desde la cárcel, se hacían contra las tapias exteriores del cementerio. El pelotón estaba compuesto habitualmente por una mezcla de guardias civiles, soldados, falangistas y voluntarios al mando de un oficial militar. Había dos filas (la primera arrodillada) y la señal de disparar la daba el oficial al bajar el sable. Aunque de acuerdo con las leyes castrenses españolas hubiese sido correcto fusilar a los condenados de frente, parece ser que se les solía matar por la espalda, de cara a la tapia, como último insulto.[3]

Hemos tenido la suerte de poder escuchar el testimonio de quien fue guarda del cementerio en los primeros meses de la represión, José García Arquelladas. Éste nos aseguró que, además de los fusilamientos oficiosos que tenían lugar dos veces al día, al amanecer y al anochecer (confirmando así el relato de Robert Neville), subían también al cementerio, a cualquier hora del día o de la noche, coches ligeros con víctimas recogidas por la «Escuadra Negra». Estas víctimas, puesto que no procedían de la cárcel, no llevaban la tarjeta de identificación que allí se colocaba en el bolsillo de los condenados a muerte (que tenían las manos atadas y así no la podían tocar), tarjeta que luego sacaban los enterradores y entregaban al personal de la oficina del cementerio para que se insertase la inscripción del entierro en el libro de registros. Así se explica que en el cementerio haya enterradas muchas más víctimas de la represión de Granada que las que figuran en los registros. Escuchemos a Arquelladas, que nos habló de aquellos días con una voz estremecida por la emoción:

Los enterradores llegaban a las 9 de la mañana, o sea que desde que se producían las ejecuciones a las 6 de la madrugada, o antes, quedaban solos los cadáveres. Quedaban solos, abandonados allí. Las puertas del cementerio estaban cerradas, el cementerio no lo abrían hasta las 9. Un desastre. Y a todas horas. Todo el día subiendo y bajando coches ligeros y todo. Yo he visto allí coger a los hombres al ir al trabajo, bueno, usted no sabe, yo sí lo sé: uno con un taleguillo, otro con su pañuelo, con la comida, allí los subían los camiones con su merienda y con *to*. Y como los iban pillando por allí por los caminos, pues ¡al camión!

Los primeros meses estuve allí, luego me tuve que incorporar a la guerra. Aquello era, día y noche, un chorro. Coches subiendo, coches bajando, de día y de noche. Mujeres y todo, las criaturas allí andando de rodillas y no tenían perdón de nadie, allí llegaban –plin, plam, plin, plam– y se acabó. Unos decían: «¡Viva la República!», otros: «¡Viva el comunismo!» Había de todo, otras criaturas iban muertas, no todos tenían el mismo espíritu, arrastrándose de rodillas, pidiendo perdón.

En los primeros meses allí no había nada más que guardias civiles subiendo gente, luego otros, y Dios y su Madre, matando y se terminaba, los subían en los coches y los mataban en seguida. Era un chorro de día y de noche. Por la noche, con los mismos faros de los coches, en las mismas tapias, los ponían allí y ya está. Hay que darse cuenta de lo que es día y noche, no había regla, lo mismo subían 8, que 9, que 15, que 14, un lío, en los primeros meses más de 50 cada día, el día igual que la noche, era un chorro. Ya le digo, en los primeros meses que yo estuve eso era un chorro de día y de noche, un chorro de día y de noche y se ha terminado, y una chillería allí de mujeres y de todo y allí nosotros allí asustados, y Dios y su Madre...[4]

¿Cuántas personas cayeron contra las tapias del cementerio de Granada? Un sepulturero le dijo a Gerald Brenan en 1949 que «la lista oficial de los fusilados tenía 8 000 nombres».[5] Pero no creemos que dicha «lista» haya existido jamás.

En 1966 logramos consultar el libro de registros del cementerio correspondiente a los años 1936-1939 en el cual, al lado de las defunciones ocurridas «normalmente», se inscribían los nombres de los fusilados. Era por desgracia imposible conseguir una fotocopia de este documento, por lo cual tuvimos que copiar a mano los detalles que nos interesaban. La cifra que obtuvimos puede ser ligeramente equivocada, debido a naturales fallos de transcripción, pero creemos no estar lejos de la suma correcta.

El libro de registros que vimos nosotros con otro testigo, el doctor José Rodríguez Contreras, en la oficina del cementerio en 1966 ha desaparecido. Hace unos años subieron a la oficina unos policías y se lo llevaron. Según el testimonio de varias personas que trabajan en el Ayuntamiento de Granada, el alcalde de entonces, don José Luis Pérez Serrabona, ordenó que se destruyera.

El libro de registros contiene –o contenía– los nombres y fechas de muerte de 2 102 hombres y mujeres fusilados entre el 26 de julio de 1936 y el 1 de marzo de 1939.[6] En la columna «causa de muerte» figuraba, para las primeras víctimas de la represión, la eufemística frase «disparo de arma de fuego» (como si se tratase de algún accidente) a la que luego se sustituía la fórmula «orden de tribunal militar». Vale la pena insistir en que esta cifra se extrajo del registro *oficial* de entierros, por lo cual podemos tener la absoluta seguridad de que se fusiló como mínimo a 2 102 personas en el cementerio de Granada.

El testimonio de José García Arquelladas, que acabamos de escuchar, demuestra que también se enterraba en el cementerio a muchas víctimas de la «Escuadra Negra» sin que sus nombres figurasen en los registros. A estos desconocidos habría que sumar los numerosos cadáveres recogidos en las calles de Granada y luego subidos al cementerio, a veces después de haber pasado por el Hospital de San Juan de Dios, como dijimos antes. Y además hay que tener en cuenta que la cifra de 2 102 fusilados obtenida del libro del cementerio no engloba tampoco a los fusilados y asesinados de Víznar y de otros pueblos cercanos a Granada. En nuestra opinión, el número de fusilados de Granada y estos pueblos no puede bajar de 5 000 o 6 000. Si se considera la provincia en su conjunto, incluyendo a los pueblos que no cayeron hasta el final de la guerra, como Baza y Guadix, no cabe duda de que el total es muy superior.[7]

El mínimo es, pues, de 2 102 fusilamientos en el cementerio de Granada. Según el libro de registros, el mayor número de ejecuciones tuvo lugar en el mes de agosto de 1936, es decir, en las primeras semanas de la represión, cuando se dan los nombres de 562 fusilados. En el apéndice 2 se reproducen las cifras que copiamos del libro.

Las ejecuciones daban mucho trabajo al personal del cementerio, pues no sólo tenían que abrir cientos de fosas sino recoger también los cadáveres amontonados en las tapias y llevarlos al patio de San José, patio situado al fondo del cementerio y destinado por las autoridades para el entierro de los fusilados. Los cuerpos eran enterrados en grupos de dos o tres, sin ataúdes, sin cruces, sin identificación, y pronto hubo que ensanchar el patio –varias veces, según algunos testimonios–. Muchos granadinos no sabían dónde estaba el cadáver de su padre, su hermano, su novio, sepultado sin caja en un desconocido rincón del patio de San José. Se les vedaba el acceso al cementerio y ni exteriorizar el dolor podían, pues les estaba oficialmente prohibido vestir de luto.

A los simpatizantes nacionalistas se les dejaba a veces presenciar las ejecuciones. Hablamos en agosto de 1966 en casa del vicecónsul británico, William Davenhill, con un granadino que nos explicó, con toda tranquilidad, que había subido al cementerio varias veces con sus hijos pequeños para que éstos viesen cómo «los enemigos de España pagaban sus crímenes».

Pocos intelectuales granadinos se libraron de correr la misma suerte que los dirigentes políticos de izquierdas o simplemente republicanos y los muchos cientos de modestos afiliados a las diversas organizaciones obreras. La gente que tuvo la suerte de escapar del infierno granadino contaba a los periodistas de la zona republicana lo que habían visto y oído, y pronto se supo en Madrid lo que pasaba en Granada. Así, por ejemplo, leemos en *La Libertad*:

El terror fascista
En Granada han sido fusiladas muchas personas

Procedentes de Granada llegan numerosas familias al frente de Guadix para librarse del terror que, impuesto por los fascistas, sigue dominando en la capital andaluza.

Los fusilamientos son en su mayoría de obreros; pero también han sido pasados por las armas maestros nacionales, un inspector de Primera Enseñanza y otras personas de carrera y de profesiones liberales. Las órdenes dimanan del jefe de Falange, quien en su sed de sangre ha dispuesto que se fu-

La tumba de Manuel Fernández-Montesinos, cuñado de Federico, es una de las raras tumbas de víctimas de los sublevados que se puede localizar.
La inmensa totalidad de los fusilados iban a parar a anónimas fosas comunes

sile a los niños hasta los 15 años, «para acabar –según frase suya– con la simiente roja».

Los señoritos fascistas salen a las afueras y regresan a la ciudad en camiones cargados con las personas que poco después son sus víctimas. A los izquierdistas significados se los asesina, sin perjuicio de luego llevar sus cuerpos ante el templo para rezar en súplica de que desaparezca toda influencia del espíritu de los «rojos».[8]

Las víctimas de mayor categoría social gozaron de un tratamiento privilegiado en lo tocante a su sepultura, permitiéndose a sus familiares que los inhumaran en las tumbas de su propiedad. En la actualidad sólo se puede localizar con relativa facilidad la tumba del doctor Manuel Fernández-Montesinos, el malogrado alcalde de Granada y cuñado de Federico García Lorca (ver ilustr. p. 136).

Hasta tanto no se haga la nómina completa de los fusilados de Granada y puedan apreciarse las exactas proporciones de la matanza llevada a cabo en la ciudad de la Alhambra por los sublevados, mencionemos a algunas víctimas.

En primer lugar, los concejales. El 10 de julio de 1936 se publicó en *Ideal* una lista completa de los 44 concejales que habían ejercido funciones en Granada desde febrero de aquel año. Ya por julio sólo quedaban ejerciéndolas los 24 primeros concejales de la lista. Señalamos con un asterisco a los concejales fusilados. Se escaparon poquísimos, y es posible que algunos –como ocurrió con Ricardo Corro Moncho, fusilado por Queipo de Llano en Sevilla– fuesen abatidos en otros sitios.

* Manuel Fernández-Montesinos	(socialista)
Francisco Gómez Román	(independiente)
* Rafael Gómez Juárez	(socialista)
* Juan Fernández Rosillo	(socialista)
* Constantino Ruiz Carnero	(Izquierda Republicana)
* Rafael Baquero Sanmartín	(Izquierda Republicana)
* Antonio Dalmases Miquel	(socialista)
* Francisco Ramírez Caballero	(socialista)
* José Valenzuela Marín	(socialista)
Miguel Lozano Gómez	(Izquierda Republicana)
* Enrique Marín Forero	(Izquierda Republicana)
Antonio Ortega Molina	(independiente)
* Jesús Yoldi Bereau	(Izquierda Republicana)
Alejandro Otero	(socialista)

De los 44 concejales que habían ejercido funciones en Granada desde febrero de 1936, muy pocos escaparían de ser fusilados. La ilustración reproduce el pasaporte del abogado y concejal por Izquierda Republicana Enrique Marín Forero, fusilado por los nacionalistas el 2 de agosto de 1936

* Maximiliano Hernández	(socialista)
* Francisco Rubio Callejón	(Izquierda Republicana)
* Virgilio Castilla	(socialista)
* Juan Comino	(socialista)
* José Megías Manzano	(Izquierda Republicana)
Cristóbal López Mezquita	(independiente)
* Manuel Salinas	(Izquierda Republicana)
* Wenceslao Guerrero	(socialista)
Rafael Jiménez Romero	(independiente)
* Luis Fajardo	(Izquierda Republicana)
* Rafael García Duarte	(socialista)
Antonio Álvarez Cienfuegos	(derechas)
Federico García Ponce	(socialista)
José Martín Barrales	(Izquierda Republicana)
José Pareja Yévenes	(Izquierda Republicana)
Eduardo Moreno Velasco	(derechas)
Alfonso López Barajas	(derechas)

Claudio Hernández López	(Izquierda Republicana)
Juan Félix Sanz Blanco	(derechas)
Ángel Saldaña	(independiente)
Carlos Morenilla	(derechas)
José Antonio Tello Ruiz	(derechas)
Indalecio Romero de la Cruz	(derechas)
* Ricardo Corro Moncho	(Izquierda Republicana)
* José Palanco Romero	(Izquierda Republicana)
* Francisco Menoyo Baños	(socialista)
* Pablo Cortés Fauré	(socialista)
Eduardo Molina Díaz	(derechas)
Germán García Gil de Gibaja	(derechas)
Fermín Garrido Quintana	(derechas)

Hemos tenido ya ocasión de hablar de Constantino Ruiz Carnero, concejal de Izquierda Republicana, director de *El Defensor de Granada* y amigo de García Lorca. Ruiz Carnero, por su filiación republicana y antifascista, era un hombre marcado desde hacía tiempo por los que preparaban la sublevación granadina. Fue detenido en los primeros momentos. Ruiz era corto de vista y llevaba gafas de cristales gruesos, sin las cuales apenas veía. La noche antes de su fusilamiento le rompieron los cristales de un culatazo, incrustándosele en los ojos unas púas de vidrio. Estuvo agonizando durante horas. De madrugada le subieron a un camión con otros condenados a muerte, pero Ruiz Carnero, al llegar al cementerio, estaba ya muerto.[9]

Al brillante ingeniero Juan José de Santa Cruz, también ya mencionado, le acusaron de haber minado el río Darro donde pasa bajo las calles de Granada.[10] Santa Cruz era el constructor de la maravillosa carretera que sube a la cumbre de Sierra Nevada –el famoso pico de Veleta–, después de la guerra orgullo del Ministerio de Turismo. La noche anterior a su fusilamiento –murió el 2 de agosto de 1936– se casó en la cárcel con su compañera de muchos años, una gitana. Dicen en Granada que murió «como un hombre».

También murió como un hombre el presidente de la Diputación de Granada, Virgilio Castilla Carmona. José García Arquelladas, el guarda del cementerio cuyo testimonio dimos antes, habló con Castilla pocos momentos antes de que le fusilaran. En el cementerio trabajaba un tal Paco Muñoz, que había hecho el jardín de Castilla en su casa del Camino Bajo de Huétor. «¿Está Muñoz?», le preguntó Castilla a Arquelladas. «No, señor, que no viene hasta las 9.» «Pues le da un saludo fraternal de Virgilio Castilla», añadió el que iba a morir. Según su partida de defunción, redactada el 16 de agosto de 1936, Virgilio Castilla «falleció en la demarcación de este distrito el día 2 del actual a las 6, a consecuencia de disparo de arma de fuego».[11]

En 1949 Gerald Brenan vio en el cementerio de Granada la tumba de «un famoso especialista de enfermedades de niños».[12] Se trataba de Rafael García Duarte, catedrático de Pediatría de la Universidad de Granada, presidente de la Academia de Medicina y médico muy respetado, sobre todo por los pobres, a quienes curaba gratuitamente. Parece ser que García Duarte fue condenado a muerte por ser masón («crimen» que les costó la vida a muchos granadinos).[13]

Entre los demás médicos que cayeron figuraban Eduardo Ruiz Chena, José Megías Manzano, profesor auxiliar de la Facultad de Medicina de la Universidad, y Saturnino Reyes Vargas. Este último era padre de 11 o 12 hijos, socialista de toda la vida y miembro de Socorro Rojo Internacional.

Otros destacados profesores fueron fusilados. Hemos hablado ya de Joaquín García Labella, catedrático de Derecho Administrativo de la Universidad de Granada, a quien Nestares no pudo salvar. Tampoco pudo salvar a Jesús Yoldi Bereau, catedrático de Farmacia. También murieron Salvador Vila Hernández, catedrático de Árabe y rector de la Universidad desde abril de 1936, hecho preso por los sublevados en Salamanca y fusilado en Granada; José Palanco Romero, catedrático de Historia de España, vicerrector de la Universidad, concejal y diputado a Cortes de Izquierda Republicana; Plácido Vargas Corpas, maestro de la Escuela Normal de Maestros de Granada; el maestro nacional Francisco Revéllez Gómez; y Agustín Escribano, director de la Escuela Normal.

Murieron muchos abogados, y escaparon otros por casualidad. Entre los fusilados figuraban Enrique Marín Forero, concejal de Izquierda Republicana; José Villoslada, que había tratado de suicidarse en la cárcel; Antonio Blasco Díaz; y Ángel Jiménez de la Plata.

Mencionemos también a Manuel Lupiañes, presidente de la Casa del Pueblo granadina y, por consiguiente, hombre sospechoso; José García Fernández, pastor protestante, y su esposa; José Raya, tío del escritor «Fabián Vidal», fusilado, según *El Sol* del 20 de octubre de 1936, «por el delito de ser teósofo»; Eufrasio Martín, periodista de *El*

Éste es el escalofriante aspecto que ofrecía el osario del cementerio de Granada en 1966, durante las investigaciones para este libro. Bajo los más recientes esqueletos superiores, yacían los restos de la gran mayoría de los fusilados durante la represión, procedentes de sus anónimas fosas comunes

Defensor de Granada, y su esposa; el juez municipal Antonio Lafuente Vinuesa, hombre de derechas que se opuso al Movimiento; los hermanos Manuel, Arturo y Julio Porcel; Carlos y Evaristo Cervilla y su padre; y el comerciante Luis Ariza.

Creemos que lo dicho demuestra que en Granada –así como en el resto de la España «nacional»– los intelectuales tachados de «rojos» eran perseguidos con saña metódica. En un ambiente de furor represivo todos los matices se confundían y los rebeldes eran ya incapaces de distinguir entre un «comunista», un «anarquista», un «socialista», un «sindicalista» o un simple «republicano». Todos eran «rojos» y a todos había que liquidar como enemigos de la gloriosa cruzada nacional y católica que iba a salvar a España.

Pocos indicios se pueden encontrar ahora, cincuenta años después del inicio de la represión, de los miles de fusilados del cementerio de Granada. Cinco años después de las ejecuciones, los restos de la gran mayoría de las víctimas fueron sacados de sus fosas anónimas y trasladados al osario, situado en la ladera oeste del cementerio. Allí cerca, en tiempos de los árabes, se elevaba el palacio de Alixares.

Cuando Brenan visitó el osario en 1949, un sepulturero le mostró las calaveras de las víctimas, agujereadas por el tiro de gracia. Pero en 1966, cuando nosotros escalamos las tapias del siniestro lugar, los restos de los fusilados habían sido ya cubiertos por nuevas capas de esqueletos y mortajas.

A Brenan le dijeron, y con razón, que a Federico García Lorca no le habían matado en el cementerio de Granada sino cerca del pueblo de Víznar, a unos nueve kilómetros de la ciudad.

Pero antes de seguir al poeta en sus pasos hacia la muerte, vamos a considerar a una persona que desempeñaría en ella un papel fundamental: el exdiputado de la CEDA, Ramón Ruiz Alonso.

—————— N O T A S ——————

1. H. Nicholson, *Death in the Morning*, Loval Dickson, Londres, 1937.
1 bis. *Ibíd.*, p. 33.
1 ter. *Ibíd.*, p. 82.
2. Efectivamente, los fusilamientos «oficiosos» del cementerio se mencionaban a menudo en *Ideal*. Véase ilustración de pág. 219.

3. Testimonio que recogimos en 1966 de un miembro de los Españoles Patriotas a quien obligaron un día a tomar parte en una ejecución.

4. Testimonio de José García Arquelladas, grabado por nosotros en cinta magnetofónica, Granada, 25 de agosto de 1978. Otros testigos de esta conversación: Cayetano Aníbal, el escultor granadino (sevillano de nacimiento), y José Castilla Gonzalo, médico forense y vicerrector de la Universidad de Málaga, hijo de Virgilio Castilla, presidente de la Diputación Provincial de Granada, fusilado el 2 de agosto de 1936.

5. Gerald Brenan, *The Face of Spain*, Turnstile Press, Londres, 1950, p. 130.

6. En nuestro libro *La represión nacionalista de Granada en 1936 y la muerte de Federico García Lorca* (Ruedo Ibérico, París, 1971) y a consecuencia de un lamentable error al copiar las cifras anotadas durante nuestra consulta del libro de registros del cementerio de Granada, fijamos el número de fusilados en 2 137. Luego, al sacar Ruedo Ibérico una segunda edición del libro, la cifra se convirtió en 2 317 sin que nos diésemos cuenta de ello. Aseguramos al lector que la cifra de 2 102 es la correcta. Vila-San-Juan, al repetir la errónea cifra de 2 137 (p. 94, nota 13), demuestra que, en vez de consultar él mismo el libro de registros, copió, sin reconocer su fuente, la suma dada por nosotros.

7. En nuestro libro mencionado en la nota anterior expresamos la opinión de que «el número de personas fusiladas en Granada y en las aldeas de los alrededores inmediatos, incluido Víznar, no baja de 4 000» (p. 57). Ocho años después estamos convencidos de que una cifra de 5 000 o 6 000 fusilados se aproxima más a la realidad.

8. *La Libertad* (26 octubre 1936), p. 2.

9. Testimonio de José García Carrillo, Granada, 1966. García Carrillo, gran amigo de Ruiz Carnero –y de García Lorca–, estuvo en la cárcel con el primero, escapando casualmente a la matanza. García Carrillo, que murió en los primeros años de la década de los setenta, nos facilitó la foto de Lorca que reproducimos en la ilustración de la p. 53.

10. H. Nicholson, *op. cit.*, p. 34: «Asta siguió diciendo: "[Santa Cruz] tenía el proyecto de volar la ciudad, y había minado el cauce del río Darro donde pasa bajo los Reyes Católicos", la calle más importante de la ciudad. "Encontraron en su poder papeles que le acusaban de modo irrefutable. Tenía amigos muy influyentes y su culpabilidad no debió de dejar duda alguna, pues éstos no pudieron salvarlo. Para todos los que le conocíamos ha sido un choque espantoso".» La ingenuidad política de Helen Nicholson sólo se podía equiparar, por lo visto, con la de su hija.

11. Nuestro sincero agradecimiento a José Castilla Gonzalo, hijo de Virgilio Castilla, que nos facilitó no sólo la fotografía de la partida de defunción de su padre, sino otros muchos datos de gran interés. Véase también el interesante artículo publicado por *La Voz*, Madrid (9 junio 1936), p. 4: «La Diputación Provincial de Granada y su obra.»

12. G. Brenan, *op. cit.*, p. 132.

13. *La Voz* (22 septiembre 1936), p. 2: «Los facciosos han fusilado a los masones de Granada después de hacerles cavar sus tumbas.» El artículo, a pesar de contener bastantes errores, está en lo cierto al afirmar: «En Granada había dos logias. Las asaltaron, se apoderaron de las listas donde constaban los nombres de los pertenecientes a ellas y los prendieron en masa. Muchos de ellos no eran ya masones activos, y casi todos formaban parte de la clase media granadina.»

7

RAMÓN
RUIZ ALONSO

E l 4 de noviembre de 1933, en plena efervescencia de la campaña electoral, apareció la siguiente nota en *El Defensor de Granada*:

> Anoche supimos que el Comité de Enlace de la Unión de Derechas había acordado modificar la candidatura de coalición radical-derechista. Queda fuera de la candidatura don Alfonso García Valdecasas, y le sustituye el obrero tipógrafo Ramón Ruiz Alonso. Al señor Valdecasas se le excluye, según tenemos entendido, por sus manifestaciones de tipo fascista en el mitin del Teatro de la Comedia de Madrid.[1]

¿Quién era este obrero tipógrafo que sustituía a Alfonso García Valdecasas, uno de los fundadores, con José Antonio Primo de Rivera, de Falange Española en el histórico acto de 29 de octubre de aquel mismo año? ¿Quién era esta persona que, en agosto de 1936, había de detener a Federico García Lorca?

Ramón Ruiz Alonso nació a principios de este siglo en Villaflores, un pueblecito que dista de Salamanca, a cuya provincia pertenece, unos cuarenta kilómetros. Sus padres, Ricardo y Francisca, eran acomodados propietarios y, según algunos vecinos del pueblo con quienes hemos hablado, personas bastante aficionadas a los juegos de azar.[2]

Ruiz Alonso fue educado en el colegio de María Auxiliadora que los salesianos tienen en Salamanca. En 1967 todavía recordaba a sus maestros con gran afecto y, según nos declaró, presidió durante varios años su Asociación de Antiguos Alumnos.[3] En el mismo colegio salmantino conoció a José María Gil Robles, futuro líder de la CEDA, quien orientaría su actuación política y llegaría a prologar su libro *Corporativismo*.[4]

Antes del advenimiento de la República en 1931, Ruiz Alonso trabajaba como delineante en la Compañía de Trabajos Fotogramétricos de Madrid, fundada por Julio Ruiz de Alda. Fue un período de su vida que le resultó favorable. Bajo el nuevo régimen republicano, tal como explica en *Corporativismo* (libro entreverado de datos autobiográficos), su situación personal cambió: a causa de su no pertenencia al sindicato socialista de la

Cubierta del libro de Ramón Ruiz Alonso

Asociación del Arte de Imprimir, presidido por Ramón Lamoneda, no pudo continuar practicando su oficio de linotipista durante diecinueve meses. Ruiz Alonso no olvidó nunca aquella experiencia, que le llenaría de odio contra los socialistas de la Casa del Pueblo madrileña. A ella se refirió varias veces en los debates de las Cortes, entre 1933 y 1936,[5] y también quedaría registrada en su libro:

> SEIS empresas... conservadoras (?)... católicas (?)... de derechas (?) ME ECHARON a la calle porque así lo exigía la Casa del Pueblo de Madrid. ¡¡Qué asco!!
> Pasé hambre, mucha hambre... yo... ¡¡y los míos!![6]

Dados su odio hacia el socialismo y el comunismo (entre los que apenas distingue en su libro), su desprecio por la obra de los sindicatos izquierdistas y su agresiva personalidad, no es sorprendente que

Ramón Ruiz Alonso
obrero tipógrafo
Diplomado en Ciencias sociales y exdiputado a Cortes

¡Corporativismo!

Ya sé que habrá por ahí quien diga...

que capital y trabajo serán siempre rivales irreconciliables y que jamás será salvado el abismo insondable que les separa marcando a cada cual su rumbo, su camino, su meta...

...También se repelen y se rechazan los colores. El blanco es pureza, candor, júbilo, alegría; eco triunfal de esponsal que avanza por templo engalanado en busca de un altar y una ilusión. El negro es luto, pena, amargura, tristeza, llanto; lúgubre acento de arrogante figura que fué y tan solo espera ya una fosa en que aniden los gusanos.

Y sin embargo...
¡Ovejas negras aciertan a parir corderillos blancos!

1937
——— Primera edición ———
Composición e impresión de la Comercial Salmantina
Prior, 19 ——— Salamanca ——— España
——— Primer año triunfal ———

Portada del libro de Ramón Ruiz Alonso

Ruiz Alonso se sintiera atraído por el fascismo. Gracias al libro de Ramiro Ledesma Ramos *¿Fascismo en España?* (1935), sabemos, en efecto, que en 1933 Ruiz Alonso ya pertenecía a las JONS, fundadas por Ledesma en 1931. Escribe éste:

Además de penetrar en zonas sociales más amplias, preocupaba al Partido conseguir una efectiva capacidad para la violencia, y ello, tanto por constituir la acción directa y la acción revolucionaria uno de los postulados tácticos del jonsismo, como por propia y elemental necesidad defensiva. A fines de julio [de 1933], esos propósitos estaban en Madrid resueltos. Ramiro Ledesma, con un lugarteniente eficaz, el camarada Ramón Ruiz, logró organizar y seleccionar un centenar de militantes, en patrullas de a cinco, que ofrecían todas las garantías apetecibles para la acción. Eran, pues, veinte grupos, algunos de ellos de formidable ímpetu y poder agresivo. Todos sus componentes eran estudiantes, funcionarios jóvenes y antiguos legionarios de África. Estas tres procedencias estaban muy niveladas en los grupos, y eran, evidentemente, las más adecuadas para su función (p. 100).

Una de las más sonadas hazañas por aquellos días de las JONS lo constituyó el asalto y saqueo del local que la Asociación de Amigos de la Unión Soviética tenía en el número 9 de la Avenida de Eduardo Dato. Los hechos tuvieron lugar en la mañana del 14 de julio de 1933. Tras atar a los dos directivos de la asociación que se encontraban en el local, Wenceslao Roces Suárez y Francisco Zaragoza Garrido, tres jonsistas examinaron y procedieron luego a la destrucción de gran cantidad de documentos. Tras ello, y con miras de más alcance, se apoderaron de los ficheros relativos a las entidades provinciales y locales afectas a la asociación.[7] Pocos años después, y con estilo típico, reconstruyó estos momentos Guillén Salaya:

> –Venga el fichero de la sociedad –dijo un joven español.
> El secretario entregó el fichero (durante la escena, fugaz, Roces temblaba como un azogado).
> Los tres camaradas salieron al pasillo de aquel tercer piso del «palacio de la oficina». Bajaron las escaleras, tranquilos y ligeros, y a los pocos minutos entregaron en las JONS el fichero de los enemigos declarados o encubiertos de España.[8]

Guillén Salaya revelaba a continuación que el líder de los asaltantes fue Eugenio de la Ronda. José María Sánchez Diana, en su libro sobre Ramiro Ledesma,[9] añadió el nombre de José Guerrero. Su relato nos hace sospechar que el tercer componente del grupo fue el mismo Ramón Ruiz Alonso:

> En Madrid existía una sociedad titulada «Amigos de Rusia», entre cuyos adheridos contábase [sic] gentes de las más influyentes en la política y en el pensamiento español. La situación cercana a donde se reunían los jonsistas era tentadora, por conocer sus actividades. La organización de choque contaba con centurias distribuidas en patrullas de cinco. Una de estas unidades mandadas por Ramón Ruiz[10] que verificaba sus concentraciones en la Plaza de España estaba dispuesta para acudir en caso de auxilio a los lugares de peligro. Pero lo que interesaba era un golpe de mano, corto y resonante.[11]

Participara o no Ruiz Alonso en el allanamiento del local de la Asociación de Amigos de la Unión Soviética, lo cierto es que tuvo que conocer inmediatamente, con prelación incluso sobre el común de los jonsistas madrileños, los nombres de «los enemigos declarados o encubiertos de España» que estaban registrados en el fichero robado. Entre ellos, como dijimos antes, se encontraba el de Federico García Lorca.

Queda ya dicho cómo Ruiz Alonso y Gil Robles trabaron pronta relación en el colegio de los salesianos de Salamanca. Gil Robles pertenecía a la redacción de *El Debate*, el más influyente periódico católico de entonces, dirigido por Ángel Herrera Oria, uno de los fundadores de Acción Popular. Parece que fue gracias a la recomendación del político derechista como Ruiz Alonso consiguió por esas fechas un puesto de tipógrafo en el periódico.

Gil Robles, además, comprendió pronto que Ruiz Alonso podría ser un buen militante de Acción Popular. El obrero tipógrafo abandonó las filas de las JONS y, en el otoño de 1933, fue enviado a Granada para trabajar en los talleres del diario *Ideal*. Este periódico, que todavía subsiste, había sido fundado en 1931 y estaba controlado, al igual que *El Debate*, por la Editorial Católica, es decir, por la Sociedad de Publicaciones de la Asociación Católica Nacional de Propagandistas, dirigida por Herrera Oria.

He aquí, pues, a Ramón Ruiz Alonso en la ciudad andaluza. A poco de llegar, se matricula como alumno de Ciencias Sociales en la Universidad granadina, donde recibiría el diploma de que hace gala, pocos años más tarde, en la página titular de su libro *Corporativismo*. Su «querido profesor», como le llama en el libro, era Antonio Mesa Moles, abogado y hombre de la derecha ampliamente conocido en Granada. En la Universidad, Ruiz Alonso comenzó el estudio del corporativismo, sistema político favorecido por su admirado Gil Robles. Sobre este tema se redactaría la memoria universitaria que formó la base de su libro.

En noviembre de 1933 Ruiz Alonso se vio convertido en candidato de la CEDA, debido, entre otras razones, a la influencia del director de *Ideal* y a la amistad que les unía.[12]

Durante las dos semanas que precedieron a las elecciones, el candidato habló en varios mítines de la CEDA. No cabe duda de que, desde el principio de su actuación política, Ruiz Alonso logró granjearse la animosidad de la mayoría de los obreros granadinos, además de las amenazas de no pocos de ellos. Así, por ejemplo, leemos en *El Defensor de Granada*:

Suspensión de un mitin derechista en Almuñécar

En la noche del pasado sábado se presentaron en Almuñécar, con ánimo de celebrar un mitin, los candidatos derechistas La Chica Damas y Ruiz Alonso. Cuando hablaba éste se produjeron numerosos incidentes por interrumpir los obreros al orador.

En vista del cariz que tomaba el acto, la autoridad local dispuso que fuera suspendido. Así se hizo, sin que ocurrieran más incidentes.[13]

Pocos días después los mismos hechos volvieron a repetirse en Lanjarón, donde también fue interrumpido Ruiz Alonso en uno de sus mítines.[14]

Gracias a la victoria de la coalición derechista en Granada, Ruiz Alonso se encontró de repente elegido diputado a Cortes por Acción Obrerista, el partido de los obreros católicos pertenecientes a la CEDA. Su orgullo no conoció límites. La rueda de la fortuna había girado favorablemente y el que estaba ya en la cumbre se sentía ufano de su triunfo. El nuevo diputado volvió a su patria chica, Villaflores, donde se celebró en su honor un gran banquete, del que todavía guardan memoria los vecinos. A una de las calles del pueblecito se le concedió el nombre de Ruiz Alonso, que aún conserva. El así agasajado, en uno de los muchos epígrafes que colocaría al frente de su citado libro, reseñaría así su triunfo: «Pero yo no puedo olvidar [...] que salí de un taller granadino para ir a un Parlamento y que Granada me aplaudía con frenesí al ver que, gracias a ella, comencé a triunfar en la vida.»

Cuando Gil Robles prologa en 1937 *Corporativismo*, el líder derechista hincha retóricamente el capítulo de sufrimientos y méritos del obrero elevado a diputado granadino:

> Ruiz Alonso viene del taller, surge de las entrañas del pueblo, cuyos dolores comparte y cuyas aspiraciones vive.
> Forzado por la adversidad a vivir en un medio notoriamente inferior al que por nacimiento le corresponde, Ramón Ruiz Alonso aparece como una síntesis viviente de lo que puede ser la armonía de los grupos sociales presididos por un principio cristiano. Lejos de sentir el amargo despecho de los que ven hundirse una posición por los zarpazos crueles de la vida, Ruiz Alonso ha sabido elevarse por encima de la desgracia, y extraer de su propio dolor el germen fecundo del apostolado social.[15]

Estas palabras las habría podido escribir el propio Ruiz Alonso. No creemos equivocarnos al afirmar que el orgullo, la ambición y la tendencia a la exageración han sido tres rasgos dominantes de la personalidad de quien, en agosto de 1936, había de intervenir directamente en la detención de García Lorca.

Ruiz Alonso narra en su libro un episodio que le atrajo aún más enemigos entre los obreros de la izquierda. A finales de febrero de 1934, *ABC* había admitido en sus talleres tipográficos a un obrero minervista no afiliado a un sindicato de izquierdas. Como se trataba de un coto cerrado, la Casa del Pueblo declaró, en palabras recogidas por Ruiz Alonso, «la huelga general indefinida de artes gráficas de Madrid como solidaridad con los camaradas de la empresa del periódico *ABC* inicuamente atropellados». La situación le hizo recordar a Ruiz Alonso sus propios conflictos con la Casa del Pueblo unos años atrás, y decidió combatir la huelga («¡Yo fui esquirol!... ¡Yo fui rompehuelgas!»), colaborando con su ayuda en los talleres de *ABC* y en los de *El Debate*:

> Se planteó la lucha en la calle con violencia, algunas veces con extraordinaria violencia. En la Gran Vía nos arrojaron a un camión lleno de ejemplares de *ABC* y *El Debate*, tres botellas de líquido inflamable, que fueron apagadas inmediatamente por nosotros.
>
> ¡De una casa particular habíamos cogido unos extintores y con ellos íbamos bien prevenidos!
>
> A los tres días la huelga estaba estrangulada. Resistió mucho la Casa del Pueblo. ¡¡Mucho!! Los «gráficos» tenían bien repleta la caja de resistencia... se vació por completo; ayudaron las cajas de otros sindicatos, y el esfuerzo fue terrible.
>
> ¡Tan terrible como sobrehumano nuestro trabajo... el de los sindicatos antimarxistas!
>
> ¡Yo era uno de tantos! Lo mismo que yo y más que yo, hicieron otros muchos que permanecen en el anónimo. Ya por entonces se hablaba de barricadas, de sirenas, de pistolas y de asaltos. Todo iba muy bien con mi temperamento.[16]

Es típico del autor de estos párrafos el que, a pesar de haber sido «uno de tantos», pretenda dar la impresión de haber protagonizado los hechos. Nada más lejos de la verdad, sin embargo. Como ha puntualizado recientemente el historiador inglés Paul Preston,[17] el nuevo ministro de Gobernación, Salazar Alonso, había declarado ya el estado de alarma el 7 de marzo de 1934, al dar su palabra al propietario de *ABC*, Juan Ignacio Luca de Tena, de que el Gobierno apoyaría su determinación de acabar con la huelga. Cuando, fracasada ésta, los obreros de artes gráficas manifestaron su deseo de reintegrarse al trabajo, Luca de Tena se negó a readmitirlos. Según Preston, «fue la disputa de artes gráficas la que reveló hasta qué punto el reciente reajuste en el Gobierno marcaba un giro abrupto a la derecha [...]. La derecha estaba encantada con Salazar Alonso.[18] Es evidente, por tanto, que sin el apoyo individual de Ruiz Alonso el éxito de la patronal habría sido el mismo. Esto no impidió que el diputado de la CEDA, embriagado por su aportación al fracaso de la huelga, atacara orgullosamente a Julián Besteiro en las Cortes el 15 de marzo, volviendo sobre el tema de que los sindicatos no servían más que para corromper el corazón de los obreros. Tan ufano estaba Ruiz Alonso de sus hallazgos ideológicos y de sus ataques contra Besteiro y los socialistas de la Casa del Pueblo, que los recogió íntegramente en su libro.[19]

Junto a otro diputado de la CEDA, Dimas Madariaga, Ramón Ruiz Alonso jugó también un relevante papel en los debates que condujeron, unos meses después, a la derogación de la Ley de Términos Municipales en beneficio de los terratenientes. Comenta Paul Preston:

> Su derogación, el 23 de mayo, poco antes de que empezase la recolección de la cosecha, permitía a los propietarios contratar mano de obra portuguesa y gallega con detrimento de los trabajadores locales. Las defensas del proletariado rural se desmoronaban rápidamente ante la embestida furiosa de la derecha.[20]

Poco después de la sangrienta represión de los mineros de Asturias, «el obrero amaestrado» –apodo que al parecer le puso José Antonio Primo de Rivera[21]– publicó en *ABC* una carta abierta dirigida a su propio partido, Acción Obrerista. Una carta desmesurada y estrepitosa que rezumaba desprecio por la política y que revelaba, una vez más, el hiperbólico concepto que Ruiz Alonso tenía de su propia importancia como redentor de las masas oprimidas:

> *Carta abierta al partido político Acción Obrerista*
> El diputado a Cortes por Granada don Ramón Ruiz Alonso nos ruega la publicación de esta carta:
> «A todos vosotros, valientes y queridos trabajadores, que hasta este momento fuisteis mis correligionarios, dirijo hoy esta carta abierta con el pensamiento puesto en el cariño con que me honrasteis, pero también en la rectitud de conciencia, que, por encima de todo, es necesario poner en el cumplimiento de un deber cuando llega la hora. Para mí ha llegado hoy.
> »Sería insensato mirar con indiferencia el pasado movimiento revolucionario, en el que el proletariado español, envenenado por la política, ha jugado tristemente muy interesante papel.
> »Con mi lenguaje claro, duro, pleno de la sinceridad con que siempre os

hablé, hoy me presento ante vosotros: La política envenena al obrero. Es cruel, no tiene entrañas, hay en ella zancadillas, navajeo, traición. ¡Pobres obreros los que en ella fíen su redención, los que con ella esperen ver satisfechas sus santas rebeldías de reivindicación social!

»Esta España por nosotros tanto más querida cuanto más desgarrada pide angustiosamente que ¡quienes debemos! retorzamos y trunquemos todos nuestros sentimientos e ilusiones. Lo piden España y los obreros; yo, como obrero y español, escucho hoy la voz de las masas desorientadas.

»El fomentar, amamantar, dar calor y abrigo a un partido político, nacional y obrero, aunque sea antimarxista, creo que es equivocado. Yo, desde luego, no quiero manchar mi conciencia con una maldición, que los obreros sanos y honrados pudieran lanzar el día de mañana sobre los dirigentes españoles que les arrastramos a la política en vez de llevarles a los sindicatos.

»Respeto el criterio –que yo no comparto y condeno con toda mi alma– de los que hasta hoy fueron correligionarios míos y a los que en el terreno particular tanto quiero.

»Yo dejo a Acción Obrerista, renuncio a todo, al cargo de presidente del Comité Ejecutivo Nacional con que recientemente me honraron, dejo de ser hasta afiliado. Supondréis la pena que produce dar este paso al que puso todas las energías y todo el corazón en levantar una bandera que dijimos no habría de ser arriada jamás. Yo rectifico públicamente: antes que verla, desde dentro, hecha jirones, prefiero guardar esa seda en el relicario de mi corazón para que, si alguna vez llega la hora, la vuelvan a levantar mis hijos o mis nietos, a quienes entregaré la llave.

»Considero una traición que durante muchos años, ¡muchos!, se hable de política a los obreros.

»¡Sindicatos! ¡Sindicatos! ¡Sindicatos!

»El obrero que quiera política que la busque en el partido que más le plazca. Funesta es la lucha de clases para que, hasta en la política, la implantemos. No trato de arrastrar a nadie. Escisiones, jamás. Rectificación de conducta, sí.

»Me marcho solo. Un soldado de filas que templa su acero para comenzar la lucha con la cruz de la espada en alto para que la besen los arrepentidos y la hoja al frente para romperla en el pecho de los que, trepando sobre las espaldas del proletariado, quieran encaramarse a costa de los vencidos.

»Sin cargos, sin títulos pomposos, con mi modesto apellido, diputado hoy, obrero otra vez mañana, recorreré España entera, llevando un abrazo de amor a todos.

»Será mi labor de apostolado. Los dirigentes de los Sindicatos antimarxistas recojan, encaucen en el Frente Nacional del Trabajo los muchos o los pocos entusiastas que, con la ayuda de Dios, pueda levantar en nuestra

Patria el que hasta hoy fue vuestro correligionario y se despide con estas palabras:
»¡Adelante! ¡Ante todo, España, y sobre España, Dios!
»Madrid, 16 de noviembre de 1934. – *Ramón Ruiz Alonso*.»[22]

Acción Obrerista no tardó en contestar a la carta abierta de su expresidente, publicando su respuesta también en *ABC*:

Acción Obrerista
y el diputado señor Ruiz Alonso

Recibimos la siguiente nota del Comité Nacional de Acción Obrerista, con ruego de publicación:
«Madrid, 18 de noviembre de 1934.
»Dura ha de ser la réplica a la insensata y jactanciosa carta abierta del diputado de Acción Obrerista señor Ruiz Alonso, al partido de quien se separa. Dura, sí; pero necesaria y ejemplar.
»Hay que salir al paso valientemente, en estas horas difíciles para España y para la clase trabajadora, a todas las maniobras personalistas o que tiendan a sembrar la desorientación y el confusionismo. Hay que frustrar con energía y eficacia las aspiraciones insanas de los ambiciosos que sólo piensan en medrar, atropellando y arrollando todo cuanto encuentran a su paso, con tal de buscar un acomodo personal fácil.
»La conducta seguida por el señor Ruiz Alonso sería disculpable y hasta cierto punto sincera, si dicho señor en vez de lanzar públicamente una catilinaria de efectos teatrales contra la política, se hubiera limitado a renunciar calladamente al acta que le dio el partido, cargo político por excelencia, y con la fe puesta en los nuevos ideales de que blasona, se hubiera dedicado a llevar a efecto la campaña que anuncia.
»Lanzar a los cuatro vientos sus propósitos de redentor de los obreros oprimidos, paladín de la noble causa de las reivindicaciones obreras, al mismo tiempo que traiciona una causa eminentemente obrera, eficaz y nobilísima y en la cual él halló amparo y pedestal para destacar su figura, es un sarcasmo, una burla, que no le tolerarán los trabajadores.
»Resumiendo:
»El Comité Nacional de Acción Obrerista acepta complacido la renuncia que de su cargo como directivo y baja como asociado ha presentado don Ramón Ruiz Alonso, esperando rectifique el pequeño olvido de renunciar al acta que ostenta como diputado a Cortes de Acción Obrerista por Granada.
»Que, convencida nuestra Organización del gran bien que puede reportar a las clases trabajadoras, no influirá en su decidida marcha la maniobra

que contra ella se viene forjando en la sombra, y de la que es ya público exponente la carta de don Ramón Ruiz Alonso.

»Que este señor no tiene por qué guardar nuestra bandera y entregar la llave a sus descendientes. Cuando él llegó a su sombra, ya la mantenían en alto otros hombres, que, aún no habiendo sacado el provecho personal que él de la obra, la seguirán sosteniendo bravamente en el porvenir.

»Nos explicamos que don Ramón Ruiz Alonso se decida a no querer hablar de política, aun cuando ésta sea obrerista, o sea defensora de las clases trabajadoras. Su nula actuación en el Parlamento, durante un año, lo viene poniendo de manifiesto.

»Anuncia don Ramón Ruiz Alonso que con la cruz de la espada en alto, ante la cual, días pasados, voluntariamente, juraba fidelidad imperecedera al Comité Nacional de Acción Obrerista, va a comenzar una intensa propaganda por España. La Prensa reflejó varias veces el mismo propósito, que nunca llevó a la práctica el señor Ruiz. La hicieron y la harán los que no anuncian, dividen ni traicionan.

»Habrá Acción Obrerista y habrá Sindicatos. Lo sabe el señor Ruiz, porque cuando él llegó ya estaban funcionando. Él intentó –nada más que intentó– crearlos. Si es así, de su carta queda sólo una acción, que las gentes calificarán como merece. – *El Comité Nacional.*»[23]

La contundente réplica de Acción Obrerista demuestra que ya no se fiaban de Ruiz Alonso ni siquiera los obreros católicos representados por él en las Cortes. El exjonsista, siguiendo una norma de conducta que no cambiaría con el tiempo, reclamaba la baja del segundo partido al que se había afiliado. Queda por decir que Ruiz Alonso, a pesar de la advertencia de Acción Obrerista, no renunció, ni mucho menos, a su escaño de diputado.

Durante el año 1935 Ruiz Alonso participó en la organización de las JAP, cuya militancia se volvía por entonces más dura. Para este nuevo papel debieron servirle indudablemente sus experiencias paramilitares de dos años antes con las JONS.

Refiriéndose a la creciente violencia de la vida política española a finales de 1935, comenta Gabriel Jackson:

Cada uno de los partidos de masas, la CEDA y los socialistas, tenía una organización juvenil, y el chocante denominador común de estas organizaciones era su desdén hacia los dirigentes moderados de la anterior generación. La Juventud de Acción Popular utilizaba el vocabulario antisemítico de los nazis y soñaba con una noche de San Bartolomé de masones y marxistas.[24]

Pues bien, el lenguaje utilizado por Ramón Ruiz Alonso en *Corporativismo* tiene una clara filiación japista. Todos los políticos republicanos que allí se mencionan, por encima de los matices o ideología que les individualiza, son tildados sin más de marxistas. En ocasiones el escritor desmiente su blasonado cristianismo al caer en el ataque personal de la peor especie. Azaña, por ejemplo, es descrito como «un pedazo de carne amorfa, coronado por capitel desdentado y verrugoso».[25] Bajo semejante prisma retórico e insultante, un marxista es incapaz, por definición, de sentir como propios el amor de la madre o de la novia: «¿qué entienden de esas cosas aquellos mastuerzos que gritan: "Proletarios de todos los países, uníos"?».[26] Y en lo que respecta a los judíos, el católico Ruiz Alonso deja claramente sentado que un semita no puede ser un buen español.

Mencionemos dos nuevos sucesos, ocurridos a fines de 1935, que ayudan a definir la personalidad del miembro de las JAP y diputado granadino. En primer lugar, su actuación en Granada como «ayudante de verdugo». Varias personas nos habían citado textualmente esta definición, aplicada a modo de mote a Ruiz Alonso. No acabábamos de admitir su veracidad, hasta que encontramos casualmente la siguiente nota, aparecida en *La Voz* de Madrid el 22 de octubre de 1935, en torno a la ejecución del reo Manuel Vasco Vargas:

> El diputado señor Ruiz Alonso lo abrazó también, y entre ambos [R. Alonso y el director de la cárcel] lo llevan hasta el patíbulo, situado a unos cuarenta pasos de la capilla, que anduvo el infeliz sin vacilaciones. Llevaba traje negro, alpargatas blancas, sin calcetines, la camisa desabrochada y la barba muy crecida.
>
> Al llegar al patíbulo fue sujetado al palo donde estaba prendido el corbatín, que se comunicaba con una manivela.
>
> El diputado señor Ruiz Alonso le cogió una mano, y junto con el padre Payán le asistió en los últimos momentos.

El segundo caso tuvo lugar en un pasillo de las Cortes el 13 de noviembre de 1935, mereciendo inmediatamente la atención de toda la prensa de Madrid y provincias, incluida la granadina. Aquella noche los titulares del periódico madrileño *La Libertad* rezaban del siguiente modo:

El «obrero» contratado y amaestrado de la CEDA quiere cumplir con su de-

ber. Ruiz Alonso intenta pegar al señor Gordón Ordás, y éste le replica de manera tan contundente que el cedista queda malparado en el suelo.

Según *La Libertad*, el altercado había surgido al advertir Ruiz Alonso que Gordón Ordás, en medio de un corrillo, estaba acusando a la CEDA de no haberse declarado nunca republicana:

> El diálogo, vivo y violento por la actitud retadora de Ruiz Alonso, que es un hombre corpulento y mucho más fuerte, desde luego, que Gordón Ordás, continuó [...] Gordón, indignado, hizo ademán de abalanzarse sobre Ruiz Alonso. Éste, que estaba preparado para el incidente que deliberadamente provocaba, le asestó un fuerte puñetazo en la frente.

Durante la campaña electoral de enero y febrero de 1936, Ruiz Alonso habló en varios mítines de la CEDA, insistiendo una y otra vez en su tema preferido, a saber, que los líderes sindicales envenenaban el alma de los obreros españoles. Su actuación culminó con un discurso pronunciado en el Teatro Goya de Madrid en la mañana del domingo 9 de febrero, el último domingo antes de las elecciones. Aquella misma tarde, en un banquete ofrecido a Rafael Alberti y María Teresa León, Federico García Lorca leyó un manifiesto frentepopulista. Comentando el mitin del Teatro Goya, escribió *El Sol*:

> Atacó el orador a los dirigentes socialistas y anarquistas, de los que dijo que han engañado a las masas. Desde el punto de vista católico, tuvo censuras para aquellas clases patronales que, a su juicio, son también responsables por no cumplir con su deber.
> «Al pueblo hay que hablarle con el alma, que es lenguaje con el que no se habla al proletariado por sus líderes. A vosotros, los que habéis venido sin conocer el lenguaje de Acción Popular, vosotros, los que creéis que Acción Popular es un partido de ricos, os decimos que los ricos de Acción Popular saben cumplir sus deberes de patronos y cumplir con sus obligaciones de cristianos.»
> Terminó refiriéndose al señor Gil Robles con grandes elogios para el jefe de la CEDA.[27]

Ruiz Alonso y sus correligionarios fueron reelegidos diputados por Granada. Pero, como ya hemos señalado, los resultados electorales granadinos fueron anulados a finales de marzo de 1936, viéndose Ruiz Alonso en la situación de perder su escaño en la nueva vuelta de las

Ramón Ruiz Alonso intervino directamente en la detención de García Lorca en agosto de 1936. El 11 de febrero de 1936, el periódico *Ahora* había publicado su fotografía (círculo superior) durante la campaña electoral para las elecciones a Cortes del 2 de febrero de 1936. Ruiz Alonso, que odiaba el socialismo y el comunismo, era candidato por la CEDA

elecciones celebradas en mayo. Su odio, siempre mal ocultado, hacia los procedimientos parlamentarios y hacia el Frente Popular debió encontrar entonces materia en la que alimentarse. Según propia confesión, el exdiputado comenzó a conspirar activamente contra la República a partir de aquel momento:

> El Parlamento era todo mentira, era todo engaño.
> Aquello había que destruirlo, conmover hasta sus cimientos, no dejar piedra sobre piedra, para volver a edificar, a construir, a conservar.
> Y un Parlamento que no quería morir me echó de su seno, avergonzado, para que no fuese testigo de su derrota ni leyera en la cara la sentencia de su muerte. Antes había propuesto la anulación de mi acta y dejar pasar las de Granada...
> ¡Qué asco..., qué asco..., qué asco!
> ¡Y qué orgullo para mí!
> Por aquel entonces, de revolución hablaban ya las gentes.
> Volví al pueblo, me confundí con el pueblo, y volví a ser lo que antes fui: ¡Pueblo!
> Respiré a pleno pulmón; supe lo que era conspirar, porque conspiré; supe lo que era la guerra, porque Dios me concedió el honor de vigilar, arma al brazo, en la trinchera, teniendo el cielo por techo y las estrellas por mudo testigo.[28]

En abril de 1936 gran parte de las JAP, convencidas de la ineficacia de Gil Robles, habían pasado a engrosar las filas de la Falange. Parece cierto que, por estas mismas fechas, Ramón Ruiz Alonso solicitó también la entrada en Falange Española. Fue testigo del hecho José Rosales, según el cual el exdiputado ofreció su ingreso en dicho partido a cambio de percibir un sueldo mensual de 1 000 pesetas (sueldo del que, es de suponer, tendría gran necesidad tras haber perdido su escaño a Cortes). Cuando José Rosales, José Díaz Pla, Enrique de Iturriaga y algún otro falangista visitaron a José Antonio Primo de Rivera en la Cárcel Modelo de Madrid (hacia finales de abril de 1936), Ruiz Alonso les acompañó a la capital. Rosales le transmitió al jefe de la Falange la «oferta» del exdiputado, que fue terminantemente rechazada. Primo de Rivera se mostró dispuesto a admitir el ingreso de Ruiz Alonso en la Falange, pero sin sueldo y sin condiciones especiales.[29] Es posible que este rechazo motivara el que Ruiz Alonso albergara desde entonces un odio secreto hacia el partido de José Antonio, tema sobre el que volveremos en otro capítulo.

El libro de Ruiz Alonso carece de originalidad, y no pasa de ser un zurcido de documentos y libros extranjeros sobre el fascismo, en su mayoría portugueses e italianos. Es un libro ruidoso y enfático, plagado en sus 288 páginas de continuos signos de exclamación por partida doble y triple, sucinta expresión de la hiperbólica personalidad de su autor. En él el excedista –«Yo siento el orgullo de ser artesano; nunca quise ser proletario»– se dirige, con marcado paternalismo, a otro «artesano que siente el orgullo de ser español»,[30] pero que todavía no comprende muy bien lo que significa el corporativismo. Ruiz Alonso, a lo largo del libro, toma como meta el explicárselo:

> Todo consiste en saber extirpar hasta el más insignificante asomo de la vieja mentalidad clasista que en España han tenido todos: tanto los que pagaban como los que recibían el jornal.
> Y todo esto dicho y hecho con devoción: cruz en la frente que ahuyenta el pensamiento malo. Colocando en plan de igualdad a todos entre sí, dejándoles que se traten de *tú* en el resolver de sus cuestiones.[31]
> Para mí no existen ni proletarios de un lado, ni burgueses de otro, en el alcance y concepción con que estos dos vocablos se vertieron sobre esta bendita tierra española. ¡No! Todos son trabajadores, que producen, que rinden: que levantan con su esfuerzo la familia, el hogar, la nación.[32]

El odio de Ruiz Alonso por la democracia se filtra por todo el libro:

> En régimen de democracias –¡malditas democracias!–, tanto valía el voto de un pobre desgraciado analfabeto y muchas, muchísimas veces, mal trabajador además, como el voto de un Menéndez y Pelayo, por ejemplo.
> Pero en Régimen Corporativo, ¡No![33]

No, desde luego. Y resulta claro que, desde el comienzo de su actuación parlamentaria, Ruiz Alonso esperaba que a la República española le sucediera lo mismo que a la de Weimar:

> Me dicen quienes lo vieron:
> ¡Que el incendio fue horroroso y que las llamas del Reichstag subían tan altas, que parecían llegar al cielo!
> Se me antoja que aquellas luminarias iban a un tiempo desgarrando tinieblas y anunciando por camino franco el paso de la juventud.

¡Y atrás quedaba un Parlamento avergonzado y vencido![34]

Ruiz Alonso, tradicionalista católico empedernido, no puede negarse a la consabida alusión a los titulados Reyes Católicos («¡Menos mal que Fernando e Isabel enarbolaron bandera de unificación que no habría de ser arriada bajo ningún concepto!»),[35] ni, consciente de los proyectos expansionistas de Alemania e Italia, dejar en el olvido la posible recuperación por parte de España de su perdida grandeza imperial:

> Los sindicalistas sinceros pasearemos por todos los rincones de España la bandera de nuestros anhelos. La bandera del Estado nuevo, encarnado en una patria grande que se nos revela con esplendideces de Imperio.[36]

Ruiz Alonso, quien, como sabe el lector, admite no sin orgullo haber conspirado contra la República, salió de Madrid hacia Granada el 10 de julio de 1936, haciendo el viaje en coche particular. Sabía sin duda que pronto estallaría la sublevación militar y es de suponer que quería estar presente en Granada para participar en los acontecimientos. Tuvo, sin embargo, la desgracia de sufrir un accidente en las inmediaciones de Madridejos, población de la provincia de Toledo. El reportaje publicado por *Noticiero Granadino* el 12 de julio prueba claramente que, a pesar de lo que se ha dicho, Ruiz Alonso no pudo volver a Granada en el mismo tren en el que se desplazó Federico García Lorca:

En un accidente automovilista el exdiputado señor Ruiz Alonso resulta con fuertes magullamientos

> Cuando regresaba de Madrid en automóvil que conducía el exdiputado cedista por Granada, señor Ruiz Alonso, próximo a Madridejos, y cuando iba a gran velocidad, se le atravesó un camión en el camino, y para salvar el obstáculo viró fuertemente yendo a parar el vehículo hacia la cuneta tras dar cuatro o cinco vueltas de campana.
> El coche resultó destrozado y el señor Ruiz Alonso con fuertes magullamientos en todo el cuerpo.
> En el mismo camión causante del accidente se trasladó el señor Ruiz Alonso a Madridejos, donde amigos políticos y particulares le atendieron.
> Acción Popular de Granada, noticiosa de lo ocurrido a su correligionario, le envió un automóvil para que lo trasladara a Granada, y el señor Ruiz

Alonso se encuentra ya en su domicilio perfectamente asistido por el doctor Guirao, el cual, como medida de precaución, ha aconsejado se reduzcan las visitas que recibe el accidentado.

Éste, ayer, se encontraba algo más aliviado, dentro de la reserva de su estado general, aun cuando se quejaba de fuertes dolores.

Los familiares del señor Ruiz Alonso nos ruegan hagamos llegar su agradecimiento a cuantos se interesan por su estado de salud y por las atenciones que les han dispensado.[37]

Las heridas sufridas por el exdiputado en el accidente de Madridejos no fueron, sin embargo, lo suficientemente graves como para impedirle actuar en los hechos que habían de desencadenarse en Granada a partir del 20 de julio. Y, como tendremos triste ocasión de comprobar, el papel desempeñado en la sublevación por este hombre violento, orgulloso, ambicioso y machista sería destacado. Destacado, sobre todo, en un momento en el que la vida de Federico García Lorca estaba, como dice el poema de Jorge Manrique, «puesta al tablero».

—— N O T A S ——

1. *Defensor* (4 noviembre 1933), p. 1.
2. Visitamos Villaflores en octubre de 1977.
3. Testimonio de Ramón Ruiz Alonso, Madrid, primavera de 1967.
4. R. Ruiz Alonso, *Corporativismo*, Salamanca, 1937.
5. Por ejemplo, *Diario de Sesiones*, 10 de mayo de 1934, páginas 2 758-2 759, 2 761-2 762. «Yo he estado en Madrid año y medio sin trabajo. Eso lo sabe muy bien el Sr. Lamoneda, presidente de Artes Gráficas. Diecinueve meses sin trabajo, por culpa vuestra» (p. 2 752).
6. Ruiz Alonso, *op. cit.*, pp. 132-133.
7. «Una hazaña de los nazis, traducidos al madrileño. Tres sujetos pertenecientes a las JONS asaltan el local de la Asociación de Amigos de la Unión Soviética», *Heraldo de Madrid* (14 julio 1933), p. 13. Véase también Ledesma Ramos, *op. cit.*, pp. 101-103.
8. Guillén Salaya, «Aquellos muchachos de las JONS», *Arriba*, Madrid (21 octubre 1939), p. 3.
9. J. M. Sánchez Diana, *Ramiro Ledesma Ramos. Biografía política*, Editora Nacional, Madrid, 1975.
10. No hay duda de que se trata de Ramón Ruiz Alonso. Según Sánchez Diana, *op. cit.*, «Ruiz Alonso desertó de las JONS y acabó siendo el famoso "obrero amaestrado" de la CEDA, complicado en el turbio crimen de García Lorca» (p. 161, nota 19).
11. Sánchez Diana, *op. cit.*, pp. 160-161.
12. Ruiz Alonso, *op. cit.*, p. 133.

13. *Defensor* (14 noviembre 1933), p. 5.
14. *Defensor* (15 noviembre 1933).
15. Ruiz Alonso, *op. cit.*, p. 15.
16. *Ibíd.*, pp. 133-134.
17. Paul Preston, *La destrucción de la democracia en España*, Turner, Madrid, 1978.
18. *Ibíd.*, p. 183.
19. Ruiz Alonso, *op. cit.*, pp. 139-142. El discurso de Ruiz Alonso se puede leer en *Diario de Sesiones* (15 marzo 1934), p. 28.
20. Preston, *op. cit.*, p. 188.
21. Entre las *Obras completas* de José Antonio Primo de Rivera editadas por Agustín del Río Cisneros (Madrid, Instituto de Estudios Políticos, 1976), no hemos encontrado una referencia explícita a Ramón Ruiz Alonso, pero creemos percibir posibles alusiones a él en dos ocasiones. En un discurso pronunciado en Madrid el 19 de mayo de 1935, el jefe de la Falange, aludiendo a la CEDA, dijo: «Lo único que pasa es que los obreros auténticos no entran en esas jaulas preciosas del populismo» (II, p. 684). Luego, en Zaragoza, el 26 de enero de 1936, se produjo de este modo: «Hace dos años, cuando fui candidato por Cádiz, me pareció intolerable oír a unos obreros amaestrados decir que eran los verdaderos obreros de España. No queremos esquiroles; queremos obreros revolucionarios» (II, p. 914).
22. *ABC* (18 noviembre 1934), pp. 26-27.
23. *ABC* (20 noviembre 1934), p. 17.
24. Jackson, *op. cit.*, p. 168.
25. Ruiz Alonso, *op. cit.*, p. 41.
26. *Ibíd.*, p. 51.
27. *El Sol*, Madrid (11 febrero 1936), p. 7.
28. Ruiz Alonso, *op. cit.*, pp. 249-250.
29. Vila-San-Juan, *op. cit.*, p. 115 y testimonio de José Rosales, grabado por nosotros en cinta magnetofónica, Granada, 26 de agosto de 1978.
30. Ruiz Alonso, *op. cit.*, p. 40.
31. *Ibíd.*, p. 45.
32. *Ibíd.*, p. 98.
33. *Ibíd.*, p. 66.
34. *Ibíd.*, p. 227.
35. *Ibíd.*, p. 156.
36. *Ibíd.*, p. 251. Para un análisis de los afanes imperialistas del fascismo español, véase Herbert Rutledge Southworth, «The Falange: An Analysis of Spain's Fascist Heritage», en *Spain in Crisis*, pp. 1-22.
37. *Noticiero Granadino* (12 julio 1936), p. 1.

8

F ederico García Rodríguez, padre del poeta, había comprado en 1925 una hermosa vivienda, con tierras anejas, en las afueras de Granada. La pequeña propiedad (una hectárea de terreno) era lo que en el habla granadina se denomina una «huerta», nombre que supone, frente a «casería» o «cortijo», una implícita localización geográfica: las tierras de la vega. La propiedad, en efecto, estaba situada al comienzo de la dilatada y fértil vega granadina, ya en pleno campo, pero con pronto acceso a la ciudad a través de los llamados Callejones y Placeta de Gracia. En homenaje a su mujer, Vicenta Lorca Romero, don Federico bautizó huerta y casa con el nombre de Huerta de San Vicente, perdiéndose el antiguo por el que era conocida: Huerta de los Mudos.[1]

La Huerta, que aún pertenece a la familia del poeta, se hallaba en 1936 rodeada de maizales y campos de tabaco. Hoy, por desgracia, las inmediaciones de la casa se han visto casi arrolladas por el inmenso e implacable muro de viviendas levantadas a lo largo del «Camino de Ronda» (oficialmente, hasta hace unos años, Avenida de Carrero Blanco), antes de la guerra espaciosa calle arbolada. Los nuevos edificios, producto de la moderna especulación, han cegado la espléndida vista urbana, con la Alhambra y el Generalife al fondo, que antes se disfrutaba desde la Huerta.

En 1975 el avance de este muro de ladrillo sobre la húmeda tierra de la vega amenazó con arrasar la Huerta de San Vicente mediante un «Plan Parcial de Ordenación Urbana», desmán del que las autoridades municipales granadinas, con la aprobación del Ministerio de la Vivienda, se mostraban perfectamente capaces. Gracias a la intervención y a las protestas de la familia del poeta, de numerosas figuras de las letras españolas y de los hispanistas extranjeros, la Huerta fue indultada y salvada para la posteridad.[2] Actualmente pertenece al Ayuntamiento, que la compró con la intención de convertirla en sede de la Fundación García Lorca y en museo dedicado al poeta.

En 1933 los padres de Federico se habían trasladado a Madrid. En el verano volvían, sin embargo, a la Huerta, pudiendo ver de nuevo a su hija Concha y a sus nietos, saludar a sus numerosos familiares y renovar antiguas amistades. La llegada de don Federico y su esposa no pasó inadvertida para la prensa en el trágico verano de 1936. El 10 de julio *El Defensor de Granada*, dirigido por Constantino Ruiz Carnero, gran amigo de Federico, así lo comunicaba:

> Se encuentra en Granada, donde pasará la temporada de verano acompañado de su familia, nuestro querido amigo el propietario don Federico García Rodríguez.[3]

Don Federico y su esposa habían venido solos de Madrid. No les acompañaron ni Francisco ni Isabel, el primero destacado en El Cairo como secretario de la Embajada española, y la hija menor pendiente de la concesión de plaza tras los exámenes, que ya había superado, para la obtención de una cátedra de Segunda Enseñanza.[4] Federico, como queda dicho, llegaría unos días después, el 14 de julio. En la Huerta los padres se verían rodeados por su hija Concha, esposa del doctor Manuel Fernández-Montesinos (alcalde socialista de Granada a partir del 10 de julio), y por sus tres nietos, Tica (Vicenta), Conchita y Manolo. Fernández-Montesinos, muy atareado en aquellos días, permanecía en la ciudad, quedándose a dormir en su piso de la Calle de San Antón, número 29, esquina a Puente de Castañeda.

Federico, al llegar a Granada, se instaló con sus padres en la Huerta, en la habitación del piso alto que siempre había ocupado. Tenemos pocas noticias sobre sus actividades durante los seis días que precedieron al alzamiento de la guarnición granadina, pero es seguro que iba a menudo a la ciudad y que le vio mucha gente. No sólo, por tanto, se anunció su llegada en tres periódicos. (*El Defensor de Granada, Ideal, Noticiero Granadino*), como hemos señalado ya, sino que su presencia no pasaba inadvertida por calles y cafés.

Miguel Cerón recordaba en 1966 cómo había tropezado con el poeta por aquellos días:

Sí, vi a Federico una vez después de su regreso de Madrid, justo antes de la sublevación. Me topé con él en la calle. Se nos acercaron unas chicas y nos pidieron para Socorro Rojo Internacional. Federico les dio algo y me dijo medio en broma: «¿Qué te parece si hacemos un viaje a Rusia, Miguel?» No le volví a ver más.[5]

El 18 de julio, festividad de San Federico, se solía celebrar con especial alegría en la Huerta de San Vicente, ya que en tal fecha coincidían la onomástica del padre y la del hijo mayor. Aquel año, sin embargo, acudieron a la Huerta menos amigos y familiares que de ordinario.[5 bis] La sublevación militar había estallado el día anterior y en la mañana del 18 Franco lanzó, desde las emisoras de Canarias y del Marruecos español, el llamamiento en el que anunciaba el Movimiento Nacional y pedía la colaboración de todos los «españoles patriotas». Una vez más España iba a ser «salvada» por los militares.

Federico llegó a la Huerta de San Vicente, pequeña propiedad de sus padres, el 14 de julio de 1936; durante su estancia en ella, a los pocos días después de su llegada, se produjo la sublevación militar, su cuñado fue detenido y encarcelado, y él mismo recibió las primeras amenazas. (La fotografía muestra su aspecto actual)

El martes, 20 de julio, al producirse el alzamiento en Granada, Manuel Fernández-Montesinos fue detenido en su despacho del Ayuntamiento y llevado a la cárcel. Había empezado el calvario de la familia.

De lo que sucedió en la Huerta de San Vicente a partir de aquel 20 de julio tenemos poquísima información fidedigna. Parece ser que ningún miembro de la familia apuntó fechas, nombres o conversaciones, ya fuera durante el transcurso de los acontecimientos o después de ocurridos. Del mismo Federico no se ha conservado, que sepamos, papel alguno de aquellos días. El sobresalto y la angustia terrible ante los sucesos que se desencadenaron no debieron propiciar su fijación por escrito. Con el paso del tiempo los recuerdos transmitidos por Concha y sus padres a otros familiares se han ido borrando o matizando en lo que concierne a los detalles. A pesar de ello, gracias a los relatos orales de varios de los testigos es posible reconstruir algunos momentos decisivos del drama que vivieron la Huerta y sus habitantes una vez iniciada la sublevación.

Tenemos, en primer lugar, el testimonio de Angelina Cordobilla González, antigua niñera de los Fernández-Montesinos. Durante la represión que siguió al levantamiento militar se encontraba en la Huerta con la familia.

Cuando conocimos a Angelina, en agosto de 1966, tenía ya 80 años. Conservaba muy bien sus facultades físicas y mentales, entre ellas una memoria clarísima, según se desprende del cotejo de sus recuerdos con los de otros testigos. Vencido el temor que sentía al principio, cuando abordamos el tema de la muerte de Lorca, Angelina nos habló largamente de sus recuerdos de lo sucedido en la Huerta y, posteriormente, en Granada. Durante nuestra entrevista estuvo sentada junto a ella su hija, quien la animó a hablar y colaboró activamente en la conversación. Ésta fue grabada en cinta magnetofónica.

Angelina empezó hablando de la falta de valor físico de Federico y de su terror cuando caían las bombas republicanas durante la madrugada.

Angelina. Este señorito Federico, sí, él era muy gallina.
Hija. Que era muy cobarde.
Angelina. Cobarde. Él no tenía espíritu. Sabe usted que sabía tanto; él, cuando golpeaban y fusilaban, nos decía a nosotros: «Si me mataran a mí,

¿lloraríais vosotros mucho?» Y yo le decía: «¡Ande usted, que siempre está usted con lo mismo!»
Nosotros. «Si me mataran a mí, ¿les dolería mucho?»
Angelina. Sí, que sí llorábamos nosotros mucho.
Hija. Era muy buena persona.
Angelina. Era muy buena persona. A orilla de él no había hambre. Y cuando se sentían las bombas, era de noche, la señorita Concha y yo bajábamos y pillábamos un sitio debajo del piano de cola y allí nos metíamos.
Hija. Debajo del piano se metían.
Angelina. Debajo del piano nos metíamos cuando sentíamos los aparatos. Y él, pues, pobrecito, bajaba con el albornoz y decía: «Angelina, me da mucho miedo, yo me meto con vosotras que me da mucho miedo», y se metía allí con nosotras.

Eduardo Rodríguez Valdivieso visitó la Huerta de San Vicente varias veces después del 18 de julio. Recuerda que una tarde Federico bajó de su habitación después de dormir la siesta y les contó que acababa de tener una extraña pesadilla. Había soñado, dijo, que estaba rodeado de un grupo de enlutadas mujeres –vestidos negros, velos negros– que enarbolaban unos crucifijos, también negros, con los cuales le amenazaban. Rodríguez Valdivieso recuerda que la expresión de la madre del poeta, al escuchar tan escalofriante relato, revelaba una honda angustia.[5 ter]

El 9 de agosto de 1936, Federico y Alfredo Rodríguez Orgaz se vieron brevemente en la Huerta de San Vicente. Rodríguez Orgaz, madrileño de nacimiento, había sido arquitecto municipal de Granada hasta poco antes de la sublevación. El 20 de julio, dada la situación, se dirigió al Ayuntamiento para entrevistarse con su amigo Manuel Fernández-Montesinos y ofrecerle sus servicios. Fernández-Montesinos, quien todavía confiaba en la lealtad de la guarnición granadina, le dijo que por el momento no era necesaria su ayuda. Rodríguez Orgaz salió casualmente por la puerta trasera del Ayuntamiento. Sólo después supo que en aquellos mismos instantes una tropa, al mando de un oficial, entraba por la puerta principal del edificio.

Temiendo por su vida, el arquitecto se escondió varios días en su casa, y luego en la de Salvador Vila, rector de la Universidad de Granada (a quien el Movimiento sorprendió en Salamanca; de allí fue trasladado a Granada para ser fusilado). Pensando ingenuamente que estaría más a salvo si se presentaba abiertamente en el Gobierno Civil,

Rodríguez Orgaz salió de su escondite y cogió un taxi con el pensamiento de dirigirse a la Calle Duquesa. Por fortuna el taxista le informó de que los rebeldes estaban fusilando a muchos izquierdistas –médicos, abogados, concejales, etcétera–, advirtiéndole que no pensara en ver a Valdés. Rodríguez Orgaz decidió en el acto dirigirse a la Huerta de San Vicente.

Llegó allí a la hora del almuerzo. Don Federico, muy amable, le dijo en seguida: «No te quedes aquí porque no estarás seguro.» Le prometió que aquella misma noche dos campesinos amigos suyos le llevarían a Sierra Nevada y le pasarían a la zona republicana. Rodríguez Orgaz aceptó gustoso la proposición de don Federico.

García Lorca estaba optimista. Acababa de tener noticias de un discurso de Prieto transmitido por radio y le aseguró al arquitecto: «Esto va rápido. Granada está cercada por los republicanos y la sublevación fracasará pronto.»

Poco tiempo después de la llegada de Rodríguez Orgaz a la Huerta vieron acercarse por el camino a un grupo de falangistas. «Alfredo, escápate, vete, porque vienen a por ti», le instó Federico. Aquél no se hizo rogar y desapareció en un instante por detrás de la Huerta, escondiéndose a unos cien metros bajo unas matas y agazapándose allí hasta la noche. No volvió a la Huerta y se dirigió a campo traviesa hasta Santafé, llegando después a Alhama de Granada y, tiempo más tarde, a Málaga y Alicante.

Rodríguez Orgaz está convencido de que, cuando vio a Federico, el poeta no temía por su vida ni sospechaba que le pudiesen molestar.[6] Pero lo que pasó aquella tarde en la Huerta –que Rodríguez Orgaz no presenció– convenció a Federico del peligro que corría.

El grupo de hombres armados que habían llegado a la Huerta no buscaban a Rodríguez Orgaz, sino a los hermanos del casero, Gabriel Perea Ruiz, a quienes acusaban de haber matado poco antes a dos personas de Valderrubio. Varios testimonios concuerdan en que los miembros del grupo procedían en su mayor parte de Valderrubio y Pinos Puente y que, entre ellos, se encontraban Enrique García Puertas, conocido como «El Marranero» (sería después alcalde de Pinos Puente) y dos caciques de Valderrubio, Horacio y Miguel Roldán, con quienes don Federico García Rodríguez, padre del poeta, había tenido varios roces.

Isabel Roldán García, prima a la vez de Federico y de Horacio y Miguel Roldán, vivía cerca de la Huerta de San Vicente y la visitaba todos los días. Nos ha puntualizado:

Es que en Valderrubio (Asquerosa entonces) hubo dos muertes, de dos personas que eran dos cuñados del «Marranero». Iban buscando al «Marranero», se lo querían cargar. Se atrincheró en su casa, y entonces los otros hombres, que venían del campo, asomaron por la calle y se los cargaron a ellos. Una cosa absurda, porque eran sus cuñados y dicen que eran unas bellísimas personas. Iban buscando al «Marranero» porque era un matón. Él era un matón. Y era un protegido, un guarda jurado, un protegido de los Roldanes.

Y entonces, como habían matado a los cuñados del «Marranero», y entre ellos estaba el hermano de Gabriel (este hombre huyó, huyó a la zona roja, no lo pudieron coger), pues, por si acaso se había escondido en la Huerta donde estaba Gabriel, pues lo fueron a buscar, unos cuantos de ellos.[7]

El relato de Angelina Cordobilla confirma y amplía muchos detalles del de Isabel Roldán, al tiempo que añade otros nuevos. Según la criada de los Fernández-Montesinos, los que vinieron en busca del hermano de Gabriel no eran de Granada, sino de la vega granadina, dándose la casualidad de que la madre de Gabriel, Isabel, había sido en un tiempo nodriza del jefe del grupo:

Vinieron en busca de un hermano del casero, un hermano de Gabriel. Vinieron en busca de él y estuvieron registrando la casa de los caseros y estuvieron mirando. Uno de Pinos, de Pinos era; ellos eran de Pinos. Y luego a la Isabel, a la madre de Gabriel, y a él, les pegaron con la culata. Hechos polvo estaban, de rodillas. Entonces fueron a la casa de la señorita Concha, al lado. ¿No ha visto usted que allí hay una gran terraza? Pues allí había un poyo, con muchas macetas y todo. Allí cenaban y comían y todo. Y entonces fueron éstos y azotaron a Gabriel. Y a Isabel, la madre de ellos, la pegaron y la tiraron por la escalera; y a mí. Y, luego, nos pusieron en la placeta aquella en fila, para matarnos allí. Y, entonces, la Isabel, la madre de ellos, le dice: «Hombre, siquiera mira por la teta que te he dado, que a usted le he criado con mis pechos.» Y dice él: «Si me ha criado usted con sus pechos, con tus pechos, ha sido con mi dinero. Vas a tener martirio, porque voy a matar a todos.» Al señorito Federico le dijeron allí dentro maricón, le dijeron de todo. Y lo tiraron también por la escalera y le pegaron. Yo estaba dentro y todo, y le dijeron de maricón. Al viejo, al padre, no le hicieron nada. Fue al hijo.

Manuel Fernández-Montesinos García, hijo de Concha García Lorca y Manuel Fernández-Montesinos, tenía entonces 4 años. El exdiputado del PSOE por Granada recuerda haber visto maltratar aquella tarde a Gabriel:

> Me acuerdo perfectamente que una tarde estaba yo durmiendo la siesta en el piso de arriba (...) cuando me despertó un ruido de coches que pararon en la puerta. Como aquello entonces era algo verdaderamente raro, me asomé por las rajas de la persiana del balcón y me acuerdo que vi a varias personas uniformadas bajarse de los coches. Cogieron al casero, Gabriel, lo ataron a un cerezo que había más o menos donde hoy está la palmera y luego le dieron de latigazos, sin que yo llegara realmente a comprender lo que pasaba. Me acuerdo también, aunque no sé si fue ese mismo día, que nos hicieron bajar a todos a este piso[8] y la emprendieron a empujones con mi abuelo y otro hombre, al que incluso llegaron a derribar al suelo, y que no podía ser otro más que mi tío. Después, cuando ya se iban, uno de los que había con uniforme le dijo a mi abuelo: «¿Qué, don Federico, no nos echa usted un vaso de vino?» Y mi abuelo le cerró la puerta en las narices.[9]

Tenemos, finalmente, el valioso testimonio de Carmen, única superviviente de los seis hermanos Perea Ruiz, caseros de la Huerta de San Vicente. Éste confirma los detalles proporcionados por Isabel Roldán, Angelina Cordobilla y Manuel Fernández-Montesinos. Carmen recuerda perfectamente que Miguel Roldán y «El Marranero» estuvieron entre los que allanaron la Huerta, y añade un detalle interesante. Según ella, «El Marranero», al ver a Federico que se asomaba a un balcón, le espetó «Aquí tenemos al amigo de Fernando de los Ríos.» A lo cual contestaría el poeta que sí, pero que también era amigo de otras muchas personas y sin que le importasen sus ideas políticas.[10]

Angelina, viendo el peligro que corrían «sus niños» (Tica, Manolo y Conchita Fernández-Montesinos), se las arregló durante el desorden para poder escaparse con ellos por detrás de la casa y buscar refugio en la cercana Huerta de San Enrique, propiedad de Francisco Santugini López. Confirma Isabel Roldán:

> Cogió los niños y se fue a casa de Encarnita. Encarnita era una chiquita que vivía detrás, que entonces era soltera. La huerta de ella estaba inmediatamente detrás. Angelina, en ese momento, se fue a la huerta de atrás, la huerta de Encarnita, que estaba a un paso, a quitar a los niños de en medio. Es que el espectáculo aquel fue, vamos, terrible.[11]

La detención del casero de la Huerta de San Vicente confirmaría la presencia de
Federico García Lorca en Granada a sus enemigos

Los relatos de Angelina Cordobilla, Isabel Roldán, Manuel Fernández-Montesinos García y Carmen Perea Ruiz encuentran confirmación documental gracias a una nota publicada por *Ideal*. La nota está inserta en medio de una relación de detenciones practicadas en Granada:

Detenido por supuesta ocultación

Por sospecharse pudiera ocultar el paradero de sus hermanos José, Andrés y Antonio, acusados por haber dado muerte a José y Daniel Linares, hecho ocurrido en un pueblo de la provincia el día 20 del pasado, un sargento de la Benemérita, retirado, detuvo ayer a Gabriel Perea Ruiz, en su domicilio, callejones de Gracia, huerta de don Federico García. Después de interrogado fue puesto en libertad.[11 bis]

Angelina creía recordar que alguien llamó por teléfono desde la casa vecina, «la huerta de Encarnita», al cuartel de la Falange de Granada, para que acudiesen a la Huerta de San Vicente e impidieran que aquellos energúmenos, que actuaban «por su cuenta», matasen a los allí reunidos. No debió de producirse, sin embargo, esta llamada telefónica, ya que, según nos ha confirmado la misma Doña Encarnación, la huerta no tenía entonces teléfono, como ninguna otra de las vecinas. En todo caso, pudo ser éste el momento descrito por la nota del *Ideal*, cuando se presentó en la huerta de los García Lorca el «sargento de la Benemérita retirado», que interrogó a Gabriel Perea y luego le puso en libertad. No podemos, sin embargo, estar seguros de la sucesión o encadenamiento de los hechos, al margen de que se produjera o no una petición de auxilio. Por desgracia, las varias visitas realizadas a la Huerta por grupos de esbirros, así como los frecuentes registros, se han mezclado irremediablemente con otros datos paralelos en la memoria de los testigos.

La nota de *Ideal* nos proporciona, a pesar de ello, un valioso asidero cronológico. Por ella sabemos a ciencia cierta que el 9 de agosto Lorca estaba todavía en la Huerta, pues tres testigos coinciden en afirmar que se insultó y maltrató al poeta el mismo día en que Gabriel fue azotado y amenazado. El periódico viene a confirmar también que los hombres que llegaron a la Huerta buscaban en primer lugar al hermano, o hermanos, del casero, y no a Federico.

Si ya se sabía en Granada que Lorca estaba en la Huerta, estos hechos revelarían de modo más patente su presencia. Es evidente que la gente venida de Valderrubio le reconoció. La familia tenía posesiones en este pueblo (distante unos tres kilómetros de Fuente Vaqueros) y allí había vivido el poeta. El guardia civil retirado y su séquito debieron, igualmente, de tomar nota de su presencia, si es que no les constaba ya.

Angel Saldaña, amigo del poeta y concejal independiente del Ayuntamiento de Granada en 1936, nos declaró en 1967 que alguien le advirtió por esas fechas, poco tiempo antes de que Federico desapareciera de la Huerta, que no pensara en visitarle, porque la casa estaba vigilada. A Eduardo Rodríguez Valdivieso se le dijo lo mismo.[11 ter] Saldaña recordaba también haber oído el rumor persistente de que Lorca era un «espía ruso» y que escondía en la Huerta una radio clandestina –nada menos– con la que entraba en contacto con los republicanos.

Conviene aquí una aclaración. Asegura Couffon que el poeta recibió, el mismo día de la visita de los hombres que buscaban al hermano de Gabriel, una carta de amenazas.[12] Este dato fue copiado por Schonberg[13] y después por otros escritores, considerándolo histórico y librándose cada uno a especulaciones diversas sobre el contenido de la carta y la identidad del expedidor. Lo cierto es que Isabel Roldán, fuente informativa de Couffon, nos aclara que nunca existió tal carta y que el investigador francés, o bien la comprendió mal, o bien inventó por su propia cuenta este detalle. Otro mito, por tanto, entre los muchos que se han creado en torno a la muerte del poeta.

En vista de las amenazas e insultos de que había sido objeto, Federico comprendió que había que tomar alguna decisión. ¿A quién acudir? ¿A qué persona de derechas, influyente y con capacidad para protegerle, pedir socorro? ¿Dónde esconderse, en último término? Entonces debió de acordarse de un amigo, el joven poeta Luis Rosales, con quien tenía amistad desde 1930.[14] Luis le podía aconsejar e, incluso, proteger. ¿No eran sus hermanos, José y Antonio Rosales, a quienes también conocía Federico, militantes de la Falange granadina?

Aquella misma tarde Federico llamó a Luis –la Huerta tenía un teléfono recién instalado–, quien prometió ir inmediatamente a verle. Así lo hizo, llegando poco después en un coche oficial. Luis Rosales nos ha descrito el desarrollo de los sucesos a partir de aquel momento:

A mí me llamaron como el día 5, así, ¿no?, no recuerdo con precisión, pero me llamaron como el día 5 de agosto por teléfono, me llamó Federico por teléfono. Me dijo que estaba preocupado, total que fuera a su casa. Y fui, fui con mi hermano Gerardo. Yo creo que Gerardo vino conmigo, creo, no estoy seguro, no sé, y el caso es que allí fuímos y entonces me informó Federico;[14 bis] lo que me explicó él fue que ya habían ido por segunda vez aquel día a su casa, que le habían amenazado, que le habían incluso golpeado, que habían revuelto los papeles, que le habían tratado con desconsideración.

En vista de esto, y para evitar, más que nada, pues nunca, nunca creímos nadie, vamos, si hubiéramos creído que lo mataban hubiéramos hecho algo para, lo hubiéramos apuntado de otra manera, en fin, nunca creímos, yo no, ni la familia, ni yo, ni usted ni nadie creímos que lo iban a matar. Entonces lo que creímos era, más bien, la intención nuestra era ponerle al abrigo de malos tratos, de consideraciones, esto era realmente nuestro deseo , era lo único que nos pasó por las mientes. Entonces se celebró (eso también se ha descrito en muchas ocasiones), se celebró allí un consejo de familia [...]. Yo creo que yo soy ya el único, sí, yo soy ya el único testigo presencial de ese consejo. Conchita ha muerto, han muerto los padres, y Federico. Actualmente no queda más que la tradición ya de la familia, de lo que haya dicho Conchita en torno a esto.

Entonces, pues, aquel día se habló, se dijeron las distintas posibilidades que tenía Federico, y yo me puse a su disposición para hacer y para tomar cualquier decisión que ellos juzgaran conveniente. Se dijeron varias, incluso la de pasar a Federico a la zona roja. A mí me era relativamente fácil hacer eso, yo ya lo había hecho con otras personas, sí, ya sabe usted que yo, dentro de lo que pude –vamos, yo no tenía ningún poder allí, a mí ya no me conocían en Granada–, pues, dentro de eso, pues, algo se pudo hacer allí, algo sí hicimos algunas personas [...].

Eran realmente tres las soluciones que se dijeron allí sucesivamente y que se fueron descartando por ellos mismos. Una fue la de pasarse a zona roja, que yo lo hubiera podido pasar con facilidad, con mucha facilidad. He pasado a otros, y he traído también a muchos, era relativamente fácil. Y la de llevarle a casa de don Manuel de Falla, cosa que se abandonó inmediatamente porque Federico había tenido con él un disgusto a cuenta de cosas literarias, y esto a Federico le parecía violento, y en vista de ello prefirió venir a mi casa.[15]

Y así se hizo. Aquel mismo día, vino él a mi casa. Aquel mismo día estuvo ya en mi casa, y estuvo allí, pues, como ocho días.[16]

Al volver a la Huerta, los enemigos del poeta se dieron cuenta de que Lorca había desaparecido. Registraron a fondo la casa en busca de pruebas acusatorias, y hasta llevaron a la Huerta a un especialista en pianos, José Montero, profesor de música de la Escuela Normal, para que desmontase el piano de cola de Federico. Allí, por lo visto, esperaban encontrar la supuesta radio clandestina con la cual el poeta –«espía ruso»– se ponía en contacto con los rojos.[17]

Poco más de un mes después de estos sucesos se publicó en Madrid un artículo, firmado por Antonio de la Villa, sobre la muerte del poeta. Sus palabras arrojan posiblemente cierta luz en torno a este registro. La información recogida procedía de un empleado de la delegación de Hacienda de Granada, Manuel Subirá, quien había logrado evadirse de la ciudad y llegar a Barcelona. Según Subirá, la detención de Lorca había sido comentada en Radio Granada (no nos ha sido posible comprobarlo), detallándose en la noticia los documentos comprometedores que se habían encontrado en la Huerta. La relación tiene todas las trazas de ser verídica, al menos parcialmente:

Por la misma radio de Granada se supo la tarde siguiente que se había hecho un registro en el domicilio de García Lorca, encontrándose pruebas fehacientes de que era un agente de enlace entre los rebeldes de Granada –aludía a los obreros que no aceptaban el yugo militarista– y el Gobierno de Madrid.

«Hay –decía el informe de la radio– unas cartas de Margarita Xirgu, Fernando de los Ríos y Marcelino Domingo, que demuestran claramente que García Lorca no quiso aceptar la excursión literaria que se le ofreció a Méjico, para servir en España a la revolución.»

Después del informe de la radio, se supo que García Lorca fue detenido en su propia casa por veinte falangistas –en Granada se daban los nombres de todos los que fueron– y en vez de entregarlo a las autoridades para enjuiciarlo, se lo llevaron al campo, donde se le suprimió en unión de otros infelices sentenciados el día anterior.

Los falangistas se habían llevado a García Lorca y habían dejado, en cambio, sobre su mesa de trabajo las cartas acusadoras.

La de Fernando de los Ríos se reducía a agradecer el envío de un libro y a hacer al poeta consideraciones sobre la nueva orientación del teatro de la FUE, La Barraca, que dirigía García Lorca.

La de Marcelino Domingo era llamándole al Ministerio de Instrucción Pública para encargarle de la delegación del Teatro Nacional, cargo que no aceptó el autor del *Romancero gitano.*

La de Margarita Xirgu estaba fechada en Méjico, pidiéndole con encarecimiento se trasladara allí para recoger los fervorosos aplausos de aquel pueblo, con motivo del estreno de *Yerma.* La Xirgu anunciaba a García

Lorca el envío de un giro para el viaje, que el poeta recibió y devolvió por conducto del mismo Banco.[18]

La documentación a que aquí se alude es, sin duda, hipotéticamente cierta. Al margen de la relación amistosa con Fernando de los Ríos (no sólo personal, sino familiar), sabemos, por ejemplo, que el poeta le había enviado con anterioridad, en 1931, un ejemplar cariñosamente dedicado de su *Poema del Cante Jondo*[19] La carta de Margarita Xirgu tiene, igualmente, los mismos visos de verosimilitud. Se relacionaría con el proyectado viaje a México, anunciado por el propio Lorca en *La Voz*.[20] No hay tampoco motivo para rechazar la verosimilitud de la carta de Marcelino Domingo, así como la negativa del poeta, entregado al final de su vida a la casi exclusiva creación de su obra.

También fue registrada varias veces una huerta cercana, la del Tamarit, perteneciente a un tío del poeta, Francisco García Rodríguez. Federico apreciaba mucho esta huerta, de tal modo que más de una vez le había dicho a su prima (y gran amiga) Clotilde García Picossi, hija de su tío Francisco, que casi la prefería a la Huerta de San Vicente. Esta huerta fue evocada por el poeta en su libro de poemas *Diván del Tamarit*:

> *Por las arboledas del Tamarit*
> *han venido los perros de plomo,*
> *a esperar que se caigan los ramos,*
> *a esperar que se quiebren ellos solos...*

Clotilde García, hoy propietaria del Tamarit, nos ha descrito aquellos registros:

Estábamos sitiados. No teníamos respiro más que de noche. Había una era allí enfrente y de noche nos sentábamos allí, porque de noche no venían; porque estaban los maíces como están, así de altos (los tabacos estaban también muy altos), temían a venir, porque cualquiera se escondía por allí y les daba un escopetazo. No venían de noche; venían de día. De día venían muchísimas veces, muchos días, muchísimas veces, a registrar aquí, porque querían sacar de aquí a Federico.

Federico aquí no puso los pies, porque quiso mi tío que se viniera y yo le dije: «Tío Federico, ¡lo mismo está en mi casa que en la tuya de mal, lo mismo registran mi casa que la tuya, no lo mandes a mi casa!» Vinieron buscándolo por todas partes; incluso aquí han venido varias veces a buscarlo. Y preguntaron por él; preguntaron muchísimo.

Uno de los registros de la casa fue fenomenal, fenomenal. Teníamos allí, en un rincón de esta casa, algunas tinajas, porque entonces no teníamos agua potable; ahora ya la tenemos desde hace mucho tiempo. Había unas tinajas llenas de agua siempre, que la traían en un bidón y llenaban las tinajas. ¡Y hasta en las tinajas metían las manos! ¡E iría a estar allí Federico! En las tinajas metieron las manos. ¡Iría a estar allí Federico!

Es que nos tomaron la casa. Y teníamos una terraza (por cierto, desde entonces la tapiamos y no sirve, del horror que nos daba la terraza), y a la terraza se subían, en los tejados y todo, por si salía, para pegarle cuatro tiros, por si salía alguien. Aquí estaba mi hermano, que no lo vieron. Como ya había unos tabacos muy altos, cuando veíamos por la terraza venir aquella bandada de coches que venían, con falangistas, bueno, los hombres se metían en el tabaco y nosotras quedábamos; las que dábamos la cara éramos nosotras. Venían con varios coches, con una polvareda que entonces había más que ahora, claro, porque había más tráfico que hay ahora, una polvareda. Cuando veíamos la polvareda nos echábamos todos a morir.

Aquí no maltrataron a nadie. A mi hermana le dijeron que era el capitán Rojas. Fue el que apuntó porque mi hermana decía: «¡Aquí no está! ¡Aquí no está Federico!» El capitán Rojas, el de Casas Viejas. Nos dijeron que era el capitán Rojas, pero nosotros, como no le conocíamos, nos dijeron: «El que fue a tu casa fue el capitán Rojas.»[21] Mi hermana Paca decía: «¡Aquí no está! ¡Aquí no está! ¡Pase usted, que aquí no está!», con las manos puestas así en la puerta esa: «¡Aquí no está! ¡Pase usted! Si quieren, pasen ustedes.» Entonces pasaron y empezaron a registrar. Y mi hermano, como venía a casarse, pues traía todo el ajuar que traía él de allí, de las Islas Canarias, y aquello, como no lo podían abrir, porque estaba cerrado, con las bayonetas lo hicieron polvo. ¡Iban a encontrar a Federico, quizá!, ¿no? Pues todas aquellas maletas a punta de lanza las abrieron, las abrieron de par en par. Toda la ropa que traía nueva, flamante, todo su ajuar, todo lo que traía para casarse, todo lo tiraron por el suelo.[22]

¿Cómo dieron los enemigos de Lorca con su refugio? Aunque faltan datos concretos, es seguro que amenazaron a la familia con la intención de sacarles la verdad. Según Angelina, quien «tuvo la culpa» (aunque tal culpabilidad, en justicia, ni se podía ni se puede considerar) fue Concha, la hermana de Federico:

Angelina. Mire usted, quien tuvo la culpa fue la hermana. El señor que se llevó al señorito Federico le dice a su hermana que no digan nada, que si le preguntan dónde está que dicen que ha salido a campo traviesa. Como en

aquel tiempo se iba la gente corriendo, y resultaban donde fuera, ¿no?, pues dicen: «Aunque digan que a tu padre lo matan, que nada, que no sabéis dónde está, que no sabéis nada.»
Nosotros. Ah, sí, Rosales; éste fue Rosales, el poeta.
Hija. Eso es. Éste fue el que dijo a su hermana: «Mira, aunque digan que a tu padre lo matan, tú no hagas caso, tú no digas nada dónde está.»

A los pocos días de la huida de Federico a casa de los Rosales, se presentaron en la Huerta un grupo de hombres que –esta vez sí– venían a por él. Al no encontrarlo, intentaron llevarse preso a don Federico padre, quien se negaba a revelar el paradero de su hijo. La pobre Concha se encontraba en el trance previsto por Luis Rosales. Nos cuenta Isabel Roldán:

> Entonces, cuando fueron buscando y se llevaban a mi tío ya por el carril, en el coche, y no quiso decir dónde estaba, entonces fue cuando Concha vio que se lo llevaban a su padre; entonces dijo: «Bueno, está en tal y tal sitio.» Y fue Concha quien lo dijo, porque se llevaban a su padre por el carril. Eso no lo he presenciado yo, pero eso quien lo presenció fue Paquita, que fue quien a mí me lo contó, mi prima Paquita, la hermana de Clotilde.[23]

Luis Rosales nos confirmó que la familia no tenía más remedio que revelar la verdad:

> –Fueron a su casa a prenderlo y, como no lo encontraron, exigieron una explicación. La familia les dijo que estaba en mi casa, un lugar muy conocido; que no había escapado, pues a Federico lo tenían arraigado en su propio domicilio. Dijeron que yo era persona muy conocida.
> *Nosotros.* No tuvieron más remedio que hacer eso.
> –Así es. No había más remedio. Pero es que nadie pensaba nada de lo que pudiera pasar.[24]

Couffon[25] y, luego, Schonberg[26] han mantenido que el jefe del grupo que fue a la Huerta en busca de Federico fue Ramón Ruiz Alonso. Luis Rosales participa de la misma opinión:

> Ruiz Alonso fue la última vez. Eso sí yo lo sé perfectamente. La tercera vez fue a detenerlo a su casa. Lo habían combinado. Y además les dijo: «Pues, ¿no se os había dicho que estaba como encarcelado domiciliarmente, que no podía retirarse de su domicilio?» Esto fue cuando él hizo la amenaza,

en fin, esto fue cuando dijo Conchita: «Bueno, pero no se ha ido; está en casa de su gran amigo Luis Rosales...» Esto lo dijo para que no creyera que se encontraba huido donde se encontraba. De modo que, claro, es seguro que la última vez fue Ruiz Alonso a detenerlo a la Huerta.[27]

Para nosotros, sin embargo, no resulta tan claro como para Luis Rosales, ya que no hemos encontrado la más mínima prueba de que Ruiz Alonso fuera a la Huerta de San Vicente. Es más, ningún miembro de la familia del poeta ha mencionado jamás el nombre del exdiputado de la CEDA en relación con aquellas visitas, olvido inexplicable de haberse personado él en la Huerta. Tengamos en cuenta que Ruiz Alonso era muy conocido en Granada. Opinamos que Concha García Lorca, quien a través de su marido estaba en contacto con la vida política granadina, tenía que saber quién era Ramón Ruiz Alonso (diputado por Granada desde 1933 a 1936) y que posiblemente le conocía de vista. Además, Ruiz Alonso no era hombre de ocultarse, y no habría dudado un momento en proclamar su identidad.[28]

No nos parece cierta, por tanto, la presencia, del exdiputado de la CEDA en la Huerta de San Vicente. Lo único que podemos afirmar con seguridad es que se buscaba afanosamente a Federico antes de que se le localizara en casa de los Rosales. Y es imprescindible no olvidar este hecho.

—— N O T A S ——

1. Debemos estos detalles a la amabilidad de Isabel García Lorca y Laura de los Ríos.
2. Véanse: Juan Pedro Quiñonero, «La casa de García Lorca puede ser sustituida por un bloque de pisos», *Informaciones*, Madrid (7 febrero 1975), y, del mismo autor, «Llamamiento en defensa de la casa de García Lorca», *Informaciones* (25 febrero 1975), p. 23; Antonio Ramos Espejo, «La Huerta de San Vicente amenazada», *Triunfo*, Madrid (1 marzo 1975), p. 29; «Granada. Asesinato de la historia», *Cambio 16*, Madrid (3 marzo 1975), p. 27; «Los hispanistas y la Huerta de San Vicente» [protesta de los hispanistas británicos], *Triunfo* (12 abril 1975).
3. *Defensor* (10 julio 1936), p. 1.
4. Detalles debidos a la amabilidad de Isabel García Lorca.
5. Testimonio de Miguel Cerón, Granada, 1966.
5 bis. Entre ellos estuvo Eduardo Rodríguez Valdivieso, quien había hablado con Federico el día antes, 17 de julio, en el café Imperial, siendo invitado por el poeta a que

asistiera a la celebración de la Huerta. (Testimonio de Eduardo Rodríguez Valdivieso, Granada, 30 de julio de 1980.)

5 ter. Testimonio de Eduardo Rodríguez Valdivieso, Granada, 30 de julio de 1980.

6. El señor Rodríguez Orgaz nos facilitó amablemente todos estos detalles en su casa de Madrid, el 9 de octubre de 1978. Nos aseguró que no habló con Vila-San-Juan, el cual da un relato muy inexacto de su salida de Granada (*op. cit..*, p. 101, nota 19).

7. Testimonio de Isabel Roldán, grabado por nosotros en cinta magnetofónica, Chinchón, 22 de septiembre de 1978.

8. Es decir, el piso donde se concede la entrevista, lugar de los atropellos cometidos cuarenta y dos años antes.

9. «Manuel Fernández-Montesinos, diputado por Granada y sobrino de Lorca. "Todavía queda gente que debe saber lo que pasó con mi tío"», entrevista de Fernández-Montesinos con Eduardo Castro, *El País Semanal*, Madrid (30 julio 1978), pp. 6-8; la cita en p. 6.

10. Entrevista del autor con Carmen Perea Ruiz, Valderrubio, 22 de agosto de 1980.

11. Véase nota 7. «Encarna» –D.ª Encarnación Santugini Díaz– nos ha confirmado estos detalles.

11 bis. *Ideal* (10 agosto 1936), p. 4.

11 ter. Testimonio de Eduardo Rodríguez Valdivieso, Granada, 30 de julio de 1980.

12. Couffon, «Le crime a eu lieu à Grenade...», *op. cit.*, páginas 90-91.

13. Shonberg, *Federico García Lorca. L'homme-L'œuvre*, página 106.

14. Véase la importante entrevista hecha a Luis Rosales por Tico Medina, grabada en magnetofón, «Introducción a la muerte de Federico García Lorca», *Los domingos de ABC*, Madrid (20 agosto 1972), pp. 17-21. En ella habla Rosales de su primer encuentro con Lorca, que tuvo lugar en la Huerta de San Vicente en 1930.

14 bis. El 11 de abril de 1955 Gerardo Rosales le declaró al investigador Agustín Penón, fallecido en 1976, que, efectivamente, acompañó a su hermano en aquella visita a la Huerta de San Vicente. (Archivo Agustín Penón.)

15. Según Luis Rosales se trataría posiblemente de la *Oda al Santísimo Sacramento*, poema poco ortodoxo en su contenido, que Federico le había dedicado al muy católico Falla.

16. Testimonio de Luis Rosales, grabado por nosotros en cinta magnetofónica, Cercedilla, 2 de septiembre de 1966.

17. Testimonio de Angelina Cordobilla, 1966, y, especialmente, de Francisca García González, prima del poeta. Almuñécar (Granada), 29 de julio de 1980. Véase también lo que dice al respecto Francisco García Lorca: «Faltan las últimas páginas del manuscrito de *El maleficio de la mariposa*. Esto no es sorprendente (y es la razón por la cual faltan otros manuscritos o están incompletos) porque, después del asesinato de Federico García Lorca, sus papeles eran buscados afanosamente por las autoridades rebeldes de Granada. Para evitar que los cogiesen se iban cambiando de lugar en lugar, y por lo menos una vez se escondieron en un almiar» (introducción a Federico García Lorca, *Five Plays. Comedies and Tragicomedies*, Secker and Warburg, Londres, 1965, pp. 10-11; traducimos del inglés).

18. Antonio de la Villa, «Un evadido de Granada cuenta el fusilamiento de García Lorca», *Estampa*, Madrid (26 septiembre 1936).

19. «A mi querido maestro don Fernando con un abrazo entrañable de su siempre Federico. 1921-1931.» La dedicatoria la reproduce en facsímil Mario Hernández en el

número extraordinario en homenaje a García Lorca de la revista *Trece de Nieve*, 2.ª época, n.º 1-2 (diciembre 1976), p. 15.

20. *La Voz* (7 abril 1936), en *OC*, II, p. 1017.

21. Como ya hemos señalado en nuestro capítulo sobre la represión de Granada, al capitán Rojas le hicieron jefe provincial de las milicias de Falange granadina al poco tiempo de iniciarse la guerra.

22. Testimonio de Clotilde García Picossi, grabado por nosotros en cinta magnetofónica, Huerta del Tamarit, Granada, 17 de agosto de 1978.

23. Es decir, Francisca García González. Testimonio de Isabel Roldán, grabado por nosotros en cinta magnetofónica, Chinchón, 22 de septiembre de 1978.

24. Testimonio de Luis Rosales, grabado por nosotros en cinta magnetofónica, Cercedilla, 2 de septiembre de 1966.

25. Couffon, *op. cit.*, pp. 101-103.

26. Schonberg, *op. cit.*, 110.

27. Testimonio de Luis Rosales, grabado por nosotros en cinta magnetofónica, Cercedilla, 2 de septiembre de 1966.

28. Concha, la primera vez, pensamos, que habló con la prensa de la muerte de su hermano, no mencionó a Ruiz Alonso (Franco Pierini, «Incontro a Spoleto con la sorella di Federico. Quella notte a Granada. Conchita García Lorca ha raccontato per la prima volta ciò che avvenne quando alla famiglia vennero a dire: "lo hanno portato via"», *L'Europeo*, 17 julio 1960).

GARCÍA LORCA CON LOS ROSALES

L a espaciosa casa de los Rosales se encontraba en la Calle de Angulo, número 1, a unos escasos trescientos metros del portal del Gobierno Civil. ¡Tan cerca estaba Federico del implacable comandante Valdés!

Miguel Rosales Vallecillos, el padre, era dueño de los almacenes La Esperanza, que abrían sus puertas en la animada Plaza de Bib-Ramba. Hombre acomodado y generoso, era muy respetado en los medios comerciales de la ciudad. Según Luis Rosales, su padre era, en política, un «conservador liberal» y decididamente antifalangista, a diferencia de su madre, Esperanza Camacho, que aprobaba las ideas políticas de sus hijos Antonio y José y, antes de la sublevación, les ayudaba en sus preparativos, cosiendo uniformes e insignias.[1]

Los cinco hijos varones de Miguel y Esperanza Rosales poseían cada uno una marcada individualidad. Sería un error pensar que formaban un grupo coherente, en política o en cualquier sentido.

Gerardo, el hijo menor (1918-1968), tenía aficiones artísticas y llegó a ser pintor y poeta de innegable originalidad. Nunca fue falangista y, al estallar la guerra, se incorporó al Ejército. Cuando le conocimos en Granada en 1965, pocos años antes de su muerte, era juez de profesión.

Luis (nacido en 1910), el amigo de Federico, había publicado un inteligente ensayo sobre el *Romancero gitano* en *Cruz y Raya*, la revista de José Bergamín, en mayo de 1934.[2] Era poeta de talento y editó su primer libro, *Abril*, en 1935,[3] siendo inmediatamente reconocido como iniciador de nuevas corrientes. El tercer poema del libro, «Memoria del tránsito», llevaba como epígrafe un verso de Federico

(«Herido de amor huido») tomado de la obra *Amor de don Perlimplín con Belisa en su jardín* (1931).

Luis tenía con su hermano menor Gerardo, poeta como él, una entrañable amistad, mucho más íntima que con sus otros hermanos. Y, como Gerardo, tenía poco interés por la política. Forzado, según él, por las circunstancias, se afilió a la Falange en la tarde del 20 de julio de 1936, y estuvo con Narciso Perales cuando los sublevados ocuparon Radio Granada. En los primeros días de la guerra se le encargó la organización del cuartel de Falange, situado en el antiguo convento de San Jerónimo, pero luego le trasladaron al frente. Poco antes de la muerte de Federico sería nombrado jefe del sector de Motril.[4]

José (1911-1978), Antonio (1908-1957) y Miguel Rosales (1904-1976) no compartían las aficiones artísticas de Gerardo y Luis, lo cual no impedía que fuesen capaces de improvisar de vez en cuando una buena copla andaluza. Adictos los tres a la vida nocturna, al vino, al cante y a las mujeres, eran apasionadamente antirrepublicanos. José y Antonio, como ya hemos visto, se afiliaron a la Falange antes de la sublevación (es decir, eran «camisas viejas») y desempeñaron un relevante papel en la conspiración contra la República. Los dos tuvieron bastantes dificultades con las autoridades republicanas, y José pasó una breve temporada en la cárcel.[5]

José Rosales, popularmente conocido en Granada como «Pepiniqui», era hombre de un encanto arrollador, y famoso por sus aventuras y ocurrencias. Mantuvo hasta el final de su vida su lealtad a los ideales de la antigua Falange, la anterior a la guerra, y cuando le vimos por última vez en Granada, dos días antes de su muerte, leía y comentaba, con su entusiasmo de siempre, la antología de Pedro Farias García, *El pensamiento fundamental de José Antonio*.[6]

De Antonio Rosales, «el albino», se recuerda en Granada que fue falangista fanático e incluso corre la voz de que pertenecía a la «Escuadra Negra». Estamos convencidos de que esta acusación es falsa. Dice Luis Rosales:

> Mi hermano Antonio era un falangista, efectivamente, fanático, pero un falangista a la manera de Narciso Perales, de quien era muy amigo. Fanático, pero todo lo contrario de un asesino. Además, mi hermano no intervino jamás en ninguna cosa de éstas, ni siquiera estuvo mi hermano en el sitio, en fin, donde todo se perpetró, en el Gobierno Civil.[7]

Tras su huida de la Huerta de San Vicente, García Lorca se refugió en casa de la familia de Luis Rosales, joven poeta amigo suyo (casa de la derecha en la fotografía, que corresponde a la época de las investigaciones). Ocupó el segundo piso

Miguel Rosales, el hermano mayor, no había sido falangista antes del Movimiento, siendo más bien de ideas monárquicas, según nos ha indicado Luis. Durante nuestras conversaciones con Miguel en 1965 y 1966, éste nos aseguraba que había tomado parte en los sucesos del 20 de julio de 1936, explicándonos en una ocasión: «Muchos camisas viejas no tuvieron cojones para salir a la calle, pero yo sí, aunque hacía poco que había ingresado en la Falange.» Luis Rosales insiste, sin embargo, en que su hermano Miguel se había inventado estos detalles pues, según Luis, éste sólo se incorporó a la Falange de Granada bastantes días después del alzamiento. Hombre irónico, machista y fantasioso, a Miguel seguramente le gustaba entretener a lorquistas extranjeros con una mezcolanza de burlas y veras.

Luis Rosales aparece en la fotografía con sus hermanas María (a la izquierda) y Esperanza; esta última acompañaba a Federico con mucha frecuencia

Hoy día, de los cinco hermanos Rosales (de quienes tanto y tan desatinadamente se ha hablado en los libros y artículos sobre la muerte de Lorca), sólo vive Luis. También hemos tenido la suerte de escuchar el imprescindible testimonio de la hermana de éste, Esperanza, la persona que más trataba a Federico en aquellos últimos días de su vida.

Luis y Esperanza Rosales nos han descrito minuciosamente la casa de la Calle de Angulo, número 1, donde se dio acogida al atemorizado poeta. Ya no pertenece a la familia y ha sufrido bastantes modificaciones desde la guerra.[8]

El espacioso edificio, de típico estilo granadino, constaba en 1936

José Rosales era, al igual que su hermano Antonio, apasionadamente antirrepublicano. La fotografía corresponde a la época inmediatamente anterior al Alzamiento

de dos pisos y una planta baja de amplias proporciones que comprendía un patio de esbeltas columnas, una fuente, una gran escalera de mármol, numerosas salas donde vivía la familia durante los calurosos días de verano, las habitaciones de las criadas y la biblioteca de Luis. El segundo piso del edificio, donde vivía Luisa Camacho («la tía Luisa», hermana de la señora Rosales) y donde se instaló a Federico, era completamente independiente del resto de la casa. Insiste Luis Rosales:

El primer piso y el segundo no tenían nada que ver, incluso tenían puertas distintas, es decir, puertas de entrada y de salida distintas. El segundo piso tenía una puerta lateral que estaba antes de la puerta de entrada de la casa, de modo que el piso en que vivía Federico estaba aislado del resto de la casa. Había una puerta de comunicación que teníamos que abrirla nosotros. Era una casa distinta, con una entrada y una salida completamente distintas. Se tenía que entrar desde la calle, de modo que Federico estaba en un piso absolutamente aislado.[9]

En 1936 había encima de la casa de la tía Luisa una amplia terraza, pero hace algunos años se levantó sobre ella un nuevo piso. También han desaparecido la puerta lateral, que daba acceso a la escalera del piso de la tía Luisa, y la ventana de la biblioteca de Luis, ambas sustituidas por la puerta metálica de un garaje.

Cuando Federico llegó a la casa de los Rosales estaba nervioso y asustado, pero, según nos ha contado Esperanza Rosales, fue poco a poco recuperando la tranquilidad. Las tres mujeres de la casa (doña Esperanza Camacho, su hija del mismo nombre y Luisa Camacho) adoraban a Federico, comprendían su temor y trataban por todos los medios de mimarle. A ellas podríamos añadir las dos criadas de los Rosales: una cocinera anciana y una chica tuerta y poco agraciada llamada Basilisa. Cuando aparecían aviones republicanos sobre Granada, Federico y las mujeres se refugiaban en la sala de la planta baja donde se encontraban las tinajas. Federico había bautizado esta sala como «el Bombario» y allí gastaba bromas con las cinco mujeres, ase-

Entierro, en 1941, de don Miguel Rosales Vallecillos, padre de los hermanos Rosales, que había arriesgado su vida y su fortuna acogiendo en su casa a García Lorca y a otras muchas personas. Llevan el féretro José, a la derecha en la fotografía, Miguel, a la izquierda, y Luis, detrás de Miguel

gurándoles que no caería ninguna granada sobre casa tan acogedora.[10]

Es importante subrayar el hecho de que, por aquellas fechas, los hombres de la casa estaban casi siempre ausentes. Es más: Miguel y José, ya casados, tenían piso propio, de modo que tampoco antes del Movimiento iban mucho a la Calle de Angulo. Gerardo, Luis y Antonio sí vivían «teóricamente» en la casa paterna, pero en las primeras semanas de la guerra apenas volvían a ella, ni para dormir, y Luis nos ha explicado que en los quince primeros días no pasó ni una sola noche en casa. En cuanto al padre, don Miguel Rosales, salía cada mañana y cada tarde a ocuparse de la tienda. Federico, por consiguiente, veía poquísimo a los hombres de la casa. Eran momentos anormales, momentos de guerra, confusión e inseguridad, y ninguno de los hermanos tenía la posibilidad de estar con el poeta. Es ridículo pensar, además (y admitimos haber caído en este error en un libro anterior), que Federico «comía con la familia» como si no pasara nada insólito aquellos días en Granada. Insiste Luis otra vez:

> En el piso segundo vivía él, solo, con mi tía Luisa y, claro, quien le acompañaba con mucha frecuencia era mi hermana Esperanza. Allí comía y no estaba nunca en el primer piso, en nuestra casa. El segundo piso estaba absolutamente incomunicado. Federico no vio nunca ninguna persona con armas, jamás. Y esto de que comía con nosotros es falso. Nosotros no estábamos nunca en casa, ¡no era tiempo para estar en casa, jugando al ajedrez! Ni comió con mi padre; bueno, no sé si comió un día con mi padre, ésa es otra cosa –por una afectividad, por alguna cosa–, pero en aquellos pocos días no estuvo nunca en casa. Él vivió siempre arriba.[11]

Luis sólo volvía a casa –si es que volvía– por la noche y, entonces, sí, subía en seguida a ver a su amigo:

> El que llegaba era yo, por mi cariño con Federico, y yo, en cuanto llegaba por la noche, lo primero que hacía era irme a hablar con él. Pero nunca he hablado con él en compañía de ningún hermano mío, ni siquiera con Pepe, ni siquiera con Gerardo. En esas noches siempre hablábamos Federico y yo solos. Si él llamó en algún momento determinado a alguno de mis hermanos, mi hermano hubiera acudido. Si él llamó a Pepe en algún momento, pues sí, indudablemente, Pepe acudió y hablaría con él, eso sí. Lo que quiero decir es que normalmente no se podía ver con nadie, no se veía con nadie de mi casa más que con mi hermana Esperanza y conmigo. Vuelvo a repetir que el primero y segundo piso no tenían nada que ver, y cuando iban a nuestra casa personas como Cecilio Cirre y José Díaz Pla, Federico ni se enteraba.[12]

¿Pero se enteraría el poeta de que don Miguel Rosales no sólo le acogía a él en su casa sino a otros «rojos» perseguidos por la desencadenada saña de Valdés y sus cómplices del Gobierno Civil? Es seguro que sí, por aislado que estuviera el poeta allí arriba en el piso de la tía Luisa. Y además se lo diría Esperanza. Puesto que hasta se ha llegado a decir que don Miguel denunció, nada menos, que a su huésped Federico,[13] queremos subrayar el hecho de que este hombre arriesgó su vida y su fortuna al proteger no sólo a Federico sino a otras varias personas. Y tengamos en cuenta que, en los primeros días del Movimiento, se había publicado un bando en el cual se explicaba claramente que sería pasado por las armas quien pretendiera esconder en su casa a un «rojo». Nos consta, además, que fueron fusiladas algunas personas por haber incurrido generosamente en tal delito, de modo que el valor y la caballerosidad de don Miguel Rosales eran ejemplares. Luis Rosales nunca ha querido insistir en los esfuerzos de la familia por salvar a tanta gente. Nos ha dicho:

En casa de mi padre, con el conocimiento suyo (porque yo no podía hacer, como es lógico, ¿no?, una cosa en casa de mi padre sin su conocimiento) no solamente ha estado Federico. Ha habido muchas personas, pero no tres, ni cuatro, ni cinco, ni seis; en mi casa ha habido noches, en esas primeras noches, en que ha habido más de cinco personas. Y han sido muchas noches, porque todas las primeras noches ocurría que había que proteger a alguien, todas esas primeras noches. En las quince primeras noches en mi casa siempre ha habido alguien.[14]

Una noche se presentó en la casa de los Rosales un pariente suyo, falangista, que se llamaba Antonio López Font. Esperanza Rosales nos ha contado que, durante la cena, López Font les dijo, como si fuese una cosa normal: «Esta noche tenemos una redada». Al preguntarle los presentes a quiénes se iba a buscar, López Font les explicó que a tres «rojos» que habían sido denunciados por «tener una radio clandestina» y escuchar la radio republicana: Manuel López Banús (amigo de Federico y colaborador en 1928 de la revista granadina *Gallo*), Manuel Contreras Chena y Eduardo Ruiz Chena. López Font no sabía que los tres eran amigos de Luis Rosales quien, sin inmutarse, dio una excusa («Lo siento, papá, pero me tengo que ir, me necesitan en el cuartel») y se levantó de la mesa sin terminar de comer. Fue inmediatamente a avisar a sus amigos del peligro que corrían y aquella misma noche se las arregló para vestir de falangistas a López Banús y Contreras Chena y, así, ponerles a salvo. Pasaron la noche en el cuartel de Falange en San Jerónimo.

¿Invención de Luis y Esperanza Rosales? En absoluto. Hemos hablado con Manuel Contreras Chena, hombre de izquierdas, y nos ha jurado que debe la vida a la generosidad y al valor de los Rosales en un momento en que otras personas afectas al Movimiento se habían negado a ayudarle. También se ha expresado en el mismo sentido Manuel López Banús.[15]

También protegieron los Rosales a un joven profesor de Gerardo, que estuvo dos o tres semanas en su casa. Pero a éste (como a Eduardo Ruiz Chena, asimismo refugiado allí) le detuvieron sus enemigos en otro sitio y le mataron.[16]

Federico pasaba el día interpretando canciones populares en el viejo Pleyel instalado en el piso de la tía Luisa, narrándoles a ésta y a Esperanza anécdotas y sucesos de sus estancias en Nueva York, Cuba o Buenos Aires, leyendo la prensa y a Gonzalo de Berceo, y escribiendo. Gerardo Rosales nos contaba en 1966 la viva impresión que le habían hecho los lentos alejandrinos de Berceo recitados por Federico, y a Claude Couffon le dijo la tía Luisa que el poeta le había recitado de memoria los *Milagros de Nuestra Señora*.[17]

Esperanza Rosales no había conocido antes a Federico, y guarda un imborrable recuerdo de su simpatía y su bondad. La sublevación había cogido al novio de Esperanza, Enrique, en Madrid, y ella estaba preocupadísima por él. Federico trataba de levantarle el ánimo, diciéndole un día: «No te preocupes, Esperancita. No le pasará nada y cuando haya terminado todo esto iremos los tres juntos al estreno de la próxima obra mía.»

Esperanza piensa que Federico bajaría seguramente algunas veces al primer piso para utilizar el teléfono, aunque, después de tantos años, no lo puede asegurar. Lo cierto es que el teléfono funcionaba normalmente (Esperanza no cree que estuviera intervenido), lo cual nos induce a pensar que Federico llegaría a pasar algún recado a su familia.

Federico leía vorazmente la prensa, que le subía cada mañana Esperanza, a quien el poeta denominaba cariñosamente «mi divina carcelera». Puesto que *El Defensor de Granada* y *Noticiero Granadino* habían sido suprimidos el primer día del Movimiento y que *ABC* de Sevilla no llegó a Granada hasta después del 18 de agosto de 1936 (fecha en que se restablecieron las comunicaciones normales con Sevilla), podemos estar absolutamente seguros de que Federico leía *Ideal*. Lo cual quiere decir que el poeta (aun cuando no hablara con su familia) sabía el gran peligro que corrían en la cárcel su cuñado Manuel Fernández-Montesinos y otros varios amigos.

Federico escuchaba asiduamente la radio de la tía Luisa, tanto las emisiones nacionales como las republicanas, y le solía decir a Esperanza Rosales: «¿Qué bulos has escuchado tú hoy? ¿Cuántos bulos traes tú? Pues yo he oído éste». Esperanza recuerda que era imposible saber, al escuchar la radio, dónde empezaba la verdad y dónde terminaba la mentira, y que Federico, a pesar de la angustia que sentiría dentro, se reía de lo que escuchaba. Pues bien, Federico no se reiría al conocer la carta de Fernández-Montesinos y otros presos de la cárcel leída por Radio Granada el 7 de agosto y publicada al día siguiente por *Ideal*,[18] y es probable que pidiera a los Rosales que tratasen de intervenir a favor de su cuñado. Hemos visto ya que el propio Montesinos inició una gestión en el mismo sentido, pensando que acaso José Rosales le pudiera ayudar.

Esperanza Rosales recuerda también que Federico escribía, pero no sabe qué. Lo cierto es que, al ser detenido el poeta, don Miguel Rosales llevó todos sus papeles a su padre.

Federico hablaba con Luis de sus proyectos literarios, sin mostrar la más leve indicación de que temiera por su vida ni dudara de que todo volvería pronto a cauces más normales:

> Lo que él tenía en la cabeza entonces (y es posible que escribiera en algún momento, pero no me parece fácil) era lo que él llamaba *Jardín de los sonetos*, eso es lo que él tenía en la cabeza. Si escribió algo, que no creo que escribiera, sería algo en relación con esto. Él tenía también la ilusión de escribir una especie de *Paraíso perdido*, un poema épico, largo, narrativo, que se llamara *Adán*. Siempre me hablaba mucho de este poema. Era una ilusión muy constante en sus últimos años, por lo menos en los dos últimos años él siempre me decía: «No, no, mi obra va a ser *Adán*.»[19]

Cabe mencionar aquí el supuesto himno falangista que Lorca habría compuesto «en casa de los Rosales» y sobre el que tanto hincapié hicieron los propagandistas de Franco. Luis Rosales nos negó rotundamente en 1966, y sigue negando hoy día, que haya existido tal composición, y tenemos plena fe en sus palabras:

> Federico quería colaborar conmigo en una canción en memoria de todos los muertos de España, y no sólo los de Falange o los de Granada. Nadie ha-

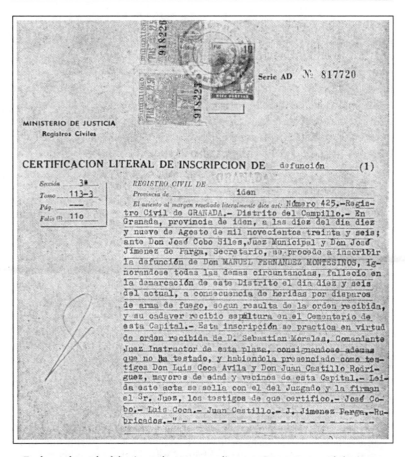

En la madrugada del mismo día que prendieron a García Lorca, el domingo
16 de agosto de 1936, fue fusilado Manuel Fernández-Montesinos, su cuñado,
que falleció «a consecuencia de heridas por disparos de arma de fuego»

bló de hacer un «himno falangista». Yo nunca, nunca dije eso. Si alguien me
ha atribuido esas palabras, o me ha entendido mal o ha tratado deliberada-
mente de cambiar lo que dije.[20]

Todo indica que, hasta el domingo 16 de agosto de 1936, Federico se
sentía seguro en la Calle de Angulo. Pero, aquella madrugada, Manuel
Fernández-Montesinos fue fusilado en el cementerio al lado de otras

veintinueve víctimas, y es seguro que Federico se enteró de ello en seguida puesto que Esperanza Rosales se acuerda perfectamente de su angustia al recibir la noticia, y de su preocupación por Concha y sus niños. Podemos conjeturar que los padres del poeta le llamarían aquella mañana para decirle lo que había pasado. Y podemos conjeturar también que, a partir de aquel momento, el poeta perdería la tranquilidad que había recuperado en parte al huir a la casa de los Rosales.

Isabel Roldán, la prima de Federico, recuerda cómo la familia se enteró del fusilamiento de Manuel Fernández-Montesinos:

> La primera noticia fue por un cura. El cura que lo confesó fue a ver a doña Pilar, la madre de Manolo Montesinos. Fue a darle la noticia. Siempre vivió con Manolo en la calle de San Antón. Estaban allí también mi tío y mi tía, los padres de Federico. Concha estaba en la huerta de Clotilde. Y entonces llegó un cura y él dijo lo que pasaba. Y me acuerdo que mi tía dijo: «Pues, por favor, que pase el cura y que mi marido no lo vea, que mi marido no lo vea», entonces pasó el cura a la habitación de doña Pilar, que era muy ancianica, muy viejecica y le dio la despedida o el recado que trajera para su madre, porque es que Manolo le había encargado que fuera a ver a su madre.[21]

Concha y sus tres hijos se encontraban efectivamente en la Huerta del Tamarit (la perteneciente a Francisco García, tan querida por Federico), y fue allí donde Vicenta Lorca dio la terrible noticia a su hija. Recuerda Clotilde García Picossi:

> Vino mi tía Vicenta a decirle a Conchita lo que había pasado. Allí, en aquel rinconcillo, estaba mi prima Concha sentada, la pobrecilla muy compungida porque no sabía nada de Manolo, y estaba descompuesta y muerta de miedo. Nada más ver a su madre, la cara que puso, se lo figuró todo. Aquí las dos como dos Marías, como dos Marías, con aquellas caras dolorosas las dos.[22]

Aquella tarde se trasladaron Concha, sus hijos y Angelina, la niñera, a la casa de la Calle de San Antón.[23]

Y aquella misma tarde Federico fue detenido en la casa de los Rosales.

—————— N O T A S ——————

1. Testimonio de Luis Rosales, Madrid, 6 de octubre de 1978.

2. Luis Rosales, «La Andalucía del llanto (al margen del *Romancero gitano*)», *Cruz y Raya*, Madrid (mayo 1934), pp. 39-70.

3. Editado por José Bergamín, Ediciones del Árbol, Cruz y Raya, Madrid.

4. Testimonio de Luis Rosales, grabado por nosotros en cinta magnetofónica, Madrid, 22 de octubre de 1978.

5. Testimonio de José Rosales, Granada, 1966.

6. Publicado por Ediciones Acervo, Barcelona, 1977.

7. Testimonio de Luis Rosales, grabado por nosotros en cinta magnetofónica, Madrid, 22 de octubre de 1978.

8. Véase, además, la evocación hecha por Luis Rosales de su casa natal en *El contenido del corazón*, Ediciones Cultura Hispánica, Madrid, 1969.

9. Testimonio de Luis Rosales, grabado por nosotros en cinta magnetofónica, Madrid, 22 de octubre de 1978.

10. Testimonio de Esperanza Rosales, grabado por nosotros en cinta magnetofónica, Madrid, 7 de noviembre de 1978. Toda la información procedente de Esperanza Rosales que damos a continuación la recibimos durante esta entrevista.

11. Testimonio de Luis Rosales, grabado por nosotros en cinta magnetofónica, Madrid, 22 de octubre de 1978.

12. Véase la nota anterior.

13. Como, por ejemplo, en el libro de Max Aub, *La gallina ciega* (Joaquín Mortiz, México, 1971, pp. 243-246), donde el autor pone esta denuncia en boca de Francisco García Lorca, hermano del poeta. Francisco García Lorca negó en seguida que hubiera hecho jamás tal acusación.

14. Testimonio de Luis Rosales, grabado por nosotros en cinta magnetofónica, Madrid, 22 de octubre de 1978.

15. Testimonio de Manuel Contreras Chena, Madrid, 26 de octubre de 1978 y de Manuel López Banús, Fuengirola, 8 de diciembre de 1979.

16. Testimonios de Luis y Esperanza Rosales, grabados por nosotros en cinta magnetofónica, Madrid, 7 de noviembre de 1978.

17. Couffon, *op. cit.*, p. 99. Dice el autor francés en la misma página que Federico también retocaba entonces el manuscrito de *La casa de Bernarda Alba*. Ni Luis ni Esperanza recuerdan haberle proporcionado a Couffon este detalle, que además a Luis le parece erróneo.

18. Véase capítulo 5, p. 121.

19. Testimonio de Luis Rosales, grabado por nosotros en cinta magnetofónica, Madrid, 22 de octubre de 1978.

20. Testimonio de Luis Rosales, grabado por nosotros en cinta magnetofónica, Cercedilla, 2 de septiembre de 1966.

21. Testimonio de Isabel Roldán, grabado por nosotros en cinta magnetofónica, Chinchón, 22 de septiembre de 1978.

22. Testimonio de Clotilde García Picossi, grabado por nosotros en cinta magnetofónica, Huerta del Tamarit, Granada, 17 de agosto de 1978.

23. Véase nota anterior. En nuestra conversación con Angelina Cordobilla en 1966, la antigua criada de los Fernández-Montesinos nos dio la misma información.

10

GARCÍA LORCA EN EL GOBIERNO CIVIL DE GRANADA

En la mañana del 16 de agosto de 1936 un detenido, más afortunado que Manuel Fernández-Montesinos, salía libre de la cárcel de Granada. Se trataba del médico forense José Rodríguez Contreras. Rodríguez Contreras, que había sido compañero de Federico durante el bachillerato, vivía en la Calle Horno de Haza, número 12, al lado mismo del Gobierno Civil. Había visto a Fernández-Montesinos unos días antes de que lo fusilaran. En la conversación que sostuvieron recordó al exalcalde, ya trágicamente convencido, las palabras que le había dirigido el 18 de julio, hallándose ambos en el local de Izquierda Republicana: que Nestares, Mariano Pelayo y los demás conspiradores, conocidos por todos, tenían que ser inmediatamente detenidos. Relata Rodríguez Contreras los detalles de su puesta en libertad:

Me dijo el juez militar que me habían nombrado: «Mire usted, su asunto va bien y un día de éstos lo pondremos a usted en libertad.» Digo: «Sí, pero póngame usted de día, porque de noche yo no salgo de aquí.» Porque es que a los que absolvían en los tribunales de justicia, los ponían en libertad por la noche en la prisión, y los esperaban los criminales en la puerta de la cárcel, y, allí, en el río Beiro, los metían y los mataban, después de haberlos absuelto los tribunales.[1] Que eran muy pocos, en fin, pero a estos pocos los mataban después. Y se lo dije yo, así: «No, no. Si me van a poner en libertad, de día.»

Efectivamente, el día 16, a las 10 de la mañana, se recibió en la prisión (digo que la llevó un hermano mío, con un abogado amigo mío, que era don José Álvarez de Cienfuegos) y fueron los dos y me llevaron la comunicación de la Comandancia Militar.

Total, que a las 12 salí yo de prisión. Se puso el colchón encima del coche y tal, y venía yo por la Calle Duquesa, desde San Juan de Dios hacia la calle donde yo vivo, que es Horno de Haza. Y al pasar por el Gobierno Civil salió un guardia de Asalto, que era amigo mío, que era José María Vialard Márquez, falangista de los antiguos, amigo de Valdés, de las reuniones del Jandilla,[2] pero buena persona, era un hombre bueno. Y paró el coche (no sabía quién venía dentro), pero al acercarse, pues me vio, me dice: «Mira, Pepe, tienes que volver para atrás.» «¿Por qué?» Dice: «Porque hay orden de que no sigan los coches hacia la Plaza de la Trinidad, ni a la Calle de las Tablas, ni a ese sector, porque están las fuerzas deteniendo a ese poeta García Lorca, que está en la Calle de Angulo, en casa de los Rosales, y han ido a detenerlo. Y hay orden de que esté rodeada la manzana y que no pase ningún coche por allá.»

Y entonces me volví para atrás, di la vuelta por la Calle de Misericordia y entré en mi casa. Sería alrededor de la una.

Rodríguez Contreras está convencido de que habló con Vialard Márquez a eso de la una de la tarde.

Seguro. Ésta es una cosa que no se olvida cuando lo han puesto en libertad a uno. Alrededor de la una era ya, porque yo salí de la prisión a las 12. De las prisiones se salía en dos etapas: o antes de la comida de mediodía o antes de la comida de la noche. Ponían en libertad por la mañana hasta la una, y por la tarde hasta las 7; algunas veces hasta las 8, pero en general no ya de noche.[3]

La narración del doctor Rodríguez Contreras encuentra confirmación en el testimonio del escultor granadino Eduardo Carretero:

No puedo decir que yo vi la detención de Federico. Supe *a posteriori* que aquello era la detención. Yo pasaba por la Plaza de la Trinidad hacia abajo por la Calle de las Tablas; entonces vi una cantidad de gente, de guardias con fusiles; incluso estaban en los tejados. Me quedé asustado porque pensaba que iba a haber un tiroteo, que iba a haber algo. Yo no corrí por miedo, no corrí por miedo porque, claro, el miedo hace que te vayas despacio, como si no ocurriera nada. Tenía 16 años. Entonces era un episodio más de las cosas que se veían en la calle. Yo no lo atribuía a nada, pero después supe. Había mucha gente, muchos guardias. Y el recuerdo de la luz que yo tengo es de la tarde.[4]

No nos cabe ninguna duda, por lo tanto, de que la detención de García Lorca, practicada la tarde del 16 de agosto de 1936, constituyó una operación oficial de considerable envergadura. La Calle de Angulo no solamente fue rodeada, sino que varios hombres armados se apostaron en las torres de las casas vecinas, dispuestos a impedir una posible fuga del poeta por aquel inverosímil camino.[5] Está claro que el Gobierno Civil había tomado la determinación tajante de que Federico García Lorca no tuviera ninguna posibilidad de escapatoria.

Quien se presentó en casa de los Rosales con una orden de detención contra el poeta fue, como todo el mundo sabe, y como el mismo encargado ha reconocido, el exdiputado de la CEDA Ramón Ruiz Alonso.

Atendamos, primero, a la descripción que Ruiz Alonso en persona trazó ante nosotros sobre su actuación en aquella tarde de 1936:[6]

Yo le voy a hablar a usted con toda sinceridad, como si me fuera a morir. Ahora, llegará un momento en que yo ya no pueda hablar, no por ocultar nada sino porque de verdad no sé. Yo le voy a hablar a usted honradamente, ya digo, como si me fuera a morir, como si estuviera delante de Dios. Yo soy católico, apostólico y romano. Entonces yo, como si me fuera a juzgar ante Dios Nuestro Señor, le voy a hablar a usted con esta confianza.

Lo ocurrido fue lo siguiente. No me pregunte usted fechas exactamente, ni horas exactamente, porque honradamente no la recuerdo –si es el 16, el 17, no lo sé exactamente–. Entonces mire usted, un buen día... yo, entre otras misiones que tenía en Granada, estaba adscrito al Gobierno Civil. Entonces iba todos los días allí y me comunicaban sus gestiones. Yo había sido diputado a Cortes, y en la guerra tengo un historial de guerra, pero como Dios manda, encuadrado en mandos militares obedeciendo órdenes. Entonces un buen día fui al Gobierno Civil y el gobernador no estaba en el Gobierno Civil. El gobernador estaba exactamente visitando las trincheras del frente de Jaén. Bueno.[7] Hacía las veces de gobernador cuando el gobernador se ausentaba un teniente coronel de la Guardia Civil que se apellidaba Velasco. Bueno. Entonces este señor me dice:

–Mire usted, Ruiz Alonso, hay una misión delicada que cumplir. Resulta que en la calle tal número tal se encuentra el señor García Lorca.

Entonces en Granada, por aquella época, en aquellas circunstancias, en aquellos momentos, había contra este poeta –¡que esté en gloria! ¡que esté en gloria!– pues, cierta repulsión, porque claro, pues en fin, se aprovechaban de sus obras en la Casa del Pueblo para [...].[8] Bueno. Entonces me dijo:

–Mire usted, este señor tiene que venir aquí al Gobierno Civil. El gobernador ha dicho que, cuando él venga, quiere que se encuentre aquí. Pero hay un interés enorme, grandísimo, en que este señor venga aquí sin que nadie le toque, sin que nadie le roce, y entonces, pues, el gobernador me ha dicho que tiene que venir acompañado de una persona de prestigio que es usted.

Evidentemente (aunque esto, ¡no lo interprete usted como orgullo, como soberbia, como inmodestia! No, yo soy muy sencillo, «al pan pan y al vino vino», las cosas como son) sí, efectivamente, yo gozaba en Granada de bastante prestigio, por mi moralidad, por mi trabajo, por lo que había yo trabajado en general, en toda la provincia, era diputado a Cortes... yo era obrero linotipista en el periódico *Ideal*. Entonces, pues claro, pues tenía, sí, cierto prestigio. Cuando yo marchaba a casa de...[9] [me dice]:

–Puede usted tomar, pues, en fin, la protección que necesite.

[Contesté]:

–Yo, ninguna. A mí me basta con mi apellido.

Al ir por la Calle Duquesa (porque entonces el Gobierno Civil no estaba donde está ahora, estaba en la Calle Duquesa) tenía que pasar forzosamente por delante de la Comisaría. Entonces un señor, policía, estaba en el balcón de arriba, y al pasar me dice:

–¿Dónde vas, Ramón?

Le dije:

–A la calle de tal, número tal.

Dice:

–Ah, sí, a la casa de...

Bueno, yo me quedé un poco sorprendido, porque, pues, claro, la casa «de...» era, sencillamente, la casa del jefe provincial de Falange... de Rosales, el jefe provincial de Falange. Yo me quedé sorprendido, porque en mi cabeza, en aquellos momentos, no cabía que dentro de la casa del jefe provincial de Falange estuviera este señor [...] y digo [para mí] que no voy a casa de... [...] y entonces me voy al cuartel de Falange.

–¿Dónde está el jefe provincial?

Y le llamo y le digo:

–Yo tengo esta misión que cumplir [...] que está en tu casa. Tú me dirás si está o no está. Tú me dices que no está y yo me voy y digo: –Resulta que la casa que ustedes me han dicho, pues, es la casa de... Yo he ido a este señor –cosa lógica entre nosotros que vaya allí– y me ha dicho que allí no está–. Y se acabó. Y ahora usted toma las medidas que sean.

Entonces me dice:

–Mira Ramón, no te voy a engañar. Pues... ¡sí está! ¿Qué hacemos?

–No lo sé.

–¿Tu crees –me dice– que le van a hacer algo?

–Pues, hijo, yo creo que no.

–Porque, claro, si a mí me dicen que basta una persona de prestigio que lo acompañe para garantizar... pues entonces no hay inconveniente alguno.

Le digo:

–De todas formas, a mí se me ocurre una cosa. Vete tú a tu casa. Allí, en consejo de familia, os reunís, tanteáis lo que sea; yo espero aquí y tú me llamas y me dices lo que sea.

–Muy bien.

Al cabo de equis tiempo viene:

–Pues, mira, Ramón, pues, hemos acordado, pues, pues que sí, pues que la familia dice, pues, en fin, pues que sí [...]. ¿Pero cómo se han enterado de que estaba allí?

–No lo sé. No sé. Bueno, pues vámonos.

Allí estaban terminando de merendar, con chocolate. Yo personalmente al señor García Lorca –que en paz descanse– no le conocía, él a mí tampoco me conocía, pero me conocía a mí mucho de oídas, como yo a él [...]. Nos presentaron.

–¿Cómo está usted? ¿Qué tal?

[Le dije]:

–Bueno, mire usted, ¿qué le parece?

–Pues aquí la familia dice que lo mejor es que sí, que vaya. [¿Pero qué me quieren?]

–No lo sé. Lo único que sé es que a mí me han dicho que garantizan a este personal, usted, que usted llegará allí, pues, sano y salvo y que no... de modo que yo no tengo otra misión [...] ¿Quiere usted acordar?

–Pues mire usted, pues sí, pues sí.

–Muy bien, muy bien, pues vámonos.

De allí vamos al Gobierno Civil. Subiendo las escaleras no pude evitar que alguien, alguien, con un mosquetón [...] le intentara dar con la culata, pero yo me puse [a gritar «¡Qué! ¿Estando yo?»]... es una anécdota [que demuestra] cómo en todo momento se cumplió la misión; le hablo de mí, lo que sobre *mi* conciencia yo tenía ordenado. Lo llevé a su despacho; me acompañaba el jefe provincial, fuimos los tres: Rosales, el señor este García Lorca –que en paz descanse– y yo, los tres al Gobierno, y –y además es lógico como él había sido tan amable, había sido amigo íntimo de él–; bueno, y entonces, cuando estaban en el Gobierno Civil, yo fui al gobernador, vamos, al teniente coronel Velasco que hacía las veces del gobernador civil:

–Mire usted, mi teniente coronel, este señor que ustedes me han encomendado y me han avisado que hay que encontrar y tal, pues mi misión está cumplida. Este señor está allí con el señor Rosales; donde estaba él era en casa del señor Rosales.

–Sí, sí, ya lo sabía.

–¿Quiere usted algo más de mí?

–No, nada más que felicitarle por lo bien que ha terminado usted la misión.

–Pues muchas gracias. Adiós.

Entonces me voy al despacho donde estaban los otros señores.

[Les digo]:

–Le he dicho al gobernador interino, en fin, que están ustedes aquí. Me ha dicho que esperen, que ya no hay nada que hacer hasta que no venga el coronel [sic] Valdés, el gobernador, que está en el frente... Doy mi misión por terminada. ¿Necesitan algo de mí?
El señor García Lorca me ofreció, pues, unos pitillos.
–¿Quiere usted?
–No, yo no fumo.
Pero, en fin, llamé a un ordenanza y le digo que necesitaba un caldo de gallina [...].
–¿En algo más le puedo ser útil?
[Me dijo el señor García Lorca]:
–No señor, nada más que darle a usted las gracias y me permite usted que le abrace por lo bien que me ha atendido y me ha traído aquí de la casa de Rosales. Nunca le agradeceré bastante su comportamiento ni cómo ha...
–Bueno, pues, si no les puedo ser útil [...].
Volví al teniente coronel.
–Yo me marcho. ¿Desea usted...?
–No, no, no, nada. Hasta mañana.
–Hasta mañana.
¿Qué hora sería? No lo sé. Las 5 de la tarde, las 6 de la tarde, las 7 de la tarde. No lo sé. Aproximadamente. Yo fui a mi casa.
Volví a la mañana siguiente. Yo fui al Gobierno Civil, como todas las mañanas y como todas las tardes –era mi misión– y entonces allí me informaron de que ese señor allí ya no estaba.
Yo le juro a usted delante de Dios que *ya no sé más*. He oído... me dijeron... supongo... parece ser que...; con la mano puesta sobre los Evangelios no puedo decir otra cosa, porque no la sé. Eso es todo, y le juro a usted como si ahora mismo [me viera] delante de un crucifijo, que ésta es toda, toda, toda la verdad, como si yo, como le dije a usted antes, me fuese a presentar ahora delante de Dios.
Yo le dejé en manos del jefe provincial de Falange, señor Rosales, en el despacho: esto es toda mi actuación desde el principio hasta el final. Ahora, me preguntará usted –y aunque no me lo pregunte me adelanto yo–: «¿Usted aprueba o condena?», y le digo esto: «Como católico, como ser humano, tengo que condenar y reprobar lo que con este hombre se hizo. Por católico y por humano, reprobarlo con toda mi alma, porque para mí no hay ni blancos ni rojos en este aspecto moral. La vida de un hombre, para mí, vale tanto la de un rojo, como la de un amarillo, o como la de un verde, o como la de un azul. Todos somos seres humanos hechos a imagen y semejanza de Dios, y el alma del señor García Lorca, por lo menos, en el peor de los casos, puede valer exactamente lo que la mía, en el peor de los casos, puede valer exactamente lo que la mía, en el peor de los casos. Posiblemente, a lo mejor, puede valer más.

Esto es hablarle a usted con toda sinceridad, con toda nobleza, y puede usted tener la seguridad de que ahora, por lo que respecta a mí, conoce usted absolutamente todo.

La declaración de Ramón Ruiz Alonso, confiada y enfática, contiene bastantes inexactitudes. En primer lugar, el exdiputado de la CEDA niega que estuviera acompañado de una escolta armada, dándonos a entender que se presentó, sin compañía alguna, en el cuartel de la Falange y, luego, en el domicilio de los Rosales: «¡A mí me basta con mi apellido!» Pero sabemos, tanto por el doctor Rodríguez Contreras, como por Eduardo Carretero, por Esperanza Rosales y por otros testigos, que los hechos no sucedieron así, y que la casa de la Calle de Angulo fue rodeada por numerosas fuerzas.

Ruiz Alonso declara que, al darse cuenta de que Federico era huésped nada menos que de los hermanos Rosales, cambió de rumbo y se dirigió al cuartel de la Falange. Esto no concuerda, en absoluto, con la versión que nos han proporcionado, independientemente, los hermanos Rosales (Miguel, José, Luis y Esperanza). Según ellos, Ruiz Alonso se presentó primero en el domicilio familiar de los Rosales, acompañado por otros dos miembros de Acción Popular, Luis García Alix Fernández y Juan Luis Trescastro. Esperanza Rosales recuerda que Ruiz Alonso vestía un mono azul que llevaba el emblema falangista.[10]

En el domicilio de los Rosales no se encontraba en aquel momento ninguno de los hombres de la familia: ni don Miguel, el padre, ni Antonio, José, Miguel, Gerardo o Luis. La señora Rosales, consternada y temiendo que a Federico le matasen allí mismo, en la calle, insistió en que no dejaría salir de su casa a García Lorca sin que antes estuvieran presentes su marido o uno de sus hijos. Ruiz Alonso asintió y, durante un buen rato, Esperanza Camacho trató de localizar por téléfono a alguno de ellos. Pudo dar al fin con Miguel, que estaba de servicio en el cuartel de la Falange, y le explicó lo que estaba sucediendo. También habló con su marido.[11]

Al igual que Marcelle Auclair, opinamos que no se ha subrayado lo suficiente el valor mostrado entonces por la señora Rosales, enferma además, ante Ruiz Alonso. El único pensamiento de Esperanza Camacho estuvo puesto en impedir que llevaran a Federico sin seguridad alguna, antes de que llegara cualquiera de los varones de la familia.[12]

Aunque Esperanza Rosales cree recordar que Ruiz Alonso permaneció en la casa esperando la llegada de Miguel, lo cierto parece ser que el exdiputado de la CEDA se trasladó en seguida al cuartel de Falange para entrevistarse allí con él. Miguel Rosales nos aseguraba que Ruiz Alonso le mostró en el cuartel una orden de detención contra Federico que llevaba el sello del Gobierno Civil. Miguel insistía en que luego se dirigió con Ruiz Alonso a la Calle de Angulo, negando que el exdiputado se quedara solo en el cuartel a la espera de la decisión de la familia sobre la detención y entrega de Federico.

De acuerdo con Miguel, iban en el coche, además de Ruiz Alonso, Luis García Alix y Juan Luis Trescastro, más otros dos hombres a quienes no conocía. Debieron ser Sánchez Rubio y Antonio Godoy Abellán, que, según José Rosales, también acompañaban a Ruiz Alonso.[13] El coche (Miguel recordaba que era un Oakland descapotable) pertenecía a Trescastro y había sido requisado al iniciarse la sublevación. En el camino Miguel preguntó a Ruiz Alonso sobre las acusaciones contra García Lorca contenidas en la denuncia. Ruiz Alonso contestó que el poeta era «un enlace con Rusia», afirmando que «ha hecho más daño con la pluma que otros con la pistola».[14]

Ruiz Alonso se equivoca, claro está, al creer que aquel día trató con el jefe provincial de Falange. Ninguno de los hermanos Rosales fue nunca jefe provincial del partido, cargo ostendado entonces por el doctor Antonio Robles Jiménez. Es más, Miguel Rosales, con quien habló Ruiz Alonso, no tenía la menor importancia jerárquica en los cuadros de Falange.

Luis Rosales niega que su hermano Miguel, al llegar a la Calle de Angulo (acompañado o no de Ruiz Alonso), pudiera haber visto al grupo de soldados que rodeaban la manzana, pues, de acuerdo con el testimonio de su hermana Esperanza, Ruiz Alonso habría ordenado a los soldados que se retirasen o se ocultasen.[15] Miguel, por el contrario, nos aseguraba que sí vio a mucha gente armada en la calle:

> Esto lo puede poner en su libro, que no tuve cojones para enfrentarme con ellos. Con todos aquellos fusiles y tal, nos hubieran podido matar a todos, incluso a mis padres y a mi hermana. ¿Qué podía hacer? Pues tuve que entregar a Federico. Claro, ni yo ni nadie creíamos que le iban a fusilar. Y yo creía que todo se podría arreglar en el Gobierno Civil.[16]

Sobre la calle, en el segundo piso de la casa, el ocupado por Luisa

Luisa Camacho fue quien más contacto tuvo con Federico durante la estancia de éste en casa de los Rosales; de ella se despidió emocionadamente antes de ser conducido, detenido, al Gobierno Civil

Camacho, tía de los Rosales, y Federico, éste se habría dado cuenta desde el primer momento de lo que sucedía. Aunque el segundo piso, según las explicaciones de Luis, estaba aislado del resto de la casa, tenía unas ventanas que daban al patio central del edificio, aparte de las que daban a la calle. Por las ventanas interiores podían oírse claramente las conversaciones que tenían lugar en el patio, especialmente si se hablaba en un tono alto, como probablemente debió de ser el caso cuando se presentó Ruiz Alonso. Esperanza Rosales, único testigo presencial superviviente de aquellos últimos momentos de Federico en la Calle de Angulo, nos ha dicho que subió al segundo piso para decirle al poeta lo que pasaba. Mantiene que Federico se mostró muy entero, «muy hombre», ante la noticia de que Ruiz Alonso se había presentado en la casa con una orden de detención.

Encima del Pleyel había una imagen del Sagrado Corazón de la cual la tía Luisa era muy devota. «Vamos a rezar los tres ante la imagen», le dijo a Federico. «Así todo te irá bien.» Y así se hizo. Federico se despidió, emocionado, de Luisa Camacho, y bajó con Esperanza al primer piso, donde le esperaba el exdiputado de la CEDA.

Allí se despidió de la señora Rosales y de su hija, diciéndole a ésta: «No te doy la mano porque no quiero que pienses que no nos vamos a ver otra vez.» Y, con Miguel y Ruiz Alonso, salió a la calle.[17]

Enfrente de la casa de los Rosales vivía entonces la familia del dueño del bar Los Pirineos, situado a la vuelta de la esquina en la Plaza de la Trinidad. Uno de los hijos, que tenía entonces 12 años, presenció lo ocurrido durante estos dramáticos momentos:

A Federico lo vi sacar de casa de los Rosales Vallecillos. Yo lo vi sacar de allí. Estábamos jugando en la calle a la pelota. Y entonces, pues, los que fueron a por Federico nos echaron de la calle. Como yo vivía enfrente de los Rosales Vallecillos, me subí a la casa y, claro, la cosa de los críos, me asomé al balcón a ver lo que pasaba. Y entonces vi que sacaban a Federico –que entonces yo no sabía que era Federico– y recuerdo cómo lo sacaron. Iba con un pantalón gris, gris más bien oscuro, con una camisa blanca con las mangas remangadas a media muñeca. Llevaba puesta corbata pero, como llevaba el cuello desabrochado, llevaba la corbata puesta pero sin echar en

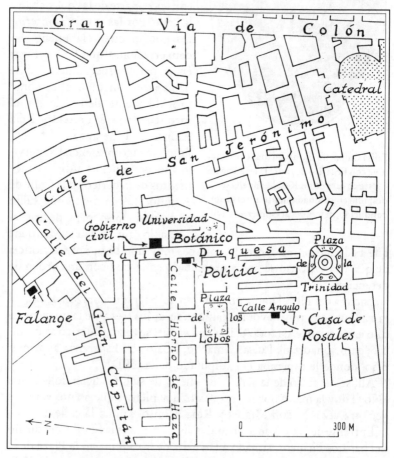

Detalle del plano de Granada, donde puede apreciarse la proximidad entre la casa de los Rosales y el Gobierno Civil

nudo. Y la americana la llevaba al brazo. Son de estas cosas que se quedan grabadas y se acuerda uno.

Otra cosa que recuerdo perfectamente, y después lo he pensado muchas veces, es que estando el Gobierno Civil donde estaba entonces, en la calle Duquesa, ¿por qué no tiraron la calle Angulo arriba para cruzar por la Plaza de los Lobos para el Gobierno Civil? Así les pillaba mucho más cerca. Pero echaron por la calle Angulo a la calle de las Tablas, la plaza de la Trinidad y la calle de Duquesa, o sea que dieron una vuelta contraria. Fueron andando, vaya, lo que vi desde el balcón fue andando. El trozo de la calle Angulo hasta dar la vuelta a la calle de las Tablas fue andando. Posiblemente, claro, le subirían a un coche en la calle de las Tablas o por allí.[18]

El testimonio de Esperanza Rosales corrobora este último punto: ella no recuerda haber visto en la calle de Angulo, al salir Federico, el coche de Ruiz Alonso y sus acompañantes.[19] Parece seguro, por tanto, que éstos lo habían dejado aparcado a la vuelta de la esquina.

Ruiz Alonso negó, en otra conversación que sostuvimos con él, que fuera en coche al Gobierno Civil con Miguel Rosales y García Lorca, alegando lo impensable de tal medida en vista de la proximidad del edificio. Pero de nuevo varios testimonios demuestran que el exdiputado de la CEDA o mentía o se equivocaba al hablar con nosotros. Prueba contundente de ello, además de las declaraciones de Miguel Rosales, es que el mismo Juan Luis Trescastro, propietario del Oakland, que murió en 1947, no solía ocultar el hecho de que él había participado en la detención del poeta y que en aquella ocasión se había utilizado su coche.[20] Parece ser, igualmente, que el chófer de Trescastro, Manuel Casares, afirmaba lo mismo.[21]

En el coche, temiendo por su suerte, Federico no cesó de pedirle a Miguel que interviniera en su favor acerca de Valdés y que buscara en seguida a su hermano Pepe.[22]

Miguel Rosales nos confirmó que, cuando llegaron al Gobierno Civil, Valdés no estaba. Era evidente que, hasta la llegada del gobernador, no se podía resolver nada.[23]

Entretanto, Federico fue cacheado y encerrado en una dependencia del edificio. Miguel trató de tranquilizarle y le prometió que volvería pronto con su hermano José, asegurándole que no le pasaría nada. Pero Miguel estaba preocupado, temiendo especialmente que Federico fuera interrogado por «Italobalbo», quien, como ya se ha explicado, era uno de los más brutales cómplices de Valdés. Al salir del Gobierno Civil, Miguel volvió al cuartel de Falange y trató de hablar por teléfono con José, sin poder conseguirlo. Su hermano inspeccionaba entonces unas avanzadillas de la vega y no volvería a Granada hasta la noche.[24] Tampoco le fue posible localizar a Luis o a Antonio, pues los dos se hallaban en el frente.[25] Gerardo, por su parte, habría ido al cine.[26]

Cuando los hermanos Rosales volvieron aquella noche a Granada se quedaron consternados al conocer lo sucedido. Decidieron enfrentarse en seguida a Valdés, dirigiéndose en el acto al Gobierno Civil acompañados de algunos falangistas más, entre ellos Cecilio Cirre. Así nos lo contó Luis Rosales en 1966:

La noche que yo fui a reclamar a Federico, había cien personas en el Gobierno Civil, en una sala inmensa que había allí. ¡Cien personas! Era muy tarde ya, y me dijeron que no podía ver a Valdés. Me dijeron que prestara declaración, y la presté ante un teniente coronel de la Guardia Civil, cuyo nombre no recuerdo. Allí, en medio de aquella sala inmensa, presté declaración. Estuvieron conmigo mi hermano Pepe, Cecilio Cirre y alguien más, creo.[27] Íbamos armados. Allí yo no conocía a nadie.[28] En mi declaración dije que un tal Ruiz Alonso, al que yo no conocía, había ido aquella tarde a nuestra casa, a una casa falangista, y había retirado a nuestro huésped, sin una orden escrita ni oral.[29] Después de que yo presté declaración, dije, en fin, con fuerza y despectivamente:

–¿Por qué ha ido un tal Ruiz Alonso a nuestra casa, a casa de hombres de Falange, y se ha presentado allí sin orden escrita ni oral y ha retirado a nuestro huésped?

Yo lo dije un par de veces, «un *tal* Ruiz Alonso». Entonces –y claro, yo hablaba alto, con pasión, despectivamente–, entonces, pues, éste, que estaba allí, pasó adelante y dijo:

–Ese tal Ruiz Alonso soy yo.

Entonces le dije:

–Bueno, ¿has oído?, ¿has oído? ¿Por qué te has presentado en casa de un superior sin una orden y has retirado a mi amigo?

Entonces él dijo:

–Bajo mi única responsabilidad.

Yo le dije, tres veces:

–No sabes lo que estás diciendo. Repítelo.

Porque, claro, éste era un inconsciente, éste creía que se estaba llenando de gloria ante la historia. Lo repitió tres veces, por tres veces lo repitió y cuando terminó, pues, yo le dije:

–Cuádrate y vete.
Entonces estuvo muy bien Cecilio Cirre. Cecilio Cirre incluso lo zarandeó, y para evitar, claro, algo más grave, que el que lo zarandeara fuera yo, entonces, pues, Cecilio Cirre le dijo:
–Estás tratando con un superior. Cuádrate y vete.
Entonces, pues, como las otras personas que estaban allí no intervenían, entonces, pues, ya se fue...[30]

Ruiz Alonso negó que él estuviera presente durante la escena descrita por Luis Rosales. Cuando le repetimos la versión dada por éste, se puso furioso y exclamó: «¡Mentira, mentira, mentira! Yo me marché a casa y se acabó».[31] Pero el relato de Luis Rosales nos parece verídico y fue, además, confirmado, independientemente, por Cirre.[32]

Al preguntar a Luis Rosales sobre el contenido de su declaración ante el teniente coronel de la Guardia Civil (Velasco), nos precisó lo siguiente:

En mi declaración dije que Federico había sido amenazado en su casa, en las afueras de Granada, que había buscado mi ayuda, que era políticamente inocuo, y que, como poeta y como hombre, yo no podía negar mi ayuda a una persona a la que perseguían injustamente. Dije que volvería a hacer lo mismo.[33]

Valdés volvió aquella noche al Gobierno Civil a las 9.45. Había pasado el día, no en las trincheras del frente de Jaén, como nos dijo Ruiz Alonso en la declaración que hemos transcrito, sino en Lanjarón, donde según noticia de *Ideal*, se habría visto retenido todo el día por el entusiasmo de la gente.[34]

El 26 de agosto de 1978, dos días antes de su fallecimiento, José Rosales nos hizo en Granada una declaración importantísima.[35] Afirmó que aquella noche no solamente vio en el Gobierno Civil al comandante Valdés, sino que tuvo ante sus ojos la *denuncia de Ramón Ruiz Alonso que llevó a la detención y a la posterior muerte de García Lorca*. Esta afirmación era la primera vez que nos la hacía.

José Rosales. Sin la denuncia, sin la denuncia no puede llevarse al hombre. Él [Ruiz Alonso] tenía que denunciar al que sea y ponerme a mí como un asesino, a mí y a todos los míos. Estábamos todos en la guerra, en el frente. Él nos pone si el otro [Federico] era el *speaker* de Radio

Moscú, que si en mi casa había unos rusos, que si había sido [Federico] secretario de Fernando de los Ríos. Mi hermano Luis te dirá bastantes más cosas que yo, que se acordará mejor que yo de esta denuncia.[36]

Nosotros. ¿De modo que tú viste la denuncia *escrita y firmada*?

José. Escrita y firmada, y mi hermano Luis también.

Nosotros. ¿Por Ramón Ruiz Alonso?

José. Sí, sí, claro.

Nosotros. ¡Esto es increíble!

José. No, ¿cómo va a ser increíble? Él, si no nos denuncia, ¿cómo se lo va a llevar? Él quiere hacer daño, creo yo, a nosotros, ¿no? Él va diciendo que el otro era un perro judío y pone esa denuncia. Denuncia que he buscado yo, que no he podido conseguir nunca recogerla, todos esos papeles se han perdido allí, allí no había manera de...

Nosotros. Pero, ¿era una denuncia pasada a máquina?

José. Claro, claro. El coronel Velasco. Él es el que tomó la denuncia. Luego al rato vino el gobernador y me dice: «Si no fuera por esta denuncia, Pepe, yo te dejaría que te lo llevaras.»

Nosotros. ¿Dijo esto Valdés?

José. Claro, «pero que no puede ser porque mira todo lo que dice». Ahí ya decía todo lo que... todo lo que tú quieras poner además de lo que ellos te digan, pero que puedes poner que lo ponían de, dos o tres folios.[37]

Nosotros. ¿Dos o tres folios?

José. Hablando mal de los hermanos estos. Y yo, a mi juicio, él es el único culpable de la muerte de Federico, el señor Ruiz Alonso.

Nosotros. Y aquella noche, en el Gobierno Civil, cuando fuiste con Luis y me parece que con Cirre, ¿qué, cómo fue, porque había una sala grande con mucha gente, no?

José. Una sala grande que a mí no me querían ver, pasar por las cosas que... y yo entré, achuché la puerta, me veo con Valdés, digo: «Mi casa no se rodea, mucho menos por la CEDA», vamos por pegarle un tiro al que hubiera sido, y Valdés me dijo a mí que me llevara a Ruiz Alonso y lo matara en la carretera. Y no quise matarlo. «Tú das las órdenes y lo matas; yo no.» Vamos, a Ruiz Alonso y a los que habían ido con él, porque a Valdés le importaba la vida de un cristiano poquísimo.

Siete años antes, en 1971, José Rosales declaró al abogado granadino Antonio Jiménez Blanco que aquella noche de 1936 acompañaban a Valdés, en su despacho, los hermanos José y Manuel Jiménez de Parga, el policía Julio Romero Funes y el abogado José Díaz Pla. Valdés le habría asegurado que no le iba a ocurrir nada a Federico y que podía pasar a saludarle.[38]

Al salir del despacho, José vio brevemente al poeta y le prometió que a la mañana siguiente le sacaría del Gobierno Civil.[39] También vería aquella noche a Lorca otro falangista, Julián Fernández Amigo.[40] Y, antes que ellos, un joven falangista conocido como «el Bene», a quien la señora Rosales habría encargado que le llevara mantas y comida.[41]

Luis Rosales, en cambio, no vio a Federico aquella noche, ni nunca más. Tampoco se entrevistó con Valdés. Después de la escena del Gobierno Civil, José Díaz Pla (abogado de profesión y jefe local de Falange en Granada) le ayudó a redactar una declaración legalmente en orden en la que explicaba sus razones para haber albergado y protegido a García Lorca. Porque era evidente que Valdés también iba a perseguir a Luis Rosales, con quien, como vimos antes, había tenido un roce días antes del levantamiento militar. Rosales mandó copia de este documento a las siguientes autoridades granadinas: gobernador civil (Valdés), gobernador militar (González Espinosa), alcalde (Miguel del Campo), jefe provincial de Falange (Antonio Robles Jiménez), jefe local de Falange (el mismo Díaz Pla). Por desgracia, ninguna de estas copias ha sido recuperada hasta la fecha.[42]

Cuando Ruiz Alonso se llevó a Federico, la señora Rosales llamó en seguida a la familia del poeta para informarles de lo que ocurría. También había hablado por teléfono con su marido, quien, sin volver primero a la casa, fue a ver inmediatamente al padre de Federico. Luego buscaron juntos al abogado Manuel Pérez Serrabona para que éste se encargara de la defensa del poeta. «Nosotros pensábamos que se trataría de un juicio —nos ha dicho Esperanza Rosales— y que habría la posibilidad de una defensa legal.» Es de suponer que Pérez Serrabona haría lo posible por salvar a Federico, ya que, muerto el poeta, seguiría siendo abogado de la familia.[43]

A la mañana siguiente, lunes, 17 de agosto, José Rosales se presentó en la Comandancia Militar y consiguió una orden de libertad para García Lorca, con la que se dirigió inmediatamente al Gobierno Civil. Pero en el edificio de la Calle Duquesa el comandante Valdés le dijo que el poeta ya no se encontraba allí y que se lo habían llevado aquella madrugada. «Ahora vamos a ocuparnos de tu hermanito Luis», habría añadido Valdés.[44] José Rosales aceptó que Federico ya no se encontraba en el Gobierno Civil (no sabemos cómo reaccionó al enterarse de la traición de Valdés) y hasta su muerte, en agosto de 1978, nunca pudo ser convencido de lo contrario.[45] Sin embargo, lo cierto es que García Lorca se encontraba todavía en el Gobierno Civil aquella mañana.

Cuando García Lorca fue sacado de la casa de la Calle de Angulo, la señora Rosales, como hemos dicho, llamó en seguida a la familia del poeta, la cual se había trasladado a la Calle de San Antón, al domicilio del ya fusilado Manuel Fernández-Montesinos. En la mañana siguiente a la detención, es decir, el 17 de agosto, Angelina, la niñera de los Fernández-Montesinos, fue enviada por la madre de Federico al Gobierno Civil con comida, tabaco y ropa.

Angelina Cordobilla, la niñera de los Fernández-Montesinos, llevó dos veces la comida a García Lorca mientras éste estuvo encerrado en el Gobierno Civil

Nuestra conversación con Angelina Cordobilla nos convenció de que Valdés le mintió a José Rosales al decirle aquella mañana del 17 de agosto que García Lorca ya no se encontraba en el Gobierno Civil:

> *Nosotros.* Entonces, ¿usted iba al Gobierno Civil a llevarle de comer?
> *Angelina.* Sí, dos días le estuve yo llevando.
> *Nosotros.* ¿Sobre qué hora iba usted al Gobierno Civil?
> *Angelina.* Yo iba por la mañana.
> *Nosotros.* ¿Y qué le llevaba de comer?
> *Angelina.* Le llevaba el café en un termo y un cesto con una tortilla y tabaco.
> *Nosotros.* ¿El cesto con su nombre puesto?
> *Angelina.* No.
> *Hija.* No, el nombre en la cárcel, pero como no había presos en el Go-

bierno Civil, pues no hacía falta. Cuando mi madre llevaba de comer a don Manuel en la cárcel, llevaba el cesto con su nombre puesto.[46]
Nosotros. Ya, ya. ¿De modo que usted le llevaba un termo de café y un cesto con la comida?
Angelina. Eso es.
Nosotros. ¿Y cuántas veces al día iba usted?
Angelina. Una vez al día, nada más. Yo iba por la mañana. Llegaba allí muertecilla. La primera vez que fui me dijeron:
–¿Qué quiere usted?
–¿Está aquí el señor García Lorca?
–¿A quién busca usted?
–Pues al señor García Lorca.
Dice:
–Este señor, ¿pa qué?
–Para llevarle de comer.
Me dijo a mí:
–No puede ser.
Nosotros. ¿Allí, en el portal mismo?
Angelina. Sí, allí donde se entraba. Me dice:
–No puede ser.
Dice otro:
–¿Por qué no puede ser? Esta es la criada de ellos.
–Pues suba usted.
Yo digo:
–Yo no; como yo no sé, tienen ustedes que subir conmigo.
Y me subieron hasta donde estaba el señor Federico. Yo iba muertecilla.
Nosotros. Ya lo creo.
Angelina. Iba muertecilla. Usted sabe que no podía usted decir nada, que juzgaban a las criadas también. Entonces un señor que estaba allí abrió la tortilla así [*haciendo el ademán de abrirla para ver si había algo dentro*]. El señor Federico estaba en una celda, en una habitación.
Nosotros. ¿Estaba solo?
Angelina. Allí no había nadie. Había allí una mesa, un tintero, una pluma y un papel...
Nosotros. ¿Él escribía, entonces?
Angelina. No, que las cosas estaban allí. No había ni cama ni nada. No había más que eso. Y un señor que estaba allí decía:
–¡Qué lástima del hijo, qué lástima del padre!
Y al entrar me decía el señor Federico:
–Angelina, Angelina, ¿por qué has venido?
–Me manda su madre, es su madre quien me manda.
Mientras yo entraba dentro. –¡Yo no quiero que usted me meta a mí en nada!...

Nosotros. ¡No, no, no!

Angelina. Me da mucho susto.

Hija. ¡Como eso lo sabe todo el mundo, mamá! ¡Él sabe más de lo que tú le vas a decir!

Angelina. Bueno. Mientras yo estaba allí dentro dándole la comida, pues estaban allí en la puerta del cuarto, así, con los fusiles.

Nosotros. ¿Qué? ¿Con el fusil apuntando?

Hija. Sí, pero eso era así, mamá... Eso es natural, es una cosa de guerra.

Nosotros. ¿Usted estaría con él un par de minutos, nada más?

Angelina. Sí, él no quería comer nada, no comía nada.

Nosotros. No me extraña. ¿Y usted fue al día siguiente?

Angelina. Sí, y no había comido nada. La tercera vez que iba allí me dice un caballero a la puerta de la casa, de la casa de San Antón:

–La persona a quien va usted a ver no está allí.

Pero yo, como no conocía a nadie en *Graná*, yo, pues, seguí.

Cuando llegué al Gobierno me dijeron:

–Este señor ya no está aquí.

–¿No puede usted decirme dónde está?

–No sabemos.

–¿Es que lo han pasado a la cárcel?

–No lo sabemos.

Hija. ¡Bonitos son!

Angelina. Y dije:

–¿Me pueden ustedes decir si ha dejado algo?

–Tampoco lo sabemos. Suba usted a ver.

–Tienen ustedes que subir conmigo.

Y subí al cuarto. Allí no había nada más que el termo y la servilleta. Nada más. Yo, de allí, salí y fui directa a la cárcel, al otro lado de *Graná*, fui allí sin decir *na*.

Nosotros. ¿Usted llevaba todavía el cesto?

Angelina. Fui con el cesto, sí, fui a la cárcel. Y pregunté allí en la cárcel, digo:

–¿Ustedes saben si aquí ha venido un señor García Lorca desde el Gobierno Civil?

–No sabemos. Vuelva usted más tarde por si está en celda.

Nosotros. ¿Vuelva usted?

Angelina. Que volviera yo por si estaba en celda encerrado. Y ya, pues, dejé el cesto allí, con el tabaco. Lo dejé allí. Y luego volví al otro día; no volví aquella tarde, volví al otro día. Allí me dijeron:

–Este señor que usted dice, nunca ha estado aquí.

Entonces me devolvieron el cesto. Claro, ya le habían matado al señor Federico, allí, en Víznar.[47]

Diez años después de grabarse esta conversación con Angelina, y cuando la antigua niñera de los Fernández-Montesinos tenía ya 90 años, repitió ante otro investigador lo mismo que nos había dicho, subrayando que vio *dos veces* a Federico:

> Fui durante dos días: el 17 y el 18. Al tercer día cuando iba de nuevo a llevarle el cesto al señorito Federico, un hombre me paró para decirme: «Al que usted va a llevar esto ya no está allí.»[48]

Parece casi seguro, por consiguiente, que García Lorca estuvo dos días y medio en el Gobierno Civil, desde la tarde del 16 de agosto hasta la noche entre el 18 y el 19.

¿Por qué le mintió Valdés a José Rosales? ¿Por qué, cabe preguntarse, no dio orden de ejecutar inmediatamente al poeta, una vez que le tenía en sus manos?

Parece que Valdés dudaba sobre qué hacer porque se daba cuenta del significado de García Lorca, de su renombre como escritor. No resultaba aceptable fácilmente la tesis de que el comandante Valdés no tenía noticia de quién era el detenido. Tengamos en cuenta que el entonces gobernador civil vivía en Granada desde 1931 y que, forzosamente, por ignorante e inculto que fuera, tenía que tener noticias del escritor granadino más famoso del momento. Un escritor, además, cuyas obras, movimientos y declaraciones tenían frecuente cabida en las páginas de la prensa granadina. Nos sorprendería muchísimo, por tanto, que Valdés no supiera quién era Federico García Lorca. Es, incluso, probable que el gobernador civil, fanático enemigo de los «rojos», reconociera alguna declaración antifascista del poeta, así como otras actividades suyas de cariz político bajo el Frente Popular.

Cuando Federico fue llevado al Gobierno Civil, Valdés ya había procedido a ordenar muchos asesinatos, muchos «paseos». Sabemos, a través de José Rosales y de otros numerosísimos testigos, que «a Valdés le importaba la vida de un cristiano poquísimo». En 1966 un cura granadino, José Linares Palma, nos decía que «Valdés habría fusilado a Jesús y a Su Madre si se le hubieran puesto por delante». Ante estos juicios, sobre cuyo fondo no cabe duda, si el gobernador civil vacilaba en el caso de Federico no pudo ser por motivos de caridad cristiana, sino porque debió presentir que, dada la celebridad del poeta, su muerte podía ser dañosa para la causa nacionalista.

Parece seguro que Valdés, antes de dar orden de matar a García Lorca, se puso en contacto con Queipo de Llano, jefe supremo de los sublevados de Andalucía, ya fuera por radio o por teléfono. ¿En qué nos basamos para esta afirmación?

Germán Fernández Ramos era contertulio de Valdés en la peña del Bar Jandilla (de la calle de Puente de Carbón) y la del Café Royal. Poco antes de morir, Fernández Ramos le contó a su amigo Vicente López Jiménez (marido de una prima de García Lorca) cómo se había dado la orden de matar al poeta. Nos ha contado López Jiménez:

> A mí lo que me dijo Germán es que diariamente iba desde el aeropuerto de Armilla a Sevilla un avión con todos los papeles que tenían que mandar a Queipo y al mismo tiempo con todas las consultas que tenían que hacer. Y que a una consulta de Valdés en relación con Federico, contestó Queipo: «Déle café, mucho café.» Es decir, que le dijo a Valdés que sí, que lo mataran.[49]

Es posible, incluso, que Valdés hablara con Queipo por teléfono, ya que por entonces las líneas entre Granada y Sevilla habían sido restablecidas.[50] Hay que señalar al mismo tiempo que, contrariamente a lo que afirmamos en ediciones anteriores de este libro, parece ser que Valdés no disponía en el Gobierno Civil de una emisora que le permitiera hablar con Queipo.

Hay otro punto que nos induce a dar crédito a la intervención de Queipo en la muerte del poeta. Se trata del *affaire* Benavente. Cuando Gerald Brenan estuvo en Granada, en 1949, le dijeron repetidas veces que los sublevados mataron a Lorca en represalia por la muerte de Benavente, anunciada por las emisoras nacionales.[51] La primera referencia impresa a esta teoría de la muerte del poeta la hemos encontrado en la revista madrileña *Estampa*, correspondiente al 26 de septiembre de 1936, en el ya mencionado artículo de Antonio de la Villa. Según Manuel Subirá, escapado de Granada:

> Un día alguien dio la noticia en el coro de haber sido fusilado en Barcelona el escritor Jacinto Benavente, culpándose al alcalde de El Escorial de haber hecho lo propio con los hermanos Quintero. Y uno de los señoritos insinuó:

IDEAL   Granada, martes

s, a cada una de las siete fa-
de muertos por la causa, que
, necesiten.
:o escuadras han ido a Lora
o para continuar la pacifica-
el pueblo, y treinta hombres
archado a Villanueva de las

an celebrado funerales por los
en la lucha.
**El bombardeo de San Rafael,
ineficaz**
emisora extranjera ha dicho
an Rafael fué bombardeado
por los aviones de Madrid. El
rdeo no ha sido eficaz. Se tra-
ie conseguir un efecto moral
el elevado espíritu del Ejérci-
ha hecho mella alguna.

SUMEN DE LA
JORNADA

**EL EJERCITO CONSOLIDA
SUS POSICIONES**

io Club Portugués dijo de
igada, como resumen de las
is veinticuatro horas que no
registrado nada decisivo en
no de los frentes. La avia-
oja pierde su preponderancia.
:olumna del comandante Cas-
continúa hacia Badajoz. Es

30 ejecuciones
entre ayer y hoy

Quince por juicios sumarísimos y
otros quince en represalia de los
bombardeos

En la mañana de ayer se ejecutó
la sentencia condenatoria a la última pena, en nueve paisanos por
los delitos de rebelión y agresión
a la fuerza armada.
En la de hoy han sido ejecutados tres paisanos por los mismos
delitos; dos más por los de amenazas a la fuerza pública, hacer propaganda marxista y propagar bulos; y quince por represalias del
bombardeo de la población civil en
el día de ayer, en virtud de lo dispuesto en el Bando dictado a este
efecto.

Don Just
vive. E
en I

Primo de Ri

y no co

Madrid ha d
Sanjurjo, hijo
mente muerto h
tenido por las n
se encuentra de
preso el señor Al
nistro melquiadi
Con ello se
que también dió
drid de que don
bía sido muerto
berse hecho allí
gos.

BURGOS.—Por
res, absolutamen
be que don José
Rivera se halla
'as heridas que
a traición en la
No corre peligro
será conocido s

Las ejecuciones en represalia organizadas por militares existían efectivamente
en Granada en los días posteriores a la sublevación
y eran de público conocimiento, como puede verse por esta noticia aparecida
en *Ideal* el 11 de agosto de 1936

–Mientras eso hacen los rojos, nosotros hemos respetado a García Lorca,
sabiendo, como sabemos, que es de la cáscara amarga. Vamos a tener que
tomar alguna medida.[52]

El hecho es, sin embargo, que la primera alusión a la muerte de Jacinto Benavente que hemos podido encontrar en las páginas de la
prensa apareció en el periódico sevillano *El Correo de Andalucía* el 19
de agosto de 1936, es decir *unas pocas horas después de la muerte de García Lorca y pasados tres días de su detención:*

IDEAL

V   *Granada, sábado 22 de agosto de 1936*   NUM. 1

Tendillas de Santa Paula, 6

de Castejón se aproxi

aca ha dado una noticia
riste indudable impor-
Asegura que las fuer-
la Guardia civil y de
tar y están en sus cuar-
se dirigen hacia la ciu-
ia que la que le presta
is columnas que operan
arse sobre la capital o
son objetivos militares
i. Es muy probable que
tas posiciones debe pre-

por tierra del resto de
España, parece que, por
Una emisora extranjera
stián, a la vista de los
marxistas, han decidido
o tendría nada de ex-
vascos padecen la triste
icia de Vasconia—y eso
ina—, en todo lo demás
s.
táctica que se ha ope-
mejores resultados, pero
la confesión de fracaso.
iuerra, hizo una incur-
idalucía. El empeño era
Madrid. Ahora aparece
· aquella plaza. Allí es-
cito considere oportuno
arxismo.
con caracteres bien vi-
Norte el cerco que pa-
iertos y el material que
prender que la resisten-
fuerzas de Mola están
vencer sin grandes es-

Don Jacinto Benavente, el mundialmente conocido comediógrafo, que ha
sido asesinado en Madrid por las tur-
bas marxistas, que por destruir ya no
vacilan ni ante el genio. Benavente
nunca se había significado en política
y sin embargo ha bastado que sea una
personalidad de relieve para su¡pri-
mirlo. ¡Después dicen que en Madrid
no están mandando los comunistas!

Ya ha pasa(
de Yagü

Se asegura qu
San Seb;

—

Fuerzas marxista.
fren una derrota
gra¡

En los tres últim(
do destruíd;

(

ENTRE LOS ASE
—

TETUAN Castalón...

La prensa derechista propagó la falsa noticia de la muerte de varias
personalidades de la cultura sin que fuera cierta (Jacinto Benavente viviría
hasta 1954). El hecho de que se hiciera después de la muerte de García Lorca,
así como el hecho de que estas «víctimas» fueran todas dramaturgos, como él,
hace pensar que la coincidencia pudo no ser casual. La ilustración de la
página opuesta corresponde a *Ideal* del 23 de agosto de 1936

Puerta del Sol
n a Gobernación
militar. A na-
tiene contra los
gentes. Y estas
a· situación. Los
s estaban en la
unas fuerzas de
mbargo, los mi-
:rrotados por el
.ron la manifes-
·ia Havas, cuya

resumen oficial
a. Confirmación
renga a las mi-
ulares. Llegó a
r que «de hom-
·blar sin mentir
ntes, decía qué
ld, en Extrema-
presentado. Con

BARBARIE ROJA

Otro eximio a...s.a ha caído bajo la
mano criminal marxista. José Zuloaga, el ceramista admirado en el
mundo, que sucumbe bajo' la barbarie roja infiltrada en hombres españoles que han olvidado su patria
y han perdido hasta el sentimiento
artístico, innato en la raza hispana.

vando a los po-
ue los engaños.
·ido oficialmente
le patrullar por
deserciones. Por
·darrama es ab-
le la ciudad. En
a Agencia Havas
que eso ocurra.
·ada uno hubie-
·ue no le ·ogie-
·mos que eso lo
os para la fuga.
·odas partes. No
·pervivientes del
·a pocas muni-
a de Castejón y
·r de que fueron
Y un periodista
·da de los pocos
ella. El material
: y seis ametra-
·ueremos repetir
para el avance.
d. Pero pasando
les ha comuni-
Salamanca para
l ataque.
a comunicado a
·z. No se puede
gestiones de los

Don Pedro Muñoz Seca, el más popular y fecundo de los comediógrafos
nacionales, asesinado, según parece.
por las hordas marxistas que tienen
puesto especial interés, por lo visto
en suprimir a todos los hombres que
representan nuestra intelectualidad y

por encima de
marxismo ·es un
·uestión de días.

17/17

Atacó por reta
do estaban con
de Guadalup

UN PERIODISTA PRE
QI

ZARAUZ HA
QUEDA A

MOLA Y YAGÜ

De Gibraltar con
Mála

BURGOS.--La emis
dió cuenta anoche de l;
frida por las fuerza
mandadas por el capi
en el pueblo de Guad;
En Guadalupe se hac
destacamento de fueri
listas en espera de la l
columna del comandar
El jefe de dicho desta
metió la imprudencia
car a Sevilla la escas·
ciones. El aviso teléfo
tervenido por la colum
que se dispuso a atacar
te a las fuerzas situar
dalupe. Estas se habí:
en el Monasterio para
mejor.
Los marxistas se arro
que, pero inopinadame
las fuerzas del coman
jón, que hicieron en l
un estrago enorme. Se
posteriores, se sabe q
unas dos mil bajas. L
zación fué absoluta. I
y jefes huyeron a la

También asesinan a ilustres escritores

Entre las víctimas de la barbarie marxista se cuentan ilustres literatos, tales como Benavente, los Quintero y Muñoz Seca.[53]

La misma nota se reprodujo de nuevo en *El Correo de Andalucía* al día siguiente, 20 de agosto, y aquella noche Queipo de Llano divulgó la falsa noticia en su charla radiofónica. Sus palabras fueron reproducidas por *Ideal* el 21 de agosto:

> Entre las contemplaciones que nos han guardado figuran la de haber fusilado a Benavente, a los Quintero, a Muñoz Seca, Zuloaga, y hasta el pobre Zamora. Es decir, que esa canalla no pensaba dejar a ninguna persona que sobresaliese en cualquier actividad. ¿Qué pueden pensar en el mundo civilizado de los hombres que han asesinado a Benavente? ¡Cuándo podrá el país rehacerse de la pérdida de figuras como Benavente, los Quintero, Zuloaga![54]

Sin embargo, todas estas pobres «víctimas» de la barbarie marxista se encontraban con vida en aquel momento, de modo que las acusaciones de Queipo y de su equipo de propagandistas no eran más que una pura invención.[55]

Queremos dejar sentado que la primera noticia de los falsos asesinatos de Benavente, los Quintero y Muñoz Seca que hayamos podido localizar en la prensa salió en *El Correo de Andalucía* el 19 de agosto, periódico controlado por Queipo de Llano. El que estas supuestas víctimas de las «hordas rojas» fueran todas dramaturgos, al igual que García Lorca, es una coincidencia que, a nuestro parecer, no puede haber sido fortuita. Nos parece, por tanto, legítimo el sostener la hipótesis de que en la noche transcurrida del 18 al 19 de agosto, una vez dada la orden de matar a García Lorca, se fabricara en Sevilla la falsa noticia de la muerte de estos autores teatrales con intención de contrarrestar cualquier protesta que surgiera por la del poeta granadino. Y esta falsa noticia se publicó en la mañana del 19 de agosto de 1936, a las pocas horas de la muerte del gran poeta, volviéndose a repetir al día siguiente en el mismo periódico.

Ahora bien, hubiera o no participación de Queipo de Llano en la decisión de asesinar a Lorca (y pensamos que sí, aunque todavía no hayan aparecido pruebas contundentes), hay que seguir considerando a José Valdés Guzmán como el principal culpable de la muerte del poeta. Es evidente que, a pesar de la denuncia o denuncias que operaran contra Lorca, puestas por Ramón Ruiz Alonso o por otras personas (lo que examinaremos en un capítulo posterior), Valdés hubiera podido salvarle si lo hubiera deseado. Pero Valdés no era hombre de salvar a nadie, y mucho menos a un poeta «rojo».

¿Hubo un enfrentamiento o entrevista entre Lorca y Valdés aquella noche antes de que sacaran al poeta del edificio y le llevaran a Víznar?

El 20 de abril de 1937, *Ideal* publicaba la «dimisión» de José Valdés Guzmán, el principal organizador de la brutal represión en Granada, que hubiera podido salvar a Federico si lo hubiera deseado

No lo sabemos y, a lo mejor, no lo sabremos nunca, pues Valdés se llevó sus secretos a la tumba el 5 de marzo de 1939, víctima del cáncer que desde hacía años le roía el cuerpo y de una herida recibida después de que abandonara su puesto de gobernador civil de Granada, en una acción de guerra.[56]

Un amigo de Federico, R. R. J., presenció por casualidad la salida del poeta del Gobierno Civil:

«Yo vivía en la calle de Horno de Haza, cerca de la Comisaría de Policía y frente al Gobierno Civil, en la calle Duquesa. Entonces, durante las primeras semanas del Movimiento, íbamos yo y un amigo cada noche a la Comisaría a oír el último parte de Queipo de Llano, que daban desde Sevilla a las tres de la madrugada. Jugábamos a las cartas con los policías de guardia hasta oír el parte. Aquella madrugada salí de la Comisaria a las tres y cuarto por ahí y me encontré con que de pronto me llaman por mi nombre. Me vuelvo: «¡Federico!» Me echó un brazo por encima. Iba con la mano derecha cogida de unas esposas con un maestro de la Zubia con el pelo blanco.[57] «Pero, ¿dónde vas, Federico?» «No sé». Salía del Gobierno Civil. Iba con guardias y falangistas de la «Escuadra Negra», entre ellos uno que era guar-

Probablemente nunca se sabrá si García Lorca, antes de ser llevado fuera de Granada, intercambió algunas palabras con el duro comandante Valdés: éste se llevó sus secretos a la tumba el 5 de marzo de 1939

dia civil, a quien habían expulsado de la Guardia Civil y que se metió en la «Escuadra Negra». No recuerdo cómo se llamaba. A mí me pusieron el fusil en el pecho. Y yo les grité: «¡Criminales! ¡Vais a matar a un genio! ¡A un genio! ¡Criminales!» Me detuvieron en el acto y me metieron en el Gobierno Civil. Yo estuve allí encerrado dos horas y luego me soltaron.[58]

Pocos minutos después de este encuentro los esbirros de Valdés subieron a sus dos víctimas al coche que les llevaría camino de la muerte.

—— NOTAS ——

1. El río Beiro, seco en verano, baja hacia Granada desde la Sierra de Alfacar.

2. Bar de la Calle de Puente de Carbón donde, antes del Movimiento, se reunía la pandilla de Valdés.

3. Testimonio del doctor José Rodríguez Contreras, grabado por nosotros en cinta magnetofónica, Granada, 23 de agosto de 1978.

4. Testimonio de Eduardo Carretero, grabado por nosotros en cinta magnetofónica, Chinchón, 22 de septiembre de 1978.

5. Otro testigo de la escena de la Calle de Angulo fue el señor Miguel Mariscal Gómez a quien conocimos en Granada en 1966.

6. La entrevista tuvo lugar el 20 de marzo de 1967 en la oficina de Ruiz Alonso en el Instituto Balmes de Madrid, donde el excedista estaba entonces de secretario en el Seminario de Sociología Industrial y Relaciones Humanas. Grabamos subrepticiamente la entrevista en un pequeño magnetófono escondido. La grabación no es siempre perfecta, y se señalan las lagunas con corchetes. A veces, entre éstos, damos el contenido de los pasajes mal grabados.

7. Equivocación. Según *Ideal* (17 agosto 1936), Valdés pasó todo el día del 16 de agosto en Lanjarón, volviendo tarde aquella noche al Gobierno Civil (véase nota 34 de este capítulo).

8. Aquí –la grabación es defectuosa– nos dijo Ruiz Alonso que los obreros de la Casa del Pueblo de Granada habían montado una versión «política» de la obra de Lorca *Bodas de sangre*, dándole como título *Bodas de dinamita*. No creemos en la exactitud de este extraordinario alegato. Anotemos, sin embargo, que la Casa del Pueblo aludida sí disponía de «un amplio salón-teatro». Véase *Noticiero Granadino* (16 abril 1936), p. 1.

9. Aquí suprime Ruiz Alonso el nombre «Rosales» para luego hacerlo resaltar con más énfasis.

10. En la entrevista que sostuvimos con Esperanza Rosales en Madrid, 7 de noviembre de 1978, ésta nos dijo que no conocía a los dos hombres que acompañaban a Ruiz Alonso. Luis está convencido de que fueron Trescastro y García Alix.

11. Testimonio de Esperanza Rosales, grabado por nosotros en cinta magnetofónica, Madrid, 7 de noviembre de 1978. Luis Rosales insiste en que su madre llamaría a otros miembros de la familia sin éxito antes de dar con Miguel.

12. Auclair, *op. cit.*, p. 345.

13. Declaración hecha por José Rosales al abogado granadino Antonio Jiménez Blanco en 1971. Vila-San-Juan reproduce íntegro el texto en el cual apuntó Jiménez Blanco los detalles de la declaración de José Rosales, que el mismo Rosales ratificó en 1973 (Vila-San-Juan, *op. cit.*, pp. 190-193).

14. Testimonio de Miguel Rosales, Granada, 1966.

15. Testimonio de Luis Rosales y Esperanza Rosales, grabado por nosotros en cinta magnetofónica, Madrid, 7 de noviembre de 1978.

16. Testimonio de Miguel Rosales, Granada, 1966.

17. Todos estos detalles proceden del testimonio de Esperanza Rosales, citado en la nota 15.

18. Testimonio de M. L., Granada, 29 de septiembre de 1980.

19. Véase nota 17.

20. Testimonio de Miguel Cerón, Granada, 1966.

21. Testimonio de José Rodríguez Contreras, Granada, 1966.

22. Testimonio de Miguel Rosales, Granada, 1966.

23. Testimonio de Miguel Rosales, Granada, 1966.

24. Según la declaración hecha por José Rosales a Antonio Jiménez Blanco (véase nota 13), se encontraba, exactamente, en Güéjar-Sierra.

25. Testimonio de Miguel Rosales, Granada, 1966.

26. Declaración de Gerardo Rosales a Agustín Penón en 1955 que consta en el archivo de éste.

27. Según Couffon, *op. cit.*, p. 110, Luis iba acompañado por Cirre y otros dos falangistas, Leopoldo Martínez y Adolfo Clavarana. Clavarana, con quien hablamos en Granada en 1966 en presencia del doctor José Rodríguez Contreras, negó entonces que estuviera con Luis aquella noche en el Gobierno Civil.

28. Luis Rosales llevaba varios años fuera de su ciudad natal, volviendo allí sólo unos pocos días antes del Movimiento. No había tenido contacto alguno con la vida política granadina.

29. En 1966. Luis Rosales nos dijo: «Mi hermano Miguel está equivocado. Además, este tipo de órdenes nunca se han dado escritas en ninguna parte de España.» Luis sigue insistiendo hoy en que Ruiz Alonso no llevaba una orden escrita sellada por el Gobierno Civil, y está convencido de que, de tener Ruiz Alonso tal orden, se habría llevado en seguida a Federico, sin escuchar las razones de la señora Rosales, y, desde luego, sin esperar la llegada de Miguel.

30. Testimonio de Luis Rosales, grabado por nosotros en cinta magnetofónica, Cercedilla, 2 de septiembre de 1966.

31. Testimonio de Ramón Ruiz Alonso, Madrid, 3 de abril de 1967.

32. Testimonio de Cecilio Cirre, Granada, septiembre de 1966.

33. Véase nota 30.

34. «El señor Valdés regresó a las diez menos cuarto de la noche; satisfechísimo de las pruebas de españolismo y virilidad que ha encontrado en otros pueblos», *Ideal* (17 agosto 1936), citado por Vila-San-Juan, *op. cit.*, p. 142, nota 71.

35. La entrevista, que duró tres cuartos de hora, fue grabada en cinta magnetofónica. Testigos de la conversación fueron el hijo de José Rosales, José Carlos, y María Teresa Leal Carrillo.

36. Luis, en nuestra entrevista con él el 6 de octubre de 1978, nos dijo que no vio la denuncia de Ruiz Alonso pero que se acuerda de la descripción de ella hecha por José.

37. Después de haber escuchado esta cinta Luis Rosales, éste nos confió, el 29 de

enero de 1979, que en su opinión José aludía aquí, veladamente, al cargo de homosexualismo también contenido en la denuncia contra el poeta. Luis recuerda claramente que, según José, la denuncia incluía tal acusación al lado de las de tipo político.

38. Véase nota 13.

39. Vila-San-Juan, *op. cit.*, pp. 150-152.

40. *Ibid.*, p. 143.

41. Información de Luis Rosales, publicada por vez primera por Couffon, *op. cit.*, p. 108. Luis Rosales nos informa de que el falangista (de quien nadie ha tenido noticias desde entonces) se llamaba Bene y no Benet, como, por lo visto, se ha venido diciendo.

42. Véase nota 30.

43. Testimonio de Esperanza Rosales, grabado por nosotros en cinta magnetofónica, Madrid, 7 de noviembre de 1978. Esperanza no se acordaba del nombre del abogado, que nos ha sido confirmado por la familia del poeta y por Luis Rosales.

44. El detalle de la orden de libertad firmada por la Comandancia Militar fue publicado por primera vez en el libro de Vila-San-Juan, *op. cit.* p. 152. Nos los confirmó el propio Rosales durante la conversación que tuvimos con él el 26 de agosto de 1978.

45. Nos dijo Rosales el 26 de agosto de 1978: «Tú piensas que Federico estaba allí todavía, pero yo no.»

46. Durante un mes entero Angelina llevaba la comida a Manuel Fernández-Montesinos, preso en la cárcel de Granada. Al llegar allí en la mañana del 16 de agosto de 1936 se encontró con que ya lo habían fusilado. «¿Cómo lo voy a olvidar? –nos dijo en 1966–. Don Manuel por la mañana y el señorito Federico por la tarde.»

47. Antonio Pérez Funes y César Torres Martínez nos dijeron independientemente que vieron el cesto de Federico en la cárcel.

48. Antonio Ramos Espejo. «Los últimos días de Federico García Lorca. El testimonio de Angelina», *Triunfo* (17 mayo 1975), páginas 27-28.

49. Testimonio de Vicente López Jiménez, Granada, 31 de octubre, 1980.

50. Véase la nota publicada en primera página por *Ideal* el 17 de agosto de 1936: «YA HAY TELÉFONO ENTRE LAS PROVINCIAS ANDALUZAS UNIDAS AL MOVIMIENTO. Radio Sevilla ha comunicado que han quedado ya restablecidas las comunicaciones telefónicas entre Cádiz, Córdoba, Granada, Huelva y Sevilla.»

51. Brenan. *The Face of Spain*, pp. 137-138.

52. Antonio de la Villa, «Un evadido de Granada cuenta el fusilamiento de García Lorca», *Estampa*, Madrid (26 septiembre 1936).

53. *El Correo de Andalucía* (19 agosto 1936), p. 7.

54. *Ideal* (21 agosto 1936), p. 2.

55. Jacinto Benavente (1866-1954); Joaquín Álvarez Quintero (1873-1944); Serafín Álvarez Quintero (1871-1938); Pedro Muñoz Seca fue asesinado *tres meses después de la muerte de García Lorca*, en Madrid, 28 de noviembre de 1936; Ricardo Zamora, el famoso futbolista, murió en 1978. ¿Quién era «Zuloaga»? Según *Ideal* (23 agosto 1936), se trataba de un tal José Zuloaga, «ceramista admirado en el mundo». Pero no existía tal persona, y parece ser que «José» Zuloaga era una combinación del pintor Ignacio Zuloaga, muerto en 1945, y Juan Zuloaga, su primo, hijo del famoso ceramista Daniel Zuloaga. El 18 de agosto *Ideal* se refería de pasada al asesinato de Zamora en Madrid. Luego, el 22 de agosto, publicó en primera página sendas fotogra-

fías de Zamora y Benavente, y en su página 8 otra de los hermanos Álvarez Quintero. El 23 de agosto figuraban en la primera página de *Ideal* fotografías de Zuloaga y de Pedro Muñoz Seca, a quien se denominaba como «el más popular y fecundo de los comediógrafos nacionales».

56. Se nos ha dicho repetidas veces en Granada que una delegación encabezada por Mariano Pelayo de la Guardia Civil fue a visitar a Franco para quejarse de la excesiva brutalidad de la represión que, todavía en 1937, llevaba a cabo Valdés. El 20 de abril de 1937, *Ideal* anunció que Valdés había *dimitido* y publicó un mensaje de despedida del gobernador. En este documento Valdés se excusaba ante los granadinos por la dureza que se había visto *obligado* a manifestar durante el tiempo que estuvo en el Gobierno Civil, añadiendo que su conciencia estaba tranquila delante de Dios. Véase la necrología de Valdés publicada por *Ideal*, reproducida en el apéndice VII.

57. Se trata, con toda seguridad, de Dióscoro Galindo González, de quien se hablará en el próximo capítulo.

58. Testimonio de R. R. J., Granada, 28 de julio de 1980.

11

MUERTE EN FUENTE GRANDE

A l pie de la Sierra de Alfacar, a unos nueve kilómetros si subimos desde Granada en dirección noroeste, nos encontramos con dos pequeños pueblos casi lindantes: Alfacar y Víznar. El primero, cuyo nombre se deriva de una voz árabe que significa «alfarero», goza de fama en la ciudad por el sabor y la calidad de su pan moreno. Víznar, nombre que proviene de un topónimo preárabe, destaca por un noble monumento: el palacio del arzobispo Moscoso y Peralta, edificado a fines del siglo XVIII cuando este eclesiástico volvió de América.

Cuando estalló la sublevación, en julio de 1936, los nacionalistas granadinos se hicieron muy pronto fuertes en Víznar, pasando a ocupar el citado palacio. La importancia estratégica de Víznar estribaba en que el pueblo constituía un punto necesario de resistencia y vigilancia contra las posibles incursiones republicanas procedentes de la zona montañosa situada al norte de la capital. Dicha zona, en efecto, se mantuvo en poder de las fuerzas republicanas durante casi toda la guerra.

La guarnición de Víznar estaba integrada por un grupo de falangistas al mando del capitán José María Nestares Cuéllar, cuyo papel en la conspiración contra la República ha sido ya mencionado. Terminada la guerra, fue colocada una lápida conmemorativa en el zaguán de entrada al palacio. En ella podemos leer:

En este palacio de Víznar se estableció el cuartel de la primera Falange Española de Granada el 29 de julio de 1936. Dentro de sus muros creció hasta constituir la Primera Bandera y luego Primer Tercio de Falange Española Tradicionalista de Granada que en duros combates mantuvo la seguridad de nuestra capital contra el ímpetu marxista. Tienen a gran honor el haberlo cedido para tan altos fines sus propietarios D. JOSÉ F. FIGARES y MÉNDEZ y D.ª ESPERANZA DE DAMAS y R. ACOSTA.

De haber sido tan sólo un puesto militar, Víznar apenas sería recordado hoy en relación con la guerra civil. El pueblo debe su fama al hecho de haber sido también lugar de fusilamientos, donde cayeron abatidos cientos de «rojos». Por este motivo, y durante décadas, los vecinos de Víznar, amenazados por la Guardia Civil, no querían hablar de la guerra con gente de fuera, máxime si se trataba de extranjeros.

Desde Víznar, Nestares estaba en permanente contacto telefónico con Valdés. Ininterrumpidamente, casi todos los días y todas las noches, llegaban coches del Gobierno Civil o de los pueblos con tandas sucesivas de víctimas. Los fusilados de Víznar no procedían de la cár-

A unos nueve kilómetros de Granada, se encuentra Víznar, pueblo que tuvo gran importancia estratégica después de la sublevación. La guarnición, integrada por falangistas y mandada por el capitán José María Nestares Cuéllar, ocupó el notable palacio del arzobispo Moscoso y Peralta (del que las fotografías, de la época de las investigaciones, muestran la entrada y el interior). El pueblo debe también su fama al hecho de haber sido centro de fusilamiento de «rojos»

cel de Granada; eran, simplemente, los «desaparecidos», los muertos «no oficiosos», de quienes las autoridades negaban tener noticias.

Los coches que venían directamente desde la capital tenían que pasar forzosamente por delante del palacio de Moscoso y Peralta, donde habitualmente se detenían unos minutos para la entrega o intercambio de papeles justificativos con Nestares o sus ayudantes. Luego seguían su camino cuesta arriba por la estrecha callejuela que conduce a la Fuente Grande.

Pasados los muros del palacio se abre ante la vista un magnífico panorama. El terreno desciende abruptamente hacia Alfacar y, a lo lejos, se divisa tendida la dilatada vega granadina, irguiéndose a la derecha la pelada Sierra de Elvira.

Por encima de Víznar el visitante descubre, a la izquierda del camino, una apacible acequia bordeada de juncos. Esta acequia desaparecía hasta hace poco tiempo detrás de un edificio casi oculto por una masa de árboles y que ha sido demolido.

El amplio edificio, llamado Villa Concha, era utilizado durante la República como lugar de veraneo para grupos de escolares granadinos. De ahí que popularmente se lo conociera como «La Colonia». En julio de 1936 estaba todavía dedicado a estos fines, hasta que estalló la guerra y los niños hubieron de ser evacuados. A partir de ese momento fue habilitado como cárcel. «La Colonia», previamente asociada con la alegría infantil, los juegos y las vacaciones veraniegas, pasó a convertirse en casa de muerte.

Desde Granada los nacionalistas llevaron a «La Colonia» a un grupo de masones, a los que añadieron otros «indeseables», para que efectuaran el trabajo de enterradores. Entre los masones figuraban Manuel Plaza, Henares, Lopera, Bocanegra, un tal Fernando (nadie recuerda su apellido) y A. M., que vive todavía y nos ha informado plenamente sobre el funcionamiento de «La Colonia.»[1]

Junto a los masones trabajaba de enterrador un muchacho de 17 años, M. C., quien fue llevado a Víznar para ser fusilado. Por suerte, y a instancias de unas señoras de derechas que intercedieron por él ante Nestares, pudo salvarse de la muerte, y fue destinado a servir de enterrador. No quiere M. C. que consignemos su nombre completo, y resulta perfectamente comprensible. Él fue quien enterró a García Lorca y sabe que, de ser identificado, los periodistas del mundo entero le hostigarían. Acompañados por él hemos ido en dos ocasiones a Víznar (en 1966 y en 1978), y nos ha confirmado y ampliado sobre el terreno la información proporcionada por A. M.

Al margen del grupo de masones, también llevó Nestares a Víznar como enterradores, y con la intención de salvarlos, a dos catedráticos de la Universidad de Granada, Joaquín García Labella y Jesús Yoldi

Bereau, junto con los concejales izquierdistas Manuel Salinas y Francisco Rubio Callejón. Pero a los cuatro, como ya hemos dicho, a pesar de haberles vestido de falangistas, ni el mismo Nestares pudo librarles de la muerte: estando él ausente un día, Valdés mandó desde Granada un coche para recogerlos y poco después eran fusilados contra las tapias del cementerio granadino.

«La Colonia» dependía, en última instancia, del capitán Nestares, a pesar de que éste se ocupaba principalmente de las operaciones militares de la zona. Es de sentir que haya fallecido (mayo de 1977) sin dar su versión de cómo funcionaba aquel sistema de muerte.

La cárcel quedó establecida en la planta baja del edificio. En el piso alto se alojaban varios soldados y guardias de Asalto, más los enterradores y dos mujeres de procedencia izquierdista protegidas por Nestares: una tal Alicia (desconocemos sus apellidos) y María Luisa Alcalde González, una muchacha de gran belleza que había pertenecido a Socorro Rojo Internacional. Las mujeres se encargaban de la limpieza y

En el edificio «La Colonia», lugar de veraneo para escolares convertido en cárcel, pasó García Lorca las últimas horas de su vida, en la noche del 18 al 19 de agosto de 1936. Actualmente ya no existe

de la cocina. Junto a ellas se veía con frecuencia a una joven inglesa, Frances Turner –«La Fanny»–, cuya familia habitaba cerca de la Alhambra. Frances Turner era muy amiga de Nestares, y muchos granadinos aún la recuerdan vestida con una camisa azul falangista que llevaba prendida, por añadidura, una cruz gamada. En Víznar parece ser que «La Fanny» actuaba de enfermera.

Nuestros testigos, A. M. y M. C., insisten en que los asesinos de «La Colonia» eran todos voluntarios que mataban por el gusto de matar, hecha la excepción de unos guardias de Asalto que habían sido forzados por Nestares a participar en los fusilamientos, posiblemente como castigo. Varios de los voluntarios pertenecían a la llamada «Escuadra Negra», y cometían tropelías o crímenes, no sólo en Víznar, sino también en Granada y en los pueblos circunvecinos. Entre estos verdugos de «La Colonia» nuestros informantes recuerdan a «El Maño», «El Sevilla» (que se mató cuando limpiaba su fusil), un tal Gonzalo, el cabo Ayllón, el sargento Mariano, Moles, Hernández, «El Motrileño», «Jamuga», Benavides «El Verdugo» y «El Cuchillero». Es difícil restable-

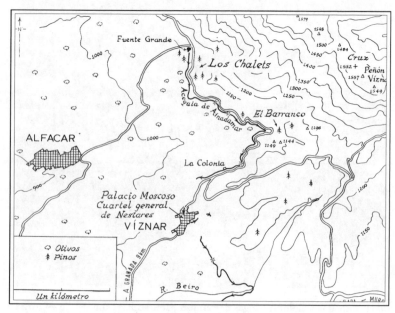

En este mapa de Víznar constan los lugares citados en relación con el asesinato de Federico García Lorca

cer hoy los nombres y apellidos completos de estos asesinos, pues la mayoría de ellos eran conocidos solamente por sus apodos.

Los condenados a muerte llegaban generalmente por la noche y eran encerrados en la planta baja de «La Colonia». Si lo deseaban, podían confesarse con el cura párroco de Víznar, José Crovetto Bustamante (cuyo nombre figuraba frecuentemente aquellos días en las páginas de *Ideal*). Al amanecer los asesinos sacaban a los encerrados «de paseo», dejando abandonados los cadáveres allí donde los cuerpos caían abatidos (campo, cuneta, olivar o barranco) hasta la llegada, un poco después, de los enterradores.

¿Pasó García Lorca las últimas horas de su vida en «La Colonia»? Los testimonios recogidos por Agustín Penón y Enzo Cobelli en los años cincuenta, y más tarde por José Luis Vila-San-Juan, responden afirmativamente.

José Jover Tripaldi le contó a Penón en 1955, con profusión de detalles, que estuvo de guardia en «La Colonia» la madrugada en que llegó allí Federico, conducido a Víznar desde Granada por «El Panadero», miembro, como hemos visto, de la temida «Escuadra Negra». Según Jover Tripaldi se solía informar a los prisioneros a su llegada que, a la mañana siguiente, serían enviados a trabajar en unas fortificaciones pero que, más cerca ya la hora del «paseo», se les decía la verdad de su angustiosa situación. Esto por si querían confesarse, escribir una última carta o encomendar alguna prenda a los guardias. Jover Tripaldi insistía en que Federico decidió confesarse cuando ya era demasiado tarde, y que él ayudó al poeta a repetir el Paternóster, que tenía medio olvidado.[2]

Creemos posible que el testigo de Enzo Cobelli, no nombrado, fuera el mismo Jover Tripaldi, ya que el relato del autor italiano corresponde bastante estrechamente al de Penón y el testigo en cuestión también aseguraba haber estado de guardia aquella madrugada en la puerta de la sala donde estaba encerrado el poeta con otras víctimas:

> Federico García Lorca anima durante toda la noche del 19 de agosto [sic] a sus compañeros de celda. Habla y fuma desesperadamente (el poeta era un gran fumador de tabaco rubio, que compraba en cantidad en el extranjero porque no le gustaba el tabaco negro español). A la mañana, cuando vinieron a buscarle, se dio cuenta inmediatamente de que era para llevarle al «paseo». Entonces pidió un sacerdote, pero precisamente el de Víznar (cuando le vi tenía ya 85 años), que habría esperado durante toda la noche, acababa de irse, pues le habían dicho que no habría ya ejecuciones.[2 bis]

— 235 —

Vila-San-Juan, por su parte, habló en Granada, en noviembre de 1973, con J. G., guardia de Asalto destinado en «La Colonia». Éste aseguró haber presenciado la llegada de García Lorca, a quien reconoció por haberlo visto en varias ocasiones con Fernando de los Ríos.[3] A. M. y M. C. afirman que, de haber llegado el poeta a «La Colonia» antes del anochecer (momento en que los enterradores eran cerrados en el piso alto), seguramente se habrían enterado de ello, ya que varios de los detenidos (por ejemplo, García Labella, Yoldi, Salinas y Rubio Callejón) conocían a Federico. Parece seguro, por consiguiente, que García Lorca solamente pasó unas horas en «La Colonia».

El poeta no murió solo. Le acompañaban en aquel trágico momento otras tres víctimas de la represión ejercida en Granada. Cuando, en 1966, conocimos a M. C., éste se acordaba de los nombres de dos de ellos: los banderilleros Joaquín Arcollas Cabezas y Francisco Galadí Mergal. Ambos eran conocidos en la ciudad tanto por su actuación en el ruedo como por su fervor político. Según Gollonet y Morales, Cabezas y Galadí habían dirigido un servicio de vigilancia que se montó, pocos días antes de la sublevación, ante la puerta de la casa de Valdés, en la Calle de San Antón:

> Los grupos que efectuaban la vigilancia estaban capitaneados por los anarquistas Galadí y Cabezas, quienes tomaron tal pánico a los «fascistas», que dejaron de comparecer por los alrededores de la casa, donde sólo quedaron los secuaces.[4]

El tono de mofa, típico de Gollonet y Morales, nos parece injustificado, pues todavía se recuerda en Granada la valentía de los dos banderilleros.

Se comprende que Valdés, una vez en el poder, no dudara un momento en querer ajustar las cuentas a Cabezas y a Galadí, sobre todo si añadimos que habían figurado entre los dirigentes de la proyectada columna dispuesta a liberar Córdoba.[5]

M. C. no recordaba el nombre de la tercera víctima de aquella mañana, aunque sí que se trataba de una persona coja, maestro nacional del cercano pueblo de Cogollos Vega. Una visita a este pueblo nos hizo comprender muy pronto que se trataba del maestro, no de Cogollos, sino de Pulianas: pequeño error de M. C. que no hizo sino reforzar nuestra confianza en su testimonio.

Los vecinos de Pulianas se acordaban muy bien del maestro, hombre querido por todos y cuyo nombre era Dióscoro Galindo González. En el juzgado del pueblo se conserva su partida de defunción, de la que pudimos conseguir una copia en 1968, después de salvar muchas dificultades. Los datos que suministran este documento coinciden estrechamente con lo que nos había avanzado M. C. en 1966, a pesar del pequeño desajuste de fechas. De acuerdo con su partida de defunción, Galindo González habría muerto el 18 de agosto, mientras que la de García Lorca consigna la fecha del 20 de agosto. Sin embargo, sabemos que ambas partidas se inscribieron cuatro años después de los hechos y que, además, las autoridades jurídicas del nuevo régimen no se crearon excesivos problemas respecto a la precisión cronológica de las muertes constatadas en esos documentos. Por todo ello, no podemos conceder entera credibilidad documental a las fechas inscritas en tales partidas.

Federico García Lorca no murió solo: uno de los que murieron junto a él era, según todos los indicios, don Dióscoro Galindo González, maestro nacional de Pulianas, muy querido por todos y republicano sincero

Doble página siguiente: Partida de defunción de Don Dióscoro Galindo González

MINISTERIO DE JUSTICIA
Registros Civiles

Serie AB   № 169417

CERTIFICACION LITERAL DE INSCRIPCION DE DEFUNCION.- (1)

Sección 3ª.-
Tomo 15.-
Pág. 22 Vta
Folio (2)

REGISTRO CIVIL DE PULIANAS.-
Provincia de GRANADA.-

El asiento al margen reseñado literalmente dice así: "En Pulianas a seis de Septiembre de mil novecientos cuarenta y uno, cumpliendo lo ordenado por la Superioridad se procede a inscribir el siguiente Auto: - Don Ramón Ruiz de Peralta y García licenciado en derecho y Secretario del Juzgado de Primera Instancia número dos de esta Ciudad.- Doy fe. Que - en el expediente para inscribir la desaparición de Don Dioscoro Galindo González conforme al Decreto de 8 de Noviembre de 1,936, se dictó auto con fecha veintidos de Julio de mil novecientos cuarenta teniendo por justificada dicha desaparición, y se mandó inscribir en el Registro Civil del Juzgado Municipal de Pulianas y la solicitante en el precedente escrito expone que el - fallecimiento de dicho señor lo podía probar con los testigos Don Pedro Santos León y Don Gabriel Reguera González y pedía que previos los trámites legales se inscribiera la defunción de su esposo, y acordado recibir declaración a dichos testigos, han comparecido estos y manifestando que conocían al señor Galindo González y día diez y ocho de agosto de mil novecientos treinta y seis en - la carretera de Viznar entre los términos de este pueblo y Pulianas vieron su cadáver, identificandolo por las circunstancias de ser cojo dicho señor, pues le faltaba una pierna, habiendo dictaminado el ministerio fiscal que procede inscribir la defunción solicitada. Considerando: que habiendo justificado la defunción de Don Diosco—

Los hijos del maestro cojo de Pulianas (Antonio, Nieves y María Galindo Monge) viven todavía y nos han proporcionado una amplia información sobre la muerte de su padre, además de sobre su vida e ideas. Galindo González no era granadino, sino oriundo de Ciguñuela (Valladolid). De 1929 a 1934 había sido maestro nacional de Santi-

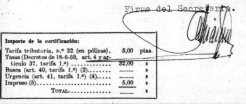

(Sello del Registro Civil)

ro Galindo González, procede sea inscrita.-Visto el Decreto de 8 de Noviembre de 1,936 y disposiciones posteriores = S.Sª. por ante mi el Secretario dijo: Se tiene por justificada la defunción de Don Dioscoro Galindo González y en su virtud inscríbase en el Registro Civil de Pulianas, al Juez Municipal encargado del cual se librará testimonio de este Auto con la oportuna orden.- Juzgado de primera instancia número dos de Granada a veinticinco de Agosto de mil novecientos cuarenta y uno.- Torcuato Casa=Ante mi Ramón Ruiz de - Peralta y García.-El Auto inserto que ha quedado firme por ministerio de la Ley, concuerda con su original a que me remito, y para que conste en - cumplimiento a lo mandado, pongo el presente que firmo en Granada a primero de Septiembre de mil

de mil novecientos cuarenta y uno.--Ldo. Ramón Ruiz de Peralta y García.-Rubricado.- Hay un sello en tinta que dice: Secretaria del Ldo. D.Ramón Ruiz de Peralta y García.-Es copia literal de su original a que me remito.- El Juez Municipal. F. Huete.- El Secretario. José Mª. Cuesta. CERTIFICA: Según consta de la página reseñada - al magen, el Encargado D. Antonio Rodriguez Marín.-

Pulianas a 27 de Marzo de 1,968.

Firma del Secretario.   Firma del Encargado.

Importe de la certificación:

Tarifa tributaria, n.º 32 (en pólizas).	5,00 ptas.
Tasas (Decretos de 18-6-59, artículo 37, tarifa 1.ª)	32,00
Busca (art. 40, tarifa 1.ª) (3)	
Urgencia (art. 41, tarifa 1.ª) (4)	
Impreso (5)	5,00
TOTAL	

(1) «Las certificaciones son documentos públicos» (Ley del Registro Civil de 8 de junio de 1957, art. 7).—«En toda certificación que haga fe de la filiación se hará constar que se expide para los asuntos en que las leyes directamente distinguen la clase de filiación, sin que sea admisible a otros efectos» (Reglamento de 14 de noviembre de 1958, artículo 30).
(2) Se consignará el folio y no la página si se certifica de libros ajustados al modelo anterior a la Ley vigente del Registro Civil; en otro caso se consignará sólo la página.
(3) CINCO PESETAS por cada período de busca de tres años, quedando exento el primer período de tres años.
(4) CINCO PESETAS cuando se despache dentro de las veinticuatro horas.
(5) Modelo oficial, de acuerdo con la Orden de 24 de diciembre de 1958.

RIVADENEYRA, S. A.—MADRID

ponce (Sevilla), llegando destinado a Pulianas en septiembre de 1934. A poco de llegar al pueblo granadino tuvo un incidente con el secretario del Ayuntamiento, Eduardo Barreras, a propósito de la casa que le habían concedido, que al parecer era «poco más que un pesebre». Galindo González se dirigió a Granada a protestar ante el gobernador civil, y su gestión tuvo eco en las páginas de *Ideal* a finales de 1934 o principios de 1935. Galindo no consiguió que le diesen otra casa, sin embargo, y se vio forzado a alquilar él mismo un piso en mejores condiciones, situado en el Caserío de los Ángeles, cerca de Pulianas. Eduardo Barreras no olvidó el episodio y, según la familia del maestro, fue él quien denunció a don Dióscoro, naturalmente que por «rojo». Galindo González era un republicano sincero. Cuando el Frente Popular ganó las elecciones de febrero de 1936, los vecinos del pueblo habían desfilado delante de su casa al grito de «¡Viva el maestro nacional de Pulianas!». Dióscoro Galindo era, por tanto, un hombre marcado, como tantos maestros nacionales que se encontraban dentro de la zona sublevada.

Antonio Galindo Monge ha tenido la amabilidad de remitirnos unas cuartillas en las que describe la persecución y la muerte de su padre. Las reproducimos a continuación tanto por su valor intrínseco como por su relación con la muerte de García Lorca y con los asesinatos de Víznar:

El día 15 de agosto de 1936, y siendo las 10 de la noche, se presentaron en nuestro domicilio dos falangistas armados que habían descendido de un coche que estaba parado en la puerta y ocupado por otros dos falangistas más que no llegaron a subir. Los que subieron al piso que ocupábamos en el Caserío de los Ángeles, sito en la carretera de Pulianas a un kilómetro de dicho pueblo, dijeron que venían a practicar un registro, y mi padre, que estaba presente, les dijo que podían empezar cuando quisieran. Empezaron a efectuarlo tardando unas dos horas. Al final se dirigieron a mi padre y le dijeron que traían órdenes de llevárselo, pero como el registro había sido satisfactorio, le dejaban en calidad de detenido por cuarenta y ocho horas en su domicilio, y si pasada esa fecha no habían vuelto, podía seguir haciendo su vida ordinaria, que no le pasaría nada. Antes de irse, uno de ellos se dirigió a mi padre y le dijo que si le podía hacer unas preguntas, a lo que mi padre le dijo que sí. Entonces le preguntó cuál era su manera de pensar y mi padre le dijo que no le podía contestar a esa pregunta porque era muy particular de él, pues lo mismo podía pensar como él o contrario a él, y se fueron.

Las cuarenta y ocho horas las hicieron a las 10 de la noche del día 17 de agosto. Pasadas cuatro horas de esta fecha, o sea las 2 de la madrugada del día 18, vinieron y le dijeron que tenía que irse con ellos para prestar una declaración, que volvía en seguida. Y no volvimos a verle. Yo les rogué que me dejaran ir con ellos, pero alegaron que no había asiento en el coche. Yo les contesté que podía ir en el mío detrás del suyo, y me dijeron que en cuanto me vieran que les seguía me tirarían con los fusiles.

Esperé que amaneciera y a las 9 de la mañana me fui a la Comandancia, donde teníamos un amigo, el capitán Peramo. Le conté lo ocurrido y en seguida se puso al teléfono y, después de hacer varias llamadas, me dijo que lo sentía mucho, pues quería bastante a mi padre, pero que ya no se podía hacer nada, porque ya lo habían asesinado.

Ante la situación tan precaria en que nos dejaron, yo ingresé en el cuerpo de Asalto por una amistad, pero a los cuatro días me presentaron una denuncia de que quería estar armado para vengar la muerte de mi padre. Yo llamé al amigo nuestro de la Comandancia, habló con el comandante de Asalto y me pusieron en libertad.

Como me hacían la vida imposible, me pasé a zona roja, donde estuve con el Ejército republicano hasta la terminación de la guerra, en que me detuvieron. Pasé por un consejo de guerra, procesado por excitación a la rebelión, y me pasé tres años en la cárcel. Y cuando confirmé los doce años de condena que me pidieron, salí en libertad.

Los hijos de Galindo González creen que, en efecto, su padre fue fusilado en la madrugada del 18 de agosto, tal como consta en su partida de defunción. Es posible, sin embargo, que estuviera encerrado en el Gobierno Civil hasta el día siguiente (véase el testimonio de R. R. J., página 224, según el cual Federico salió de aquel edificio esposado a un maestro), y que el amigo de la familia que estaba en Comandancia Militar, el capitán Peramo, fuera informado falsamente sobre la muerte del maestro, aún no sucedida. Es fácil pensar que se siguió este expediente incluso como medida regular, ante los muchos casos de demanda de protección para los detenidos. Desde la óptica de los sublevados, no se podía tener piedad.

De lo que no parece haber dudas es de que M. C. enterró juntos a Galindo González y a García Lorca. Y a García Lorca creemos que le mataron el 19 de agosto. Poco tiempo después de la muerte del maestro de Pulianas, su familia recibió noticias de que estaba enterrado junto a García Lorca, lo que sirve de apoyo a la narración de M. C.

Desde el emplazamiento de «La Colonia» el camino de Alfacar corre por la ladera del valle, siempre acompañado por la acequia, que es cruzada, a trechos, por pintorescos puentecillos de piedra. Al cabo de algunos momentos el camino dobla en una curva abrupta. A la izquierda, bajo el camino, la acequia se encaja en un estrecho acueducto. A nuestra derecha asciende una pendiente de arcilla, cubierta de tupidos pinos, que se pierde más arriba entre los peñascales de la Sierra de Alfacar.

Éste es el tristemente célebre barranco de Víznar, bajo cuya tierra yacen los restos de cientos de víctimas allí asesinadas. Al comienzo de la represión granadina el barranco no era utilizado como lugar de fusilamientos. Los verdugos no habían advertido aún que allí la arcilla era más blanda que en otros sitios del valle, por lo que permitía más fácilmente la apertura de fosas.

A. M. y M. C. nos han descrito sus tristes experiencias en el barranco. Los cadáveres eran abandonados en montón donde caían, a la espera de los enterradores, que llegaban poco después. En más de una ocasión éstos pudieron reconocer entre las víctimas a conocidos o amigos suyos. Que ellos recuerden, no se solía torturar primero a los condenados, como se ha dicho con frecuencia, como tampoco es cierto que se les obligara a cavar sus propias tumbas.

Bajo el sol andaluz de verano la labor de los enterradores era amarga y dura. A pesar de que corrían muy cerca las limpias aguas de la acequia de Fuente Grande, no se les permitía bajar a beberlas, como reforzamiento del castigo.

Por todo este barranco yacen los cuerpos, cientos de ellos.

En 1936 el lugar estaba mucho más pelado que ahora, sin árboles.

Bajo la arcillosa tierra del barranco de Víznar (hoy cubierto de pinos, como puede apreciarse por esta fotografía) yacen los restos de cientos de víctimas asesinadas

Cuando Gerald Brenan lo visitó, en 1949, «toda el área estaba salpicada de hoyos de poca profundidad y montículos, sobre cada uno de los cuales se había colocado una piedra pequeña. Empecé a contarlas, pero acabé por dejarlo al darme cuenta de que había varios cientos».[6]

Durante la época de las investigaciones todavía podían distinguirse en el barranco de Víznar numerosas fosas como ésta

Entre los fusilados del barranco había numerosas mujeres. Una de ellas se llamaba Carmela Rodríguez Parra, familiarmente conocida como Carmela «la de los pajaritos». El sobrenombre le venía de que la especialidad que distinguía el bar que tenía en la Calle de Elvira era precisamente los pajaritos fritos. En este bar se reunían muchos izquierdistas antes de que estallara la sublevación. No otro motivo causó la persecución y muerte de la propietaria del establecimiento. Buenísima mujer, de amplia complexión física, no pudo sustraerse a la matanza. La condujeron a Víznar junto a otra mujer de ideas izquierdistas, la célebre «Zapatera», y las dos murieron juntas.

La fosa más grande del barranco, excavada al fondo de un declive, aún se distingue perfectamente. Está toda ella rodeada de juncos, índice de la humedad del suelo y del agua que allí se deposita en invierno formando un charco. En años postfranquistas la fosa ha sido adornada con piedras y cruces de madera, que ya nadie toca. El hoyo contiene los restos de muchísimos cadáveres. En este suelo tierno era sencillo excavar una profunda zanja, donde los sepultureros podían amontonar los cuerpos muertos y recubrirlos fácilmente. Los condenados eran conducidos hasta el borde del hueco abierto y matados de un tiro en la nuca.

Durante el primer mes de la represión los verdugos de «La Colonia» no efectuaban sus muertes en el barranco, sino al lado de la carretera, entre Víznar y Alfacar. Así ocurrió con García Lorca, y no cabe duda de que el cuerpo del poeta no se encuentra entre los enterrados en el barranco.

Si se sigue por el camino de Fuente Grande, una vez dejado atrás el barranco de Víznar, se llega en unos momentos a una curva a cuya mano derecha se levanta un grupo de chalets modernos, construidos hace unos veinte años. Al otro lado del camino se acaba de edificar un bloque de pisos. Un poco más lejos se descubre el famoso manantial conocido como Fuente Grande, que ha dado su nombre a este lugar.

El paraje, donde se ha empezado a construir desmesuradamente (hoteles, piscina, chalets), posee una rica y fascinante historia. Los árabes, habiendo observado las efervescentes burbujas que ascienden de modo continuo hasta la superficie del agua de la fuente, la bautizaron con el metafórico nombre de Ainadamar, o «Fuente de las Lágrimas» (el término árabe «ain» significa a la vez «ojo» y «manantial»).[7] Pero la Fuente Grande tenía en otro tiempo no muy lejano más vitalidad que hoy en día, o al menos así se desprende de la descripción del viajero inglés Richard Ford, quien la visitó entre 1831 y 1833, encontrándose con un «vasto manantial de agua gaseosa que forma una columna de varios pies de altura».[8]

El agua de la Fuente Grande es fresquísima y agradable al paladar. Los árabes construyeron una acequia –la acequia de Ainadamar, que corre al lado del camino de Víznar– para conducirla hasta Granada.[9] Todavía llega hasta el Albaicín, pasando antes por Víznar y por la nada pintoresca fábrica de pólvora de El Fargue. Hasta hace un tiempo la acequia proveía de agua potable a todo el barrio del Albaicín, si bien hoy sólo se usa para regar los geranios y los jazmines de los cármenes.

Alrededor de la Fuente Grande los hispanoárabes levantaron una colonia de espléndidas residencias de verano, de las que no quedan hoy vestigios visibles, debido probablemente a los estragos causados en otros siglos por los terremotos. Algunos restos de los edificios se pueden admirar en el Museo Arqueológico de Granada.

Se conservan íntegros, sin embargo, varios poemas escritos por poetas arábigo-andaluces en alabanza y encomio de la belleza de la her-

Carmela Rodríguez Parra era propietaria de un bar en el que, antes de la sublevación, se reunían izquierdistas. Fue una de las muchas mujeres que también fueron fusiladas en el barranco de Víznar

mosa fuente. Leamos unos de ellos, escrito por el poeta, juez e historiador Abū-l-Barakāt al-Balafīqī, nacido en Almería y fallecido el año 1372:

¿Es mi alejamiento de Ainadamar, que me detiene el pulso de la sangre, lo que hace brotar un chorro de lágrimas del fondo de mis ojos?
Sus aguas gimen con la tristeza de aquel que, esclavo del amor, ha perdido su corazón.
A su orilla entonan los pájaros melodías comparables con las del mismo Mosuli,[10] recordándome el remoto pasado donde entré en mi juventud.
Y las lunas de aquel lugar,[11] bellas como José, harían abandonar a cualquier musulmán su fe por la del amor.[12]

No carece de emoción el comprobar que, seiscientos años después de compuesto este poema, el ojo del manantial sigue llorando sus borbollantes lágrimas a poca distancia de donde mataron en 1936 al mejor poeta granadino de todos los tiempos. Porque es cierto que el poeta cayó, con Galindo González, Arcollas Cabezas y Galadí Mergal (creemos que al amanecer del 19 de agosto), cerca de la Fuente Grande. Federico había escrito en un poema juvenil de su primera obra lírica, el *Libro de poemas*: «Mi corazón reposa junto a la fuente fría».[13]

Este mismo verso serviría de epígrafe al poema elegíaco que un poeta español, Dámaso Alonso, dedicaría en 1940 a su amigo asesinado. Su título: «La Fuente Grande o de las Lágrimas (Entre Alfacar y Víznar)»:

Ay, fuente de las lágrimas,
ay, campos de Alfacar, tierras de Víznar.
El viento de la noche,
¿por qué os lleva la arena, y no la sangre?
¿por qué entrecorta el agua cual mi llanto?

No le digáis al alba vuestro luto,
no le quebréis al día su esperanza
de nardo y verde sombra;
pero en la noche aguda,

sesgada por el dalle de los vientos
que no olvidan, llorad, llorad conmigo.

Llora tú, fuente grande,
ay, fuente de las lágrimas.
Y sed ya para siempre mar salobre,
oh campos de Alfacar, tierras de Víznar.[14]

Cerca de este manantial, la Fuente Grande, asesinaron a García Lorca en el
amanecer del día 19 de agosto de 1936

En 1966 nos dirigimos a la Fuente Grande acompañados de M. C., el
enterrador de García Lorca, quien nos señaló el sitio donde le esperaban los cadáveres aquella mañana, a la derecha de los chalets edifica-
dos hace unos años junto al camino que corre de Víznar a Alfacar. Allí
crecía en 1936 un viejo olivar que, salvo dos únicos árboles, ha desaparecido actualmente bajo las casas.

Los presos habían sido conducidos hacia la Fuente Grande en un
coche venido desde «La Colonia». M. C., sin embargo, llegó andando
al lugar. Notó inmediatamente que uno de los muertos era cojo.
Cuando volvió a «La Colonia», alguien le dijo que se trataba del maestro nacional Galindo González.[15] M. C. había observado que otra de
las víctimas llevaba una corbata de lazo («de esas que llevan los artistas») y a su vuelta le informaron de que ése era el poeta García Lorca. A

En lo que fue el olivar donde mataron al poeta, se ha colocado un monolito conmemorativo con la siguiente inscripción: «A la memoria de Federico García Lorca y de todas las víctimas de la guerra civil 1936-1939»

las otras dos víctimas, los banderilleros Cabezas y Galadí, les conocía de vista.

El 24 de agosto de 1978 tuvimos ocasión de volver a Fuente Grande con M. C. y un sobrino de Carmela, «la de los pajaritos». M. C. nos confirmó y amplió entonces los detalles que habíamos recibido de él en 1966. Pero esta vez ya no tenía miedo de la Guardia Civil, que antes patrullaba el camino entre Víznar y la Fuente Grande, llegando a detener a algunos «investigadores».[16] M. C. se sentía ahora seguro de sí, sin recelo ninguno. Como atraído por un imán, nos condujo sin titubeos hasta el mismo lugar que diez años antes, emplazado a la derecha de los chalets nuevos, allí donde hay una plantación de pinos y, cerca del camino, una especie de cuneta («barranquillo» lo llamaba M. C.) que asciende hacia arriba. A la derecha de los pinos, algo apartados, subsisten dos olivos, los únicos que perviven del antiguo olivar que allí había en 1936. M. C., absorto en sus recuerdos, hablaba como para sí:

Aquí era seguro... Había entonces más olivos...; estarán por encima los pinos... Estos pinos no existían. Todo esto es nuevo... Aquí no hay nada más que éstos. Aquí no están nada más que el maestro de Pulianas, el Galadí, el Cabezas y éste, el Lorca. Aquí ya no hubo más. Aquí no hay nada más que ésos... En este rodal de aquí; sí, en este rodal de aquí desde luego que es; más arriba o más abajo, pero en este rodal... En invierno baja un arroyo por el barranquillo... Es en este rodal de aquí. Entonces allí había más olivos, o pegado al barranco había más olivos y los han arrancado para poner los pinos, ¿no? Allí han quedado unos olivuchos, pero aquí había más olivos...

Estaban medio enterrados ya y nosotros solamente teníamos que acabar de enterrarlos. Estaban medio cubiertos... Aquí están enterrados... En estos contornos sí está... Aquellos olivuchos son del mismo olivar, antiguos.... Sí, por estos alrededores...

Un señor, La Alegría, era el dueño de todo esto. Ahora lo tiene todo el yerno... Aquí no había nada; no había nada más que la casilla al lado de la fuente; ni el bar donde hemos estado, ni la piscina, ni nada de eso... Esos pinos son nuevos... Aquí no había nada...

A través de Angelina Cordobilla, que llevaba la comida a Lorca hasta el Gobierno Civil, la familia del poeta supo en la mañana del 19 de agosto que le habían trasladado a otro lugar. No se enteró de ello, sin embargo, Manuel de Falla. El ilustre músico, al saber que Federico estaba detenido en el Gobierno Civil, y temiendo por su vida, se dirigió aquella mañana a la Calle Duquesa para rogar por su amigo ante Valdés. Falla, hombre con un profundo sentido de la justicia, tendría que hacer un esfuerzo para desechar su temor a la violencia física, su propia timidez. En el Gobierno Civil don Manuel, que iba acompañado por algunos jóvenes falangistas,[17] recibió la noticia de que Federico había sido ya fusilado, siendo él mismo amenazado en idéntico sentido. Falla, oprimido por el peso de la noticia, se encaminó directamente hacia la casa de la Calle de San Antón, donde se encontraba la familia del poeta. Abrió la puerta Isabel Roldán, prima de Federico, quien nos cuenta lo sucedido:

> Pobre don Manuel, que se salvó de chiripa. Fue a preguntar por Federico y lo metieron dentro, en el patio, para fusilarlo. Lo mandaron al patio y llegó un oficial que lo sacó a la calle, que lo conoció y que lo sacó a la calle. Valdés lo mandó al patio. Pérez Aguilera, un hombre muy derechista (su padre era un jubilado de la Guardia Civil) nos ha contado que él lo sacó. Don Manuel salió a la calle después de ser maltratado y de allí fue a la Calle de San Antón. Yo le abrí la puerta y le dije: «Don Manuel, que no saben nada». Él fue a la casa a decir que había querido intervenir y que no le habían dejado ni hablar y abrí la puerta y cuando lo vi asomar con una cara

descompuesta le dije: «Don Manuel, no saben nada. Pero suba usted.» Estuvo un rato y no dijo nada.[18]

La versión que de labios del propio Falla recogió Mora Guarnido pocos años después, en Buenos Aires, coincide, en sus rasgos esenciales, con el relato de Isabel Roldán, más detallado en lo que concierne al peligro, bien verosímil, corrido por el insigne músico. Manuel de Falla, con su proverbial discreción, debió de omitir, al hablar con Mora Guarnido, lo que a él se refería en aquella su gestión infructuosa.[19]

Un par de días después de estos hechos, llegó a la casa de la Calle de San Antón, número 4, un guardia de Asalto. Continúa el relato de Isabel Roldán:

> Esto fue a los tres o cuatro días de la muerte de Federico ya, habían pasado bastantes días. Llegó un guardia de Asalto con una carta autógrafa de Federico a la Calle de San Antón. Se la habría dejado escrita cuando en el último momento le habrían dicho «haga usted un donativo», pues un donativo para las fuerzas armadas, mil pesetas. Yo le abrí la puerta al policía, y no he podido decir que no se las den porque ellos todavía no sabían. Hasta al cabo de mucho tiempo no se convencieron, nunca les dijimos que lo habían matado. La nota no decía nada más que «Papá, entrégale al dador de esta carta 1 000 pesetas como donativo para las fuerzas armadas. Un abrazo. Federico», no decía otra cosa el papel. Era de su puño y letra la nota.

Angelina Cordobilla también recordaba, con gran indignación, la llegada de esta patética carta:

> Vino un señor, llevaba un papel escrito del señorito Federico, porque le hicieron que lo firmara y creo que dijo: «Te ruego, papá, que a este señor le des 1 000 pesetas.» ¡Y ya estaba muerto mucho antes, lo habían sacado y ya estaba tirado en la fuente de Víznar!

Parece que la carta no se ha conservado. Debió de ser, con toda probabilidad, el último autógrafo del gran poeta, una terrible prueba de que en la Granada de los «nacionales» hasta los condenados a muerte tenían que hacer donativos a las fuerzas armadas.

A finales de 1939 el apoderado del padre de Federico, José Rodríguez Mata, elevó al Juzgado de Primera Instancia Núm. 1 de Granada un expediente para inscribir en el Registro Civil la defunción del

Partida de defunción de Federico García Lorca, «el cual falleció en el mes de agosto de 1936 a consecuencia de heridas producidas por hecho de guerra»

poeta. Rodríguez Mata había conseguido localizar a dos testigos –Alejandro Flores Garzón y Emilio Soler Fernández– que vieron, o decían haber visto, el 20 [*sic*] de agosto de 1936, el cadáver de García Lorca al lado de la carretera de Víznar a Alfacar. Ambos declararon en este sentido ante el juez el 9 de marzo de 1940 y, el 21 de abril del mismo año, la defunción del poeta se inscribió oficialmente en el Registro Civil.[20] En este documento (véase ilustración de la página anterior) se puede leer que el poeta:

(...) falleció en el mes de agosto de 1936 a consecuencia de heridas producidas por hecho de guerra, siendo encontrado su cadáver el día veinte del mismo mes en la carretera de Víznar a Alfacar(...).[21]

———— N O T A S ————

1. A. M. prefiere guardar por ahora el anonimato, deseo que respetamos.
2. Declaración de José Jover Tripaldi a Agustín Penón, 20 de marzo de 1955, contenida en el archivo de Agustín Penón.
2 bis. Enzo Cobelli, *García Lorca*, Editrice La Gonzaghiana, Mantua, 1959[2], p. 78.
3. Vila-San-Juan, *op. cit.*, p. 157, nota 87.
4. Gollonet y Morales, *op. cit.*, pp. 101-102.
5. *Cruzada*, p. 280.
6. Brenan, *op. cit.*, p. 145.
7. Información que nos ha facilitado el doctor James Dickie, conocedor como nadie de la Granada musulmana y distinguido arabista. Con él hicimos repetidas visitas a Fuente Grande y a Víznar en 1966 y 1967 y juntos estudiamos palmo a palmo aquel terreno.
8. Richard Ford, *A Handbook for Travellers in Spain*, John Murray, Londres, 1869, p. 372.
9. Según la excelente *Guía de Granada* (Granada, 1946, p. 71) de Antonio Gallego Burín, la construcción de la acequia de Ainadamar se inició bajo el rey Abdallah ben Boloquin (1073-1090).
10. Se refiere a Ishaq al-Mawsili (o de Mosul), el más famoso de los músicos árabes.
11. Es decir, las mujeres de Ainadamar.
12. Otra vez le agradecemos al doctor James Dickie, quien, a instancias nuestras, investigó sobre las repercusiones literarias de Ainadamar en tiempos hispanoárabes. Halló el texto árabe de este poema en al-Maqqari, *Nafh al-Tib*, El Cairo, 1949, VII, p. 401, y lo tradujo al español para nosotros.
13. «Sueño», fechado en mayo de 1919, en *OC*, I, p. 66.
14. Recogemos el testimonio del propio Dámaso Alonso sobre su poema: «Yo dejé consignados mi dolor y mi indignación por la muerte de Federico en mi poema "La Fuente Grande o de las Lágrimas (Entre Alfacar y Víznar)", escrito en el viaje que hice a Granada en 1940 para informarme directamente, y publicado en 1944 en *Oscura Noticia*» (de la nota al poema «A un poeta muerto», en *Poemas escogidos*, Gredos, Madrid, 1969, p. 190; citamos el poema de *Oscura Noticia y Hombre y Dios*, Austral, Madrid, 1959, p. 64). Merced a estos datos podemos deducir que los versos de Dámaso Alonso constituyen posiblemente la primera elegía española sobre la muerte de Lorca escrita sobre una base fidedigna en cuanto al lugar de enterramiento.

15. Luego, con el paso de los años, M. C. se olvidaría del nombre del maestro y Pulianas se convertiría en su recuerdo en Cogollos Vega.

16. La Guardia Civil detuvo, entre otros, al doctor Dickie, que tuvo que pasar una noche en el cuartel de la Benemérita de Víznar.

17. Uno de ellos fue Enrique Gómez Arboleya, amigo de Federico, que había colaborado con él en la revista *Gallo* en 1928. Véase Marie Laffranque, «Lorca, treinta años después. 1936-1966», *Le Socialiste*, París (19 agosto 1966).

18. Testimonio de Isabel Roldán, grabado por nosotros en cinta magnetofónica, Chinchón, 22 de septiembre de 1978.

19. José Mora Guarnido, *Federico García Lorca y su mundo*, Losada, Buenos Aires, 1958, pp. 199-201. Falla le diría a Mora: «Fue una venganza personal, y yo sé quién fue el autor, pero mi conciencia me impide denunciarlo...» (p. 200) ¿Sabía realmente el compositor quién fue el «autor» de la muerte de Lorca? ¿Se refería posiblemente a Ramón Ruiz Alonso? Imposible responder a tales preguntas. A Falla las autoridades nacionalistas le instaban continuamente a que declarara su adhesión al Movimiento. Véase, por ejemplo, *ABC* de Sevilla (7 octubre 1937), donde, al pie de una fotografía del compositor con José María Pemán, leemos: «GRANADA, POETA Y MÚSICO DE LA CRUZADA. He aquí, en un rincón apacible de su "carmen" morisco "La Antequeruela", al insigne maestro Manuel de Falla con el gran poeta José María Pemán, colaboradores en el magno poema patriótico "Poema de la guerra", del que ambos son autores».

20. Hemos consultado la copia de este expediente contenida en el archivo de Agustín Penón, quien tuvo el valor de desenterrar el original después de una paciente búsqueda llevada a cabo en 1955. En nuestra proyectada edición de los papeles de Penón daremos a conocer el texto completo del expediente.

21. La partida de defunción del poeta se encuentra en el Libro de Defunciones del Registro Civil, número 208, folio 163, número 542, archivado en la Audiencia de Granada.

12

POR QUÉ MATARON
A GARCÍA LORCA:
REVISIÓN Y ANÁLISIS DE LOS HECHOS

García Lorca fue asesinado por un sistema cuyo objetivo principal era aterrorizar a la población granadina y aplastar toda posible resistencia al Movimiento, cualquier conato tendente a recuperar el terreno súbitamente perdido por los leales a la República. Vista la muerte del poeta dentro del contexto general de la represión llevada a término en Granada, su caso no fue más excepcional que el de los cinco catedráticos de la Universidad fusilados (Vila Hernández, García Labella, Yoldi Bereau, García Duarte, Palanco Romero), o el de los concejales, abogados, médicos y maestros también asesinados. Los sublevados estaban decididos a matar a todos los partidarios del Frente Popular, a todos los «rojos», reales o imaginados. Entre ellos, tal como se deduce por todo lo hasta aquí dicho, destacaba García Lorca, tanto por su conocida postura política, adoptada abiertamente en declaraciones a la prensa o en actos públicos, como por su amistad con republicanos e izquierdistas de renombre. Hubiera sido difícil, nos atreveríamos a decir que imposible, que Federico escapara de aquel holocausto.

Casi todos los investigadores sobre la muerte del poeta han llegado a la conclusión de que Ramón Ruiz Alonso no sólo detuvo a García Lorca, sino que también le denunció. Sin embargo, estos investigadores no se han puesto ni mucho menos de acuerdo sobre los posibles motivos que condujeron al exdiputado de la CEDA a obrar del modo en que lo hizo.

Brenan (en 1950)[1] y Couffon (en 1951)[2] recogieron la teoría de que Ruiz Alonso decidió cobrarse la muerte de García Lorca en represalia por la de Jacinto Benavente, anunciada por los sublevados.

Pero, como ya hemos visto, esta teoría no resulta actualmente sostenible.

Posteriormente, «Schonberg» (seudónimo del barón L. Stinglhamber), elaboraría en 1956 una teoría según la cual García Lorca habría sido víctima de una secreta rivalidad homosexual entre el propio poeta, Ruiz Alonso, el pintor granadino Gabriel Morcillo y Luis Rosales.[3] Para Schonberg, en la muerte de Lorca no obran factores políticos sino estrictamente personales, lo que explica el agrado con que se aceptó y coreó su tesis en la España de Franco, como veremos en el próximo capítulo. Pero la tesis de Schonberg, que creemos haber ya rebatido en nuestro libro *La represión nacionalista de Granada en 1936 y la muerte de Federico García Lorca* (1971), resulta indefendible a estas alturas.

Para Enzo Cobelli (1959),[4] Lorca no habría sido más que un peón dentro de una encarnizada lucha por el poder entre Valdés (Gobierno Civil), Nestares (Ejército) y Falange, encarnada por los Rosales. Cobelli parece no saber que Valdés y Nestares eran, por partida doble, falangistas y oficiales del Ejército. Según el mismo Cobelli, Ruiz Alonso, quien aparece calificado como «delator nato», fue encargado por Valdés de arrestar al poeta y de entregárselo a Nestares para su fusilamiento. De acuerdo con esta teoría, Valdés, representante tan sólo del poder civil, habría pretendido, manejando los hilos, desacreditar al Ejército. La teoría se hunde bajo el peso de sus muchos errores en cuanto a los puntos de partida.

Mucho más acertada parece la tesis de Marcelle Auclair (1968).[5] Para la escritora francesa, Ruiz Alonso, al advertir que los hermanos Rosales, destacados falangistas y enemigos políticos suyos, estaban protegiendo a un «rojo», les habría denunciado ante Valdés, acusándoles de estar traicionando al Movimiento. El comandante Valdés, que simpatizaría más con la CEDA que con la Falange (a pesar de ser él mismo falangista), habría escuchado atentamente a Ruiz Alonso y decidido detener al poeta, escarmentando de esa manera a los Rosales, con quienes había tenido algunos roces. Marcelle Auclair sostiene, por tanto, que la muerte de García Lorca habría sido, más que nada, el trágico resultado de la lucha política entablada entre Ruiz Alonso (Acción Popular) y los Rosales (Falange Española).

Hemos mencionado ya, en el capítulo correspondiente a Granada bajo el Frente Popular, el roce que tuvo Luis Rosales con Valdés poco tiempo antes de la sublevación (véase p. 72). Es posible que la torpeza manifestada por Rosales en aquella ocasión influyera sobre la decisión de Valdés de detener a Lorca. Lo cierto es que Luis Rosales estuvo en peligro de ser él también muerto a consecuencia del asunto Lorca. Fue expulsado de Falange por el capitán Rojas, ya jerarca del partido, y se abrió una investigación sobre su conducta. Nos ha contado el propio Rosales:

El resultado de este proceso, lo que podemos llamar proceso (claro, que no fue proceso, no me hicieron proceso ninguno sino que me amenazaron, me dijeron que me quitara la camisa) fue que durante siete días estuve abandonado de todos salvo Díaz Pla, que se portó muy bien conmigo. Estuve abandonado de todos. Entonces ya Federico estaba muerto, no querían meterse en otro lío y al cabo de esos siete días, pues, a mí me escribieron una carta diciéndome que me reintegrara con todo honor a mi puesto. El resultado fue que me pusieron a mí, en fin, en vez de matarme, en vez de meterme en la cárcel, pues condonaron esto por una multa, una multa importante; yo no sé si de quince o veinte mil duros, sí una multa muy importante. Me pusieron una multa a mí, pero claro, la pagó mi padre.[6]

Por entonces todos los granadinos contribuían a la causa de los sublevados con dinero, joyas y otros objetos de valor. La lista de los donantes aparecía cada mañana en *Ideal* (era importante figurar públicamente como adicto al Movimiento) y no carece de interés señalar que el padre de los Rosales aparece citado en las listas del diario católico precisamente el 19 de agosto de 1936, es decir, el mismo día en que, en nuestra opinión, García Lorca fue fusilado:

Don Miguel Rosales Vallecillos y señora, una cadena con dos broches, una cadena de señora con broche, tres pares de pendientes, dos relojes de señora, un reloj de caballero con su cadena, tres alfileres de pecho y corbata, unas gafas, una cruz, dos pulseras, un anillo, dos sortijas y diez monedas de oro de diversos tamaños.[7]

Incluso el mismo Luis Rosales aparece en otra lista publicada por *Ideal* el 20 de agosto: «El falangista Luis Rosales Camacho, una sortija de sello».[8] No se le escapará al lector la carga afectiva del término «falangista» utilizado en tales circunstancias.

Luis Rosales fue salvado de más persecuciones, y tal vez de la muerte, por el destacado falangista Narciso Perales, de quien ya hemos hablado. En efecto, Perales, de vuelta de un viaje al cuartel general de Falange en Sevilla, se encontró con que habían matado a García Lorca y con las amenazas que pesaban sobre Luis Rosales. Intervino ante Valdés, de quien tenía muy mala opinión, alegando que Rosales era uno de los pocos falangistas verdaderos de Granada e insistiendo en que no debía volver a ser molestado. Dada la influencia de Perales, se aceptó su criterio y el acusado pudo reintegrarse a la Falange.[9]

La noticia del peligro corrido por Luis Rosales por haber albergado en su casa a García Lorca llegó a Madrid poco tiempo después. Según relato del presidente de la FUE (Federación Universitaria Escolar) de Granada, escapado por suerte suya de la ciudad andaluza, Federico fue denunciado por una criada de los Rosales (lo cual, desde luego, no era cierto):

> A Rosales Vallecillos [sic] le detuvieron los fascistas y estuvo a punto de ser fusilado, pero intervino un hermano suyo, falangista significado, y el incidente terminó imponiendo al poeta 25 000 pesetas de multa.[10]

Es seguro que Luis Rosales estuvo en peligro por haber protegido a García Lorca, lo que debería ser reconocido por aquellos que sigan inculpándole de una turbia implicación en la muerte del gran poeta.

Según el testimonio del falangista Cecilio Cirre, recogido por Marcelle Auclair, José Rosales también estuvo en peligro a consecuencia de la misma acusación: haber tenido en su casa a García Lorca.[11]

Aquí haría falta acaso hacer unas precisiones finales sobre la actuación de los hermanos Rosales durante los últimos días de Lorca. ¿Pudieron ellos haber salvado al poeta una vez llevado éste al Gobierno Civil? Todavía en Granada hay muchas personas que insisten en que sí. Para ellas los hermanos mayores de Luis estarían muy quemados al enterarse de que éste había llevado a la Calle de Angulo a un rojo, y sólo pensarían en buscar una manera de deshacerse de tan indeseable huésped. Lo cual explicaría su ausencia de la casa cuando se presentó allí Ruiz Alonso, pues estarían previamente informados de lo que iba a ocurrir. Nosotros encontramos tal razonamiento inaceptable y seguimos convencidos de que los Rosales no traicionaron a Federico. Seguimos convencidos de que José y Antonio Rosales, únicos «camisas viejas» de la familia, tenían un poder muy reducido al lado de Valdés y los militares, especialmente después del fracaso del golpe y en momentos en que el terror y el odio se habían adueñado de los ánimos. Pensamos que su situación dentro de la jerarquía nacionalista de entonces no les permitiría arrancar automáticamente de manos de Valdés a un rojo a quien otros adictos al Movimiento, tan importantes o más que ellos, deseaban matar. ¿Les faltó valor, pues, para tratar de salvar a Federico *utilizando la fuerza*? ¿Para ir al Gobierno Civil dispuestos a disparar sobre Valdés si no entregaba en el acto al poeta, dispuestos, incluso a perder su propia vida? Es posible que sí, pero hay que tener en cuenta que, de haber procedido de aquella manera, las posibilidades de salvar a Federico habrían sido mínimas, máxime en el caso de herir al propio gobernador civil.

Hemos visto ya el testimonio de Narciso Perales sobre el falangismo de Valdés («Mire usted, a mí lo de nacional-sindicalismo me da tres patadas en la boca del estómago, y lo tengo enfermo»), y parece cada vez más claro que el gobernador civil de Granada era ante todo militar. Valdés comprendía muy bien que sin el Ejército la sublevación jamás se habría producido, y que la contribución de Falange había sido secundaria. Siendo así, y dada su personalidad, no nos puede sorprender que quisiera escarmentar, poniéndoles en su sitio, a los que habían sido camaradas suyos de Falange, ni que escuchara, o leyera, la denuncia de Ruiz Alonso con especial furia.

Y, en lo que se refiere a Ruiz Alonso, todo indica a estas alturas que, una vez que los enemigos del poeta le hubieron localizado refugiado en la casa de los Rosales, el exdiputado de la CEDA quiso adueñarse de la situación y hacerla suya, dispuesto a sacar doble partido: hacerse meritorio acreedor del daño infligido a un destacado «rojo» y desprestigiar a una conocida familia falangista. De este modo, su hoja de servicios ante el Movimiento, encarnado por Valdés, quedaba doblemente enriquecida.

No hay que olvidar, sin embargo, que los enemigos de García Lorca le buscaban antes de que se supiera que estaba escondido en la Calle de Angulo, de modo que es evidente que en un principio nadie pensaba en molestar a los Rosales, cuyas actividades estaban, por definición, fuera de toda sospecha.

En la última conversación que mantuvimos con él, José Rosales afirmó (agosto de 1978), como ya hemos dicho, que la noche del 16 de agosto de 1936 vio la denuncia de Ruiz Alonso en el Gobierno Civil.

De acuerdo con su testimonio, ya citado, la denuncia constaba de dos o tres folios de texto mecanografiado. Entre otros cargos, se acusaba a los Rosales de esconder a Federico García Lorca –«espía de Rusia», «*speaker* de Moscú», «secretario de Fernando de los Ríos» y, por más señas, homosexual– además de tener en su casa, por añadidura, a «unos rusos».

¿Podemos conceder fiabilidad a la declaración de José Rosales? ¿Nos sitúa, por el contrario, ante una pista falsa con el intento de descargar toda culpabilidad sobre Ruiz Alonso, eximiendo así de responsabilidad a la Falange e, incluso, a los mismos Rosales? Si algún día aparece la denuncia, que José Rosales decía haber buscado infructuosamente, muchas cosas se aclararán definitivamente. Entretanto, nos inclinamos a creer que la denuncia existió, en efecto, y que llevaba la firma de Ramón Ruiz Alonso.

En nuestras conversaciones con el exdiputado de la CEDA, éste negó enérgicamente haber sido el autor de la denuncia, como negó el supuesto de haber tenido que ver con las amenazas y las persecuciones de que fue objeto el poeta antes de refugiarse en casa de los Rosales. Según Ruiz Alonso, su actuación se limitó estrictamente a obedecer la orden de Valdés, transmitida por el teniente coronel Velasco, de conducir a García Lorca al Gobierno Civil y protegerle en el camino de roces o incidentes posibles. Como hemos visto, sin embargo, existen muchos detalles en la declaración solemne que nos hizo que no encajan en modo alguno con los hechos, lo que nos hace dudar en general de su veracidad.

Sin conocer la denuncia incriminadora, es cierto que no se puede acusar tajantemente a Ruiz Alonso de ser el causante de la detención de García Lorca (detención, no ha de olvidarse, que en aquellos días conllevaba, casi ineludiblemente, el fusilamiento del detenido). Tampoco nos sienta bien el papel de juez. Sin embargo, la información que poseemos en torno a la detención, más la misma actuación de Ruiz Alonso durante las primeras semanas de la represión realizada en Granada en 1936, nos inducen a creer en su culpabilidad.

Pero indaguemos algo más. En la declaración que Ruiz Alonso nos hizo el 20 de marzo de 1967 insistió en su rectitud católica y en la tranquilidad de su conciencia respecto a todo lo relacionado con la represión granadina en general, y con la muerte de Lorca en particular:

La vida de un hombre, para mí, vale tanto la de un rojo, como la de un amarillo, o como la de un verde, o como la de un azul. Todos somos seres humanos hechos a imagen y semejanza de Dios.

Sin embargo, treinta años antes, en la noche del 19 de agosto de 1936, es decir, muy pocas horas después del fusilamiento de García Lorca, Ruiz Alonso expresaba en público opiniones menos cristianas. En una charla radiofónica, titulada «Proletariado español, escucha», emitida aquella noche por Radio Granada y publicada al día siguiente en *Ideal*, el exdiputado de la CEDA decía:

> Tú, que guardas desde niño un ideal en el fondo de tu alma y estás dispuesto a morir por él...
>
> Tú, que, viejo luchador, conoces de sobra las crueles amarguras de la vida y has pasado con honda tristeza los mejores días de tus años mozos...
>
> Tú, que siempre gustaste se te hablara en lenguaje desnudo y crudo...
>
> Tú, que has sufrido hambre y persecuciones porque te empeñaste en seguir a *leaders* charlatanes y traidores, que se ocultan siempre en la sombra y acechan el momento propicio para asaltar los Bancos y huir después, dejándote abandonado, mientras desgarran tus carnes las balas en los frentes de combate...
>
> Escucha: los canallas dirigentes marxistas te han sumido en la tiranía y te han condenado a la esclavitud. Hombres hipócritas y mentirosos se llaman redentores tuyos, trepan sobre tus espaldas, y viven y medran a costa de tu sudor y a costa de tu trabajo honrado. A costa tuya, y cubriéndose cobardemente en la capa de un compañerismo y camaradería prostituidos, te impusieron en las Casas del Pueblo cuotas que eran robadas a tu jornal, y se refocilaban y ejercían sobre ti un despotismo abyecto, aborrecible y criminal. Mientras tanto, tus hijos se morían de hambre con huelgas sistemáticas de carácter político... Tenebrosos comités rojos, formados por los hampones y matones de oficio, te obligaron a sindicarte si no querías que el llanto y la miseria se adueñaran de tu hogar.
>
> España se ha puesto en pie para que la alta prerrogativa de la Libertad Humana no fuera mancillada por la boca del primer chulo con pistola o la amenaza del primer bravo de callejón.
>
> Indalecio Prieto, Largo Caballero, Fernando de los Ríos, Manuel Azaña, Casares Quiroga, Alejandro Otero... Yo os acuso ante todo el mundo.
>
> Es más: Hasta ante las generaciones que en la nueva España han de levantar los altares en donde la Justicia ha de obtener culto sincero.
>
> Proletariado español, proletariado amigo, proletariado hermano que me escuchas, quizá más allá de nuestras Alpujarras, quizá más allá de los

murallones de nuestra Alhambra, más allá de nuestros mares quizá... grita, grita conmigo hasta enronquecer:

Yo os acuso.

Yo os acuso de haber mancillado la bandera gloriosa del proletariado español y de haber envenenado –¡culebras!– las almas de los trabajadores.

Yo os acuso de haber envilecido los ideales altísimos de redención con la sangre de compañeros explotados, con las vidas de compañeros irredentos, pero con el orgullo de su hombría por encima de todo.

¡Proletariado rebelde!

¡De rebeldía indómita, de rebeldía indomada, de rebeldía indomable!

¡ÁLZATE CONTRA ELLOS!

Tus *leaders*... son hipócritas, porque te engañaron.

Tus *leaders*... son farsantes, porque siempre vivieron sobre el tinglado de la farsa, mientras tú, ciego, dejabas jirones de tu vida en la lucha por el pan que tú ganabas con el sudor de tu frente y ellos se comían a placer.

Tus *leaders*... son un aborto de la Humanidad.

No hay. No puede haber madre española que sea capaz de parir esos monstruos que han hecho del crimen un sistema de lucha y del asesinato un sistema de vida.

¡NO ATACAN MÁS QUE POR LA ESPALDA!

La declaración de guerra fue un asesinato por la espalda.

Un tiro en la nuca del glorioso Calvo Sotelo. La pelea continúa con la misma pérfida táctica: cae Dimas Madariaga asesinado por la espalda y a traición.[12]

¡José Calvo Sotelo, Dimas Madariaga!

Por encima de las estrellas está vuestro trono.

Proletariado español: ¡En pie!

Obrerito español incauto, creyente aún en una utopía irrealizable: estás a tiempo.

Mañana será quizás un poco tarde.

Despierta y medita:

La Patria que te vio nacer...

Tu madre santa...

Tu mujer honrada y buena...

Tus hijos inocentes, candorosos y buenos...

Tú, que siempre gustaste se te hablara en lenguaje desnudo y crudo: ¡Escucha!

El acero de las espadas es duro y está reciamente templado.

Las gargantas de los traidores serán ahogadas en su misma sangre.

¡Pide paso la nueva España![13]

Este vehemente y retórico discurso nos da una idea precisa de la verdadera personalidad de Ruiz Alonso en aquella época, al margen de lo que haya dicho treinta años después. Una frase como «las gargantas de los traidores serán ahogadas en su misma sangre» no es precisamente lo que uno esperaría escuchar en labios de quien se confiesa discípulo de Cristo, por más que deba tener en cuenta que entonces se predicaba la violencia desde los mismos púlpitos granadinos.[14] La Iglesia de Granada, encabezada por el arzobispo, monseñor Agustín Parrado y García, nunca protestó en público por los fusilamientos que se efectuaban en el cementerio, ni por los muchos «paseos» que se llevaban a cabo diariamente.[15]

En nuestra conversación con Ruiz Alonso anteriormente transcrita, éste nos aseguró que no conocía personalmente a García Lorca, aunque sí de nombre. Creemos que tendría también noticia de la estrecha amistad (personal y de índole familiar) existente entre García Lorca y Fernando de los Ríos, una de las personalidades, con Alejandro Otero, más odiadas por la derecha granadina. Del odio de Ruiz Alonso por el líder socialista no nos cabe duda. Ya hemos visto cómo le incluía en la lista de los políticos indeseables que citaba en su charla radiofónica. En su libro, *Corporativismo*, añadiría lo siguiente:

> ¡Yo era obrero tipógrafo y diputado a Cortes por Granada!
> Y también:
> ¡Ramón Lamoneda era diputado a Cortes por Granada y obrero tipógrafo!
> Él, socialista; presidente de la Federación Nacional de Artes Gráficas. Su nombre fue en la candidatura al lado de un judío: Fernando de los Ríos; era el conductor de los obreros gráficos de España. El mío, fue en otra candidatura al lado de un genio, al lado de un valiente: el general Varela; yo era un obrero de tantos ¡que no querían ser borregos![16]

Ruiz Alonso sabía que Fernando de los Ríos, a pesar del aire algo judaico de sus rasgos físicos (como el de tantos otros españoles), no era judío. Pero no importaba. Para el católico Ruiz Alonso, embebido en los tópicos racistas del momento, como tantísimos de sus correligionarios, un judío no podía ser, a la inversa de un general español, ni un genio ni un valiente. Tenía que dejar constancia de ello.[17] Podemos admitir que el exdiputado de la CEDA (hoy ya fallecido) tuviera luego ideas cristianas y liberales, pero en 1936 era un fascista más.

De acuerdo con el testimonio de José Rosales, la denuncia de Ruiz Alonso declaraba que García Lorca había sido secretario de Fernando de los Ríos. Si era así, no dudemos que este cargo bastaba para que Valdés decidiera deshacerse del poeta.[18]

Se añade a menudo en Granada que otra de las acusaciones contra Federico era su pertenencia a la Asociación de Amigos de la Unión Soviética (y hemos visto que la denuncia contenía, según José Rosales, una referencia a las actividades pro-soviéticas del poeta). Pues bien, ¿cabe olvidar que en noviembre de 1933 el que luego sería llamado el «obrero amaestrado» de la CEDA era miembro de las JONS y posiblemente uno de los asaltantes del local madrileño de los Amigos de la Unión Soviética? El odio de Ruiz Alonso hacia Rusia, o hacia los que se declaraban sus amigos (y en la retórica fascista de la época todos los izquierdistas, o meramente republicanos, eran pro-rusos) se filtra a través de todo su libro: un odio desmesurado y fanático. No cabe tener muchas dudas sobre el hecho de que Ruiz Alonso era capaz de denunciar a cualquier persona sospechosa de albergar sentimientos de amistad hacia aquel país.[19]

También se nos ha indicado en Granada que a García Lorca le mataron por pertenecer al Socorro Rojo Internacional. Figurara o no este cargo en la denuncia, lo cierto es que el poeta se solidarizó con este organismo en varias ocasiones, como ya hemos recogido: lectura de poemas en la Casa del Pueblo madrileño durante un acto por la libertad del líder brasileño Luis Carlos Prestes; mensaje de solidaridad con los obreros españoles en *¡Ayuda!*, revista del Socorro Rojo; donativo espontáneo en las calles de Granada pocos días antes de la sublevación. Es posible, incluso, que el nombre del poeta estuviera en las listas de los socios de la organización. No nos sorprendería, por todo ello, que Ruiz Alonso estuviera al tanto de alguna de estas actividades de García Lorca.[20]

Hasta hace poco creíamos que el exdiputado de la CEDA no había estado implicado en otros episodios semejantes al hasta aquí comentado. Parece ser que no fue así.

Según José Rosales, Ruiz Alonso se jactaba en una ocasión de haber matado de un disparo en la cabeza a un «rojo» que venía en coche desde Málaga y que había violado a una muchacha. Ruiz Alonso le habría dicho a Rosales:

> He comulgado después de levantarle la oreja y darle un tiro. No he tenido que hacer acto de contriciones, nada.[21]

Hemos tenido ocasión de escuchar en Granada otros relatos que confirman la violenta actuación del exdiputado de la CEDA. No los recogemos aquí, sin embargo, por no haber podido proceder a una averiguación completa.[22]

Por otra parte tenemos el casi convencimiento de que la persecución de García Lorca fue protagonizada también por otros miembros de Acción Popular de Granada, entre ellos Juan Luis Trescastro, Luis García Alix Fernández y Jesús Casas Fernández. Conviene, pues, hablar de ellos.

Juan Luis Trescastro acompañó, según varios testigos, a Ruiz Alonso en la detención de García Lorca en la Calle de Angulo. Falleció en 1947, por lo que no nos fue posible entrevistarle. Varias personas, conocidos suyos, nos le han descrito como fanfarrón y mujeriego y nos han suministrado otros datos. Parece ser que Trescastro comentaba abiertamente su participación en la detención, e incluso en la muerte del poeta. En 1966, Miguel Cerón nos contó que Trescastro murió atormentado por el recuerdo de su actuación durante la represión de Granada, más que nada realizada, al parecer, por salvar su propia piel, ya que él también había tenido roces con los que entonces detentaban el poder. Admitía, en efecto, haber acompañado a Ruiz Alonso a la casa de los Rosales, y que se había utilizado su coche, pero insistía en que la denuncia contra García Lorca había sido puesta por Ruiz Alonso y no por él.[23]

En 1971 nos entrevistamos en Granada con la persona que atendía como practicante a Trescastro. Un día, nos contaba, estando con Trescastro sacó a colación el tema de la muerte del poeta, sin tener noticia de que su interlocutor hubiera estado implicado en ella. Ante su sorpresa, Trescastro exclamó:

> Yo he sido uno de los que hemos sacado a García Lorca de la casa de los Rosales. Es que estábamos hartos ya de maricones en Granada. A él por maricón, y a «La Zapatera», por puta.[24]

Trescastro alardeaba, además, de haber participado en la muerte de Lorca en Víznar. Una mañana (según nuestros cálculos sería el 19 de agosto de 1936), Ángel Saldaña, uno de los pocos concejales granadinos que no murió contra las tapias del cementerio, se encontraba en el Bar Pasaje, más conocido popularmente como «La Pajarera». Entró

Trescastro y, con intención de que todos los presentes lo oyeran, dijo en voz alta: «Acabamos de matar a Federico García Lorca. Yo le metí dos tiros en el culo por maricón.»[25]

También ese día, hallándose el pintor granadino Gabriel Morcillo en otro café, el Royal, se le acercó Trescastro y dijo: «Don Gabriel, esta madrugada hemos matado a su amigo, el poeta de la cabeza gorda.»[26]

El hecho de que Trescastro, célebre fanfarrón machista, se jactara por bares y cafés de haber participado en la muerte de García Lorca, no prueba de forma contundente, claro está, que hubiera estado aquella mañana en Fuente Grande, aunque hace bastante probable su presencia en el lugar del fusilamiento.

Luis García Alix Fernández, quien, de acuerdo con los mismos testigos, también estuvo con Ruiz Alonso en la casa de los Rosales cuando se detuvo a García Lorca, era secretario de Acción Popular de Granada. Murió en un accidente de automóvil el 7 de marzo de 1971, y desgraciadamente no logramos hablar con él.

Jesús Casas Fernández, un abogado conocido en la ciudad de Granada por su fanatismo de signo católico, pertenecía también a Acción Popular. Tenía su domicilio en la Calle de las Tablas, número 4, en una casa colindante con la de los Rosales, en la Calle de Angulo. Un exguardia de Asalto a quien conocimos en Granada, en 1971, nos dijo que estaba un día de servicio en el despacho de Valdés cuando entró allí Casas Fernández. El abogado estaba indignado porque acababa de enterarse de que sus vecinos, los Rosales, protegían a García Lorca, un «rojo» notorio. Casas Fernández pondría en el acto una denuncia.[27]

Este abogado murió hace algunos años, y no nos fue posible pedirle su versión de los hechos. Sin embargo, el relato del exguardia de Asalto resulta convincente, además de encajar con lo que sabemos de la complicidad de otros miembros de Acción Popular en la detención del poeta. No hará falta tampoco recordar los ataques o el simple silencio que los periódicos católicos de derechas concedieron en vida a García Lorca, abonando de esta manera el terreno.

Pero no sólo en vida fue atacado el poeta. Aun después de muerto le hostigaban. Valgan dos ejemplos.

El primero lo entresacamos de un artículo publicado por el marqués de Merry del Val en Londres, mayo de 1937, en respuesta a una declaración de la Embajada republicana sobre los asesinatos cometidos en la zona nacional. El marqués no tiene el menor empacho en asumir,

con peculiar interpretación de los hechos, la justicia del asesinato de
García Lorca por su peligrosidad política:

> Tropezamos con la misma *supressio veri* en los casos individuales que cita
> el Boletín. Los abogados «socialistas» (léase mejor «comunistas») J. A.
> Manso, Rufilanchas y Landovre, así como el poeta García Lorca, cuyo mé-
> rito literario quedaba muy por debajo de su celo político, eran peligrosos
> agitadores que abusaban de su talento y educación para conducir a las ma-
> sas ignorantes por malos caminos, exclusivamente en su propio beneficio.
> Como las demás personas citadas, todos ellos fueron ejecutados después de
> ser condenados por un tribunal militar.[28]

Por las mismas fechas, otro miembro de la aristocracia española, el
marqués de Quintanar, publicó en el *ABC* de Sevilla un editorial con
un título que se pretendía irónico: «Los poetas inocentes». En sus líneas se fustigaba, por su «inmoralidad», a la generación poética que se
ha dado en llamar «del 27». Sus componentes, según el marqués de
Quintanar, «eran, sencillamente, unos criminales»:

> Punta de vanguardia del judaísmo, elegían esos caminos para atraerse in-
> cautos, para polarizar ciertos sectores sociales, siempre sensibles a la auda-
> cia y al snobismo, para ir tomando posiciones en la conciencia del proleta-
> riado...

El marqués arremete con especial furia contra Rafael Alberti, para
terminar diciendo:

> Alberti, como tantos otros hombres de pincel o de pluma, ha resultado
> un profesional de la ganzúa y de la Star, un esclavo del demonio. Federico
> García Lorca lo explicó en estos versos:
>
> > *Además, Satanás me quiere mucho,*
> > *fue compañero mío*
> > *en un examen de*
> > *Lujuria...*[29]

Añadiremos que, en marzo de 1940, mientras se gestionaba la inscripción de la defunción de Lorca en el Registro Civil de Granada, el
juez ordenó al Comisario Jefe de los Servicios de Investigación y Vigilancia de la ciudad para que averiguara si el poeta, muerto casi cuatro
años antes, «era o no afecto al Movimiento Nacional». Quince días

después dicho Comisario le contestó que «el referido estaba considerado como desafecto al referido Movimiento».[30]

García Lorca, por tanto, cuyas ideas liberales y frentepopulistas eran bien conocidas por los medios granadinos,[31] así como la opinión que le merecía la burguesía de la ciudad («la peor burguesía de España»),[32] no podía esperar la menor piedad de quienes habían declarado la guerra santa a los enemigos de la España tradicional.

Recapitulando: si a Ruiz Alonso, y a sus correligionarios de Acción Popular, les atribuimos un gran peso en la culpabilidad por la muerte de García Lorca (aunque no participasen directamente en el fusilamiento), no caigamos en la simplicidad de dejarnos seducir por los cantos de sirena de los falangistas granadinos de ayer y de hoy que han querido zafarse de toda complicidad en dicha muerte, o incluso, en muchas ocasiones, de complicidad en la represión de Granada. Hay varios hechos incontrovertibles: José Valdés Guzmán era falangista, «camisa vieja»; los falangistas participaron activamente en la conspiración contra la República; y muchos de ellos tomaron parte en fusilamientos y «paseos». Valdés, resumiendo, fue quien dio la orden que consumó la muerte de García Lorca, obedeciendo posiblemente unas instrucciones tajantes de Queipo de Llano.

«Por sus actos los conoceréis.» Para nosotros, poca o ninguna diferencia se puede establecer, durante la represión granadina iniciada en julio de 1936, entre falangistas, militares y los pertenecientes a las varias organizaciones formadas una vez tomada la ciudad. En todos los grupos había asesinos y delatores, y todos contribuyeron a manchar con sangre, y para siempre, el bello nombre de Granada.[33]

───── NOTAS ─────

1. Gerald Brenan, *op. cit.*, pp. 137-138.
2. Claude Couffon, «Ce que fut la mort de Federico García Lorca», *Le Figaro Littéraire*, París, n.º 278 (18 agosto 951), p. 5.
3. Jean-Louis Schonberg, «Enfin, la vérité sur la mort de Lorca! Un assassinat, certes, mais dont la politique n'a pas été le mobile», *Le Figaro Littéraire*, n.º 545 (29 septiembre 1956), pp. 1, 5, 6.

4. Enzo Cobelli, *op. cit.*, pp. 65-81.

5. Marcelle Auclair, *Enfances et mort de García Lorca*, Seuil, París, 1968, pp. 379-402, 433-444.

6. Testimonio de Luis Rosales, grabado por nosotros en cinta magnetofónica, Cercedilla, 2 de septiembre de 1966.

7. *Ideal* (19 agosto 1936), p. 6.

8. *Ideal* (20 agosto 1936), p. 4.

9. Auclair, *op. cit.*, pp. 442-443.

10. «El presidente de la FUE de Granada confirma el fusilamiento de García Lorca», *Claridad*, Madrid (2 octubre 1936), p. 2.

11. Auclair, *op. cit.*, pp. 339-400.

12. Dimas Madariaga, uno de los fundadores de Acción Popular, diputado de la CEDA por Toledo y amigo de Ruiz Alonso, fue asesinado durante el primer mes de la guerra.

13. *Ideal* (20 agosto 1936), p. 8.

14. Testimonios de varios granadinos recogidos en 1978.

15. Para tener una idea de los sentimientos del arzobispo de Granada, véase la nota publicada en *ABC* de Sevilla (9 diciembre 1936), p. 11:

> *Con motivo de la fiesta de la Inmaculada, en Granada,*
> *el prelado publica una pastoral*

El venerable arzobispo de Granada, doctor D. Agustín Parrado, publica en el *Boletín Oficial del Arzobispado* y con motivo de la fiesta de la Inmaculada, una emocionante pastoral.

En párrafos rebosantes de amor, de patriotismo y de celo religioso, recomienda a sus diocesanos «una más fuerte y enérgica *ofensiva* de plegarias y abnegaciones, que purifiquen las conciencias y para pedir a Dios por España».

Considera que la revolución es el látigo de que se está valiendo la Providencia de Dios para despertar a los dormidos, y quizá sea éste el último llamamiento para que se comience por nosotros a llevar a cabo, de veras, la reforma general de nuestras costumbres, la depuración de España en una vida de verdadero sacrificio expiatorio y la elevación moral y religiosa de nuestro pueblo.

Confía en que la Virgen Santísima, que siempre veló por España, nos dará la victoria contra el materialismo marxista, y pide a todos que en el día de la Inmaculada le prometan contribuir con obras de justicia social y de caridad social a conducir hasta Ella a tantos hermanos nuestros extraviados y a suplicarle la pronta y completa reconquista material y espiritual de España.

La pastoral del virtuoso prelado será leída en todas las iglesias de la archidiócesis.

16. Ruiz Alonso, *op. cit.*, p. 134. El autor se refiera aquí a las nuevas elecciones granadinas de mayo de 1936, convocadas después de anulados los resultados de las de febrero.

17. Hablamos en el primer capítulo del odio sentido por los nacionalistas hacia el «judaico» Fernando de los Ríos y los semitas en general. Véase también el artículo de Juan Pujol, «Cuando Israel manda», reproducido en el apéndice IX.

18. Según Laura de los Ríos, hija de don Fernando, su padre vivió atormentado por

el pensamiento de que los rebeldes pudiesen fusilar a gente inocente por el solo hecho de haber sido amigos o conocidos suyos. Miguel Cerón, íntimo de don Fernando aunque hombre conservador (eran vecinos en el Paseo de la Bomba de Granada, número 1), nos decía en 1966 que había temido por su vida a causa de aquella entrañable amistad.

19. Sobre la pertenencia de Federico a la Asociación de Amigos de la Unión Soviética, véase la nota publicada por *El Liberal* de Madrid (10 septiembre 1936) y reproducida por nosotros en el capítulo 13, p. 277.

20. Como ejemplo del odio sentido por los sublevados hacia organizaciones como el Socorro Rojo Internacional y los Amigos de la Unión Soviética, véase José Carlos de Luna, «El abrazo de Frontón», *ABC*, Sevilla (28 julio 1937): «Y así como a los peces se les cambia el cebo, los grandes farautes del culteranismo semita encarnaban los anzuelos para pescar en el río revuelto por las pasiones y enturbiado por las doctrinas del más barroso materialismo. Y fueron cebos para peces chicos, las «Casas del Pueblo» y el «Socorro Rojo Internacional». Y fueron cebos para peces gordos, «La liga de los derechos del hombre», «Los amigos de Rusia», «El Pen Club», «Los amigos de Bolívar» y algún otro de menor pedantería idealista y más práctica contextura que también habrá que barrer del suelo y del vuelo de la España que nace» (p. 4).

21. Testimonio de José Rosales, grabado por nosotros en cinta magnetofónica, Granada, 26 de agosto de 1978.

22. Véase también cierta información al respeto recogida por Andrés Sorel, *Yo, García Lorca*, Zero, Madrid, 1977, p. 182.

23. Como es natural, no podemos garantizar la exactitud de estos detalles, que nos proporcionó Miguel Cerón en 1966.

24. Como dijimos en nuestro capítulo sobre Fuente Grande, a «La Zapatera» la mataron en Víznar al lado de Carmela, «la de los pajaritos».

25. Testimonio de Ángel Saldaña, Madrid, 27 de mayo de 1966.

26. Comunicación personal del médico y escritor granadino Manuel Orozco, biógrafo de Manuel de Falla, quien recogió este testimonio del propio Morcillo, fallecido hace algunos años.

27. Testigo de nuestra entrevista con el guardia de Asalto fue el doctor José Rodríguez Contreras.

28. The Marquis de Merry del Val, «Spain: Six of One and Half a Dozen of the Other», *The Nineteenth Century*, Londres (marzo 1937), p. 368.

29. *ABC*, Sevilla (27 mayo 1837), pp. 3-4. Los versos pertenecen al poema «Prólogo» de *Libro de poemas* (1921).

30. En el archivo de Agustín Penón hay una copia mecanografiada de este revelador documento, que esperamos publicar íntegro con otros papeles del fallecido investigador.

31. Miguel Rosales nos aseguró en 1966 que «todo el mundo» en Granada había visto las declaraciones antifascistas de Federico publicadas en la prensa madrileña.

32. «Diálogos de una caricatura salvaje», entrevista de Lorca con Bagaría, *El Sol* (10 junio 1936), en *OC*, II, pp. 1082-1087; la cita en p. 1085.

33. Ramón Ruiz Alonso abandonó Granada poco después del fracaso del Batallón Pérez del Pulgar (véase p. 114). De Granada pasó a Salamanca, y, según una nota publicada en *ABC* de Sevilla (2 abril 1937), colaboraba allí con Vicente Gay, jefe del departamento de propaganda de Franco. Como Ruiz Alonso, Gay era católico fanático, antise-

mita y enemigo de Fernando de los Ríos, como se puede comprobar al leer su libro *Estampas rojas y caballeros blancos*, Burgos, 1937. Cuando, algunos meses después, Dionisio Ridruejo fue nombrado jefe del departamento previamente regido por Gay, tuvo un enfrentamiento con Ruiz Alonso. Por su amistad con Luis Rosales, Ridruejo estaba al tanto de la actuación de Ruiz Alonso en la detención de García Lorca, y no dudó en despedir del servicio al exdiputado de la CEDA. Describió aquella escena en su libro, publicado póstumamente, *Casi unas memorias*, Planeta, Barcelona, 1976, pp. 133-134.

13

EL FUSILAMIENTO
DE GARCÍA LORCA:
PRENSA Y PROPAGANDA DESDE 1936
HASTA LA MUERTE DE FRANCO

L as primeras noticias sobre la muerte de García Lorca se publicaron en la prensa republicana, no en la nacionalista. Era normal
que los sublevados no se apresurasen a proclamar su crimen a los cuatro vientos.

El primer periódico en aludir a la posible muerte de Lorca fue *El
Diario de Albacete*. El domingo 30 de agosto de 1936, preguntó en primera página:

> *¿Ha sido asesinado García Lorca?*
>
> Guadix.– Rumores procedentes del frente cordobés, que no han sido
> hasta la fecha desmentidos, revelan el posible fusilamiento del gran poeta
> Federico García Lorca, por orden del coronel Cascajo.[1]
> García Lorca, que es una de las figuras más sobresalientes de nuestra lite-
> ratura contemporánea, parece ser que se hallaba preso en Córdoba, y que
> en una de las últimas «razzias», de las que acostumbran los facciosos a reali-
> zar tras de haber sufrido algún descalabro, ha caído el gran poeta.

La noticia o el rumor llegó en seguida a la capital. El 1 de septiembre
La Voz, diario de la noche, reprodujo el primer párrafo del despacho
de *El Diario de Albacete*,[2] e inmediatamente toda la prensa republicana
empezó a inquietarse por la suerte del poeta. Carlos Morla Lynch ha
recordado el momento en que oyó la terrible noticia:

> En la Plaza Mayor, que, como el resto de la ciudad, se halla llena de mili-
> cianos, me limpio los zapatos para darle a ganar algunas «perras» al último
> limpiabotas «que todavía arrastra su cajón de un lado a otro».
> Pasan corriendo, dando voces, varios chavales vendedores de periódicos.

–¡Federico García Lorca!... ¡Federico García Lorca!... ¡Fusilado en Granada!

Recibo como un golpe de maza en la cabeza, me zumban los oídos, se me nubla la vista y me afirmo en el hombro del muchacho que sigue arrodillado a mis pies...

Pero, luego reacciono y me pongo a correr, correr, correr... ¿Adónde? No lo sé... Sin rumbo... De un lado a otro, como un loco..., al tiempo que repito inconscientemente: «¡No, no; no es verdad, no es verdad, no es verdad!» Pregunto y pregunto, interrogo a todo ser que cruzo... Y nadie sabe nada.[3]

No merece la pena reproducir aquí la avalancha de comentarios que se publicaron por aquellos días sobre el tema de la muerte, o supuesta muerte, del poeta, puesto que en su mayoría no añadían ningún detalle auténtico sobre ella y se limitaban a expresar su horror, indignación, extrañeza o falta de creencia en el rumor. En nuestra bibliografía consignamos buena cantidad de estas referencias. Sirva como ejemplo de ellas la nota publicada por *El Liberal* de Madrid el 2 de septiembre:

> *¿Pero será posible? ¿Federico García Lorca, el inmenso poeta, asesinado por los facciosos?*

> Una última esperanza de que tamaño crimen no se haya realizado nos mueve a preguntar: ¿Pero será posible la monstruosa aberración que supondría el asesinato del más alto poeta español de nuestros días?

> Todos los periódicos hemos publicado la noticia que por conducto de un diario de Albacete procedía, según parece, de Guadix.

> Sabemos cuánta es la insana y fría perversión de los traidores. Pero un impulso nobilísimo de nuestra alma nos lleva a dudar de la veracidad de la información horrible.

> ¡Federico García Lorca, fusilado por los degenerados facciosos! ¿Será posible tanta maldad? Y aunque nos tememos que sí, que esa gente es capaz de todo, queremos acogernos a una última esperanza, repetimos, y queremos creer que todo, hasta la escala de maldad de los fascistas, tiene un límite.

> España entera, toda la España democrática y republicana, vive momentos de angustia y los vivirá mientras no sea rectificada o ratificada la tremebunda noticia.

> ¡Ah! Pero si se confirma será cosa de meditar muy seriamente lo que conviene hacer como respuesta a la inimaginable maldad de los verdugos.[4]

Para rectificar o ratificar el suceso, todo el mundo buscaba una información concreta y fidedigna, muy difícil de obtener dado el aislamiento de Granada para la España republicana.

Pero pronto llegaron más indicios, y éstos realmente inquietantes. Bastantes personas conseguían escaparse de Granada por aquellos días y llegar a las líneas republicanas cerca de Guadix. Una de ellas, amiga de Manuel Fernández-Montesinos, pudo comunicar a la prensa detalles verídicos de la represión que se llevaba a cabo en la ciudad. El 5 de septiembre *El Liberal* de Murcia publicó el testimonio de este evadido, que apenas dejaba lugar a dudas sobre el trágico fin del poeta. Fue reproducido el 8 de septiembre por *Heraldo de Madrid*:

En el frente de Guadix

Un amigo del conocido socialista granadino
señor Fernández-Montesinos,
asesinado vilmente por los traidores,
afirma que también han dado muerte los facciosos
al gran poeta de fama universal Federico García Lorca

Todavía nos resistimos a creerlo. ¡Es tan monstruoso el crimen! Quisiéramos que en esta ocasión el compañero que da la noticia estuviese equivocado. Mucho sabemos de la barbarie, la crueldad, la sanguinaria traición de los facciosos y por eso sentimos el dolor inmenso de que el gran poeta universal Federico García Lorca haya podido caer en manos de los traidores. Federico García Lorca era, no sólo admirado, sino querido de cuantos le conocían. Particularmente, en nuestra casa de Heraldo, tenía varios entrañables amigos y toda la casa le profesaba una estimación profunda. Si los asesinos le han dado muerte, suman a los horribles crímenes que llevan cometidos uno más, de tales proporciones que no hay palabras, por duras que éstas se busquen, para execrarlo.

El mundo en pie clamará contra este asesinato.

Y los leales que combaten bravamente han de responder con la promesa de ¡Federico García Lorca, serás vengado!

Sin embargo, un punto de esperanza nos asiste aún: la feliz casualidad de que Federico García Lorca hubiese podido escapar a los facciosos y se halle todavía a salvo. En este deseo ferviente está nuestra esperanza.

Estamos en la Delegación de Orden Público de Guadix. El jefe de estos servicios nos presenta un hombre, al parecer de acción, procedente de Granada. Es uno de los últimos evadidos de la bella ciudad de los cármenes.[5] Es un hombre de izquierdas, fiel amigo del alcalde socialista granadino, que fue asesinado por los facciosos, don Manuel Fernández-Montesinos, cuñado del poeta García Lorca.

Los concejales todos del Frente Popular –nos dice– han sido asesinados por los fascistas, habiendo llegado la crueldad de estos traidores a tal extremo que no quedándoles personas significadas de izquierdas para asesinarlas, lo hacen con las personas de derechas que piensan en un sentido liberal.

No deje de decir –prosigue– que Federico García Lorca, el gran poeta español, que se hallaba en Granada veraneando con su familia en la finca de los Callejones de Gracia, ha sido asesinado vilmente por los traidores al grito de «¡Arriba España!», que llevan los brazaletes del Sagrado Corazón de Jesús.

García Lorca, el eximio cantor español –nos sigue diciendo–, un día antes de ser detenido y llevado a la cárcel, nos estuvo leyendo una carta que de América habíale remitido Margarita Xirgu, narrándole los triunfos literarios de sus obras en el continente americano.[6]

Dígalo, sí; dígalo, para conocimiento de todos los que admiran la obra de este formidable poeta, que ha desaparecido en idénticas condiciones que su hermano político, el alcalde Fernández-Montesinos.

Dudamos por unos momentos de la triste noticia; al fin, insistimos varias veces más, esperando una vacilación o una duda; pero nos contestó categóricamente, confirmándonos la cruel realidad.

El jefe de Orden Público –Juan Ruiz–, al ver que mirábamos con insistencia al evadido granadino, nos manifestó que podíamos tener plena confianza en el camarada, al que conocía desde hace bastante tiempo, militando siempre en el partido socialista.

Es triste creerlo –nos dice–; pero la realidad es ésa.

Federico García Lorca, que fue en busca de la calma a la finca de sus padres, la finca que se hará famosa porque en ella ha creado sus mejores obras,[7] ha encontrado la muerte de forma tan vil, que hará levantar una explosión unánime de indignación, no solamente en los españoles amantes de nuestras libertades, sino en todo el mundo intelectual, que condenará siempre a los asesinos de este gran poeta español.

L. GIL BELMONTE

Guadix, septiembre de 1936.[8]

El relato del evadido, amigo de Manuel Fernández-Montesinos, se publicó en numerosos periódicos de Madrid,[9] y mucha gente aceptó con resignación el trágico hecho. No así *El Sol*, sin embargo, que se resistía a creer la triste nueva en un comentario publicado el 9 de septiembre:

Sobre el supuesto asesinato de Federico García Lorca

Algunos colegas de Madrid y de provincias dan por confirmado el asesinato de nuestro glorioso poeta Federico García Lorca. Nosotros nos hemos resistido y nos resistimos aún a admitir esa confirmación dolorosísima porque, aunque por desgracia carezcamos de noticias positivamente favorables, también es cierto que la confirmación no es rotunda.

Las noticias más dignas de crédito, procedentes del Ministerio de la Guerra y de la Dirección General de Seguridad, no son terminantes, y en cambio las que parecen proceder de fuentes andaluzas están llenas de contradicciones, afirmándose que el asesinato por parte de las miserables fuerzas facciosas ha ocurrido en Córdoba o en Guadix o en Granada.

Persona que acaba de regresar del cerco de Córdoba nos manifiesta que el rumor que circulaba por allí localizaba el asesinato, sin ninguna prueba ni razón, en Guadix. De esta localidad se traslada el hecho a la capital granadina, al paso que, según otras noticias, el gran poeta del *Cancionero gitano* permanecía con sus padres en su huerta de Tamarit.[10]

Es muy probable que los rumores acerca de la infamia de que son muy capaces los traidores estén basados solamente en el hecho comprobado del fusilamiento de Manuel Fernández-Montesinos, que era el alcalde socialista de Granada y que estaba casado con la hermana mayor del poeta. ¡Ojalá no nos equivoquemos, aunque todo puede esperarse de la vileza del alma propia de la ralea maldita que ensangrienta Andalucía y a toda España![11]

Pero la mayoría de los amigos de Federico ya daban por cierto su fusilamiento, y día a día recogía la prensa sus protestas y las de numerosas organizaciones y asociaciones: la de Antonio Rodríguez Espinosa, antiguo y querido maestro de escuela del poeta en Fuente Vaqueros,[12] la del Sindicato de Autores y Compositores de España de la UGT,[13] la de los estudiantes de «La Barraca»,[14] y la de la Asociación de Amigos de la Unión Soviética, tan odiada por los sublevados:

Una vez más el fascismo, que tan cumplidamente viene manifestando en esta lucha la triste condición, que constituye su esencia, de instrumento de la barbarie más feroz, se ha definido, superándose, en el repugnante asesinato del gran poeta Federico García Lorca, figura cumbre de la cultura española, artista prodigioso de una obra que es, toda ella, exponente de humanidad, de justicia y de verdad.

La Asociación de Amigos de la Unión Soviética, cuyo Comité Internacional se honraba en contarle entre sus miembros, se pronuncia contra este nuevo crimen del fascismo con la protesta más encendida y enérgica, sabiendo que en ella le acompaña, indignada y horrorizada, toda la opinión del mundo.[15]

También elevó una voz de protesta el dramaturgo Jacinto Benavente, cuya «muerte» había sido inventada por los sublevados y aparejada al fusilamiento de Lorca. El 19 de septiembre, *El Sindicalista* publicó la siguiente carta, dirigida por Benavente desde Valencia a Ceferino R. Avecilla, miembro del Consejo de la Sociedad de Autores:

> Mi querido amigo: Ruego a usted haga constar mi adhesión a la protesta de la Sociedad de Autores contra la muerte de García Lorca. Aunque la protesta sea corporativa, como, por hallarme ausente, pudiera pensarse que yo no figuraba en ella, quiero hacerla constar.
> Gracias anticipadas de su afectísimo y antiguo amigo, *Jacinto Benavente*.[16]

Por estas fechas la prensa nacionalista, ante la imposibilidad de seguir silenciando la muerte del poeta, empezó a referirse a ella sin reparar en tergiversaciones y contradicciones.

El 10 de septiembre, *La Provincia* de Huelva anunciaba:

Emisoras intervenidas por los rojos

Barcelona.– Las emisoras de Unión Radio y Radio Asociación están intervenidas por el Comité Central de las Milicias Antifascistas catalanas.

El poeta García Lorca iba a dar anoche una audición poética por el micrófono de dichas emisoras, audición que no llegó a celebrarse.[17]

Aquel mismo día otro periódico de Huelva[18] publicó una nota muy distinta:

Ya se matan entre ellos.
¿Ha sido asesinado Federico García Lorca?

Madrid, 9.– Parece ser que entre los numerosos cadáveres que a todas horas y todos los días aparecen en las calles madrileñas, ha sido hallado el de Federico García Lorca.

Es tan grande la descomposición entre las filas marxistas, que no respetan ni a los suyos.

Al autor del *Romancero gitano* no le ha valido, para escapar del furor rojo, el ser «correligionario» de Azaña en política, en literatura y en... ¿cómo diríamos? ¡Ah! sí: en sexualidad vacilante.

Esta alusión a la homosexualidad de Lorca es típica de la mentalidad católica-tradicionalista-machista de la derecha española antes y durante la guerra. Tampoco sorprende la referencia a Azaña, frecuentemente acusado de homosexual. A este propósito ha escrito Cipriano Rivas Cherif, el conocido director teatral, cuñado de Azaña y amigo de García Lorca:

Yo no podía oír desde Ginebra el vocerío de la Radio Nacional de la Falange durante la guerra; pero alguien particularmente encargado de captar las noticias del enemigo escuchó más de una vez la voz, pero poco académica entonces, de José María Pemán, tachándonos de invertidos en un mismo trío, a Federico, a Margarita Xirgu y a mí.[19]

Sello de Federico García Lorca emitido en la zona republicana durante la guerra

El 19 de septiembre, varios periódicos nacionalistas afirmaban que Lorca había sido asesinado por los «rojos», a pesar de su condición de republicano. Según *El Diario de Huelva*:

> *En Barcelona ha sido fusilado el poeta Federico García Lorca*
>
> Barcelona.– Hoy se ha sabido que el conocido poeta Federico García Lorca fue asesinado por varios extremistas el día 16 de agosto. Debido a una denuncia, se le encontró en la residencia de un comerciante, donde se hallaba escondido desde los primeros días de la revolución.[20]

La misma información aparecía en *La Provincia* de Huelva, con el título «En Barcelona. Federico García Lorca, fusilado. Otros fusilamientos», mientras *El Diario de Burgos* (en el cual Federico había publicado unos de sus primeros trabajos literarios, en 1917) afirmaba que el poeta había muerto en Madrid:

García Lorca ha sido fusilado

París.– Se sabe que el poeta García Lorca ha sido fusilado en Madrid por elementos marxistas.

En los centros literarios franceses la noticia ha causado impresión, puesto que eran conocidas sus ideas izquierdistas.

Dos días después, el 21 de septiembre de 1936, otro diario burgalés, *El Castellano*, anunciaba:

El poeta García Lorca
fue fusilado con los obreros

Barcelona.– Un vecino de Barcelona que ha podido huir de Granada, confirma que el poeta García Lorca fue fusilado el 16 de agosto.

Se le detuvo en el domicilio de un comerciante apellidado González.

Al mismo tiempo que el poeta fueron fusilados 200 obreros.

García Lorca veraneaba en su pueblo natal, Fuente Vaqueros, y el Movimiento le sorprendió en Granada adonde había ido para asistir a un congreso de música.

Extraña noticia ésta, que procede, al parecer, de la misma fuente utilizada unos días antes por *El Diario de Huelva* pero que da a entender que el poeta había sido ejecutado por orden de las autoridades sublevadas de Granada. ¿Confusión? ¿Mixtificación deliberada?

Aunque la prensa nacionalista ya daba por cierta la muerte del poeta, sus amigos se resistían a aceptar lo inevitable. «Una reflexión contribuyó a quitarme esperanzas», confesaba Roberto Castrovido en *El Liberal* de Madrid el 29 de septiembre:

La reflexión es ésta: si es mentira, como deseamos, el fusilamiento de García Lorca, ¿por qué la Junta de Burgos no se apresura a decir al mundo dolorido y horrorizado que el poeta vive? Nosotros, quiero decir el Gobierno legítimo de la República democrática, hemos desmentido prontamente las falsedades divulgadas por el enemigo asegurando que habían sido fusilados por los rojos Jacinto Benavente y los hermanos Álvarez Quintero y otros escritores de menor nombradía. El silencio incomprensible de los fascistas venía, en mi opinión, a confirmar la muerte del poeta granadino.[21]

Tres días antes, además, había aparecido el artículo de *Estampa*, ya citado,[22] en el cual se daba a conocer el testimonio de Manuel Subirá que, habiendo logrado huir de Granada, aportó nuevos detalles sobre el fusilamiento del poeta.

ABC de Sevilla, controlado por Queipo de Llano, eludió toda referencia a la muerte de Lorca hasta el 27 de septiembre de 1936, cuando publicó la siguiente nota:

> *Detención del duque de Canalejas.*
> *Benavente. García Lorca*

Encontramos en un periódico rojo la noticia de que el duque de Canalejas ha sido detenido al salir de una Embajada donde se hallaba refugiado.

Hablan también los periódicos de detenciones de espías fascistas y dan nombres de personas conocidas. Insertan una supuesta carta de don Jacinto Benavente, que dicen está en Valencia. La insertan como habilidad en torno a la muerte de García Lorca. Paz a este muerto.

En torno a Benavente advertimos un propósito de desorientar. Ojalá viva. Sería estúpido entablar polémica sobre esto. Poco ha de vivir quien no averigüe y compruebe la verdad. Lo que desde luego afirmamos es que la carta no parece de don Jacinto. O está muy nervioso el ilustre autor de *Santa Rusia*, que es la obra que ahora recuerdan únicamente los periódicos rojos cuando para hacer ruido entremezclan los nombres de García Lorca –¡paz a su alma!– y Benavente –¡gloria a él si está vivo, y gloria a su memoria si cayó![23]

La publicación de esta nota, en la misma página de *ABC* de Sevilla donde aparecía el texto de la charla de Queipo de Llano de la noche anterior, demostraba que los nacionalistas ya admitían oficialmente que Lorca había muerto. El periodista parece dar por descontado que sus lectores están ya enterados de ella (por la radio o por otras noticias de la prensa nacionalista).

Era evidente que, de vivir Lorca, los sublevados lo habrían proclamado ante el mundo. Por ahora se limitaban a desear «paz a su alma».

El 30 de septiembre de 1936, el Colegio de Abogados de Madrid confirmó la muerte de Lorca.[24] Este documento fue corroborado, días después, por el presidente de la FUE de Granada, que logró escapar de la ciudad y llegar a Murcia, donde habló con los periodistas. El texto más completo de su relato, reproducido por varios periódicos,[25] salió en *Claridad*:

El presidente de la FUE de Granada
confirma el fusilamiento de García Lorca

Ha llegado a Murcia el secretario de las Juventudes Unificadas y presidente de la FUE, que logró escapar de las hordas fascistas de Granada.[26]
  Cuando estalló el movimiento faccioso, García Lorca fue advertido por algunos admiradores del peligro que corría y de la conveniencia de ocultarse.
  García Lorca se escondió en casa de Rosales Vallecillos *[sic]*, poeta granadino, que ha publicado un libro de versos en la *Revista de Occidente*.
  A los pocos días, una criada, espía del fascismo, que prestaba sus servicios en casa de Rosales Vallecillos *[sic]*, denunció a García Lorca, y éste fue fusilado junto a las tapias del cementerio.
  A Rosales Vallecinos *[sic]* le detuvieron los fascistas y estuvo a punto de ser fusilado, pero intervino un hermano suyo, falangista, y el incidente terminó imponiendo al poeta 25 000 pesetas de multa.[27]

La prensa europea había empezado en septiembre a mostrar su inquietud por la suerte del poeta granadino. *The Times* de Londres, por ejemplo, dio breves informes sobre el caso los días 12, 14 y 23 de aquel mes y, luego, el 5 de octubre. A mediados de octubre el escritor británico H. G. Wells, presidente del Pen Club de Londres (otra organización odiada por los sublevados), preocupado por la seguridad de Federico, envió un telegrama a las autoridades militares de Granada. ¿Se acordaba de aquel día, allá por los años veinte, cuando había sido huésped de Lorca y sus amigos en la ciudad de la Alhambra? Cabe pensarlo. El telegrama y su respuesta se reprodujeron en muchos periódicos republicanos, entre ellos *El Sol*:

Una gestión de Wells. El gobernador faccioso de Granada dice
que ignora el paradero de García Lorca

  Londres, 13.– El escritor H. G. Wells ha enviado a las autoridades militares de Granada el siguiente despacho: «H. G. Wells, presidente del Pen Club de Londres, desea con ansiedad noticias de su distinguido colega Federico García Lorca y apreciará grandemente cortesía de una respuesta.»
  La respuesta ha sido la siguiente:
  «Coronel gobernador de Granada a H. G. Wells.– Ignoro lugar hállase don Federico García Lorca. –Firmado: coronel *Espinosa*.»[28]

Al día siguiente, 15 de octubre, *El Sol* comentaba el cruce de telegramas y lanzaba un virulento ataque contra Espinosa. Al mismo tiempo, y parece ser que por primera vez, se relacionaba el nombre de Ramón Ruiz Alonso con la muerte del poeta. Ello demuestra que el papel desempeñado por el «obrero amaestrado» en la detención del poeta se conoció tempranamente:

[Espinosa] No sabe nada. Mejor dicho, no quiere saber nada; lo que desgraciadamente parece que confirma la muerte alevosa del poeta español. [...] El excoronel Espinosa probablemente no sabía quién era García Lorca. Lector en los ratos de ocio de novelas seudopornográficas y consumidor de toda esa literatura repugnante y nauseabunda que pergeñaban nuestros escritorzuelos derechistas, jamás tuvo ocasión ni ganas de ponerse en contacto con la obra ejemplar, cargada de esencias populares y poéticas de rara calidad, de García Lorca.

El excoronel Espinosa seguramente se ha enterado ahora, al recibir el telegrama de Wells, de que existía un poeta llamado Federico García Lorca, y de que fue asesinado por las hordas que acaudilla Ruiz Alonso, el conocido sicario al servicio de Gil Robles, por el simple hecho de haber puesto su pluma egregia al servicio de pueblo. Ante el hecho consumado, el excoronel Espinosa ha creído que la actitud más gallarda era hacerse el desentendido.[29]

La muerte de Lorca constituía ya un grave problema para los sublevados y era inevitable que tratasen de eludir toda responsabilidad ante la opinión pública internacional. Cuando era insostenible que Lorca hubiera caído en la zona republicana, los propagandistas de Franco decidieron echar la culpa a inconcretos asesinos «actuando bajo su propia iniciativa». Sólo el marqués de Merry del Val, cuyas observaciones sobre la muerte del poeta hemos visto ya,[30] cometió la imprudencia, en mayo de 1937, de afirmar públicamente que Lorca había sido oficialmente fusilado. Este «error» nunca se repitió.

Los falangistas, por su parte, decidieron forjar la leyenda de un Lorca simpatizante joseantoniano, insinuando que, de no haber muerto, ya se habría afiliado como poeta del partido. Ningún ejemplo mejor para ilustrar esta táctica que el artículo publicado en marzo de 1937 por el periódico *Unidad* de San Sebastián y firmado por Luis Hurtado Álvarez:

A la España Imperial le han asesinado su mejor poeta

Conmovido por esa sucesión de formas que sólo la vida puede ofrecernos, en estos días furiosos de lluvia, de sol encadenado, en lo más íntimo de mi ser ha empezado a dolerme la muerte. He podido, en fin, encontrarme; de vuelta de la guerra. He hallado de nuevo mi sensibilidad olvidada, perdida en mi pozo de hombre.

De librería en librería, he ido buscando tus libros, tus poemas.

De una, me llevaba el último ejemplar de tu *Romancero gitano*; de otra, el último de *Bodas de sangre*; en ésta, me decían que, hacía unos días, habían vendido los pocos libros tuyos que quedaban; en aquélla –la última–, compré cierta Antología que contiene tus más bellos poemas. ¡Cuántas veces hemos reído juntos al hojear ese libro, ese revoltijo de poetastros de todas clases! Mi peregrinación era como un homenaje a tu muerte. Algo así como la alegría que he sentido y no podré jamás escribir.

Yo afirmo, solemnemente, por nuestra amistad de entonces, por mi sangre derramada en la más altiva intemperie de un campo de batalla, que ni la Falange Española ni el Ejército de España tomaron parte en tu muerte. La Falange perdona siempre; y olvida. Tú hubieras sido su mejor poeta; porque tus sentimientos eran los de la Falange: querías Patria, Pan y Justicia, para todos. Quien se atreva a negarlo miente; su negación es el testimonio más exacto de que jamás quiso saber de ti. Los hombres sólo nos conocemos cuando hemos llorado juntos muchas veces; cuando hemos convivido durante largo tiempo en la intimidad de las trincheras, allí donde florece la vida más alta. Te sabías poseedor del fuego, de la luz y de la risa. Tu calidad divina de poeta te elevaba sobre las mezquindades de la tierra; y, sin embargo, rescatar a los hombres de la impiadosa realidad, redimir su triste vida, condensar en ti el dolor de todos, era una de tus mayores preocupaciones y el eje de tu filosofía. Pero no todos podían comprenderte.

El crimen fue en Granada; sin luz que iluminara ese cielo andaluz que ya posees. Los cien mil violines de la envidia se llevaron tu vida para siempre. Tu cuerpo gigantesco se derrumbó, medroso, ante el golpe brutal de adormidera de los cuchillos de tus enemigos, tu cuerpo gigantesco, faraónico, se batió con la inercia en dos mitades y caíste, a los pies de tu asesino, tal una isla evidente de poesía. Eras poeta; vivías en tu mundo. Amabas a los hombres, a los pájaros, las naranjas de sal y los corales... Tenías que morir o claudicar tu luz; volver a tus dominios de bandera y estímulo, o entregar tu mirada y tu corcel poético a los verdugos de la poesía, esos dueños del cieno que no ven más que el mundo, y odiaban a muerte tu frente cuajada de luceros.

Tenías que morir... Eras poeta. Como en tu *Elegía a doña Juana la Loca*:

Granada era tu lecho de muerte,
los cipreses tus cirios,
la sierra tu retablo...[31]

Se desplomó tu cuerpo, para siempre, y se borró tu risa de los mapas; y la tierra tembló, a través de tus manos de agonía, al sentir la llegada de tu espíritu.

Y, sin embargo, no puedo resignarme a creer que has muerto; tú no puedes morir. La Falange te espera; su bienvenida es bíblica: Camarada, tu fe te ha salvado. Nadie como tú para sintonizar con la doctrina poética y religiosa de la Falange, para glosar sus puntos, sus aspiraciones.

A la España Imperial le han asesinado su mejor poeta. Falange Española, con el brazo en alto, rinde homenaje a tu recuerdo lanzando a los cuatro vientos su ¡PRESENTE! más potente.

Tu cuerpo ya es silencio, silencio nulo y sombra: pero sigues viviendo intensamente vivo, en las formas que laten y en la vida que canta. Apóstol de la luz y de la risa. Andalucía y Grecia te recuerdan.

¡ARRIBA ESPAÑA!

El artículo de Hurtado Álvarez, buena muestra del estilo literario falangista, fue reproducido en otras publicaciones falangistas (véase bibliografía), y encolerizó a los verdaderos amigos de Lorca. Poco después de su publicación, *Hora de España* de Valencia respondía:

Nunca hubiéramos creído que esos escritores lamentables, esos envilecidos «cantores» de Franco, llegasen, en su falta absoluta de honestidad, hasta el punto de glorificar a sus víctimas, cuando creen que esto conviene a sus intereses o a los intereses de sus amos. El mundo entero ha reaccionado con indignación ante el cobarde asesinato, y ellos, por lo visto, han recibido la consigna de embrollar en lo posible este asunto, quemando incienso en torno al recuerdo del poeta muerto, y tratando, en lo posible, de atribuir este crimen a los «rojos».[32]

Unos meses después, los que pedían más detalles sobre la muerte de García Lorca pudieron leer un artículo sensacional. Salió en el periódico valenciano *Adelante* el 15 de septiembre de 1937 bajo el título «El crimen fue en Granada. Yo he visto asesinar a García Lorca...», y contenía una entrevista hecha por el periodista Vicente Vidal Corella a un guardia civil evadido de Granada. Éste declaraba haberse visto obligado a tomar parte en la ejecución del gran poeta. Según él, Lorca había sido fusilado por un grupo de «tricornios» cerca de Padul, en la carretera de Motril (a unos quince kilómetros de Granada y en dirección opuesta a Víznar). El artículo de Vicente Vidal Corella se reprodujo en seguida en la prensa madrileña[33] y, en diciembre de 1937, cruzó el Atlántico y fue reproducido, en su parte esencial, por el diario costarricense *Repertorio Americano*.[34] Desde allí se extendió por toda América la leyenda de que a Lorca le mató la Guardia Civil. Un relato casi idéntico se publicó en La Habana en 1939 y luego en Brooklyn en 1940 por J. Rubia Barcia, que había hablado también con el guardia civil evadido de Granada.[35] Había un detalle de la versión de Rubia Barcia que revelaba que la historia de la participación de la Guardia Civil en la muerte del poeta no podía merecer crédito.[36] Pero las leyendas mueren difícilmente, y no nos puede sorprender que haya gente que siga insistiendo en que la Benemérita mató al poeta.

Cuando investigábamos sobre la muerte de Lorca en 1965 y 1966, muchas personas nos dijeron que habían leído años antes unas declaraciones del general Franco sobre el tema. Pero no sabían exactamente dónde, ni cuándo. Se trataba de una entrevista concedida por el Caudillo a un corresponsal del diario mexicano *La Prensa* y que se publicó en aquel diario el 26 de noviembre de 1937,[36 bis] siendo reproducido poco después en *El Mercurio* de Santiago de Chile. Dicha entrevista fue citada por *ABC* de Sevilla el 6 de enero de 1938 en un artículo notable por sus mentiras, y creemos que merece ser reproducido en su totalidad:

ABC en Chile.–Destrucción de la mentira

Joaquín Calvo Sotelo, charlando conmigo en Valparaíso, me había dicho que el fusilamiento de García Lorca, en Granada, afirmación propalada desvergonzadamente por Margarita Xirgu y su adlátere Rivas Cherif, era una simple invención de la comedianta catalana tan «íntimamente unida» al poeta andaluz. La campaña difamatoria de la Xirgu logró sus prosélitos en la Argentina y Chile. En la zona argentina se escribieron furibundos articulazos por las publicaciones incorporadas al azañismo, que pagaba liberalmente tales sandeces. En esta zona chilena unos cuantos sujetos, pegados también a la vaca que ordeña Rodrigo Soriano –conste que yo lamento verle militar en el bando del héroe de Casas Viejas, en lugar de haber seguido al arrepentido y magdalénico Lerroux–, procuraron difundir la novela en algunas conferencias que fueron un Sahara perfecto, y en varias hojas que esparcen las doctrinas del Frente Popular. Felizmente el éxito no pasó a mayores, porque la emoción chilena por el fin trágico del vate de las gitanías se redujo a algunos excesos verbales simultaneados con arrogantes ingestiones de *guachucho*, vulgo aguardiente, o de dulce chicha vínica, o sea mosto fermentado y cocido. Pero el estrago calumnioso se hizo pendón literario y oratorio entre las gentes que, con una audacia sorprendente, tuvieron la desfachatez de denominarse «amigos de España».

No había manera racional de hacerles apear del asno que montaban los tales «amigos de España», hombres de extrema izquierda, capitaneados por media docena de abogados sin pleitos, médicos sin enfermos, poetas sin empresa editorial que les pague sus concepciones, etc., cuando he ahí que en *La Prensa*, de Buenos Aires, y *El Mercurio*, de Santiago de Chile, que lo reprodujo, se publicó la notable entrevista del prestigioso periodista Sáenz Hayes, escritor de alta reputación, con el Generalísimo Franco, y entre los diversos puntos de que en ella se trató figura el relativo al famoso supuesto fusilamiento.

En la Argentina y Chile, por tanto, el estandarte «García Lorca» ya no puede ser usado como medio de propaganda, sino por gentuza acanallada, puesto que el Generalísimo Franco ha destruido la patraña con el ariete formidable de sus declaraciones.

Y para que esas declaraciones circulen más, no limitándose al terruño sudamericano argentino chileno, voy a reproducir el texto que por estas zonas ha propagado la verdad. Es como sigue:[37]

–Se ha hablado mucho en el extranjero de un escritor granadino, el vuelo de cuya fama no puedo yo medir hasta qué fronteras hubiera llegado; se ha hablado mucho porque los rojos han agitado ese nombre como un señuelo de propaganda. Lo cierto es que en los momentos primeros de la revolución en Granada, ese escritor murió mezclado con los revoltosos. Son los accidentes naturales de la guerra. Granada estuvo sitiada durante muchos días y la locura de las autoridades republicanas, repartiendo armas a la gente, dio lugar a chispazos en el interior, en alguno de los cuales perdió la vida el poeta granadino.[38] Como poeta su pérdida ha sido lamentable y la propaganda roja ha hecho pendón de este accidente, explotando la sensibilidad del mundo intelectual. En cambio, esa gente no habla de cómo fueron asesinados fríamente, con saña que pone espanto en el ánimo más templado, don José Calvo Sotelo, don Víctor Pradera, don José Polo Benito, el duque de Canalejas, don Honorio Maura, don Francisco Valdés, don Rufino Blanco, don Manuel Bueno, don José María Albiñana, don Ramiro de Maeztu, don Pedro Muñoz Seca, don Pedro Mourlane Michelena, don Antonio Bermúdez Cañete, don Rafael Salazar Alonso, don Alfonso Rodríguez Santamaría, presidente de la Asociación de la prensa; don Melquíades Álvarez, don Enrique Estévez Ortega, don Federico Salmón, padre Zacarías G. Villadas, don Fernando de la Quadra, don Gregorio de Balparda y tantos otros cuya lista haría interminable estas contestaciones. Queda dicho que no hemos fusilado a ningún poeta.»

El lector tiene la obligación de mantener inmodificable la destrucción de la mentira que ha efectuado la palabra verdadera del insigne Caudillo.

El Bachiller Alcañices.
Valparaíso, 29 de noviembre de 1937.

Franco o sus consejeros debieron advertir que esta explicación de la muerte del poeta había pecado de imprudente. Cuando, algunos años después, la entrevista salió en la edición oficial de las declaraciones del jefe del Estado a la prensa, la última frase había desaparecido.[39]

Durante unos diez años a partir de la publicación de las declaraciones de Franco en *ABC* se evitó en la prensa española cualquier alusión a la muerte del poeta granadino. Luego, un buen día, Ramón Serrano Suñer decidió hablar. Escuchemos a Gerald Brenan:

> Ya por entonces [diciembre de 1948] el exministro falangista Serrano Suñer había abierto públicamente el fuego en esta controversia. En diciembre de 1947, en una entrevista con el periodista mexicano Alfonso Junco, aseguró que el hombre que había dado la orden de matar a Lorca era el diputado a Cortes conservador y católico, Ramón Ruiz Alonso. La acusación, naturalmente, no fue publicada en la prensa española, pero expresaba con bastante exactitud lo que decían los falangistas. Organizaban toda una campaña *sotto voce* para hacer creer que el poeta asesinado era amigo suyo y que su muerte se debía a los clericales [es decir, a la CEDA].[40]

Alfonso Junco, cuando nos pusimos en contacto con él,[41] negó que se hubiera publicado una entrevista suya con Serrano Suñer. Está claro que la entrevista a que se refiere Brenan fue la concedida por Serrano a otro escritor mejicano, Armando Chávez Camacho. Ésta se publicó el 2 de enero de 1948 en *El Universal Gráfico* de México, periódico dirigido por el mismo Chávez Camacho. En la entrevista se menciona de paso la muerte del poeta granadino:

> Algo sabíamos sobre la muerte de García Lorca. Queriendo saber más, inquirimos. Serrano Suñer nos declaró:
> –Le completaré sus informes. El jefe del grupo que sacó a Lorca de su casa y lo mató fue el diputado derechista y antiguo tipógrafo Ramón Ruiz Alonso. Por allí anda, sin que nadie lo haya molestado nunca, a pesar de que el crimen fue idiota e injusto, y de que nos hizo mucho mal. Porque Lorca era un gran poeta.[42]

A Serrano Suñer no le agradó en absoluto ver impresas estas frases. Sabía muy bien que Lorca había sido fusilado por orden de las autoridades nacionalistas de Granada, y se exponía a que Ruiz Alonso así lo proclamara al verse acusado no sólo de la detención del poeta sino de su muerte. Por eso Serrano se apresuró a escribir a Chávez Camacho para «aclarar» lo que le había dicho en su conversación «privada». Chávez publicó la parte más importante de esta carta en *El Universal Gráfico* el 3 de mayo de 1948, bajo el título «Sobre la muerte del poeta García Lorca». La carta de Serrano Suñer es un documento de gran valor histórico, pues si, antes de la invención de magnetofón, podía discutirse la fidelidad de unas declaraciones –y esto es lo que hace Serrano Suñer al hablar de su conversación «privada» con Chávez Camacho–, una carta autógrafa no permite tal escapatoria. El «cuñadísimo» lo «arregla» así:

Mi distinguido amigo: Lamentábamos los dos, usted y yo, en nuestra conversación privada, el error trágico que la España Nacional cometiera en la muerte del gran poeta granadino. Argumenté yo que ese crimen había sido deplorado por muchos que fuimos (y algunos que todavía son) jefes de la Causa Nacional que ninguna parte tuvo de él, siendo el tal crimen obra de unos «incontrolados», de los que actúan casi siempre en toda revuelta sin poderlo evitar. Tuve interés en puntualizar, y esto con perfecto conocimiento de causa, que ni un solo falangista había participado en este crimen.

Y aún le añadiré, si no lo dije entonces, que eran precisamente los pocos falangistas que había en Granada amigos y protectores del poeta cuya incorporación a la Causa preveían. Causaron su muerte quienes menos entendían la generosa ambición española del Movimiento, elementos poseídos por un rencor provinciano y difícil de definir, desde luego antifalangista.

Y como prueba de ello, le expliqué a usted cómo la opinión había relacionado a los agentes del crimen de Granada con un diputado de la minoría citada, en quien presumían una natural relación con las milicias de Acción Popular, que detuvieron a García Lorca, aunque seguramente sin el propósito de conducirlo a su trágico destino. La detención tuvo lugar en el domicilio del poeta falangista Rosales, que le protegía. Por consiguiente lo de que aquellas milicias y aquel diputado fueron autores de la muerte del poeta no pasaba de ser un rumor que yo aducía como prueba del carácter antifalangista que al crimen dio la opinión desde el primer momento.

Esto para quien conozca la España Nacional de entonces es muy claro. La Falange representaba entonces el extremismo político frente a «las derechas», pero representaba también el propósito de conversión y conquista, de asimilación del elemento rojo enemigo. Hacer propios todos los valores –sobre todo los intelectuales– de España, era la consigna principal de entonces. Esta tendencia tuvo centenares de expresiones. En el caso de García Lorca la cosa era así en grado máximo. En primer lugar porque Lorca no era propiamente del «campo enemigo». Como reconoció el gran Antonio Machado, en un documento de propaganda roja, el pueblo al que cantaba García Lorca no era el pueblo-masa, subvertido por las consignas de la Internacional, sino el pueblo tradicional y religioso, el pueblo en el que la misma Falange quería apoyarse.[43] Por otra parte, muchos amigos de Lorca eran falangistas y, en realidad, su muerte fue para la Falange doblemente trágica: porque venía a convertir a Lorca en bandera del enemigo, ¡y con qué impiedad lo usó éste como bandera!, y porque ella misma perdía un cantor, el mejor dotado, seguramente, para cantar aquella ocasión –única– de regeneración española revolucionaria que la Falange soñaba.

Ésta es la verdad. García Lorca era un gran poeta, el lírico de mayor fuerza que España alumbrara en los últimos años; un poeta de la tierra y la sangre de España: popular, castizo. Ayer y hoy nosotros lo hemos considerado como un valor y una gloria de España y su muerte –que sirvió a los enemigos para infamarnos– era ya, por sí misma, una pérdida sensible para nosotros.

Respecto a la dirección que la opinión señaló al origen del crimen, le recordé yo cuando usted, que venía de Portugal, me comunicó que había oído allí a un político español acusaciones de crímenes y atropellos contra la España Nacional, que yo tenía el deber de rechazar por inexactas, fuera de casos lamentables como el que nos ocupa que, por desgracia, pueden ser inevitables en esa cosa terrible que es la guerra. Tenía yo el deber de defender el honor de una política y de un Estado que eran inocentes de aquel crimen y también el buen nombre de quienes no sólo fueron inocentes de él, sino que lo condenaron con indignación. Eso sólo es lo que yo quería dar a entender a usted y lo mantengo ahora a los efectos de la significación moral del hecho que en último término fue una mera brutalidad que salpicó el merecido prestigio de nuestra Causa, pero que a ningún sector ni ideología puede ser imputado verdaderamente y menos, sin pruebas, a una persona concreta. Precisamente, y de una manera general en relación con lo acaecido en zona nacional en los primeros meses de la guerra civil, le dije a usted que yo no tenía información positiva y directa por encontrarme entonces prisionero de los rojos en la Cárcel Modelo de Madrid. Por eso yo deseo que el nombre de aquel diputado de la CEDA queda indemne de semejante mancha, mientras nadie pueda demostrar que el rumor fuera justo. Hace doce años que no he visto ni hablado al diputado aludido, pero por el rigor que me debo a mí mismo y por respeto a mi conciencia de cristiano, no he de formular acusación contra nadie que no sea probablemente culpable [...].[44]

Como se ve, Serrano Suñer se esfuerza por eliminar toda acusación contra Ruiz Alonso. El exdiputado de la CEDA nos enseñó en 1966 la carta que Serrano le escribió en marzo de 1948 en la cual repetía más o menos sus palabras publicadas en *El Universal Gráfico*. Después de negar que le hubiera acusado de la muerte del poeta, Serrano le «explica» –¡a Ruiz Alonso!– lo siguiente:

> La muerte de Federico García Lorca fue obra de unos incontrolados en la situación confusa de los primeros momentos de la guerra civil, pero no, como la gente ha dicho por el mundo, de unos incontrolados falangistas.

Y añade Serrano Suñer:

> Federico García Lorca no estaba en el campo contrario sino que venía hacia nosotros cuando la estupidez y el rencor le salieron al camino.

De nuevo es cuestión de un Federico García Lorca en aspirante a falangista, a pesar de sus declaraciones antifascistas y de su rechazo de la España tradicional.

En diciembre de 1948 otro notable apologista del régimen de Franco, José María Pemán, se refirió, en términos tan intencionadamente confusos como los de Serrano Suñer, a la muerte de Lorca. Tanteando el terreno en un artículo editorial de *ABC*, exclamó Pemán:

> Creo que no va a ser una novedad para nadie el decir que –¡todavía!– la muerte de Federico García Lorca, el gran poeta granadino, es uno de los cargos que más vulgarmente se utilizan contra España en toda la América de habla española. También es cierto que, a pesar del continuo y polémico manejo del tópico, va abriéndose ya camino la sencilla verdad de que la muerte del poeta fue un episodio vil y desgraciado, totalmente ajeno a toda responsabilidad e iniciativa oficial.[45]

¿Qué significa esta última frase? Que en la muerte de Lorca no tuvieron nada que ver las autoridades militares de Granada pero también que éstas se comportaron de modo totalmente irresponsable. Es decir que don José María dista mucho de puntualizar nada. Tal casuística es típica de los escritos franquistas de aquella época.

Los años cincuenta vieron no sólo la reedición de las obras de García Lorca, autorizada por Franco,[46] sino la publicación de tres importantes estudios sobre su muerte, todos ellos basados en investigaciones extranjeras de primera mano.

El trabajo del inglés Gerald Brenan salió primero, en 1950, en un capítulo sobre Granada y Víznar publicado en su libro *The Face of Spain*.

Luego el capítulo se dio a conocer, separadamente, en 1951 en una revista literaria francesa.[47]

Entretanto el hispanista francés Claude Couffon había estado en Granada, donde llevó a cabo una investigación mucho más exhaustiva que la de Brenan (que sólo había pasado unos días en la ciudad andaluza). El trabajo de Couffon fue el primero que reunió datos, fechas, nombres y responsabilidades en relación con la muerte de Lorca. Salió en *Le Figaro Littéraire* de París el 18 de agosto de 1951 y fue reproducido después muchas veces (véase nuestra bibliografía).

El 29 de septiembre de 1956, *Le Figaro Littéraire* publicó otro artículo sobre el mismo tema, el conocido trabajo de Jean-Louis Schonberg, en el cual se exponía la tesis de que la muerte de Lorca se debía exclusivamente a una riña entre homosexuales sin la menor significación política. Los titulares de *Le Figaro Littéraire* rezaban: «ENFIN, LA VÉRITÉ SUR LA MORT DE LORCA! Un assassinat, certes, mais dont la politique n'a pas été le mobile».

Con este artículo, a diferencia de los trabajos de Brenan y Couffon, las autoridades franquistas encontraban por fin una explicación utilizable –¡y cómo!– de la muerte de Lorca. Brenan y Couffon habían deshecho en buena medida las tentativas propagandísticas del régimen, pero el artículo de Schonberg apoyaba la tesis de que la muerte del poeta había sido obra de individuos «incontrolados», homosexuales por añadidura.

El artículo de Schonberg fue inmediatamente utilizado por el régimen franquista. El 13 de octubre de 1956 (sólo quince días después de haber aparecido el trabajo en *Le Figaro Littéraire*), *La Estafeta Literaria*, revista «oficial» del régimen, titulaba en primera página:

«LE FIGARO LITTÉRAIRE» CONFIESA: «¡En fin, la verdad sobre la muerte de GARCÍA LORCA!» «No fue la política el móvil.»

Como observará el lector, *La Estafeta* había suprimido del titular de *Le Figaro* la fase «Asesinado, es cierto». El resto del texto de Schonberg sufrió el mismo tratamiento quirúrgico con la intención deliberada de callar los datos proporcionados por el autor sobre la represión granadina y resaltar los posibles móviles homosexuales de la muerte del poeta. El resultado fue una obra maestra de funambulismo circense, habida cuenta de que el trabajo de Schonberg es ya de por sí un documento plagado de errores y muy poco digno de crédito. Vale la pena citar íntegro el artículo de *La Estafeta*, que nos brinda la posibilidad de observar muy de cerca la mentalidad franquista en pleno ejercicio de tergiversación de la verdad:

> En fin, hemos de decir nosotros, se ha roto la piedra de escándalo. ¡Veinte años utilizando la muerte de García Lorca como instrumento político! Claro, que éste es un gesto internacional ni único ni original. Pero, en fin, había que explotar sin escrúpulos ni honradez el hecho de la muerte del poeta granadino, aun a costa de cometer la más concienzuda, vil y sistemática estafa con la gente de buena fe. Aquellos actos públicos, aquellos recitales solemnes de sus obras, aquel ondear constante de su nombre como víctima, aquellas lágrimas de cocodrilos... ¿Quién no se acuerda?
>
> Mientras tanto, aquí en España, en la España de la verdad, siempre estuvo todo dispuesto para mostrar y comprobar esa verdad que sobraba, que molestaba, que podía disipar la conjuración. La verdad es una, y quien la tenga es quien la puede mostrar o demostrar. Y aquí, en España, siempre todo estuvo dispuesto para mostrar o demostrar esa verdad. Pero no interesaba por ahí fuera. ¿Cómo coser de nuevo las rasgadas vestiduras? ¿Y el negocio político?

«De politique, pas de [sic] *question»*

> Al fin, el escritor francés J. L. Schomberg *[sic]*, autor de la más amplia y documentada biografía del poeta, ha venido a España varias veces desde 1953 a 1956, ha recorrido Andalucía, visitado pueblos colindantes con Granada, ha hablado con quien ha estimado conveniente o necesario. Ha investigado en archivos, inspeccionado lugares. Y, al fin, ha llegado a esta conclusión:
>
> «De politique, pas question. La politique, c'était alors la purge qui vous évacuait sans préambule.» En resumen, nada de política. Así escribe este enviado especial en el párrafo tercero, columna quinta de la página 5 de *Le Figaro Littéraire* del 29 de septiembre de 1956.
>
> Veinte años en confesar la verdad. ¿Tan difícil es la verdad, una verdad no especulativa? Es que seguramente el problema o compromiso no estuvo en hallar la verdad, sino en darla a onocer.

«L'amour oscur [sic]*...*[48] *Voilà le fond de l'affaire»*

> Andando, andando, el escritor-periodista trata de remontarse a las causas.[49] ¿Chantaje? ¿Venganza? Quizá las dos cosas, se contesta en público y por escrito. Pero ¿de quién? También se contesta:
>
> «Reste alors la vengeance: la vengeance de l'amour oscur» *[sic]*. Ven-

ganza del «amor oscuro», afirma en el primer párrafo, sexta columna de la quinta página.

Desde la «Oda a Walt Whitman» sabía bien García Lorca –continúa diciendo el periodista francés y minucioso biógrafo– a qué terrible odio se había hecho acreedor. No ignoraba desde qué sentina humana, poblada de pederastas, le acechaban. Y transcribe los violentos estigmas que el poeta les dirigió: «¡Asesinos de palomas!... ¡Nada de perdón!... La muerte brilla en vuestros ojos. Que los "puros", los "clásicos" os cierren las puertas de la bacanal.»[50]

Y concluye el periodista biógrafo: «Et voilà le fond de l'affaire.»

Odio por desprecio

Es verdad que políticamente nada tenía que temer. Verdad que él sabía que de la ciudad nada debía recelar. La autoridad y la Falange eran también sus amigos. Refugiado estuvo en casa de los hermanos Rosales. «¡Ah! si Luis, l'ami qui adorait Lorca, avait été là.» Y los socialistas y los republicanos. Amigos de todos. «Pero será un error –continúa diciendo– imaginar que el amigo de todos, Federico, no suscitase más que amistad. Bajo su aire de simpatía sabía cultivar el desprecio. Los "impuros" le respondieron con odio en vez de desprecio.»

«La acusación por la que se señalaba y concretaba el ejecutor y verdugo no se apoyaba inicialmente más que en la fuerza de una venganza personal, de ningún modo dependiente del orden político, literario, religioso o social.»[51] «Este hampa del amor oscuro, este bar de la calle Elvira, que le dio la llave de dos canciones,[52] la gitanería y los gitanos, todos estos bajos fondos que frecuentaba en calidad de miembro de la confraternidad, Lorca, aunque era noble, los trataba despectivamente. Este orgullo de superioridad es justamente lo que le hicieron pagar.»

A esta conclusión ha llegado el escritor y biógrafo J. L. Schomberg *[sic]*, después de larga y minuciosa pesquisa por los lugares y personas que pudieran allegarle datos para su propósito informativo. Por fin se ha lanzado la piedra de escándalo –éste, el escándalo, sí ha sido político– sobre la oscura camarilla cocedora de la estafa mental.

Al fin, a los veinte años. «Voilà!»

El artículo de *La Estafeta Literaria* fue ampliamente discutido en España, y provocó la indignación de un destacado exfalangista, el poeta y ensayista Dionisio Ridruejo. Ridruejo había sido consejero nacional de Propaganda hasta su dimisión en mayo de 1941, y por ser amigo íntimo de Luis Rosales conocía de primera mano (como ya hemos dicho) muchos detalles de la detención y persecución de Lorca. Ridruejo dirigió una iracunda y valiente carta de protesta al entonces ministro de

Información y Turismo, Gabriel Arias Salgado, carta que, según Fernando Vázquez Ocaña, el biógrafo del poeta, «fue reproducida o discutida en todo el mundo».[53] Pero en España no se reprodujo, y *La Estafeta Literaria* nunca hizo una alusión a su existencia, ni a la controversia suscitada. No tenía nada de extraño tal silencio, pues Ridruejo, a diferencia de Schonberg, hacía responsables de la muerte de Lorca no a unos «incontrolados» sino, neta y abiertamente, a las autoridades rebeldes granadinas:

Querido amigo: No quiero y no puedo dejar de pasar en silencio y sin respuesta la publicación de un artículo aparecido en *La Estafeta Literaria*, donde se transcriben y glosan, con intención demasiado miserable, algunos párrafos del trabajo publicado por M. Schonberg en *Le Figaro Littéraire* sobre la muerte de Federico García Lorca. El artículo de *La Estafeta* es de los que deshonran a quienes lo escriben y lo publican, y a quienes lo leen sin rebelarse. Te invito a juzgarlo por ti mismo: se trata allí de exculpar al Movimiento Nacional de la mancha arrojada sobre él por la muerte del poeta; la exculpación no se logra, y el autor del artículo, aun siendo un necio, no podía menos de saberlo. De lo que el mundo ha hablado siempre es precisamente de lo que allí queda en pie: una máquina política de terror ha matado a un hombre que, aun desde el punto de vista más fanático, debía ser considerado como inocente. El artículo viene a confirmar esta inocencia, a desvanecer cualquier justificación subjetiva fundada en una necesidad revolucionaria, y no desvirtúa, por otra parte, el hecho de que el poeta haya muerto a manos de los agentes de la represión política de Granada, sin que a nadie se le pidiera cuentas.

¿Para qué, por lo tanto, se ha escrito este artículo? A mi juicio, por una sola razón: porque la publicación de los párrafos de Schonberg permitía arrojar alguna sombra, algunas salpicaduras de infamia sobre la memoria de la víctima. No se trataba tanto de establecer que los móviles reales de esa muerte, conjeturados por el escritor francés, no fueran políticos, sino de proclamar que fueron «oscuros». Sin duda, el director de *La Estafeta*, Juan Aparicio, ha pensado «cristianamente» que, empequeñeciendo el valor de la víctima, el crimen, o el error, son más disculpables.

A mí me parece que esto pasa de la raya, que es una porquería, y que se han atropellado todas las leyes del honor, de la piedad y de la decencia. Me pregunto y te pregunto si la opinión de los españoles puede estar dictada por gentes capaces de cometer semejante villanía. A poca cosa, si es así, hemos venido a parar, cuando tan poco respeto se nos debe. No obstante, y para compensar esto sin duda, y proteger nuestra seguridad espiritual, tu censura nos ha impedido leer en la prensa española un solo recuerdo a don José Ortega y Gasset, en el día del aniversario de su muerte, y hasta la esquela familiar anunciando un sufragio por su alma ha sido eliminada.

Está claro que los españoles debemos menospreciar a uno de nuestros más grandes poetas, debemos ignorar a nuestro mayor filósofo y después debemos callarnos.

Perdóname que no me resigne a cumplir la consigna y que proteste con indignación. Esto es todo. Te saluda: *Dionisio Ridruejo*.[54]

La honradez del exfalangista Ridruejo, al enfrentarse con el innegable hecho de que Federico había sido fusilado oficialmente, era excepcional. Entre los escritores que permanecían fieles a la tesis de que «ni un solo falangista estuvo implicado en la muerte del poeta» figuraba Rafael García Serrano.

En 1953, García Serrano había publicado un libro sobre su viaje por tierras americanas en compañía de los Coros y Danzas de la Sección Femenina de Falange. En él habló de la muerte del poeta granadino (había tenido que aguantar, en sus andanzas, impertinentes preguntas al respecto) y, apoyándose sin duda en la autoridad reconocida de Serrano Suñer, cargó toda la responsabilidad del crimen sobre la CEDA y Ramón Ruiz Alonso (cuyo nombre, sin embargo, no cita directamente):

[...]lo indudable es que no puede atribuirse a la Falange la muerte de Lorca. En casa de dos falangistas permaneció escondido, en espera de salvar los confusos primeros pasos de toda revolución. El hermano de Luis Rosales, poeta, era jefe provincial de las Milicias granadinas.[55] Allí encontró cobijo García Lorca. Hay quien asegura que estaba escribiendo una «Oda a los muertos de la Falange», y si esta leyenda tuviese una base real, bueno sería que nos lo dijese el magnífico Luis Rosales, que de toda esta historia sabe mucho. Fueron unos milicianos de derechas, al mando de un diputado de la CEDA, posteriormente firmante del manifiesto monárquico, quienes, aprovechando la ausencia del jefe de Milicias y de su hermano, se llevaron a Federico García Lorca hasta los fusiles de la Guardia Civil, porque la CEDA nunca ha tenido gallardía para decisiones terminales, aunque no puede decirse que le faltase para otros menesteres más siniestros, como fusilar al sargento Vázquez y no a Pérez Farrás, o poner pegas al acta de diputado de José Antonio... esta oprobiosa estupidez se la debemos a los muchachos de la catastrófica CEDA.[56]

El único detalle imprevisible de la diatriba de García Serrano contra la CEDA es su afirmación de que Lorca fue muerto por la Guardia Civil. Nunca se había repetido tal acusación en la España de Franco, que sepamos, y no cabe duda de que debió de provocar el disgusto de aquel cuerpo, ajeno, en cuanto tal, a la muerte del poeta.

Doce años más tarde (diez después de la carta de Ridruejo a Gabriel Arias Salgado), García Serrano volvió a hablar del debatido tema, publicando el 7 de mayo de 1965 en *ABC* un artículo tan torpe como descortés en el cual repitió una vez más la versión oficial de la muerte de Lorca:

> Aquel error por el que tanto hemos pagado todos no puede ser atribuible más que a la confusa crueldad de una guerra civil que entonces nacía. Los hermanos Rosales, y sus camaradas, hicieron lo posible por un rescate que tantas veces fue imposible en el lado contrario, sin que nadie chistase.[57]

En el mismo artículo García Serrano informaba a sus lectores que *La Estafeta Literaria*, en un reciente número, «precisaba muchos detalles [...] dados por plumas extranjeras –Paul Werrie y Saint-Paulien– sobre las circunstancias de la muerte de Lorca.» El artículo de *La Estafeta* comenta efectivamente un trabajo de Saint-Paulien sobre la muerte del poeta sacado a su vez casi totalmente, y sin reconocerlo, del libro de Jean-Louis Schonberg.[58] Reproducimos a continuación algunos párrafos del artículo como último ejemplo de la falta de honradez intelectual mostrada por dicha revista cada vez que se trataba de la muerte de Lorca:

> Nuestro entrañable Federico García Lorca, el poeta en Nueva York que clama contra la anglosajonización de lo hispánico [?] –lo cual es más trascendente que su pintoresquismo grato a los buscadores de lo *typical Spanish*–, tuvo la dicha de vivir intensamente, de conocer el éxito en plena juventud y de ser amado de los dioses.
>
> También tuvo la desgracia de que pasiones oscuras segaran su vida cuando su garganta estaba llena de promesas, gestando versos que ya no pudo decir. Y tras su muerte alevosa, a manos de los «medios seres», su fama corrió como un reguero de pólvora por las Europas y Américas dudosas y torcidas. El pobre Federico, de la noche a la mañana, convirtióse en héroe antifascista, en genio inmolado por los fascistas de Granada [...].
>
> Pero también hay eruditos obstinados en decir la verdad histórica. En Francia, por lo que a Lorca respecta, esa verdad ha sido puesta de relieve por muchos. Últimamente, Paul Werrie[59] y Saint-Paulien.

Saint-Paulien, buen lorquiano,[60] se documentó profusamente en España, hablando con personas de todas las ideologías que trataron a Lorca o fueron sus amigos íntimos. La leyenda de su muerte –dice– «es una mixtificación tan prodigiosa como la de "La Zapatera"».

Lorca –escribe Saint-Paulien aduciendo múltiples pruebas– fue políticamente inocuo, no se comprometió con la República, pese a que ésta financiara La Barraca, y en sus últimos tiempos mostró simpatía e interés por la Falange. José Antonio le ofreció un cargo importante.[61] Pero Federico se inhibe y se limita a cultivar la amistad de falangistas notorios, como Iturriaga[62] y los hermanos Rosales [...].

Saint-Paulien utiliza los datos por él reunidos, cita a los biógrafos de Federico, González Caballero [sic] y J. L. Schonberg, acude a las cartas de Lorca publicadas en la bogotana *Revista de las Indias*.

Cosas sabidas Saint-Paulien las analiza, las resucita, las describe con toda la atrocidad –material y psíquica– de las vidas pasionales, muertes pasionales, crímenes pasionales. Tengamos nosotros la piedad de no mezclar ni confundir estas cosas con el crimen político, que nunca existió.[63]

Un año después, en el otoño de 1966, la Editorial Codex de Buenos Aires inició la publicación de una serie de fascículos semanales ilustrados sobre la guerra civil española, redactados, naturalmente (porque se iban a vender en España), desde un punto de vista favorable al régimen de Franco.

El décimo episodio de la serie, titulado *Andalucía: confusión y tragedia*, apareció en los quioscos españoles a principios de noviembre de 1966.[64] Dedicado en su mayor parte al *putsch* de Queipo de Llano en Sevilla, el número consagraba también varias páginas a la muerte de Lorca. La mayor parte de la información ofrecida sobre ella consistía en un resumen de la breve síntesis, por cierto plagada de errores, dada por Hugh Thomas en la primera edición de su famoso libro sobre la guerra civil, y no se hacía, por lo tanto, mención alguna de la estancia de Lorca en el Gobierno Civil granadino.

Lo original era la explicación de la muerte del poeta atribuida al exembajador de la República en Londres, Ramón Pérez de Ayala, y ello provocó muchos comentarios. Aunque el editor decía no dar mucho crédito al relato de Pérez de Ayala, y aseguraba que se publicaba sólo como ejemplo de los múltiples rumores que circulaban todavía en torno a las circunstancias del asesinato, su verdadero objetivo pudo ser el ataque directo al poeta comunista Rafael Alberti. La versión de Pérez de Ayala, de una increíble ingenuidad, decía lo siguiente:

García Lorca, que, por sus vinculaciones con las izquierdas, se había refugiado, temeroso, en casa de su gran amigo el poeta falangista Luis Rosales, apenas salía de su refugio.[65] Cuando lo hacía, era atentamente observado por los exaltados milicianos nacionalistas, que miraban con recelo a Federico. Parece que en una de estas salidas fue preguntado por los milicianos a dónde iba. Lorca contestó que a entregar unas cartas para unos amigos y familiares que estaban en la zona republicana, y que un mensajero conocido se había ofrecido a llevar. Los milicianos, probablemente falangistas, aceptaron la versión con cierta incredulidad. Días después, por la radio de Madrid, se escuchó la voz de Rafael Alberti recordando al gran «poeta republicano Federico García Lorca que se encontraba prisionero de los traidores rebeldes, pero que no había perdido su fe en el triunfo, y por eso había enviado a sus amigos de Madrid unos versos que acto seguido iba a leer ante el micrófono». En efecto, Alberti dio lectura a unos versos tremendos en los que se insultaba con los vocablos más soeces a los jefes sublevados, poesía evidentemente no imputable a Lorca, siempre correcto y elegante de expresión. Tenían, por el contrario, aquellos versos, la factura de Alberti, quien terminó la audición agradeciendo a Lorca el envío de sus versos y haciendo votos por su pronta liberación.

Parece que los milicianos y falangistas que desde la zona granadina escucharon la emisión, se encolerizaron contra García Lorca, considerándose burlados por él [...].

Esta supuesta actitud de Lorca habría desencadenado la iracundia de sus fanáticos acusadores, quienes le dieron muerte en un entrevero de desorden y terror que nunca pudo, con certeza, aclararse [...].[66]

La reacción de Alberti no se hizo esperar, y el poeta demandó en seguida ante los tribunales a la casa Codex. Alberti, como se apresuró a explicar, había permanecido escondido en Ibiza hasta el 15 de agosto de 1936, cuando fue liberada la isla por la expedición de Bayo, y difícilmente podía haber estado en Madrid antes de la muerte de Lorca.

El asunto fue tratado ampliamente en la prensa española, y aunque muchos periodistas de derechas tuvieron la sensatez de desmentir la acusación contra Alberti, otros hubo que aprovecharon el momento para repetir las arraigadas ideas de siempre. Así Jaime Capmany, escribiendo en *Arriba*, terminaba diciendo:

Hay que acoger esta versión de la muerte del gran poeta Federico con el mismo escepticismo que las múltiples y diversas que hasta ahora han circulado en libros, revistas y periódicos españoles y extranjeros. La muerte de Federico García Lorca sigue siendo uno de los muchísimos enigmas de los primeros días de nuestra guerra; un enigma doloroso, cuya investigación ya no tiene otro sentido que el de la historia. Aquéllos fueron días de desconcierto general y de locura colectiva y si durante muchos meses todo fue posible en una zona, no es extraño que durante unas horas o unos días todo fuera posible en Granada. Incluso la muerte de Federico García Lorca.[67]

Aquel mismo año, el domingo 6 de noviembre de 1966, *ABC* publicó un homenaje al poeta con motivo del trigésimo aniversario de su muerte. Se le encargó el artículo de fondo a José María Pemán quien, al hablar de la trayectoria poética de Lorca desde la «magia musical al hecho social», se refirió de paso a la vida del poeta «estúpidamente tronchada», pero sin aludir, claro está, a la represión de Granada que mató a miles de personas menos célebres que Federico. La referencia más previsible a la muerte del poeta se encontraba en el artículo de Edgar Neville, «La obra de Federico, bien nacional»:

> A Federico le mató el desorden de los primeros momentos, cuando los malvados de cada grupo aprovecharon el barullo para saciar su instinto y vengarse de sus enemigos o del éxito ajeno. Fue un crimen pueblerino, casi se puede decir que personal, como lo fueron en el otro lado el de millares de inocentes, algunos de ellos poetas, también autores, escritores que nada tenían que ver con la política ni querían saber nada de ella.

Refiriéndose a los «malvados» responsables de la muerte de Lorca, Neville continuaba: «Parece ser que una parte de los culpables han muerto ya, pero quedan otros que esquivan el bulto cada vez que se intenta sacarles a la vergüenza pública.»[68]

Es extraño que Neville, al redactar palabras tan innobles y necias, no se diera cuenta de que se sacaba a sí mismo a la «vergüenza pública». ¿Quién, en la España de entonces, trataba de identificar a los culpables de la muerte de Lorca? Dado el hecho de que aquella muerte se había llevado a cabo oficialmente, era evidente que nadie podía sacar a la vergüenza pública a los culpables sin responsabilizar al mismo tiempo al régimen franquista de la muerte de miles de granadinos inocentes.

Durante los seis años que siguieron al «homenaje» de *ABC* apenas hubo referencias en la prensa española a la muerte de Lorca. Entretanto había aparecido en París, en el verano de 1971, nuestro libro *La represión nacionalista de Granada de 1936 y la muerte de Federico García Lorca*, editado por Ruedo Ibérico. El libro fue prohibido en seguida en España, aunque bastantes ejemplares lograron pasar la frontera.

En 1972 estalló una importante controversia lorquiana en Madrid. El 23 de marzo había tenido lugar ante el Teatro de la Comedia, en la Calle del Príncipe, una importante concentración falangista. Se trataba de conmemorar con una lápida, en la fachada del edificio, la fundación de la Falange en 1933. Daba la casualidad de que, en marzo de 1972, se representaba *Yerma* en el Comedia, irónica coincidencia que no pasó inadvertida. Al día siguiente de la conmemoración falangista, en el diario católico *Ya* se leía este comentario de Luis Apostúa:

> Otros actos políticos de importancia fueron la toma de posesión, como consejero de Estado, del arzobispo primado monseñor González y el descubrimiento de una lápida conmemorativa del acto fundacional de la Falange Española en la fachada del Teatro de la Comedia, donde ahora se representa una obra de Federico García Lorca. El retorno a la escena activa de Falange es bien visible.[69]

Imposible no ver en la última frase de Apostúa una alusión velada a una participación de la Falange en la muerte del poeta granadino. Esa misma tarde el director del diario falangista *El Alcázar*, Antonio Gibello, respondió al desafío. En su artículo «informó» a Apostúa de que Lorca, amenazado por jóvenes militantes del Acción Popular, se había refugiado en casa de un amigo falangista; acusó a la CEDA de la muerte del poeta; y terminó aludiendo veladamente a Ramón Ruiz Alonso y al diario donde había trabajado éste en Granada (recuérdese que *Ideal* es propiedad de la Editorial Católica, que también controla *Ya*).[70]

La situación no podía ser más tirante. A la mañana siguiente, 25 de marzo, el diario falangista *Arriba* se sumó a la protesta,[71] mientras que, en *Ya*, Luis Apostúa gritaba su inocencia. ¿Cómo era posible, protestaba, que los falangistas vieran en sus palabras un inexistente doble sentido?

> ¿Qué tiene que ver una cosa (1972) con la otra (1936)? El retorno a la vida política activa de los grupos falangistas lo hemos registrado –con interés y aplauso– en otras ocasiones, porque creemos que el porvenir de España depende del funcionamiento, a la luz del día, de los equipos auténticos.

Más aún, insistía Apostúa, él no sería capaz de culpar a la Falange de la muerte del poeta, pues sabía, «desde hace muchos años, la verdad».

Al ampliar su referencia a esta «verdad», Apostúa dio prueba otra vez de su talento para el enmarañamiento polémico, pues quería sugerir por lo visto que Ramón Ruiz Alonso (a quien no nombra) no tenía nada que ver con *Ideal* (ni, en consecuencia, con la Editorial Católica):

> Para que vea el articulista que conozco la verdad y él no, le hago una pe-queña rectificación: la persona o personas a las que califica de miembros de las JAP (que en esa fecha ya no existían) no pertenecían ni pertenecieron nunca a ella. Y en cuanto a su vinculación con el diario de allí, se le garan-tiza al comunicante que tampoco es verdad. Esa alusión es injusta, injuriosa y hasta puede ser calumniosa.[72]

Era increíble la desfachatez de este periodista, pues aunque pocas personas se acordaban en 1972 del papel desempeñado por Ruiz Alonso en las JAP, ¿quién no sabía que el exdiputado de la CEDA ha-bía trabajado en los talleres de *Ideal*, y, antes, en los de *El Debate*?

Al día siguiente, 26 de marzo, se publicaba en *Ya* un editorial donde se reafirmaba la total incomprensión del diario ante las acusaciones de Gibello.[73]

El 27 de marzo, éste disparó sus últimas flechas desde las murallas de *El Alcázar*. Aceptaba las aclaraciones de Apostúa, pero aún le que-daba una última pregunta. Si realmente sabía Apostúa quién había ma-tado a García Lorca, ¿por qué lo callaba?:

> ¿Por qué, si don Luis Apostúa conoce la verdad desde hace muchos años, no se ha apresurado a proclamarla íntegramente? ¿Acaso no tienen derecho a conocer esa verdad los lectores de *Ya*? ¿No va esta actitud de ocultación contra lo que tantas veces y tan acertadamente se aconseja y pide en las mis-mas páginas de *Ya*?[74]

Se comprende que, entre tantas acusaciones y medias verdades, al-quien pensara en pedirle su opinión a Luis Rosales. El 29 de marzo *ABC* publicaba la siguiente carta:

> Señor director de *ABC*:
> Mi querido amigo: Exhortado por el artículo del ilustre periodista don Emilio Romero, aparecido en el periódico de su dirección, *Pueblo*,[75] para

que dé mi testimonio público y personal sobre la muerte de Federico García Lorca, quiero decir:
Que este doloroso acontecimiento ha influido de manera decisiva en mi vida y en mi modo de ser. A él le debo mi experiencia más radical. Por consiguiente nada he deseado más desde el año 36 hasta ahora como hacer dentro de España una declaración completa e incondicionada de aquellos hechos, como hice más de una vez fuera de mi país.
Agradeciéndole mucho la publicación de estas líneas, le saluda cariñosamente: *Luis Rosales*.[76]

La carta de Luis Rosales ponía en evidencia, una vez más, que era todavía muy difícil publicar en España «una declaración completa e incondicionada» sobre la muerte de García Lorca.

Sin embargo, la situación mejoraba y ya estaba por salir a la calle un trabajo cuya aparición significaba un importante paso adelante en la desmitificación, dentro de España, del tema. Nos referimos a la obra de José Luis Vila-San-Juan. *¿Así fue? Enigmas de la guerra civil española*.[77] En su capítulo «¿Quién mató a García Lorca?», Vila-San-Juan describió los últimos días del poeta a base de las investigaciones de Brenan, Marcelle Auclair y nosotros. La gran novedad del trabajo estribaba en que, por vez primera en España, se dejaba claramente sentado que los culpables de la muerte de Lorca no eran unos «incontrolados» sino las *autoridades rebeldes granadinas*, aunque Ramón Ruiz Alonso seguía siendo el principal acusado. El autor hacía constar también que Valdés había sido miembro de la Falange, de la «vieja guardia», demostrando así la falsedad de la tan cacareada afirmación según la cual ningún falangista había participado en la muerte del poeta.

El deshielo había empezado.

En mayo de 1972 nuestro libro, ya mencionado, obtuvo en Niza el Premio Internacional de la Prensa, otorgado por las publicaciones *Newsweek, Der Spiegel, Triunfo, Le Nouvel Observateur, L'Espresso, Nin* y *The Observer*. Con semejante publicidad, era evidente que, en adelante, el régimen franquista no podría seguir negando con facilidad el carácter oficial de la muerte de Lorca, ni su inserción en un contexto de fusilamientos en masa.

Indicio de una actitud más sensata y liberal por parte de las autoridades franquistas fue la publicación en *Informaciones*, periódico madrileño, de una entrevista con Luis Rosales. Apareció el 17 de agosto de 1972 (el aniversario casi de la muerte del poeta), y en ella Rosales contaba por fin en España su versión de lo ocurrido en Granada el mes de agosto de 1936. También por vez primera en España se reproducían algunos párrafos de nuestro libro, en particular el pasaje donde se afirmaba que Lorca había sido matado por orden del gobernador civil de Granada, el falangista comandante Valdés.[78]

Tres días después salió en *ABC* otra entrevista con Luis Rosales en la cual aclaraba nuevos aspectos de la muerte de Lorca.[79]

Otro indicio de la nueva posición oficial fue el artículo editorial publicado por José María Pemán en *ABC* el 23 de septiembre de 1972 y titulado «Las razones de la sinrazón». El artículo del prolífico gaditano, retorcido y difuso, giraba en torno a nuestro libro. Aunque Pemán no informó a los lectores de *ABC* que la tesis central del libro hacía responsables del asesinato de Lorca a las *autoridades* de la Granada sublevada, tuvo el mérito de admitir que nuestro relato había sido «escrito con honestidad intelectual y sin pasión deformadora». Este juicio le honraba tanto más cuanto que Pemán no salía muy bien parado en nuestro trabajo.

Con la publicación en 1975, poco tiempo antes de la muerte de Franco, de sendos libros de Eduardo Castro[80] y José Luis Vila-San-Juan[81] sobre la muerte del poeta granadino, quedó definitivamente anclado en España lo que desde hacía varios años se sabía fuera del país: que García Lorca había sido una víctima más entre miles de inocentes, víctima no de una sórdida *vendetta* personal, sino de una implacable máquina de terror y exterminio puesta en marcha con la intención de suprimir a todos los enemigos del Movimiento.

Hoy día, por fin, Federico García Lorca se ha consagrado no sólo como uno de los más altos poetas españoles de todos los tiempos sino como supremo símbolo de la represión de un pueblo. Lo cual no impidió que en Granada, «su Granada», el diario *Patria* se atreviera a constatar, el 19 de agosto de 1978, que cuarenta y dos años antes:

Un grupo de «incontrolados» da muerte al escritor, poeta y autor dramático, Federico García Lorca.[82]

—— N O T A S ——

1. El coronel Cascajo mandaba las tropas sublevadas que se apoderaron de Córdoba.

2. «Una noticia increíble. Federico García Lorca», *La Voz*, Madrid (1 septiembre 1936), p. 3.

3. Carlos Morla Lynch, *En España con Federico García Lorca*, Aguilar, Madrid, 1958, p. 496.

4. *El Liberal*, Madrid (2 septiembre 1936), p. 3.

5. No hemos podido identificar al evadido de Granada, amigo de Fernández-Montesinos.

6. Compárese esta referencia a una carta de Margarita Xirgu con lo que ya llevamos dicho al respecto (p. 177).

7. Efectivamente, la Huerta de San Vicente, ya salvada para la posteridad, será cada año más famosa por su relación con la vida y la obra del gran poeta.

8. *Heraldo de Madrid* (8 septiembre 1936), p. 5.

9. Por ejemplo, *La Voz* (8 septiembre 1936), p. 1 («La barbarie. Se ha confirmado la ejecución del gran poeta García Lorca»); *El Liberal* (9 septiembre 1936), p. 1 («Vuelve a asegurarse que el gran poeta García Lorca fue asesinado por los traidores»).

10. La Huerta del Tamarit, como hemos indicado antes, pertenecía al tío del poeta, Francisco García Rodríguez.

11. *El Sol* (9 septiembre 1936), p. 1.

12. «Sobre el monstruoso asesinato de Federico García Lorca. ¡Qué infamia!», *El Liberal* (11 septiembre 1936), p. 3.

13. *El Liberal* (12 septiembre 1936), p. 6; *El Liberal* (13 septiembre 1936), p. 5.

14. *El Liberal* (10 septiembre 1936), p. 3.

15. *El Liberal* (10 septiembre 1936), p. 3; *Heraldo de Madrid* (10 septiembre 1936), p. 6.

16. *El Sindicalista*, Madrid (19 septiembre 1936), p. 1; reproducido por *El Liberal* (20 septiembre 1936), p. 5.

17. *La Provincia*, Huelva (10 septiembre 1936), p. 2.

18. *Odiel*, Huelva (10 septiembre 1936), p. 1.

19. Cipriano Rivas Cherif, «Poesía y drama del gran Federico. La muerte y la pasión de García Lorca», *Excelsior*, México (13 enero 1957).

20. *El Diario de Huelva* (19 septiembre 1936), p. 10.

21. *El Liberal* (29 septiembre 1936), p. 2.

22. Véase pp. 177-178.

23. *ABC*, Sevilla (27 septiembre 1936), p. 4.

24. «Un importante documento sobre la insurrección. El Colegio de Abogados de Madrid expone los casos de barbarie fascista que se han registrado en las poblaciones ocupadas por los fascistas», *Heraldo de Madrid* (30 septiembre 1936), p. 5.

25. Entre ellos *Heraldo de Madrid* (2 octubre 1936), p. 3 («Un evadido de Granada confirma el asesinato por los fascistas del gran poeta García Lorca»), y *El Sol* (2 octubre 1936), p. 3 («Nuevos detalles del fusilamiento de García Lorca en Granada»).

26. Aunque no lo hemos conseguido todavía, no debe de ser imposible identificar a este hombre, en su día presidente de la FUE de Granada. ¿Vivirá todavía?

27. *Claridad*, Madrid (2 octubre 1936), p. 2.

28. *El Sol* (14 octubre 1936), p. 1.

29. *El Sol* (15 octubre 1936), p. 4.

30. Véase pp. 266-267.
31. Publicado en *Libro de poemas* (1921).
32. S. B. [A. Sánchez Barbudo], «La muerte de García Lorca comentada por sus asesinos», *Hora de España*, Valencia, n.º 5 (mayo 1937), pp. 71-72.
33. Por ejemplo, *ABC*, Madrid (17 septiembre 1937), p. 7 («Un testigo presencial relata cómo asesinaron los facciosos al inmortal García Lorca»); *Claridad* (17 septiembre 1936), p. 4 («El asesinato de García Lorca. "Allí quedó el poeta insepulto, frente a su Granada." Relato de un testigo presencial»).
34. Vicente Sáenz, «Consideraciones sobre civilización occidental a propósito de Federico García Lorca», *Repertorio Americano*, San José de Costa Rica (18 diciembre 1937).
35. J. Rubia Barcia, «Cómo murió García Lorca», *Nuestra España*, La Habana n.º 2 (1939), pp. 67-72; *España Libre*, Brooklyn (1 marzo 1940), p. 1.
36. Véase nuestro libro *La represión nacionalista de Granada en 1936 y la muerte de Federico García Lorca* (Ruedo Ibérico, París, 1971), apéndice C, pp. 143-147.
36 bis. Ricardo Sáenz Hayes, «Para *La Prensa* hizo el general Franco importantes declaraciones», *La Prensa*, México (26 noviembre 1937).
37. Aquí consta, en la versión completa de *La Prensa*, la pregunta: «¿Han fusilado ustedes a escritores de fama universal?»
38. Como hemos visto, todo esto es falso. Está demostrado que las autoridades republicanas de Granada no distribuyeron armas a los obreros.
39. Francisco Franco, *Palabras del Caudillo. 19 de abril de 1937 - 7 diciembre de 1942*, Editora Nacional, Madrid, 1943, páginas 439-441.
40. Brenan, *op. cit.*, p. 137.
41. En 1966, a través de la Embajada británica de México.
42. Armando Chávez Camacho, «La verdad sobre España. Ramón Serrano Suñer, el hombre más discutido de España. "Nuestra guerra fue más feroz que la revolución rusa." Absurda mixtura de consejero y pariente», *El Universal Gráfico*, México (2 enero 1948), pp. 1 y 13; la cita en p. 13.
43. Serrano Suñer se refiere aquí a la «Carta a David Vigodsky» de Antonio Machado, que se publicó en *Hora de España*, Valencia, n.º 4 (abril 1937). Machado escribió: «¿Pudo Granada defender a su poeta? Creo que sí. Fácil le hubiera sido probar a los verdugos que Lorca era políticamente inocuo, y que el pueblo que Federico amaba y cuyas canciones recogía no era precisamente el que canta La Internacional» (Antonio Machado, *Obras: poesía y prosa*, Losada, Buenos Aires, 1964, p. 672). El lector observará cómo ha torcido Serrano Suñer el sentido de las palabras de Machado: el poeta sevillano no menciona ni la «subversión» comunista ni «el pueblo tradicional y religioso», sino «el pueblo que Federico amaba». Es decir, pueblo sin más.
44. «Sobre la muerte del poeta García Lorca. Aclaración del exministro español de Asuntos Exteriores, señor Serrano Suñer», *El Universal Gráfico*, México (3 mayo 1948), pp. 1 y 14.
45. José María Pemán, «García Lorca», *ABC*, Madrid (5 diciembre 1948).
46. Véanse las palabras del mismo Franco a este respecto, recogidas por el teniente general Francisco Franco Salgado-Araujo en su libro *Mis conversaciones privadas con Franco*, Planeta, Barcelona, 1976. En febrero de 1955 le diría Franco a Salgado-Araujo: «Para juzgar aquel fusilamiento hay que ponerse en la época en que se efectuó y recordar el peligro que corría la guarnición de Granada, atacada e incomunicada del resto de España nacional. Para probar mi imparcialidad, no obstante haber sido muy izquierdista

García Lorca, autoricé que se editaran sus obras y que se hiciese un reclamo de las mismas» (p. 78).

47. Gerald Brenan, «La vérité sur la mort de Lorca», *Les Nouvelles Littéraires* (31 mayo 1951).

48. Es decir, el amor homosexual.

49. Aquí *La Estafeta* suprime los datos sobre la represión granadina proporcionados por Schonberg.

50. Citas, arrancadas de su contexto, de la «Oda a Walt Whitman» de Lorca.

51. En este momento de su narración, Schonberg se refiere directamente a Ramón Ruiz Alonso.

52. Aquí el articulista de *La Estafeta* demuestra otra vez que conoce mal el francés. Schonberg había escrito: «Cette pègre de l'amour obscur, ce bar de la rue d'Elvira qui donne la clef de deux chansons», es decir, que le da *al lector* la «llave» (o clave) de dos canciones de Lorca.

53. Fernando Vázquez Ocaña, *García Lorca. Vida, cántico y muerte*, Grijalbo, México, 1962², p. 381.

54. Copiamos el texto publicado por Vázquez Ocaña, *op. cit.*, p. 381. Según Vila-San-Juan (*op. cit.*, p. 246), Dionisio Ridruejo le aseguró que el autor del arreglo del artículo de Schonberg fue el mismo director de *La Estafeta*, Juan Aparicio. Éste, sin embargo, ha negado que invirtiera en su redacción. Véase «Federico sin reconciliación», *Patria*, Granada (10 junio 1976).

55. Como llevamos dicho, José Rosales no fue en ningún momento jefe provincial de la milicia falangista de Granada.

56. Rafael García Serrano, *Bailando hasta la Cruz del Sur*, Gráficas Cíes, Madrid, 1953, pp. 330-331.

57. Rafael García Serrano, «Nota para Madame Auclair», *ABC*, Madrid (7 mayo 1965).

58. Saint-Paulien, «Sur la vie et mort de Federico García Lorca», *Cahiers des Amis de Robert Brasillach*, Lausanne, n.º 10 (navidad 1964), pp. 7-10.

59. Paul Werrie tuvo la amabilidad de enviarnos un ejemplar del único artículo suyo a que podía referirse *La Estafeta* pero que no alude en absoluto a la muerte del poeta: Paul Werrie, «García Lorca a reparu sur scène à Madrid», *Écrits de Paris* (febrero 1961), pp. 91-95.

60. Que sepamos, Saint-Paulien no ha escrito nada sobre García Lorca aparte de este mediocre artículo.

61. De creer a Saint-Paulien, art. cit., p. 8: «Existe una correspondencia entre Lorca y José Antonio, y una de las cartas del supuesto "[Louis] Aragón español" [es decir, Federico] al jefe de la Falange empieza por "Mi gran amigo".» Nos gustaría sobremanera saber dónde vio Saint-Paulien esta carta, si es que la vio. Nos parece imposible que, de existir dicha correspondencia, no la hubieran publicado hace mucho tiempo los falangistas, empeñados como estaban en hacer creer al mundo que Lorca era amigo del partido y de sus ideales.

62. No hemos encontrado la menor indicación de que Lorca fue amigo de Enrique de Iturriaga, conocido falangista granadino.

63. *La Estafeta Literaria*, n.º 314 (27 marzo 1965), p. 36.

64. *Crónica de la guerra española. No apta para irreconciliables*, Editorial Codex, Buenos Aires, 1966, n.º 10 (octubre 1966).

65. Según el testimonio de los hermanos Rosales, Lorca no salió nunca de su escon-

dite durante los ocho días que estuvo en la Calle de Angulo. ¿Cómo iba a aventurarse por Granada sabiendo el peligro que corría?

66. *Crónica de la guerra española*, n.º 10 (octubre 1966), p. 227.

67. Jaime Capmany, «Lorca y Alberti», *Arriba*, Madrid, primeros meses de 1967 (el resorte del artículo, que nos mandó un amigo desde Madrid, no lleva fecha).

68. *ABC*, Madrid (6 noviembre 1936), p. 2.

69. Luis Apostúa, «Jornada española», *Ya*, Madrid (24 marzo 1972), p. 5.

70. Antonio Gibello, «García Lorca y Luis Apostúa», *El Alcázar*, Madrid (24 marzo 1972), p. 2.

71. «¿Qué pretenden?», *Arriba* (25 marzo 1972), p. 3.

72. Luis Apostúa, «Jornada española», *Ya* (25 marzo 1972), p. 5.

73. «Esto pretendemos», *Ya* (26 marzo 1972).

74. Antonio Gibello, «La verdad ocultada», *El Alcázar* (27 marzo 1972), p. 3.

75. Emilio Romero, «La guinda», *Pueblo*, Madrid (27 marzo 1972).

76. *ABC*, Madrid (29 marzo 1972), p. 41.

77. Editada por Nauta, Barcelona, 1971, pero sólo puesta a la venta en abril de 1972.

78. Manolo Alcalá, «Luis Rosales recuerda los últimos días de Federico García Lorca», *Informaciones*, Madrid (17 agosto 1972), pp. 12-13.

79. Tico Medina, «Introducción a la muerte de Federico García Lorca», *Los domingos de ABC*, Madrid (20 agosto 1972), pp. 19-21.

80. Eduardo Castro, *Muerte en Granada: la tragedia de Federico García Lorca*, Akal, Madrid, 1975.

81. José Luis Vila-San-Juan, *García Lorca, asesinado: toda la verdad*, Planeta, Barcelona, 1975.

82. *Patria*, Granada (19 agosto 1978), p. 2.

APÉNDICES

APÉNDICE I

DOCUMENTOS SOBRE EL PRETENDIDO «APOLITICISMO»
DE GARCÍA LORCA

1. Declaración dirigida a Ortega y Gasset en 1929

Señor Don[1]...

Poco tiempo hace, surgió entre nosotros, unos cuantos escritores, la idea de organizar un grupo de carácter político, de la más amplia ideología dentro del horizonte de la libertad, y de tono y significación distintivamente intelectuales. El proyecto se realizó pronto y el núcleo inicial se ha construido con gran rapidez. Ahora sólo falta propagarle, ramificarle en todas las direcciones hispánicas de la geografía y el espíritu.

Tal es el objeto de esta carta que consignamos a nuestros amigos de Madrid y de provincias.

Creemos que se impone con urgencia la necesidad de que los intelectuales españoles, muy particularmente los intelectuales jóvenes, definan sus diversas actitudes políticas y salgan de ese apoliticismo, de ese apartamiento –no pocas veces reprochable– que les ha llevado a desentenderse de los más hondos problemas de la vida española. La política no es un ejercicio que se pueda desprender de los demás de la inteligencia, ni una reducida especialidad de profesionales. Es un objeto esencial del pensamiento y una parcela importantísima en el área de la cultura.

Por eso nosotros propugnamos una definición de actitudes, credos, convicciones y tendencias. Y convocamos por nuestra parte a todos los hombres «nuevos» de España, cuya sensibilidad liberal sintonice con la nuestra, para que de la colectiva afirmación que hoy hacemos nazca un partido fuerte y desinteresado. Un grupo de genérico y resuelto liberalismo. Pero novel verdaderamente, en sus apetencias y en su marcha por los cauces futuros. Por lo tanto: un grupo que no adquiera con los viejos partidos históricos otro compromiso que el de la mutua ayuda en los problemas comunes, ni alce otra bandera que la del pensar libre y moderno, dentro de la soberanía fundamental del derecho.

Nos reservamos, desde luego, una previsora y extensa autonomía, que al garantir nuestra libertad de acción nos asegure aquella independencia y soltura de

movimientos que consideramos indispensables para el éxito de la tarea em-
prendida.

Desde el comienzo de nuestras gestiones constitutivas, se manifestó, con uná-
nime decisión, la de ponernos en contacto con una de las figuras de mayor relieve y
prestigio en la presente vida española. Coincidimos todos en estimar que, si había
en España un hombre de excepcional mentalidad, pulcra historia, sin contamina-
ciones, con ningún pasado político, y eficaz ideología porvenirista, ese hombre era
José Ortega y Gasset. Intelectualmente adictos a Ortega y Gasset, queríamos como
previo fundamento de nuestra empresa, conocer su opinón; solicitar su dirección y
apoyo, y reclamar su indispensable consejo.

Puestos al habla con Ortega y enterado de nuestros deseos nos honró con las si-
guientes palabras que con fidelidad reproducimos:

Amigos míos: Recibo con sumo placer la noticia de que se resuelven ustedes
a movilizar una parte de su energía hacia la política. Como en esta materia no
estimo nada las generalizaciones y los aspavientos, comenzaré por decirles
que no creo en todo tiempo obligatorio a todos los hombres ocuparse de política. Hay épocas en que ni es obligación ni siquiera es posible. Pero hay otras
en que, con toda evidencia, se advierte el deber para todo participante en una
sociedad soberana de intervenir enérgicamente en la vida pública. Son, entre
otras, aquellas sazones, magníficas, en que un pueblo necesita fabricarse un
nuevo Estado, modelar nuevas instituciones, articular, según nuevo esquema,
el Poder público. No hay duda de que España ha entrado de lleno en una de estas ocasiones, y por eso me regocija verles a ustedes prontos a tomar sobre sí la
misión que la fecha impone. Es una tarea espléndida. Nuestra nación ha llegado a un momento feliz en su interno desarrollo: por vez primera desde hace
centurias, va a ser posible un ensayo en grande de reorganización nacional.
Hasta lo malo ha sido bueno y, contra su voluntad, sirvió a la madurez de la
coyuntura. Cuanto depende de las circunstancias es inmejorable. Ahora se va
a ver si lo que depende de los hombres, de su capacidad intelectual y moral,
está, como suele decirse, a la altura de las circunstancias.

En las palabras que me hacen ustedes llegar me piden «dirección, apoyo y
consejo». Yo he de dedicar a ustedes estas dos últimas cosas con toda la abundancia que deseen y yo posea. Añado a ellas mi simpatía, mi adhesión y mi
compañerismo. Lo que no puedo ofrecerles es mi dirección. Tal vez siempre,
pero de cierto en el más inmediato porvenir, he de mantenerme taxativa y for-
malmente libre de toda carga directiva. La razón no es de orden subjetivo, sino
oriunda de la situación misma en que va a entrar nuestra vida pública. Lo que
viene no es una etapa en que pueda rodarse políticamente sobre carrilles prees-
tablecidos, sino todo lo contrario. Hay que inventarlo todo: los grandes temas,
las ideas jurídicas, los gálibos de las instituciones, los sentimientos motores y
hasta el vocabulario. Llevo veinte años meditando sobre las cosas de España y
esperando esta hora, precisamente esta hora maravillosa. Más que nunca nece-
sito ahora esa «soltura de movimientos» a que ustedes hacen muy cuerdamente

alusión. El que dirige queda ligado por la responsabilidad de su magistratura. Además, creo que en política la dirección no es título que se concede premeditadamente, sino que resulta del ejercicio mismo. El llamado a dirigir es verdaderamente el llamado cuando ya dirigía de hecho. Lancémonos ahora a actuar: la acción misma, organizándose espontáneamente, ungirá al director nato.

Lo que importa es que en los primeros pasos acierten ustedes, y ya que me piden ustedes consejo me apresuraré a adelantar los más urgentes:

1.º La situación presente de la vida española exige que un grupo de hombres nuevos seccione radicalmente toda comunicación y continuidad con el pasado de la política nacional en todas sus formas y modos.

2.º Consecuencia de lo anterior es que no pacte con la tradicional división en derechas e izquierdas, división que, ejecutada en tiempos pasados, se refiere a cuestiones viejas, y aceptada hoy retrotraerá inexorablemente la política a las posiciones antiguas.

3.º Que la base de la política futura ha de ser el liberalismo, y por tanto, hemos de ser liberales; pero en forma distinta de los pretéritos. Y esta forma distinta puede resumirse así: seamos tan liberales que lo seamos como quien respira o como quien lo lleva en la masa de la sangre. Esto quiere decir que no tiene sentido definirse por el liberalismo, como si creyésemos que era éste algo discutible. El que otros lo discutan no es razón para que nosotros admitamos la discusión o, si la admitimos, para que nos enorgullezcamos de ello y lo pongamos en el blasón. A despecho de anécdotas transitorias, el europeo de 1929 es liberal de nacimiento. Evitemos ser *parvenus* del liberalismo. Lo que ha perjudicado a éste ha sido admitir especialistas de él.

Otro punto, a mi juicio esencial, es que este grupo sienta el orgullo de no adoptar posiciones reactivas. Llamo así a toda calificación política que se den ustedes como reacción frente a las actitudes de los enemigos. Esto es condenarse al fracaso porque es renunciar a tener propia sustancia, y vivir en un parasitismo negativo. No admitan ustedes la existencia de enemigos, que sean ellos quienes se tomen el trabajo de considerarlos a ustedes como tales. Paralelamente, eviten ustedes confundir a sus amigos con España. Política, es actuar sobre los que no son nuestros amigos y ni piensan ni sienten como nosotros. Porque no tuvo esto en cuenta ningún grupo, la política nacional y el Estado han sufrido tan grave colapso.

Si es cierto lo que arriba aventuro, y cuanto viene pasando en nuestra vida pública procede últimamente de que la nación ha crecido, resultará ineludible que los nuevos políticos se decidan a pensar en grande. Hace falta gente magnánima y de cabeza clara, enérgica en sus ideas y en sus actos, pero muy sobria en patetismos. Costa quería que en España se gobernase con tristeza. Discrepemos de él resueltamente e intentemos hacer política y hasta gobernar alegremente. No hay pretexto para otra cosa. En el huerto español todos los frutos están ya madurando.

Estas palabras firmes y alentadoras, nos dan la pauta a seguir en el actual mo-

EL ASESINATO DE GARCÍA LORCA

mento y en lo sucesivo, sintentizando de perfecta manera nuestro criterio, al cual nunca le faltará como guía y orientación el consejo de José Ortega y Gasset. Ni que decir tiene, que la obra que vamos a emprender no traspasará, al menos por ahora, las lícitas fronteras del proselitismo ideológico y suasorio. Único procedimiento viable y a la postre el más eficaz para el triunfo.

Aspiramos a ensanchar nuestro grupo, agrandarlo en Madrid y provincias: procurar los medios para estar en contacto con tantas voluntades dispersas como hay en España; hacer que esas voluntades se unan y obtengan cohesión, fuerza. En una palabra: deseamos articular a la juventud española –aludimos siempre a la verdadera juventud que se determina, no tanto por la fe de bautismo, cuanto por vitalidad de la substancia gris– de suerte, que ella testimonie de sí misma y procure, dentro de sus posibilidades, actuar con la energía que presta al ánimo la convicción de no saberse solo.

Madrid, abril de 1929.

Genaro Artiles, F. Ayala, José P. Bances, Corpus Barga, Manuel Chaves Nogales, José Díaz Fernández, Antonio Espina, Federico García Lorca, Fernando González, Benjamín Jarnés, Ángel Lázaro, José López Rubio, José Lorenzo, Antonio Obregón Chorot, Francisco Pina, Antonio Rodríguez de León, Cipriano Rivas Cherif, Esteban Salazar y Chapela, Pedro Salinas, Ramón J. Sender, Eduardo Ugarte, Fernando Vela, José Venegas, Luis G. de Valdeavellano, Francisco Vighi.
Adhesiones: Antonio Espina, Calle de Alonso Cano, 13, Madrid; o a nombre y domicilio de cualquiera de los firmantes.

2. Manifiesto de la Asociación de Amigos de la Unión Soviética[2]

«Quince años tiene ya de existencia la República obrera rusa. Durante ellos, con esfuerzos inauditos, se ha venido levantando en aquel inmediato territorio el acontecimiento económico y social más formidable del mundo moderno. Este acontecimiento crea en todos los países un ambiente más o menos difuso, pero manifiesto, de curiosidad, de simpatía y de expectación. De él participan todos los hombres atentos a los problemas del presente y a las perspectivas del porvenir, los intelectuales y los técnicos, las grandes masas trabajadoras. Todo el mundo ansía saber la verdad de lo que pasa en aquel país en construcción. Sobre esta gran página de la Historia humana se exacerban las pasiones políticas. Hasta hoy, en nuestro país no se había intentado todavía un esfuerzo serio para situarse ante estos hechos con plenas garantías de veracidad.

»En casi todos los países del mundo (Francia, Inglaterra, Alemania, Estados Unidos, Japón, etc.) funcionan ya Asociaciones de Amigos de la Unión Soviética, cuyo cometido es poner claridad en el tumulto de las opiniones contradictorias, pasionales, y no pocas veces interesadas, sobre la U.R.S.S. España no podía seguir manteniéndose aislada de este gran movimiento internacional. Era necesario recoger todo ese ambiente difuso de curiosidad y de simpatía hacia la Unión Soviética, organizarlo y darle una base de documentación seria y actual; estudiar y exponer a la luz del día, sin ocultar ni desfigurar nada, los éxitos, las dificultades, los problemas de esta magnífica experiencia que supone para el mundo la construcción de una sociedad nueva. La Asociación de Amigos de la Unión Soviética, situándose por entero al margen de los partidos y por encima de las tendencias y formaciones políticas, aspira a reunir a cuantos creen que el mundo no puede colocarse hoy de espaldas a lo que pasa en Rusia. Nuestra Asociación no tendrá más programa ni más bandera que decir y ayudar a conocer la verdad sobre la U.R.S.S., combatiendo con las armas de la verdad la mentira, la calumnia y la deformación.

»Para conseguirlo, la Asociación de Amigos de la Unión Soviética organizará en toda España conferencias documentales sobre la U.R.S.S., proyecciones de películas de tipo informativo, exposiciones con gráficos, fotografías, etc.; publicará libros y materiales estadísticos; dará a conocer las conquistas y los problemas del socialismo en la Unión Soviética; organizará delegaciones obreras a aquel país; facilitará la organización de viajes de estudios; editará una revista ilustrada de actualidad consagrada a la vida en la U.R.S.S.; organizará sesiones de radio para recibir las emisiones soviéticas de conciertos y conferencias informativas en español; encauzará el intercambio de correspondencias y de relaciones entre obreros, técnicos e intelectuales de ambos países, etc.

»Para el desarrollo eficaz de todas estas actividades nuestra Asociación necesita contar en toda España con la adhesión individual o colectiva de representantes de todas las clases y de todas las tendencias políticas. No se trata de crear un grupo más, sino de recoger un amplio movimiento de opinión carente hasta hoy de órgano adecuado y de plasmar el anhelo de miles y miles de españoles que no pueden considerar ajena a sus preocupaciones humanas ni a los destinos del mundo la lucha por la sociedad nueva que ciento cincuenta millones de hombres están librando en el país de los Soviets.

»Luis Lacasa, arquitecto. - *R. Díaz Sarasola*, médico. - *José María Donrosoro*, ingeniero. - *Diego Hidalgo*, notario. - *A. Novoa Santos*, médico. - *G. Marañón*, médico. - *Eduardo Ortega y Gasset*, abogado. - *Pío Baroja*, escritor. - *Eduardo Barriobero*, abogado - *Luis Jiménez Asúa*, catedrático. - *Victoria Kent*, abogado. - *Ramón J. Sender*, periodista. - *F. Sánchez Román*, catedrático - *Jacinto Benavente*, escritor. - *Victorio Macho*, escultor. - *Juan Madinaveitia*, médico. - *José Maluquer*, ingeniero. - *Ramón del Valle Inclán*, escritor. - *M. Rodríguez Suárez*, arquitecto. - *J. Negrín*, catedrático. - *Augusto Barcía*, abogado. - *M. Sánchez Roca*, periodista. - *Luis de Tapia*, escritor. - *Roberto Castrovido*, periodista. - *Teófilo Hernando*, catedrático. - *José María López Mezquita*, pintor. - *Marcelino Pascua*, médico. - *J. Planell*, médico - *Ángel Garma*, médico. - *Eduardo Ugarte*, escritor. - *Santiago E. de la Mora*, arquitecto. - *Pedro de Répide*,

escritor. - *Manuel Machado*, escritor. - *Blanco Soler*, arquitecto. - *R. Sáinz de la Maza*, músico. - *F. G. Mercadal*, arquitecto. - *Concha Espina*, escritora. - *R. Aníbal Álvarez*, arquitecto. - *Carmen Monné de Baroja*. - *Fernándo Cárdenas*, ingeniero. - *Luis Bagaría*, dibujante. - *J. Díaz Fernández*, escritor. - *J. Vahamonde*, arquitecto. - *Luis Calandre*, médico. - *José Antonio Balbontín*, abogado. - *María Martínez Sierra*, publicista. - *Ricardo Baroja*, pintor. - *Adolfo Vázquez Humasqué*, ingeniero. - *Pilar Coello*. - *Fernando de Castro*, médico. - *Federico García Lorca*, escritor. - *Carlos Montilla*, ingeniero. - *Juan Cristóbal*, escultor. - *Cristóbal de Castro*, publicista. - *S. Zuazo*, arquitecto. - *Enrique Balenchana*, ingeniero. - *María Rodríguez*, viuda de Galán. - *Juan de la Encina*, crítico de arte. - *T. Pérez Rubio*, pintor. - *Javier Zorrilla*, ingeniero. - *Carolina Carabias*, viuda de García Hernández. - *José Capuz*, escultor. - *Julián Zugazagoitia*, periodista. - *Luis Salinas*, abogado. - *J. Gordón Ordás*, veterinario. - *Clara Campoamor*, abogado. - *Pío del Río*, histólogo. - *J. Costero*, catedrático. - *R. Salazar Alonso*, abogado. - *L. Vázquez López*, médico. - *Luis Bello*, periodista. - *W. Roces*, catedrático. - *J. Sánchez Covisa*, catedrático. - *Cristóbal Ruiz*, pintor. - *Víctor Masriera*, profesor. - *Joaquín Arderius*, escritor. - *Rodolfo Llopis*, profesor. - *N. Piñoles*, pintor. - *R. Giménez-Sile*, editor. - *Agustín Viñuales*, catedrático. - *Rodrigo Soriano*, diputado. - *Victoria Zárate*, profesora. - *Ezequiel Endériz*, periodista. - *Isidoro Acevedo*, escritor. - *Salvador Sediles*, diputado. - *Francisco Galán*, periodista. - *Amaro Rosal*, empleado de Banca. - *Carmen Dorronsoro*. - *Francisco Mateo*, periodista. - *Rosario del Olmo*, periodista. - *Julián Castedo*, pintor. - *María Ángela del Olmo*, actriz. - *Antonio Buendía*, abogado.»

3. Manifiesto sobre la Alemania de Hitler

En favor de nuestros camaradas[3]

Protestamos contra la barbarie fascista
que encarcela a los escritores alemanes

Hay que denunciar a cada momento que en la Alemania de nuestros días están sucediendo las cosas más atroces que puedan imaginarse. La burguesía y el capitalismo, en alianza inseparable, hacia una muerte próxima, han organizado un imperio de terror y han destruido en un momento los contactos elementales con las normas de civilidad y de humanidad que se creían conquistadas y seguras.

A la burguesía, en trance de pánico, ya no le importa nada la civilización, la cultura, las leyes, las normas y los progresos políticos. Ya ni siquiera le importan las apariencias. Irritada, desenmascarada, impotente para seguir disfrutando de la hegemonía de clase, está haciendo el último esfuerzo desesperado para conservar su posición y sostener al capitalismo, a costa de lo que sea: de la regresión, de la barbarie, de cortar, de momento, la línea ascensional de la historia, de sojuzgar las conciencias, de tergiversar los hechos, de amordazar a los escritores, de encadenar, en fin, al proletariado en una servidumbre medieval.

El miedo a la acción decisiva del proletariado revolucionario ha hecho reaccionar a la burguesía en un movimiento de defensa, instaurando una dictadura odiosa. Momentáneamente, el proletariado ha perdido y la reacción ha triunfado. Hitler está en el poder. La antigua grandeza imperialista está en el poder. El capitalismo reforzado está en el poder. Toda la reacción unida prepara la guerra y todos los imperialismos juntos preparan la intervención armada contra la U.R.S.S., para destruir la patria del proletariado, que significa una denuncia permanente contra la sociedad capitalista.

En esta ofensiva de la barbarie contra las fuerzas progresivas de la historia, han caído en primera línea los obreros más conscientes de la revolución. Las cárceles alemanas están llenas de luchadores proletarios. La Policía, al servicio del salvajismo, comete cada día nuevos crímenes. Se maltrata, se persigue, se mata impunemente a obreros e intelectuales. El asesinato del viejo editor Ulstein, cuyos detalles no ha comentado la prensa española, constituye uno de los episodios más repugnantes y bestiales de esta ofensiva de la reacción alemana.

Pero el proletariado no está solo en la lucha. Al lado suyo, con la conciencia de su misión y la claridad de concepto sobre el proceso histórico, muchos camaradas escritores han unido su suerte al movimiento fecundo del proletariado. Y Hitler ha caído rápidamente sobre ellos con una saña y una precipitación sospechosa. Perseguidos, detenidos arbitrariamente, acusados de falsos delitos, allí están las cárceles y calabozos inmundos nuestros camaradas escritores Renn, Kish, Lehmann, Ossietzky, Gerlach, etc., sin haber cometido más delito que defender al proletariado y unirse a él en marcha hacia una nueva cultura.

¿Qué significa este especial empeño de la dictadura de Hitler de encarcelar a los escritores más representativos de una nueva Alemania? Bien claro está: significa el odio y el miedo que las viejas gentes de la reacción tienen hacia el movimiento cultural y literario de Alemania que iba paralelo con la marcha de la revolución. Significa el deseo de ahogar las voces más claras en acusaciones ante la conciencia del mundo. Significa, en fin, la resolución premeditada de prohibir toda la literatura denunciadora, acusadora del capitalismo y la burguesía y sustituirlas por una literatura mercenaria de exaltación a la guerra, al imperialismo, a la esclavitud y a la colaboración de clases.

Nosotros, escritores y artistas españoles, al mismo tiempo que protestamos contra la barbarie del fascismo, mandamos a nuestros camaradas alemanes perseguidos, encarcelados y maltratados, nuestro saludo, nuestra solidaridad y nuestras comunes palabras de fe en la causa del proletariado y de la revolución.

Madrid, 1.º de mayo de 1933.

Federico García Lorca, César M. Arconada, Ramón J. Sender, Wenceslao Ro-ces, Luis Lacasa, Manuel A. Ortiz, Hernando Viñes, Juan Vicens, Alberto, Luis Pérez Mínguez, Arturo Serrano Plaja, Xavier Abril, Rafael Alberti, César Va-llejo, Rosario del Olmo, Julián Castedo, Rodolfo Halffter, María Luisa Vicens, Pedro Garfias, Emilio Delgado, María T. León, Armando Bazán, José E. Herrera, Manuel Altolaguirre, Concha Méndez, Francisco R. Luna, Luis Buñuel, Eduardo Ugarte. (Siguen más firmas.)

4. *Crítica falangista a «La Barraca»*

La Barraca[4]

Teatro universitario. Teatro de estudiantes. Obra joven que lleva por los pueblos y aldeas el rancio sabor de nuestro teatro clásico. Los estudiantes del Sindicato Español Universitario te saludan y te desean albricias en la obra de renovación cultural que te está encomendada.

Que te está encomendada, pero que no cumples.

Estudiantes de La Barraca: vosotros habéis de llevar a lo más profundo del pueblo la cultura y el bienestar del espíritu. Vuestro deber ante ese pueblo hambriento que os escucha es darle un ejemplo de sacrificio. Un ejemplo de sacrificio, estudiante, no un ejemplo de libertinaje y de derroche de un dinero que no es tuyo, que pertenece enteramente al pueblo que te escucha.

No traiciones al campesino que oye en ti los sublimes versos de Calderón, burlándote de su expresión candorosa, mostrando ante él unas costumbres co-rrompidas, propias de países extranjeros.

No asombres sus ojos ingenuos paseando ante él una promiscuidad vergon-zosa. Estudiante: tú eres joven. Tu deber es sacrificarte ante ellos; tu deber es no quedarte con lo que se te da para que lo entregues al pueblo. Tu deber, antes sería viajar ayunando, que lavándote las manos en agua mineral.

El SEU te llama a sus filas; a ti y a La Barraca. A ti, como joven; a La Barraca, como misión pedagógica que ha de ser conducida tan sólo por los que ansíen una Patria nueva; los que laboren por un porvenir de Imperio; no por los que se mueven en las aguas turbias y cenagosas de un marxismo judío.

5. *Crítica de* ABC *de Sevilla a «La Barraca»*

El caso [sic] de Tespis[5]

El día 23 del corriente inaugurará su temporada en Civitavecchia el *Carro de Tespis*, lírico, que este año visitará cincuenta localidades en treinta y nueve provincias, dando setenta y ocho representaciones. Inaugurará éstas con *Aida* y entre las obras de repertorio cuenta con *Rigoletto* y con *Gioconda*.

Funcionarán además otros dos *carros* de prosa, pero no darán comienzo a sus actuaciones hasta el primero de julio. Cada uno de ellos dará sesenta y dos representaciones en cuarenta y seis ciudades de dieciséis provincias diferentes y ofrecerán la novedad de que en vez de llevar compañías propias aprovechará otras ya formadas, como garantía de acierto en la representación.

Nos trae esto a la memoria la famosa Barraca comunistoide del judaizante Fernando de los Ríos, que con aviesa finalidad de propaganda sectaria recorría los pueblos y las aldeas españolas durante la era bochornosa de los cinco años, bajo la apariencia de ser difusora del arte y hasta valiéndose del anzuelo de los clásicos para pescar incautos.

Para que todo fuese torcido en La Barraca Cipriano,[6] azañista, lo era, hasta su propio título. El galicursi ministro de Ronda en lugar de atender a la genealogía clásica del *Carro de la Farsa* o la literatura del *Carro de las Cortes de la Muerte* prefirió el otro, no en su acepción de la barraca valenciana que para nada intervenía en el asunto, sino al de la clásica barraca de los circos y de los teatros ambulantes franceses.

Y es que el oído del remilgado personajillo, acostumbrado al *flamenco*, no se pegaba al castellano, pese a sus ínfulas de *profesor* en la materia.

Eso sí: en La Barraca fueron despilfarrados los caudales del «Ministerio de los Despilfarros», nombre por el que era conocido el de Instrucción Pública.

Será cosa de examinarlos algún día. Aquel Centro de Investigaciones Históricas; aquellos Patronatos; aquel Instituto del Libro; aquellas Escuelas del Hogar y del Magisterio y aquella Junta para ampliación de estudios, se habían convertido en los abrevaderos de los flamantes profesores y alumnos, procedentes de la Institución Libre, vivero de judíos y de masones.

Con el presupuesto del Ministerio del Trabajo se atendía a la morralla ignara de socialistoides.

El de Instrucción, en cambio, era más ubérrimo, suculento y substancioso, puesto que los afortunados *enchufistas* pertenecían a la clase de los médicos, de los maestros, de los artistas y de los intelectuales que era preciso atraer a toda costa al consumismo.

6. *Declaración sobre el proceso contra don Manuel Azaña*

A la opinión pública[7]

Queremos, los firmantes de este escrito, confiar a nuestros compatriotas, de manera respetuosa y cordial, la preocupación y la amargura que nos inspira el caso de don Manuel Azaña. Con él tenemos mayores o menores concomitancias ideológicas, pero no somos sus correligionarios políticos ni estamos ligados a él por intereses de ninguna especie.

Lo que contra el señor Azaña se hace quizá no tenga precedente en nuestra historia, y si lo tiene, de fijo valdrá más no recordarlo. No se ejercita en su contra una oposición, sino una persecución. No se le critica, sino que se le denosta, se le calumnia y se le amenaza. No se aspira a vencerle, sino a aniquilarle. Para vejarle se han agotado todos los dicterios. Se le presenta como un enemigo de su patria, como el causante de todas sus desdichas, como un ser monstruoso e indigno de vivir.

Y todos sabemos –incluso sus más apasionados detractores– que eso no es cierto; que el ideario y la conducta del señor Azaña son absolutamente opuestos a los sucesos luctuosos que recientemente han afligido al país; que ha seguido en el poder y en la oposición una política de publicidad, honestidad y limpieza, y que constituye un valor moral y mental al que cualquiera puede negar la conformidad, pero nadie debe regatear el respeto.

Sus aciertos y sus yerros son cosas aparte y cada cual puede estimarlos como guste. La persecución judicial de que se le quiere hacer objeto también es problema distinto, pues nadie osará atravesarse ante la justicia, mientras ésta no demuestre que sirve a las pasiones antes que a las leyes. De suerte que no pretendemos recabar un asentimiento que sería imposible y absurdo ni entorpecer una acción depuradora, aunque se ejercite en términos de rigor inusitados y sorprendentes.

Nuestra protesta va encaminada simplemente contra los modos de ataque, llegados a tan ciego encono que no parecen propios para lograr una obra de severidad (incomprensible para nosotros), sino para cohibir la acción serena de los órganos del Estado, para provocar una revuelta obcecada o para armar el brazo de un asesino.

Comprendemos lo mucho que ciega la pasión política, pero también creemos que una gran parte de los que se suman a la campaña lo hacen por inconsciencia, por desconocimiento de la verdad, y por contagio.

Y como en caso de tanta gravedad para la persona atacada y para el decoro político no basta con que unos cuantos salven su responsabilidad personal, guareciéndose en la intimidad de su conciencia, hemos querido difundir este documento en el que, con mesura y ecuanimidad, defendemos más que al señor Azaña, a la civilidad española.

Juan Adsuara, escultor; *Hilario Alonso*, meteorólogo; *C. Arnal*, periodista; *«Azorín»*, escritor; *Luis Bagaría*, dibujante; *Francisco de las Barras*, catedrático de la Universidad Central; doctor *Manuel Bastos*, médico; *Leopoldo Bejarano*, periodista; *José Bergamín*, escritor; *Ignacio Bolívar*, catedrático y académico; *Odón de Buen*, catedrático; *Manuel Busquets*, industrial; doctor *Luis Calandre*, médico; *Arturo Calzada*, arquitecto; *Carlos Capdevila*, escritor; *Américo Castro*, catedrático de la Universidad Central; *José Clará*, escultor; *Miguel Crespi Jaume*, catedrático de la Universidad Central; *Juan Cristóbal*, escultor; *Manuel Chaves Nogales*, periodista; *Juan de la Encina*, escritor; *Antonio Espina*, escritor; *Óscar Esplá*, compositor; *Enrique Fajardo* («*Fabián Vidal»*), escritor; *León Felipe*, escritor; *Félix Feliú («Apa»)*, dibujante; *Antonio García Banús*, catedrático de universidad; *Federico García Lorca*, escritor; *Fernando García Merca-*

dal, arquitecto; *José García Mercadal*, escritor; *Pedro Garfias*, escritor; viuda de *Giner de los Ríos*, escritora; *Gloria Giner de los Ríos*, profesora de Normal; *Julio Gómez*, compositor; *Juan González Olmedilla*, periodista; *Eusebio Gorbea*, escritor; *Antonio Hermosilla*, periodista; doctor *Teófilo Hernando*, catedrático de la Universidad Central y académico; *Juan Ramón Jiménez*, escritor; *Luis Lacasa*, arquitecto; doctor *Gonzalo R. Lafora*, médico; *Ángel Lázaro*, escritor; *José M. López Mezquita*, pintor; *Juan Madinaveitia*, médico; doctor *Gregorio Marañón*, catedrático de la Universidad Central y académico; doctor *Manuel Márquez*, catedrático de la Universidad Central y académico; *Jesús Martí*, arquitecto; *Eduardo Marquina*, escritor; *Paulino Masip*, escritor; *Emeterio Mazorriaga*, catedrático de la Universidad Central; *Enrique Moles*, catedrático de la Universidad Central y académico; *Francisco Molina*, periodista; *Carlos Mosquera*, arquitecto; *Martín Navarro*, catedrático; *Elisa Morales de Giner de los Ríos; Matilde Muñoz*, escritora; *Manuel Núñez Arenas*, catedrático; *Antonio de Obregón*, escritor; *Isabel de Palencia*, escritora; *Cástor Patiño*, periodista; *Miguel Pérez Ferrero*, escritor; *Timoteo Pérez Rubio*, pintor; *Augusto Pi y Suñer*, catedrático de universidad; *Alejandro Plana*, escritor; *Jesús Pous y Pagés*, escritor; doctor *Pío del Río Hortega*, histólogo; *José Rioja Martín*, catedrático de la Universidad Central; *Fernando de los Ríos*, presidente del Ateneo de Madrid y catedrático de la Universidad Central; doctor *Aurelio Romeo*, médico; *Antonio Sacristán Zabala*, catedrático; *José María de Sagarra*, escritor; *Adolfo Salazar*, escritor; *Manuel Sánchez Arcas*, arquitecto; *Felipe Sánchez Román*, catedrático de la Universidad Central; *Diego San José*, escritor; *Luis de Tapia*, escritor; doctor *Manuel Tapia Martín*, médico; doctor *José Francisco Tello*, catedrático de la Universidad Central y académico; *Ramón del Valle-Inclán*, escritor; *Francisco Vera*, escritor; *Miguel Viladrich*, pintor; *Francisco Villanueva*, periodista; *Joaquín Xirau*, catedrático de universidad; *Antonio Zozaya*, escritor; *Antonio de Zulueta*, catedrático de la Universidad Central; doctor *Carlos García Peláez*, médico; *Alejandro Casona*, escritor.

7. *Manifiesto en apoyo del pueblo de Etiopía*

Los intelectuales y la paz[8]

«*Los pueblos que presencien impasibles la ruina de Etiopía siembran la suya propia*»

Un movimiento internacional actúa, con vigor creciente, en apoyo moral del pueblo de Etiopía y en protesta contra la vejación que le amenaza. España, por su papel preponderante en la creación del Derecho internacional, por su tradición liberal y jurídica, por las declaraciones condenatorias de la guerra que constan en su Constitución y por necesidad decorosa de responder a una invocación de humanidad, no puede ser indiferente a aquella iniciativa. La presente proclama es un llamamiento a los hombres de buena voluntad.

El adelanto de los tiempos, las conquistas de la ciencia y las terroríficas enseñanzas de la última guerra mundial parecían garantizar que en materia de política internacional se había llegado cuando menos a una conclusión indiscutible: que ningún pueblo podría entrometerse con las armas en la política interior de otros, a menos que éste la utilizase para fines agresivos o que los propios nacionales pidieran ser emancipados de una tiranía.

Con asombro e indignación contemplamos que se quiere romper ahora esta norma y agredir al país etíope sin razón alguna, pretextando que no se debe tolerar un grado de civilización inferior. Nunca sería ésta razón suficiente para una invasión violenta y atropelladora. Mucho menos puede serlo cuando el pueblo que la intenta no lo hace a nombre de la libertad, que él ha destruido y negado a todos sus ciudadanos, sino invocando una necesidad de expansión que, por lo visto, no sabe obtener sino a costa ajena.

Tal actitud es intolerable. Nadie tiene derecho a enriquecerse con daño de otro ni a destruir vidas, bienes e instituciones por el gusto de ejercer una política imperialista, arbitraria y dominadora, ni a destruir con su espada una situación de cultura, de derecho y de paz que surgió como reparación de la última guerra y con la aspiración de que no hubiese otra.

Los pueblos que presencien impasibles la ruina de Etiopía siembran la suya propia, porque con idéntico motivo con que hoy se atropella a la nación africana se atropellará mañana a cualquiera de cualquier continente. Bastará para ello que el invasor se repute más fuerte que el invadido y que los demás Estados lo presencien con egoísta indiferencia.

¡Españoles! Poner hoy vuestra fuerza moral al lado de Abisinia es defender nuestro propio porvenir, que no debe estar vinculado más que a la razón, al derecho y a la paz. Abandonar al débil e inocente es una conducta infame. Permitir silenciosos un retroceso de la civilización encarnada en Ginebra es degradarse. Dejar que una vez más, sin razón alguna, absolutamente ninguna, corra la sangre humana, se hundan la economía y la cultura, sean destruidos pueblos, quede nuevamente mancillada la Historia, es torpe, cruel y cobarde.

Invitamos a nuestros compatriotas para prestar apoyo a Etiopía y a cualesquiera pueblos que puedan, en el presente o en el porvenir, ver desconocidos sus derechos a la vida y a la libertad.

Madrid, 6 de noviembre de 1935.

• *Teófilo Hernando, Antonio Machado, Fernando de los Ríos, Ángel Ossorio y Gallardo, Roberto Castrovido, Álvaro de Albornoz, Rafael de Buen, Luis Jiménez de Asúa, Federico García Lorca.*

8. Homenaje popular a María Teresa León y Rafael Alberti[9]

El retorno a España, después de largo viaje por Europa y América, de María Teresa León y Rafael Alberti es un hecho que no debe pasar desapercibido.

María Teresa León y Alberti han llevado a los pueblos de América que visitaron el aliento de lo más avanzado de la intelectualidad y de la sociedad española. En este sentido su viaje tiene un hondo valor de aproximación –a la que tan vanamente se invoca en los soporíferos actos de fraternidad hispanoamericana– con aquellos pueblos.

María Teresa León y Rafael Alberti han convivido por unos meses con la juventud intelectual y las densas capas laboriosas que aspiran a mejorar de condición. A estas zonas se han dirigido y a ellas dieron a conocer los sazonados frutos de su labor literaria. De América regresa Alberti con un magnífico libro de poemas, editado en Méjico y escrito a lo largo de la ruta, y otra serie de poemas, aún inéditos, en los que vibran todo el espíritu de la América que Alberti siente, la popular y progresiva, y el caluroso ataque a lo que Alberti combate en América, en España o cualquier otro país.

Un grupo de amigos y admiradores de María Teresa León y Alberti ha pensado reunirse con ellos en una comida cordial. Queremos que sea la cordialidad lo único que brille en este acto esencialmente popular.

La comida tendrá lugar mañana, a las tres de la tarde, en el Café Nacional, Toledo, 19, después de los mítines del Frente Popular. Las invitaciones, al precio de 6 pesetas, se podrán obtener en el Ateneo de Madrid, Lyceum Club Femenino, San Marcos, 41; Izquierda Republicana, Mayor, 6, y Café Nacional.

Antonio Machado, Guillermo de Torre, Julio Álvarez del Vayo, Luis Araquistáin, Rosa Chacel, Concha Méndez, León Felipe, José Bergamín, Ramón J. Sender, Federico García Lorca, Magda Donato, Salvador Bartolozzi, Jesús Hernández, Luis Lacasa, Luis Cernuda, Juan Vicens, Alberto, José Díaz, Dolores Ibárruri, César M. Arconada, Manuel Altolaguirre, Arturo Serrano Plaja, Miguel Prieto, Luis Buñuel, Timoteo Pérez Rubio, Isaac Pacheco, Miguel Pérez Ferrero, Francisco Galán, Luis Salinas, Gustavo Pittaluga, Federación Universitaria Hispano-Americana, Biblioteca Cultural Ferroviaria del Norte, Sindicato Unitario Ferroviario.

9. Crónica del homenaje a María Teresa León y Rafael Alberti[10]

Para festejar el regreso a Madrid de María Teresa León, la vibrante escritora, y del gran poeta Rafael Alberti, que acaban de realizar un dilatado viaje por Rusia y algunas Repúblicas americanas, el domingo se reunió en torno a ellos más de un centenar de amigos, en cálido homenaje cordial de bienvenida.

Después del almuerzo, que se celebró en un típico café, se leyeron numerosas adhesiones, y el señor Benito ofreció el acto en unas ingeniosas frases de humor. En nombre de la Biblioteca Popular de Chamberí, Elisa Risco pronunció un emocionado discurso de felicitación a los agasajados y de llamamiento a los escritores presentes para que presten mayor atención a las mencionadas instituciones culturales. Las valientes e inteligentes palabras de la camarada

Elisa Risco produjeron gran impresión y motivaron una cálida ovación. A continuación, el intelectual mejicano Andrés Iduarte, después de un breve saludo, leyó unas cuartillas.

El ya ilustre poeta Federico García Lorca pronunció unas ingeniosas frases de salutación a los recién llegados y dio lectura a un enérgico manifiesto de la intelectualidad española representada que, una vez firmado, será enviado a los poderes públicos.

Después hizo uso de la palabra el camarada socialista Ogier Preteceille y, a continuación, nuestro camarada Navarro Ballesteros, que, en representación del Partico Comunista, se adhirió al acto y significó la simpatía y el afecto entrañable con que vemos la actuación de María Teresa León y Rafael Alberti, que representan la España culta e intelectual amiga y educadora para los proletarios.

Una gran ovación saludó a María Teresa León cuando se levantó a hablar para agradecer el agasajo y excitar a los escritores presentes a enviar los libros y solicitar las críticas a las bibliotecas populares representadas por Elisa Risco.

Finalmente, Rafael Alberti se disculpó de hablar «para no hacer un discurso bárbaro», como anteriormente había dicho García Lorca, y, en cambio, dio lectura a unos admirables poemas inspirados durante su viaje a América, que fueron aplaudidísimos, especialmente uno en el que presenta a los blancos y los negros abrazándose para luchar unidos contra los opresores. Después, recitó también unos versos «del siglo XVII», que produjeron estruendosas carcajadas y ovaciones, especialmente el inspirado en la frase de Lope: «qué bien que baila don Gil».

La Redacción de *Mundo Obrero*, representada en el acto por varios camaradas, se adhiere con toda cordialidad y cariño al justo homenaje tributado ayer a los jóvenes intelectuales María Teresa León y Rafael Alberti.

S. DE LA CRUZ

10. *El manifiesto de la Unión Universal por la Paz*[11]

Respondiendo a la iniciativa y a un llamamiento de Lord Robert Cecil, se constituyó en España, a principios del presente mes de febrero, la Mesa permanente española de la Unión Universal por la Paz. Se trata de incorporar nuestro país al amplio movimiento surgido en todos los pueblos que gozan de sus libertades en favor de una eficaz coordinación de los esfuerzos para evitar una nueva guerra.

Constituida esta Mesa por los señores don Ángel Ossorio, don Manuel Azaña, don Teófilo Hernando, don Antonio Machado y don Julio Álvarez del Vayo, se redactó un manifiesto, cuyo texto no ha sido hecho público hasta ahora a causa del ambiente de intensa pasión creado por la campaña electoral.

He aquí el manifiesto:

Cada vez se acentúa más el peligro de guerra. El conflicto italo-abisinio ha confirmado la tesis de la indivisibilidad de la paz. Apenas rota en un continente, la inseguridad y el recelo la amenazan por todas partes.

Defenderla no supone simplemente maldecir de la guerra y cruzarse de brazos. Hay que organizar la paz, poniendo a su servicio cuantas voluntades detesten la guerra. Encontrar el modo de que su voz llegue a los Gobiernos en forma que no pueda ser desconocida.

A ello tiende la movilización que se está llevando a cabo en todos los sitios de las fuerzas de paz, con miras a la celebración en Londres, hacia el mes de septiembre, de un gran Congreso mundial.

Merced en gran parte al influjo de la opinión pública británica reflejada en el plebiscito organizado en Inglaterra por Lord Robert Cecil, ciertas concesiones al espíritu de violencia internacional tropezaron con el voto decisivo de la repulsa popular.

Porque no basta pronunciarse por la paz, sino por una paz justa, y no cabría contrasentido más monstruoso que traducir el anhelo pacifista en un premio a la agresión.

Tampoco basta decir que se está al lado de la Sociedad de Naciones. Es preciso poner a la institución ginebrina en condiciones de realizar su función, para que las obligaciones derivadas del Pacto se hagan más precisas y eficaces, y no se vacile o retroceda en la aplicación de aquellas sanciones indispensables para hacer imposible la guerra.

Al tomar la iniciativa, en nombre del Comité Español de la Liga Pro Paz Mundial, de interesar a la opinión pública española en dicha acción de conjunto, recordamos la obligación singular que recae en un país que, fiel a la tradición pacifista de su pueblo, ha llevado el Pacto de la Sociedad de Naciones a su Constitución, y que, por razones conocidas, puede hacer oír su voz, enteramente desinteresada, en defensa del orden internacional.

Alcanza este llamamiento a los hombres de ideas y tendencias más diversas, con tal de que coincidan, no sólo en el deseo de paz, sino en un sentimiento de justicia y de solidaridad contra quien la perturbe. Dense cuenta todos de que la pretensión de desinteresarse de esta causa común, de permanecer al margen o de afectar una neutralidad inhibitoria, es sólo un modo de contribuir a la guerra.

Madrid, 4 de febrero de 1936.

Ángel Ossorio, Teófilo Hernando, Manuel Azaña, Antonio Machado, Julio Álvarez del Vayo.

Han expresado su adhesión fervorosa, al ser puesto en conocimiento suyo el texto que antecede, numerosas y destacadas personalidades pertenecientes a muy diversos sectores de la vida cultural española, entre los cuales figuran los siguientes señores:

Manuel Álvarez Ude, catedrático; *Luis Araquistáin*, diputado; *«Azorín»*, escritor; *Balenchana*, ingeniero; *Francisco Barnés*, catedrático; *Alejandro R. Ca-*

sona, escritor; *Rosalía Martín de Casona; Francisco de Cossío*, periodista; *Óscar Esplá*, compositor; *Ángel Ferrant*, escultor; *Federico García Lorca*, escritor; *Luis Jiménez de Asúa*, catedrático; *Julio Just*, diputado; *Victoria Kent*, abogada; *Gonzalo R. Lafora*, médico; *José Luis Lorente*, abogado; *Juan Madinaveitia*, médico; *Manuel Márquez*, catedrático; *José M. López Mezquita*, pintor; *Carlos Montilla*, ingeniero; *Edmundo Ogier Preteceille*, periodista; *L. Nicolau d'Olwer*, exministro; *Isabel de Palencia*, periodista; *Marcelino Pascua*, médico; *Antonio Prieto Vives*, ingeniero de Caminos; *Luis Quintanilla*, pintor; *Isidoro Rodrigáñez*, ingeniero de Minas; *Antonio Sacristán y Colas*, catedrático; *Felipe Sánchez Román*, catedrático; *Pedro Sangro y Ros de Olano*, catedrático; *Joaquín Sunyer*, pintor; *José L. Vahamonde*, arquitecto; *Manuel Varela Rodío*, médico.

11. Mitin de solidaridad con los antifascistas del Brasil

En la Casa del Pueblo
El SRI celebró anoche un importante acto de solidaridad con los antiimperialistas americanos[12]

Organizado por el SRI se celebró el sábado, en la Casa del Pueblo, un importante mitin de solidaridad con los antifascistas del Brasil y de todo el mundo, principalmente con el camarada Luis Carlos Prestes, símbolo del antiimperialismo americano.

Presidió el camarada Esteban Vega, del Comité Nacional del SRI, que explicó el objeto del acto y presentó a los oradores, haciendo una semblanza de Prestes y el movimiento antiimperialista americano, proponiendo la creación de un Comité de Amigos de los Antiimperialistas de América y del mundo entero.

Habló luego Emilio Delgado, por el Partido Comunista de Puerto Rico, que se congratuló del triunfo del Bloque Popular español, que ellos consideran como suyo, y dijo que en muchos países de habla española se están creando Bloques Populares. Examinó la situación de tiranía en que se encuentra el pueblo brasileño, señalando las aspiraciones del pueblo portorriqueño, que no lucha contra sus hermanos de Norteamérica, sino contra el imperialismo yanqui. Terminó con vivas a la libertad de Prestes y a la España popular.

Se leyó una adhesión del Comié Pro Thaelmann, y después habló Enamorado Cuesta, nacionalista portorriqueño, que mostró la adhesión de su partido a la España que lucha por la libertad, ocupándose después del movimiento nacionalista portorriqueño, al que califica de revolucionario auténtico. Pero –dijo– no debe suscitar suspicacias nuestro nombre. No se trata de un movimiento nacionalista al estilo de los países fascistas, sino que queremos la revolución social, que termine con la explotación de las masas oprimidas.

Propugnó por la revolución social en la América latina; pero dijo que la actualidad plantea el problema de la soberanía nacional, el problema político, concentrando el ataque contra el imperialismo yanqui. Solicitó ayuda de la España democrática y proletaria para con los revolucionarios cubanos, portorriqueños y, en fin, de toda la América revolucionaria.

Refirióse a los asesinatos de revolucionarios en el Brasil, y añadió que si los revolucionarios del mundo entero abandonaran en estos instantes a sus hermanos brasileños, contraerán una grave responsabilidad. Se adhirió al hermoso triunfo de las izquierdas españolas, y terminó con atinados párrafos, afirmando que el pueblo portorriqueño realizará su revolución por encima de todos los que a ello se opongan.

Usó después de la palabra el pintor camarada García Maroto, que combatía duramente al imperialismo yanqui y a todos los dictadores americanos. Habló de la crisis del capitalismo americano y terminó haciendo un llamamiento a la solidaridad de todos los antiimperialistas del mundo con sus hermanos del Brasil y de los pueblos americanos.

A continuación, el gran poeta García Lorca recitó entre aplausos entusiastas de la muchedumbre varias poesías antillanas y americanas de poetas revolucionarios y algunas suyas de ambiente americano.

A continuación, habló la compañera María Lejárraga, que comenzó haciendo un canto a la solidaridad internacional, diciendo que en este júbilo del pueblo español, en este amanecer de libertad que empieza a abrirse, es preciso formular nuestra protesta contra las persecuciones y los tormentos en América. «Tenemos –dijo– que gritar para que se salven; tenemos que enviar nuestra protesta para ver si nuestra voz detiene la mano del verdugo y el tirano.»

En sentidas frases hizo una semblanza de la conmoción en que se debate el mundo como consecuencia de las contradicciones del régimen capitalista, demostrando cómo el progreso es utilizado, no para la prosperidad de los pueblos, sino para aplastar a los que luchan por su redención y su libertad.

Ensalzó la figura de Prestes y las de los luchadores antiimperialistas. «En la visión de los sufrimientos futuros –terminó– encontramos la fuerza para luchar en los momentos actuales. ¡Abajo el imperialismo! ¡Abajo el fascismo! ¡A conquistar lo único para lo que merece la pena vivir: la felicidad!»

Seguidamente, el poeta revolucionario Rafael Alberti recitó diversas poesías, siendo calurosamente aplaudido.

Tanto García Lorca como Alberti tuvieron que recitar otras poesías ante el requerimiento entusiasta del público.[13]

Acto seguido, María Teresa León hizo uso de la palabra con gran acierto, poniendo de manifiesto cómo los países sudamericanos han estado siempre prisioneros del imperialismo. Comentó la revolución brasileña, como consecuencia de la cual se hallan encarcelados 17 000 trabajadores, ensalzando la figura del camarada Prestes, del que hizo una atinada biografía.

En un análisis minucioso de la situación económica del Brasil llegó a la conclusión de que el dinero yanqui es el que rige la política brasileña, porque tiene en sus manos el poder económico. Dijo que es preciso luchar por salvar la vida de Prestes; pero si muriera –añade–, debemos decir que Carlos Prestes murió fusilado por el imperialismo yanqui, entregando su sangre por la causa revolucionaria del proletariado. El Brasil exige de nosotros en estos momentos que le prestemos solidaridad, contestando a América con nuestra solidaridad como pago a la deuda que con ella tenemos contraída, porque el primer imperialismo que se le impuso fue el de España. (*Aplausos.*) Por eso podemos llamarlos hermanos, ya que todos decimos ¡Viva la Revolución social! en el mismo idioma. (*Grandes aplausos.*)

Habló finalmente nuestro camarada José Ochoa, por el Partido Comunista. Examinó la importancia de los Frentes populares, que en el Brasil tienen el nombre de Alianza Nacional Libertadora, cuyo presidente es Prestes. Refirióse a la agudización de la lucha de clases en América y en el mundo entero, y después de un análisis de la lucha, que actualmente se desarrolla en Brasil, analizó el panorama sindical de ese país.

Destacó la importancia del Brasil en la revolución americana, diciendo que por su extensión puede ser en América el guía del proletariado, como lo fue Rusia en Europa. Examinó el colonialismo a que se tiene sometido a los pueblos sudamericanos, y después analizó la figura cumbre de Luis Carlos Prestes, en su calidad de militante revolucionario y miembro del Comité Ejecutivo de la Internacional Comunista.

Sacó atinadas deducciones sobre la lucha en los países americanos, y después de comparada con la mantenida en España, hizo un llamamiento a la solidaridad de todo el proletariado en defensa de Luis Carlos Prestes y todos los antiimperialistas.

Todos los oradores fueron calurosamente ovacionados, terminándose el acto en medio de gran entusiasmo, después de ser aprobadas unas interesantes conclusiones de protesta que han de ser presentadas a las Embajadas de los países fascistas, y en especial a la del Brasil.[14]

12. Manifiesto por la libertad de Prestes y contra la represión en Puerto Rico

*Los escritores y artistas españoles piden la libertad
de Prestes, y protestan contra la represión yanqui
en Puerto Rico*[15]

Los escritores y artistas españoles que suscriben hacen constar su protesta más enérgica ante el anunciado fusilamiento del líder de la revolución brasileña, Luis Carlos Prestes, y contra la represión de las fuerzas armadas del imperialismo norteamericano en Puerto Rico, que han aplicado la «ley de fugas» a seis jóvenes nacionalistas y se proponen condenar a penas severísimas a numerosos líderes de la independencia portorriqueña. Al mismo tiempo, enviamos un saludo fraternal y nos solidarizamos con los dos pueblos hermanos que luchan frente a sus opresores nativos y extranjeros, y pedimos la inmediata liberación de todos los presos políticos de ambos países.

Luis Araquistáin, Federico García Lorca, Gonzalo de Reparaz, Rafael Alberti, César M. Arconada, Ramón J. Sender, Rodolfo Llopis, Emilio Prados, Manuel Altolaguirre, Luis Cernuda, Arturo Serrano Plaja, María Teresa León, Miguel Hernández, Margarita Nelken, Rosario del Olmo, Concha Méndez, Rosa Chacel, Victoria Zárate, Manolita Renau, F. Carmona Nenclares, Carlos de Baraibar, J. Pérez Doménech, Miguel Pérez Ferrero, Alfredo Cabello, Joaquín Arderius, José Díaz Fernández, Alberto, E. Barral, Miguel Prieto, Darío Carmona, Luis Quintanilla, Ramón Puyol, Garrán, Mateos, Luna, Renau, Juanino Renau, Delia del Carril, Maroto, Lacasa, José de Benito, Burgos Lecea, Amo Algara, Pla y Beltrán, Villatoro, César Falcón, X. Abril, J. Gil Albert, R. Fonseca, A. Puértolas, Ángel Gaos, Sánchez Vázquez, A. Lagunilla, Maimón Mohal, Juan Vicens, Alfredo Cabello, A. Bazán, Masferrer, L. Fersen, Sánchez Bohórquez, Eusebio Luengo, Rafael Dieste, Benito Cebrián, Carlos Montilla, E. Ugarte, Juan Falces, E. Pena, P. M. Yusti, M. Romá, L. Moraes, J. Ramos, A. Ramos. P. Molpeceres, P. Bellido, Nistal, Izquierdo Ortega, A. Molina, J. Alonso. (Siguen numerosas firmas.)

13. Grupo de Amigos de América Latina[16]

Integrado por María Teresa León, Federico García Lorca, Rafael Alberti, María Martínez Sierra, José Díaz, Arturo Serrano Plaja, Isidoro Acevedo, Gabriel Maroto, Esteban Vega y Emilio Delgado, se ha constituido en Madrid un Grupo de Amigos de la América Latina, que llevará generosa solidaridad a los hombres y mujeres de aquellas Repúblicas hermanas que, luchando contra los imperialismos y por las conquistas de las libertades democráticas, son presos, torturados y perseguidos, cual es el caso de Luis Carlos Prestes, el heroico luchador brasileño, querido entrañablemente por las masas populares de su país y de Sudamérica, que se encuentra en gravísimo peligro de ser ejecutado por el Gobierno reaccionario de Getulio Vargas.

Las adhesiones al Grupo pueden enviarse a María Teresa León, Marqués de Urquijo, 45, Madrid.

14. Comité de Amigos de Portugal[17]

Recientemente ha quedado constituido este Comité en Madrid, integrado por Antonio Zozaya, Roberto Castrovido, Ramón J. Sender, Rosario del Olmo, Luis Araquistáin, J. Álvarez del Vayo, Luis Bagaría, R. Puyol, P. del Río Hortega, César Arconada, Federico García Lorca, C. Rivas Cherif, Clara Campoamor, Victoria Kent, Pérez Doménech, M. Fontdevila, Antonio de Lezama, Antonio Machado, Juan García Morales, G. G. Maroto, Miguel Ravassa, Darío Carmona, Pedro de Répide, Isidoro Acevedo, Luis de Tapia, Julia Álvarez, Dolores Ibárruri, Isaac Abeitúa, Odón de Buen, Del Arco, Mario Miranda, Rodolfo Llopis, María Teresa León y Eduardo Ortega y Gasset, presidente.

Este Comité se propone popularizar en España los métodos brutales de represión de la dictadura fascista de Salazar en Portugal, organizando una campaña de protesta entre las masas populares españolas, así como la ayuda en todas sus formas a las víctimas del fascismo portugués.

Las adhesiones y donativos deben dirigirse a nombre de Eduardo Ortega y Gasset, Calle de Pi y Margall, 9, piso C, número 17.

15. *Carta a la madre de Luis Carlos Prestes*[18]

Señora:

El grupo de «Amigos de América Latina» siguió en todo momento con enorme interés el desenvolvimiento de la lucha liberadora planteada en el Brasil, de la que su hijo es el caudillo.

Al llegar usted a nuestro país tenemos la satisfacción de asegurarle que nadie será indiferente y que la amistad hacia América que nuestro grupo representa sabrá demostrarle en todo momento su atención y vigilancia.

Al ponernos respetuosamente a su disposición, lo hacemos con la certeza de que su estancia entre nosotros será eficaz y beneficiosa para la vida de su hijo, de la que tanto necesita el pueblo brasileño.

Le reiteramos de nuevo nuestra adhesión y simpatía.

Federico García Lorca, María Martínez Sierra, Arturo Serrano Plaja, F. Santamaría, Mariano García Hortal, Gabriel Maroto, Esteban Vega, Julio Álvarez del Vayo, Luis Araquistáin, Julio César Lombardía, Julia Álvarez Resano, María Teresa León, J. L. Pando Bouza, Conie Hidalgo de Cisneros, Gustavo Durán, Concha Méndez, Enrique Lumon, Enamorado Cuesta, José Bergamín, Joaquín Arderius, Luis Salinas, Rafael Alberti, José Díaz, Isidoro Acevedo, Emilio Delgado, etcétera.

16. *Llamamiento de los Amigos de América Latina*

*Un llamamiento de los Amigos de América Latina
con ocasión de la visita a España
de la madre del luchador brasileño*[19]

Queremos que nuestra voz sea escuchada y atendida por todos los españoles para quienes los países de América no les sean ajenos, para quienes el sufrimiento humano siga siendo respetable, para quienes comprendan la lucha de las democracias contra las tiranías.

APÉNDICE I

En el Brasil, la expresión política ha sido anulada. Los profesores de la Universidad, los estudiantes libres, los escritores, los trabajadores de la ciudad y del campo, han visto atropellados sus derechos en un inmenso país casi inexplorable, donde unas cuantas familias han cedido la explotación de su fabulosa riqueza al capital extranjero; por esto la liberación nacional era la obligación de los verdaderos patriotas brasileños. Luis Carlos Prestes resumía esta aspiración; sus sacrificios continuados desde que salió de la Escuela Militar, su fabulosa vida en la selva brasileña al frente de su columna libertadora y su conducta intachable le han puesto a la cabeza del verdadero pueblo, que no quiere morir en las manos de la tiranía de los nuestros y de la explotación de los de fuera.

En América los libertadores aún no han terminado su tarea; siguen naciendo los Bolívar, los San Martín, los Hidalgo, etc. Luis Carlos Prestes es su continuador. El problema de independencia económica nacional se sigue planteando para aquellos países. Siempre que aparece, el hombre se echa sobre sus hombros la responsabilidad histórica de oponerse a los invasores y tiene que sufrir la persecución, el encarcelamiento y la amenaza de muerte. Luis Carlos Prestes vive este caso. Doña Leocadia Prestes ha llegado a España con la esperanza de que nuestra República, reconquistada por el sacrificio popular, sabrá comprender mejor que ninguna otra nación el peligro que amenaza a su hijo.

Cuando el dolor humano se resume y expresa con tanta intensidad, nadie se puede sentir indiferente. Nosotros, respondiendo a ese llamamiento de angustia que la madre de Luis Carlos Prestes hace al pueblo español, pedimos a nuestra vez que todos, ya sea como individuos o como organizaciones, se solidaricen con esta campaña por la libertad de un caudillo americano. Que esta madre que confía en nosotros vea y sienta en los diferentes actos que se celebren la presencia de una España nueva y distinta, para quien ningún problema de justicia pueda ser indiferente.

Federico García Lorca, Rafael Alberti, María Teresa León, María Martínez Sierra, Isidoro Acevedo, Arturo Serrano Plaja, Gabriel Maroto, Esteban Vega, Emilio Delgado, José Díaz, Julio César Lombardía.

17. Convocatoria de un banquete ofrecido a tres escritores franceses[20]

La llegada a España de los ilustres escritores franceses H. R. Lenormand, André Malraux y Jean Cassou significa para los intelectuales españoles el contacto con lo mejor del pensamiento francés. El triunfo del Frente Popular en nuestro país y en el suyo han permitido esta visita, que nosotros queremos aprovechar para reunir en torno de ellos a cuantos políticos, artistas, escritores e intelectuales sientan simpatía por su obra literaria y por lo que estos escritores representan en Francia.

— 331 —

Antonio Machado, Juan Ramón Jiménez, Ricardo Baeza, Teófilo Hernando, Pío del Río Hortega, Luis Araquistáin, Jacinco Grau, Federico García Lorca, María Teresa León, Wenceslao Roces, Sánchez Arcas, José Bergamín, Antonio Espina, Santiago Esteban de la Mora, Julio Álvarez del Vayo, Ramón J. Sender, Óscar Esplá, Manuel Altolaguirre, César M. Arconada, Juan de la Encina, Rafael Alberti, Miguel Pérez Ferrero, Luis Lacasa, Aturo Serrano Plaja.

18. Probablemente el último manifiesto firmado por García Lorca

El Comité Español de Amigos de Portugal se dirige a Oliveira Salazar protestando de la política que desarrolla[21]

El Comité de Amigos de Portugal ha formulado una enérgica protesta a nombre de los derechos y sentimientos que constituyen la conquista más preciada de la civilización: el derecho a la libertad de análisis y de crítica y el sentimiento de defensa y amparo de la dignidad humana.

«Esos derechos y sentimientos nobilísimos –dice la protesta–, en los que se determina la armoniosa compenetración del hombre con su propia razón de existir son heridos dentro de Portugal y también fuera, ya que ningún hombre de sensibilidad sana, cualquiera que sea su nacionalidad ni su raza, puede dejar de sentirse ofendido por hechos y circunstancias como los que determinaron la muerte en presidio de Armando Ramos, Américo Gomes, Manuel Tomé y otros cuya memoria vive en las masas trabajadoras del Mundo, no puede dejar también de vivir en ustedes y no sólo por las anotaciones de los ficheros de la represión.»

Y dice después el mensaje: «Callan los escritores y los hombres de pensamiento de Portugal que no pueden eludir la coacción brutal de sus armas, Sr. Salazar. Pero otros portugueses hacen desde fuera de su país el mejor homenaje a su propio patriotismo y a su ciudadanía, llamando a nuestra conciencia y a la de todos los hombres libres del Mundo en favor de los hogares portugueses desechos, de los millares de conciudadanos presos en condiciones inhumanas, de centenares de hombres inermes, cuyo martirio se renueva cada día, y de millones de seres humanos, la gran masa del pueblo portugués, a la que se trata de envilecer en la esclavitud y la miseria.

»Señor Salazar: Defenderse por medio del terror es hundirse cada día más en la dificultad, en la imposibilidad. Llenando de trabajadores y de hombres de izquierda las cárceles de Portugal, Azores y Timor no consigue destruir las causas del malestar, los motivos de la protesta popular, porque esas causas y motivos están en usted mismo y en su política. Sacrificando a los trabajadores más conscientes, más representativos, no aniquila los sectores populares, de donde ellos reciben alientos, estímulo y de los que son expresión directa. Alejando de su patria a los hombres de pensamiento, continuadores de la gloriosa tradición cultural portuguesa, no logra usted alejar el espíritu cí-

vico del pueblo ni enfriar la pasión democrática, llena de ansias creadoras, del país.»
Termina el documento con otras expresivas manifestaciones de protesta.

Lo suscriben: Unión General de Trabajadores, Partido Comunista de España, Agrupación Socialista Madrileña, Juventud Unificada, Federación Española de Trabajadores de la Enseñanza, Federación Nacional del Transporte, Federación Española de Trabajadores del Crédito y de las Finanzas, Federación Española de Artes Blancas Alimenticias, Federación de Agentes de Comercio y de la Industria de España, Federación Tabaquera Española, Federación Obrera de Hostelería, Izquierda Federal, Comité Central de Parados de Madrid (26 000 afiliados), Agrupación de Mujeres contra la Guerra y el Fascismo (Madrid), Agrupación de Mujeres contra la Guerra y el Fascismo (El Ferrol), Juventud Socialista de Solís, Agrupación Socialista de Castañedo, Célula 3, radio 9, Juventud Socialista Unificada (99 afiliados). Trabajadores de la Tierra de Paracuellos de Jarama, Ramón J. Sender, Francisco Largo Caballero (diputado), Luis Araquistáin (diputado), Julio Álvarez del Vayo (diputado), Antonio Ramos Oliveira, Eduardo Ortega y Gasset, Eduardo Zamacois, Isidoro Acevedo, Luis Bagaría, Roberto Castrovido, Antonio Zozaya, José Díaz Fernández, Margarita Nelken (diputado), Trabal (diputado), J. Comorera (diputado), Fernando Valera (diputado), José Antonio Uribe (diputado), Jesús Hernández (diputado), Victoria Kent (diputado), Vicente Uribe (diputado), José Díaz Ramos (diputado), Enrique de Francisco (diputado), Pío del Río Hortega, Federico García Lorca, Cipriano Rivas Cherif, Gonzalo R. Lafora, Clara Campoamor, Manuel Fontdevila, Antonio de Lezama, Antonio Machado, Alejandro Casona, Juan García Morales, Pedro de Répide, Salvador Bartolozzi, Isaac Abeitúa, Odón de Buen, Vicente Marco Miranda (diputado), Rodolfo Llopis (diputado), Dolores Ibárruri (la Pasionaria), Gabriel García Maroto, Julia Álvarez Resano (diputado), Jorge Miguel Ravassa, Luis Lacasa, Antonio Serrano Plaja, Antonio de Hoyos y Vinent, José Venegas, F. Carmona Nenclares, Rosario del Olmo, María Dolores Bargalló, César Falcón, Rafael Alberti, María Teresa León, César M. Arconada, Leocadia Prestes, Lydia Prestes, Benito Cebrián, Javier Abril, doctor Antonio de Carbalho, Federico Molero, Gustavo Durán, Criado y Romero, Luis de Tania...
(Siguen muchos centenares de firmas más, recogidas en toda España.)

------ N O T A S ------

1. Texto reproducido en José Ortega y Gasset, *Obras completas*, Revista de Occidente, Madrid, 1969, XI, pp. 102-106.
2. Fuente: Arrarás, II, pp. 180-181.
3. Texto publicado en un adelanto de *Octubre* (1 mayo 1933).
4. Texto publicado en *F. E.*, Madrid (5 julio 1934), p. 11.

5. Texto publicado en *ABC*, Sevilla (6 junio 1937), p. 9.

6. El periodista se refiere a Cipriano Rivas Cherif, director de teatro y cuñado de Azaña.

7. Texto publicado en Manuel Azaña, *Mi rebelión en Barcelona*, 1935.

8. Texto publicado en *Diario de Madrid* (9 noviembre 1935), p. 3.

9. Texto publicado en *La Libertad*, Madrid (8 febrero 1936), p. 9.

10. Texto publicado en *Mundo Obrero* (11 febrero 1936), p. 5.

11. Texto publicado en *El Sol* (23 febrero 1936), p. 4.

12. Texto publicado en *El Socialista* (29 marzo 1936), p. 6.

13. Tomamos este párrafo en cursiva, que no consta en el reportaje hecho por *El Socialista*, del publicado por *Mundo Obrero* (30 marzo 1936), p. 6.

14. Según *El Liberal* (29 marzo 1936), la velada finalizó así: «El presidente dio lectura a buen número de adhesiones, y terminó el acto cantándose la Internacional y otros himnos proletarios» (p. 9).

15. Texto publicado en *Mundo Obrero* (31 marzo 1936), p. 6.

16. Texto publicado en *La Voz* (30 abril 1936), p. 2.

17. Texto publicado en *El Socialista* (6 mayo 1936), p. 4.

18. Carta publicada en un suelto de *¡Ayuda!*, Madrid (marzo 1936).

19. Texto publicado en *Heraldo de Madrid* (21 mayo 1936), p. 3.

20. Texto publicado en *El Sol* (20 marzo 1936), p. 8.

21. Texto publicado en *Heraldo de Madrid* (4 julio 1936), p. 15.

APÉNDICE II

FUSILAMIENTOS EN EL CEMENTERIO
DE GRANADA[1]

1936		
julio		
26	. . . .	6
28	. . . .	5
29	. . . .	1
31	. . . .	12
		24
agosto		
1	. . . .	4
2	. . . .	9
3	. . . .	6
5	. . . .	7
6	. . . .	7
7	. . . .	52
8	. . . .	14
9	. . . .	3
10	. . . .	22
11	. . . .	32
12	. . . .	11
13	. . . .	7
14	. . . .	24
15	. . . .	8
16	. . . .	30
17	. . . .	20
19	. . . .	8
20	. . . .	9
22	. . . .	32

23	. . . .	3
24	. . . .	40
25	. . . .	57
26	. . . .	40
27	. . . .	17
28	. . . .	4
29	. . . .	62
30	. . . .	23
31	. . . .	11
		562
septiembre		
1	. . . .	18
2	. . . .	1
3	. . . .	15
4	. . . .	45
5	. . . .	17
6	. . . .	21
7	. . . .	9
8	. . . .	1
9	. . . .	50
10	. . . .	1
11	. . . .	53
12	. . . .	13
13	. . . .	25
14	. . . .	18
15	. . . .	50
16	. . . .	36
18	. . . .	3

septiembre

19	10
20	11
21	3
22	70
23	2
24	2
26	14
27	1
28	8
29	2
	499

octubre

1	13
2	4
3	1
4	10
5	2
7	8
8	1
9	2
10	1
11	12
12	4
14	16
15	2
17	1
18	1
21	4
22	41
23	44
28	1
29	2
31	20
	190

noviembre

2	1
3	2
4	26
10	1
11	1

14	1
15	1
19	7
26	5
28	21
29	15
30	7
	88

diciembre

2	2
3	1
4	1
17	2
18	3
19	·1
24	10
29	1
31	1
	22

1937

enero

4	8
9	1
10	16
15	5
17	4
22	1
24	3
27	17
30	1
	56

febrero

5	2
6	3
7	2
8	1
10	9

febrero

13	1
14	1
15	5
18	2
20	87
21	28
25	1
28	1
	143

marzo

1	2
5	1
6	4
11	2
13	29
15	1
17	1
19	1
21	1
22	30
23	1
30	23
	96

abril

1	1
2	11
13	22
16	25
24	27
26	1
27	3
	90

mayo

1	12
2	1
4	1
8	11
9	3

12	1
13	19
22	10
	58

junio

4	7
5	1
8	4
18	1
22	3
25	3
30	1
	20

julio

3	9
9	3
12	1
13	15
30	27
	55

agosto

8	2
24	1
30	6
31	22
	31

septiembre

18	8

octubre

13	15
14	20
15	2
	37

noviembre

16	4

		1938	

enero

14	. . . .	10
18	. . . .	2
29	. . . .	15
		27

febrero

19	. . . .	4

marzo

10	. . . .	7
24	. . . .	2
		9

abril

19	. . . .	9

mayo

14	. . . .	1
16	. . . .	1
		2

octubre

4	. . . .	60
19	. . . .	6
		66

	1939	

febrero

5	. . . .	1

marzo

1	. . . .	1

TOTAL	2102

———— N O T A S ————

1. Datos tomados personalmente por nosotros del libro de entierros oficial del cementerio de Granada, en 1966.

APÉNDICE III

LA «JUSTIFICACIÓN» DE LA REPRESIÓN DE GRANADA

Desde los primeros días de la guerra los rebeldes granadinos empezaron a inventar razones que justificasen la brutalidad de la represión civil. Entre ellas la más importante, sin duda, era la mentira de que los militares se levantaron para yugular una revolución marxista-judaica-masónica. Este infundio dio lugar a toda una serie de tergiversaciones y extraños usos lingüísticos y, desde luego, estimuló a la gente de derechas a la denuncia de «rojos».

Se puede observar la evolución cronológica de este proceso de mixtificación al comparar la sentencia de César Torres Martínez, reproducida en el apéndice siguiente (1936), el libro de Gollonet y Morales, *Rojo y azul en Granada* (1937) y el capítulo correspondiente a Granada en *La historia de la cruzada española* (1941).

En la sentencia dictada contra Torres Martínez se le acusa de haber estado implicado en «un amplio movimiento subversivo como preparación del que estaba preparado en toda España tendente a implantar en nuestra ciudad y por medio del terror las doctrinas ruso-marxistas más avanzadas, de igual modo que entidades similares de otras provincias lo estaban intentando en todos momentos».

La referencia al «terror rojo» no se amplía en la sentencia, pero sí en el libro de Gollonet y Morales. Según estos autores (periodistas de *Ideal*), nada más iniciada la sublevación se ocuparon papeles que demostraban que los rojos tenían proyectado asesinar a más de 5 000 derechistas. Recuérdese que este libro se editó en 1937 cuando los sublevados ya habían fusilado en el cementerio a unos 2 000 granadinos (sin incluir a las muchas víctimas de los «paseos».) Dicen Gollonet y Morales al hablar de los primeros días del Movimiento en Granada:

La Justicia dio comienzo a su actuación. Y se descubrieron muchos horrores desconocidos para el público. Pronto cundió la noticia de los millares de asesinatos que tenían proyectados las hordas rojas. Condenas a muerte, que habían fraguado antes los cabecillas, de toda clase de elementos de orden [...] Pasan de cinco mil las personas que estaban sentenciadas en firme, en Granada, para ser asesinadas por el «Tribunal del Pueblo», que ya tenían nombrado. Y en el cálculo más bien nos quedamos cortos, pues sólo nos limitamos a consignar el número que aparecía en las relaciones ocupadas (pp. 127-128, 130).

Estas «relaciones ocupadas», claro está, nunca se publicaron, por la sencilla razón de que no existían. Siguen los autores:

> Declaraciones de muchos de los detenidos coincidieron en que tenían la consigna de matar, cuando estallase la revolución, a todos los religiosos y sacerdotes, sin distinción de dignidades, monjas, jefes y oficiales del Ejército, además de los cientos de guardias de todas clases, agentes de policía y demás personas que serían señaladas por los comités de cada distrito.
>
> De llegar a consumarse tanto crimen, no hubiera parado en el número de víctimas que se calcula. Ya sabemos que en todos los lugares donde la furia roja se ha desbordado, traspasó, en monstruosidades, todo cálculo (p. 130).

Así escribían en Granada en 1937 estos dos señores de la prensa católica sabiendo que cada mañana, en el cementerio municipal, caían ante las balas *nacionales* decenas de personas inocentes de todo crimen.

Este orwelliano proceso de tergiversación histórica alcanzó su cumbre con la publicación de la mezquina *Historia de la cruzada española*, dirigida por Joaquín Arrarás (1939-1943). Aquí, en la sección que corresponde a la Granada de los últimos meses antes del Movimiento (vol. III, tomo XI, pp. 270-289) vemos la mentira convertida en historia oficial. No sólo se repiten todas las falsedades propaladas por Gollonet y Morales en 1937 sino que se reproduce un documento, evidentemente trucado, atribuido al líder socialista y afamado médico Alejandro Otero, sin duda (excepción hecha de Fernando de los Ríos) el hombre de izquierdas más odiado por las derechas granadinas. En este documento se cursan órdenes, órdenes crueles e implacables, para cuando estalle la Gran Revolución Roja. Citamos sólo un trozo para que tenga el lector una idea de su contenido:

> Puesta en ejecución la rebelión, el personal del comité interior, bajo la estricta responsabilidad personal, eliminará rápidamente y sin vacilación alguna a todos los que figuran en la clasificación de enemigos, no olvidando que esta eliminación es igualmente importante sea cualquiera la categoría del enemigo; es decir, que la eliminación alcanzará a jefes, oficiales, suboficiales, clases y aun soldados. Cada miembro del Comité Interior tomará sus medidas, para llevar consigo y sin posibilidad de que un extravío le descubra, la relación de los individuos de cuya eliminación sea ejecutor personal. A los calificados como elementos neutros o acomodaticios, se les vigilará estrechamente para que no puedan polarizar su posible reacción en sentido adverso y procurando que decidan sus simpatías por la rebelión. Una vez triunfante la rebelión, estos elementos neutros serán sometidos a duras pruebas, para no dejar vivo el peligro

de un cambio de conducta a que suelen tender siempre estos temperamentos poco definidos (p. 273).

Según *La cruzada*, este largo documento inverosímil sería redactado en junio de 1936. Pero si, como insisten Gollonet y Morales, la «revolución» estaba ya preparada cuando se levantaron los militares, ¿cómo se puede explicar que no se ofreciera ninguna resistencia armada seria a los militares? La verdad es que no hubo ninguna revolución marxista preparada, ninguna distribución de armas «a todos los elementos marxistas de la provincia» y ninguna lista negra de derechistas condenados a muerte.

Podemos añadir, además, que el mismo Alejandro Otero no se daba cuenta de la inminencia de la sublevación militar. Pocos días antes de que ésta estallara se fue a Suiza, y es evidente que no sólo no estaba implicado en la preparación de una «revolución», sino que pensaba que la situación política de Granada había mejorado. Escuchemos el importante testimonio al respecto de César Torres Martínez:

> En efecto, unos cuandos días antes del Movimiento recibí la visita de don Alejandro Otero. Fue visita de saludo y despedida, pues se marchaba a Suiza, en donde pasaba todos los años unas semanas, creo que por motivos de salud.
>
> Hablamos de la situación general de la provincia y apreciamos que en aquellos momentos iba entrando en cauces de relativa normalidad, después de las huelgas y diversos graves conflictos que se habían ido sucediendo. Recuerdo que me felicitó por ello y por la solución de la larga huelga de tranvías.
>
> Siguió una conversación general, sin ningún tema concreto que se pueda destacar. Resulta ahora notable que ambos entendiésemos que no era previsible ninguna situación conflictiva, en cuanto a problemas sociales o políticos se refiere. Incluso comentamos, como elemento de tranquilidad, el relevo en el Gobierno Militar.[1]
>
> Don Alejandro Otero me causó una impresión extraordinaria. Tenía una gran personalidad y poseía esa especie de magnetismo peculiar de los hombres de gran autoridad moral. Era culto y ameno y con una claridad de juicio y de expresión muy fácilmente apreciable. Entiendo que con estas cualidades personales y la destacada posición que ocupaba en la medicina de Granada, que le proporcionaba cuantiosos ingresos, no será difícil comprender el odio que despertaba en sus enemigos políticos. Era, sin duda, el personaje más odiado y, lo curioso, es que no tenía ambiciones personales.[2]

Todo mentira, pues, y mentira elaborada por los sublevados y sus propagandistas para justificar la atroz matanza de inocentes que ellos mismos llevaron a cabo en Granada.[3]

——— N O T A S ———

1. Es decir, el relevo del general Llanos Medina, jefe de los conspiradores granadinos.

2. Carta de don César Torres Martínez al autor, 2 de junio de 1978. El conocido escritor granadino José Fernández Castro ha publicado una biografía de Alejandro Otero que aporta muchos datos sobre este ilustre y fascinante personaje: *Alejandro Otero, el médico y el político*, prólogo de José Prat, Noguer, Barcelona, 1981.

3. Para un minucioso análisis del tema de la supuesta «conspiración marxista» que se estaría preparando por toda España, véase Southworth, *Le mythe de la croisade de Franco*, Ruedo Ibérico, París, 1964, pp. 163-176. Véase también el apéndice VI.

─────────APÉNDICE IV─────────

TEXTO DE LA SENTENCIA DICTADA CONTRA CÉSAR TORRES
MARTÍNEZ, GOBERNADOR CIVIL DE GRANADA,
EL 1 DE AGOSTO DE 1936, CON DOCUMENTOS POSTERIORES
RELACIONADOS CON ELLA[1]

*Don Francisco Bas López, soldado de Infantería y secretario del Juzgado de Eje-
cutorias, número seis, del que es titular el teniente de la misma arma don Francisco
Núñez Álvarez de Luna.*

CERTIFICO: Que la causa número 33 seguida contra César Torres Martínez
aparece en las actuaciones del siguiente tenor literal. - Excmo. Sr. Don Rafael
Ruiz de Algar y Barrego, Capitán de Artillería y juez instructor del presente
procedimiento, en cumplimiento de lo prescrito en el artículo 532 del Código
de Justicia Militar emite el siguiente dictamen. - Se inició el siguiente dictamen el día 27 de julio de 1936, a virtud de parte formulado por el Excmo. Gobernador Civil de esta provincia Don José Valdés. - El oficio del Juez Instructor ordena instruir diligencias contra el procesado César Torres Martínez.
Declara el encartado negando los primeros hechos que se le imputan, el
Excmo. Sr. Gobernador Civil Don César Torres Martínez, quien afirma ordenó a las fuerzas que custodiaban el Gobierno Civil lo defendieran contra las
fuerzas que lo ocuparon. - Que consta declaración de las Autoridades confirmando los cargos anteriores y ampliando los cargos que se resumen en el auto
de procesamiento. - Declaran los testigos presenciales Guardias de Seguridad
Aurelio Nieva y Nicolás Martín, de Asalto Nicolás Bullejos, cabo, y Francisco
Pozo, guardia; agente de vigilancia, Rogelio Roda, y falangista, Antonio Car-
ballo, Amador Fernández y José Martínez Cañabate, de cuyas declaraciones se
infiere que el procesado con anterioridad a la declaración del Estado de Guerra y con elementos integrantes del Comité del Frente Popular, han estado
preparando un amplio Movimiento Subversivo en esta Ciudad y provincia,
utilizando prerrogativas y medios que los cargos públicos que desempeñaba y
su carácter de dirigente político le permitían para lo cual han proporcionado
armas a todos los elementos marxistas de esta Capital y su provincia dándoles
órdenes para que pudieran oponerse al mismo, y con posterioridad a la declaración del Estado de Guerra y con conocimiento del mismo hallándose reunidos y preparados dentro del edificio del Gobierno Civil, reiteró estas órdenes

de subversión a los elementos marxistas y excitaron repetidas veces a las fuerzas de orden público que custodiaban dicho edificio a hacer fuego sin contemplaciones a las fuerzas del Ejército que marchaban a ocuparlo e incluso intentaron disparar contra las fuerzas impidiéndolo la actitud del teniente de Asalto Sr. Fajardo que mandaba las de Orden Público que custodiaban el edificio. El procesado Don César Torres Martínez admite algunos cargos. Como en lo actuado resultan indicios racionales suficientes para estimar presunto culpable al encartado se decretó su procesamiento y prisión siendo notificado y enterado de sus derechos de cuyo acuerdo se dio oportuna cuenta. - El Juez que suscribe estima por todo lo expuesto que se han practicado las diligencias propias del sumario y tiene el honor de elevar lo actuado a los efectos del artículo 532 y 533 del Código de Justicia Militar. - Granada a 31 de julio de 1936. - El Instructor, Rafael Ruiz. - Rubricado. - SENTENCIA: A 1.º de agosto de 1936, reunido el Consejo de Guerra de Oficiales Generales en juicio sumarísimo para ver y fallar la causa número 47 del presente año contra el inculpado César Torres Martínez por el supuesto delito de rebelión militar, provocación, inducción e instigación, según la instrucción y resultado de la misma, presente el mencionado inculpado así como la representación del Ministerio Fiscal y la defensa. - RESULTANDO: Que el procesado César Torres Martínez durante los días que precedieron a la declaración en esta ciudad del Estado de Guerra y muy especialmente de la semana anterior a esta fecha como elemento integrante del comité del llamado Frente Popular venían preparando un amplio movimiento subversivo como preparación del que estaba preparado en todo España tendente en implantar en nuestra ciudad y por medio del terror las doctrinas ruso-marxistas más avanzadas, de igual modo que entidades similares de otras provincias lo estaban intentando en todos momentos, para lo cual y valiéndose de las prerrogativas y medios que les confieren los cargos públicos que algunos de los procesados detentaban, su carácter de dirigente político en posición del mando civil, proporcionaron armas a todos los elementos marxistas de la provincia, transmitiéndoles órdenes de exterminar a cuantos elementos armados, fuerzas públicas y de orden pudieran oponerse al indicado movimiento, llegando a organizar con elementos extremistas una columna, previamente armados para marchar sobre Córdoba y Jaén, cuya columna por haberse declarado el Estado de Guerra en esta Plaza, y teniendo en constante estado de agitación tanto en la Plaza como en bastantes pueblos de la provincia ocasionando bastante número de bajas. - El mencionado procesado en unión de otros excitaba a la Policía Gubernativa a que hiciera fuego contra el Ejército y demás milicias armadas. El procesado Virgilio Castilla salió hacia la escalera de dicha dependencia siendo detenido y desarmado penetrando las fuerzas y procediendo a la detención de los que allí se encontraban rodeando y asesorando al Gobernador Civil de entonces César Torres, el que actuaba en cumplimiento de las órdenes que recibía constantemente del Ministerio de la Gobernación en Madrid tanto telefónicas como por radio,[2] dirigía la operación de la columna, y se preparaba a cumplimentar la orden que acababa de recibir del expresado Ministro, de llamar a los mineros de Alquife que vinieran a la ciudad con cuanta dinamita pudieran traerse, orden que le comunicó el citado Ministro.[3] - CONSIDERANDO: Que respecto de la apreciación de circunstancias modificativas de la responsabilidad criminal es de estimar que no concurren en ninguno de los procesados excepto en el César Torres Martínez,[4] en el que se estima la concurrencia de las circunstancias atenuantes 12 del artículo 8 del Código Penal Común aplicable al caso por disposición expresa del 172 del de Justicia Militar y con arreglo al prudente arbitrio que para su aplicación procede el consejo el artículo 173 de este cuerpo de Leyes Militares. - CONSIDERANDO: Que en méritos a lo que consta en las anteriores consideraciones, procede condenar al procesado César Torres Martínez como autor del delito de rebelión con la concurrencia de la atenuante de obediencia debida a la pena de reclusión militar perpetua. - Vistos los preceptos que se citan los demás relativos al caso y demás de general aplicación. - FALLAMOS: Que debemos condenar y condenamos al procesado César Torres Martínez, como autor de un delito de rebelión, apreciada que le ha sido una atenuante, a la pena de reclusión militar perpetua; notifíquese la presente resolución al Sr. Fiscal y defensores de la causa, así como también a los que por la misma se condenan, para lo que será entregada al Instructor y elévese la misma a la Superioridad por si estima procedente su aprobación, haciendo constar que ha sido tomada por unanimidad. - Así por esta Nuestra Sentencia lo pronunciamos, mandamos y firmamos. - Hay siete firmas ilegibles rubricadas. - COMISIÓN DE EXAMEN DE PENAS DE GRANADA: La Comisión de Examen de Penas de Granada con fecha 25 de julio de 1940 estima que debe mantenerse la pena que el rematado viene extinguiendo y que será la de reclusión militar perpetua. - El presidente Rafael Lacal, El Vocal. - Ilegibles rubricados. - Hay un sello en tinta violeta que dice Comisión de Examen de Penas. Granada. - Informe de la Autoridad Judicial. - Visto el anterior acuerdo y conforme con el mismo acuerdo que se eleva al Excmo. Sr. Ministro. - Granada a 11 de julio de 1940. El Auditor Francisco Rico. - Rubricado. - CERTIFICADO DE RESOLUCIÓN DEFINITIVA (O. C. de 23 de enero de 1940 D. O. n.º 21): César Torres Martínez de 31 años casado abogado, fue condenado en Consejo de Guerra celebrado el 1.º de agosto de 1936 en la Plaza de Granada a la pena de reclusión militar perpetua con las accesorias correspondientes. - Esta Comisión Central, de conformidad con el parecer expuesto por la provincial, eleva a su vez la propuesta en el sentido de que la pena a imponer debe ser la de reclusión perpetua con las accesorias de la pena primitiva. - Por todo lo cual esta Comisión Central certifica de Orden del Excmo. Sr. Ministro del Ejército remitiendo Certificado al Iltmo. Sr. Auditor de Granada, en cumplimiento de lo prescrito en cumplimiento de la instrucción 7.ª de la orden comunicada de 7 de febrero de 1940 entendiéndose que tanto el inmediato acuse de recibo como la cuenta de la total ejecución de la sentencia definitiva debe comunicarse a esta Comisión Central por obrar en la misma todos los antecedentes del asunto. - Madrid 10 de mayo de 1941. - El

Auditor Presidente, El Vocal Militar,' el Vocal Judicial. - Ilegibles rubricados. - Hay un sello en tinta violeta que dice Ministerio del Ejército Junta Central de Examen de Penas. - 23 División Estado Mayor Telegrama Postal. Sección Justicia Negociado Secretaría número 50, 938. - Granada a 30 de diciembre de 1943. - El General Jefe de la 23 División. Por el Ministerio del Ejército Sección Justicia en escrito de 16 del actual me dice lo siguiente: «De orden comunicada por el Sr. Ministro, tengo el honor de comunicar a V. E., que Su Excelencia el Jefe del Estado, por una resolución de fecha 15 de los corrientes, se ha dignado conmutar por doce años y un día de reclusión menor con accesorias de inhabilitación absoluta durante la condena, responsabilidad civil y abono de prisión preventiva, la pena de treinta años de reclusión mayor impuesta al penado CÉSAR TORRES MARTÍNEZ en virtud de sentencia dictada por Consejo de Guerra reunido en esta Plaza el día 1.º de agosto de 1936, como autor de un delito de adhesión a la rebelión. Lo que de su orden participo a V. S. para su conocimiento y demás efectos con la libertad del sentenciado; rogándole manifieste a este departamento la diligencia de ejecución derivadas para constancia en antecedentes. Lo que traslado a V. S. para que inmediatamente proceda a la ejecución de lo que se ordena dándome cuenta con toda urgencia de las diligencias practicadas para dar conocimiento de ellas a la Superioridad. - Trasládese de Orden de S. E. El Teniente Coronel de Estado Mayor. - Javier Gonzálvez [sic]. - Rubricado. - Hay un sello en tinta violeta que dice: 23 División Estado Mayor.

Lo inserto concuerda fielmente a la letra con su original a que me remito y para que conste firmo el presente con el V.º B.º del Sr. Juez en Granada, a trece de enero de mil novecientos cuarenta y cuatro.

V.º B.º
El Juez Militar   El Secretario
Francisco Núñez Álvarez   *Francisco Bas López*

———— N O T A S ————

1. Le agradecemos sinceramente a don César Torres Martínez su amabilidad al preparar y remitirnos no sólo una copia a máquina de este esperpéntico documento sino un detallado comentario acerca de él, fechado el 2 de julio de 1978. Citamos este comentario en las notas que siguen.
2. «No es cierto que en el Gobierno Civil hubiese radio alguna. Por no haber, ni siquiera había un simple aparato receptor, y, recuerdo, que uno o dos días antes, comentando alguno de mis visitantes las noticias de la radio, y que desconocía por aquella causa, me ofrecieron prestar un receptor. Estoy seguro que lo envió pero no se utilizó y ni siquiera llegué a verlo.»
3. Según *La historia de la cruzada española*, el general Pozas, ministro de la Gobernación, le llamó personalmente a Torres Martínez: «Le hablo midiendo bien el alcance de

lo que digo. Se llega incluso a la destrucción de la ciudad. Le mando para ello que curse inmediatamente órdenes a los mineros de Alquife para que, sin pérdida de tiempo, acudan a Granada con toda la dinamita que custodia la Guarcia civil en los polvorines» (p. 281). Comenta Torres Martínez: «Es totalmente falso que haya recibido de Madrid tales órdenes. No he hablado en mi vida con el general Pozas.

»En consecuencia, desmiento terminantemente que se haya celebrado esa conversación conmigo, ni que hubiera realizado ninguno de los actos que se me atribuyen en la *Historia de la cruzada* en relación con los mineros de Alquife.

»Tengo un ligero recuerdo de haber oído, posteriormente, que del Ministerio llamaron, desconociendo que el Gobierno Civil estaba ya en poder de los sublevados, y que hablaron con Valdés. No tengo certeza de esto, pero casi estoy seguro de que lo he leído u oído en alguna parte.

»Es verdad, en cambio, que, en Granada, se apelaba con frecuencia en aquellos días a los mineros de Alquife. Entraba ello en el comportamiento general de la época, en que los mineros de Asturias gozaban de una aureola de heroísmo, desde la revuelta socialista de 1934 en que desempeñaron un papel de relevante protagonismo.

»Por diversos sectores granadinos se requería la intervención de los mineros, pero no recuerdo que se hayan tomado seriamente en consideración por ninguno de los elementos responsables del Frente Popular. En consecuencia, en Granada éste fue un tema de evidente popularidad deseado por unos y temido por otros. De ahí que sea recogido y comentado en todas las versiones.»

4. Es decir, en el caso de los desafortunados Virgilio Castilla Carmona, Juan José Santa Cruz Garcés, Antonio Rus Romero, José Alcántara García y Enrique Marín Forero, fusilados, todos ellos, al día siguiente, 2 de agosto de 1936. Comenta Torres Martínez: «Es notable que fuésemos incluidos los seis en el mismo sumario y como componentes de un comité dirigente, cuando a alguno de ellos creo haberlos conocido por primera vez en aquel acto. Conocía, desde luego, a Castilla, presidente de la Diputación; a Rus, del Partido Socialista y miembro del Frente Popular; había hablado un par de veces con Santa Cruz, ingeniero jefe de Obras Públicas; pero a Marín Forero y a Alcántara no recuerdo haberlos visto con anterioridad al consejo de guerra. Hasta tal punto era superficial nuestra relación que no conozco el nombre propio de ninguno de ellos, excepto el de Virgilio Castilla.»

APÉNDICE V

TEXTO DE LA SENTENCIA DE MUERTE DICTADA
CONTRA OTRA VÍCTIMA DE LA REPRESIÓN DE GRANADA,
EL ABOGADO HORACIO GARCÍA GARCÍA[1]

SENTENCIA. - En la plaza de Granada, a nueve de junio de 1938, Segundo Año Triunfal, reunido el Consejo de Guerra sumarísimo permanente de la misma para ver y fallar la causa instruida contra Horacio García García, de profesión abogado y Secretario de Ayuntamiento, por el supuesto delito de REBELIÓN MILITAR, celebrada la vista de la causa en la forma y modo que la Ley prescribe y

RESULTANDO Que el procesado, persona de lejanos antecedentes marxistas, ya en el año 1917 fundó en el pueblo de Albuñuelas la primera sociedad socialista, hecho que no le impidió, en sus deseos de medrar en política, militar en 1922 en el partido conservador del Sr. Montes Jovellar, ingresando en la Unión Patriótica en el 1923, organizándola en dicho pueblo y obteniendo el cargo de alcalde, hasta marzo de 1925 en que cesó por dimisión, pero en 1926 fue designado Secretario del Ayuntamiento de Palma del Río (Córdoba), cuyo cargo desempeñó hasta el 1928, y si bien en los primeros momentos no destacó, su primera digo su manera de pensar, contrayendo matrimonio católico y comportándose bien en el cargo, al propio tiempo demostró su tendencia masónica, siendo propagandista y organizador de ella, y teniendo que cesar en el cargo de Secretario por defectos de actuación económica en el mismo (folios 8-36-52-53-54-74-94) que trasladada su residencia a Granada se dedicó al ejercicio de la abogacía, fundando un periódico llamado *República*, y fue sancionado en 1929, con multa por el Gobernador Civil como elemento desafecto al Régimen (folio 25-26 y 65). A mediados de abril de 1931, recién proclamada la República fue nombrado Secretario del Ayuntamiento de Pinos Puente (Granada) en cuyo cargo hasta agosto de 1932 observó pésima conducta, pues encajado en el ambiente de desorden de la República, tomó parte en mítines socialistas, soliviantando a los obreros. Que a finales de 1932 fue designado Secretario del Ayuntamiento de Cazalla de la Sierra (Sevilla), hasta el 15 de febrero de 1935 que cesó por haber obtenido la reposición el Secretario que había anteriormente en el cargo, y en dicho pueblo continuó su vida el encartado Horacio García ejerciendo la profesión de Abogado. En el cargo de Secretario siguió manteniendo sus ideas izquierdistas y utilizándolo para el fomento de ellas siendo considerado como uno de los elementos más destacados del pueblo, incorporado a Unión Republicana y elemento perturbador de la clase obrera, habiendo desfalcado una cantidad en el Ayuntamiento. Como Abogado fomentaba las discordias entre obreros y patronos, y produjo algunas denuncias contra el Juez de Instrucción del Partido. Fue uno de los principales organizadores de las elecciones de febrero de 1936, como perteneciente al Frente Popular, interviniendo en diferentes actos públicos, y en cuanto a sus ideas religiosas mantuvo su ateísmo consiguiendo como Secretario del Ayuntamiento que se prohibiera el toque de campanas. Inculcaba a su hijo que ofendiera a los sacerdotes,[2] siendo suscriptor del periódico *El Ateo*, y se le consideraba como uno de los elementos más peligosos del pueblo (folios 6-19-47-48-49-50 y 93 vuelto). En marzo de 1936 fue nombrado Secretario del Ayuntamiento de Constantina (Sevilla), cuyo cargo servía viviendo en Cazalla y desempeñaba cuando se inició el Glorioso Movimiento Nacional. Su actuación como Secretario fue muy limitada, dedicándose más bien a fomentar las ideas revolucionarias, destacándose como masón, de cuyas ideas hacía propaganda en contra de la Iglesia, e inmoral en su profesión de abogado (folios 4-38-40-41 y 56).

Que el 15 de julio de 1936 llevó a su familia al Rincón de la Victoria (Málaga) en donde estuvo durante el tiempo de la dominación roja, alternando su vida en la ciudad de Málaga, hasta que fue conquistada por el Ejército Nacional pasó a nuestra ciudad con su familia. En la Gaceta de Madrid apareció por aquellos días el nombramiento del encartado para Secretario de la Junta de Reforma Agraria de Sevilla, de cuyo cargo no tomó posesión por encontrarse esta ciudad al lado del Glorioso Movimiento Nacional. En el Rincón de la Victoria demostró sus ideas izquierdistas desempeñando el cargo de Presidente del Comité de Refugiados de Sevilla, era Comisario Político de un Batallón de Milicianos, y obtuvo en Málaga el cargo de Oficial Administrativo de la Diputación Provincial, con el sueldo de 5 000 pesetas, cuyo cargo obtuvo alegando su fidelidad a los partidos de izquierdas y Frente Popular, sin que se haya comprobado que durante este tiempo tuviera intervenciones destacadas a favor de la causa roja, hallándose en su domicilio cuando huyó de Málaga (domicilio en Albuñuelas, donde se refugió y fue detenido el procesado) folletos de propaganda marxista, no encontrándose cuadros de Santos.

HECHOS PROBADOS

CONSIDERANDO que los hechos que se declaran probados en el resultando anterior son constitutivos de un delito continuado de Rebelión Militar por adhesión, previsto y penado en el artículo 238 n.º 2.º del Código de Justicia Militar, porque antes digo desde antes del 16 de febrero de 1936, hasta que por la entrada de las Fuerzas Nacionales huyó de Málaga el procesado, todos los hechos que éste realiza y que el resultando de esta resolución recoge, además de representar una unidad de lesión jurídica, hallándose presidido por un mismo pensamiento y matizado sobre todo por su identificación y comunión espiritual con el ideario de los rebeldes, que por encima de lo diáfano de los informes aportados queda claramente demostrada por la misma elocuencia de los hechos. - CONSIDERANDO que esta compenetración se observa con sólo tener en cuenta que al fundar en Las Albuñuelas en 1917 la primera sociedad marxista de la localidad, al propagar su tendencia masónica en Palma del Río y fundar en Granada el periódico *República*, en el 1929 fue sancionado por el Gobernador Civil como desafecto al Régimen, al solivantar a los obreros de Pinos Puente, tomando parte en mítines de carácter marxista, al actuar en Cazalla de la Sierra como uno de los principales organizadores marxistas de las elecciones del 16 de febrero de 1936, al patentizar su hostilidad religiosa, influyendo como Secretario del Ayuntamiento para que se prohibiera el toque de campanas en el pueblo referido, inculcando a sus hijos ese odio a la Religión Católica induciéndole a que ofendiera a los Sacerdotes, al dedicarse en Constantina en marzo de 1936 a fomentar las tendencias revolucionarias y lo que es legalmente de mayor entidad el actuar después de nuestro Glorioso Movimiento Nacional desempeñando en el Rincón de la Victoria el cargo de Presidente del Comité de Refugiados rojos de Sevilla. En Málaga oficial administrativo de la Diputación Provincial, después de una singularmente expresiva profesión de fe marxista y el de Comisario Político de un Batallón de Milicianos, en una palabra al ejecutar todos los hechos que se recogen en el sumario, en el resultando de esta resolución entre los que destacan su relacionada actuación en contra del Glorioso Movimiento Nacional después del Glorioso 18 de julio de 1936, y su persistencia infatigable al servicio de la masonería y del marxismo, el procesado, lejos de actuar con el pensamiento independiente y desligado del que favorece a la Rebelión por motivos distintos de la rebelión misma, ha venido demostrando en el cuarto capítulo de sus hechos por su especialísimo cargo en los Ayuntamientos donde estuvo destinado e incluso por motivos normales de cultura que en cada momento, en cada detalle de su actuación indivisible podía prever y preveía el resultado de esa misma actuación,y siendo ello así como después de representarse ese resultado previsto el procesado lo aceptaba deseando y persiguiendo su consecuencia de la manera más honda y persistente, ya que de lo contrario no tenía por qué seguir procediendo como procedía después de declarado en toda España el Estado de Guerra, es indudable que sobre el conjunto de las actuaciones, es decir observando sin limitaciones de perspectiva álzase esta verdad evidente el procesado además de cooperar a la Rebelión Militar hallábase identificado con la misma, habiendo perseguido en sus actos los fines de ésta como compenetrado con los rebeldes y unido en espíritu con ellos. - CONSIDERANDO que en méritos a las consideraciones que preceden en atención a la peligrosidad del sujeto y teniendo en cuenta que el delito ya definido es de gran trascendencia y motor de grandes daños en los intereses del Estado y de los particulares procede condenar al procesado a la pena de muerte más los acesorios de interdicción civil durante el tiempo de la condena e inhabilitación absoluta para el caso de conmutación de la pena por la inmediata inferior, conmutación que desde luego no propone el Tribunal. - CONSIDERANDO que en orden a las responsabilidades civiles dimanantes de la comisión del delito que se estima cometido y ante la imposibilidad de estimar su cuantía en este momento procesal estima el Consejo procede dejar dicho extremo trámite ulterior vistos los preceptos que se citan, los demás relativos al caso, los de general aplicación. Mandamos y firmamos: *Manuel Rojas,*[3] *E. Amat, José Navarro, Enrique Palacios, José Pérez.*

───── N O T A S ─────

1. Nuestro sincero agradecimiento al poeta granadino José García Ladrón de Guevara, hijo de Horacio García García, que nos ha facilitado una copia de este documento.

2. Se refiere a José G. Ladrón de Guevara, que tenía nueve años en 1938 y que nos ha asegurado que este «cargo» es absolutamente falso.

3. ¿Otra vez el capitán Manuel Rojas de Casas Viejas? No lo hemos podido comprobar.

APÉNDICE VI

LA GRANADA CATÓLICA EXPRESA SU GRATITUD A SU PATRONA,
LA VIRGEN DE LAS ANGUSTIAS, POR HABERLA LIBRADO
DE «LOS HORRORES DE QUE IBA A SER TEATRO Y VÍCTIMA»[1]

El homenaje de Granada a su salvadora

Si alguien tuviera duda de la decidida y eficaz protección que dispensa a
Granada su Excelsa Patrona la Virgen de las Angustias, habría quedado plenamente convencido en la presente ocasión, en que nos ha librado de los horrores que han padecido y aún padecen (si bien por poco tiempo, pues que el
triunfo total y definitivo del movimiento salvador de la Patria está cercano) algunas poblaciones de nuestra amada España.

Las hordas marxistas de Granada, que es tanto como decir las hordas del
robo, del incendio y del asesinato, estaban apercibidas y preparadas para producir en nuestra hermosa y apacible ciudad todos los sangrientos desmanes
que en otros lugares han realizado, pero el designio no se consumó, porque la
hora que tenían señalada los criminales salvajes no existía en el reloj de la Eternidad y el manto protector de nuestra Amada Madre se extendía benéfico sobre nuestra ciudad amparándola y poniéndola a salvo.

Y bajo ese amparo, y como instrumento de sus altos e irrecusables desig-
nios, el Ejército salvó a Granada, librándola de los horrores de que iba a ser
teatro y víctima, y dándole, dentro de la intensa agitación que conmueve a España, una tranquilidad que no está lejana de lo normal.

El caso, mejor dicho, el milagro, ha sido claro y evidente, apreciado y agra-
decido por todos, como lo prueban los millares de granadinos que diariamente acuden al templo de nuestra venerada Patrona para rendirle el homenaje de su fe, de su amor y de su gratitud.

Pero ese homenaje pide mayor campo, más amplios medios para exteriori-
zarse, y, por ello, todos los granadinos piensan y desean que su Amada Madre
recorra en triunfo las calles de la ciudad, como lo venía haciendo anualmente;
costumbre que hubo de interrumpir por la preponderancia de los sin Dios y
sin fe; por la ola de impiedad que invadía a toda España para anularla y destruirla.

La fecha en que, según costumbre, la Divina Imagen hacía su brillante recorrido por la capital se acerca y es de esperar que para entonces, y con su protección, el triunfo de la España que quiere vivir honrada y grande sobre los salvajes que querían esclavizarla y destruirla haya sido ya completo, rotundo y definitivo.

Y al amparo de unas autoridades católicas que han repuesto el Crucifijo en las escuelas, penetradas de la importancia que ello tiene para la continuación de nuestra gloriosa Historia y para la reconquista de nuestra grandeza, saldrá triunfante nuestra Madre, para recibir la delirante expresión del amor y la fe de su pueblo, que a Ella acude, confiado, en todos los momentos difíciles de su vida.

Es de esperar, que a quienes corresponda la iniciativa de la organización del homenaje a nuestra Patrona, trabajarán con la oportunidad y el acierto necesarios, para que en su día, Granada, enloquecida de amor y gratitud, rinda un apoteósico homenaje a su Madre en las calles de su predilecta ciudad.

—————— N O T A S ——————

1. Editorial del diario católico monárquico *La Verdad*, Granada (5 septiembre 1936), p. 1.

APÉNDICE VII

NECROLOGÍA DEL COMANDANTE VALDÉS ESCRITA POR EL JEFE PROVINCIAL DE LA FALANGE DE GRANADA, DOCTOR ANTONIO ROBLES JIMÉNEZ[1]

Por Dios y por España

JOSÉ VALDÉS GUZMÁN

Has hecho el sacrificio de tu vida a la muerte. Ofreciste aquélla cuando en el horizonte de la vida española, saturado de negruras, sonó el clarín de redención que llamando a las conciencias carcomidas por el polvo de la iniquidad les anunciaba que en España comenzaba a amanecer.

Te uniste a esa juventud de apostólica abnegación que supo transformarse en mártires de los sublimes ideales de Dios y Patria. Y con ella, como jefe de sus milicias de combate, supiste inculcarles el sentimiento del sufrimiento, que se solicita más que se recibe cuando con él se aspira a salvaguardar los altos intereses de nuestra Fe y nuestra Patria.

Luchaste con tal alteza de miras que anteponías a los justificados derechos de tu organismo tus propias virtudes, consagrándote a la lucha desigual en un campo de vanguardia de sectas tenebrosas y de maquinaciones del más odiado antiespañolismo.

Y al sonar la hora decisiva, cuando todo se arriesgaba, en momentos de ansiedad y de duda por el resultado final, sin otra fe que la fe de nuestra causa y el grito de nuestras conciencias presagiando la victoria, fuiste tú, camarada Valdés, quien al frente de aquel puñado de corazones heroicos ofrecías el tuyo con el ímpetu, entusiasmo y energías que sabías poner en tus determinaciones.

Se salvó Granada de caer en las garras del marxismo judaico-masónico: pero tal esfuerzo de liberación llevó en sí el tributo de un mayor quebranto de tu salud.

Voluntad firme y decidida, inadaptable a toda actividad que no fuese la de tus hermanos en lucha, cuando aún tu salud no sabía del beneficio que la ciencia te prodigaba, vuelas en busca de los azares de la guerra para volver sellado en el pecho con la rosa de honor de tu herida, que buscó en su directriz a ese corazón que todo lo ofreció por su Dios y por su Patria.

Tu ofrecimiento, camarada Valdés, no fue inútil: dio sus frutos en días de incertidumbre y entregó la vida en los días del triunfo final.

Viviste para salvar a tu Patria y has muerto cuando la Patria ha sido salvada.

Que Dios recoja en su seno un alma tan grande y un corazón tan patriota.

Camarada José Valdés Guzmán: En el recuerdo de tus camaradas, siempre PRESENTE.

ANTONIO ROBLES

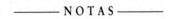 NOTAS

1. Texto publicado en *Ideal* (7 marzo 1939), p. 4.

APÉNDICE VIII

SE ANUNCIA LA FORMACIÓN DEL BATALLÓN MARIANA PINEDA
QUE TIENE COMO «MISIÓN FUNDAMENTAL INTERVENIR EN
EL CERCO Y TOMA DE GRANADA» Y LUEGO RESCATAR EL CADÁVER
DE «SU HIJO MÁS PRECLARO»[1]

Un llamamiento a los patriotas granadinos

Cuando el Sindicato de Autores y Compositores de España, organización afecta a la FEIEP, tuvo noticia del alevoso fusilamiento en su propia tierra del gran poeta granadino Federico García Lorca, determinó, bajo el estímulo de una gran indignación patriótica, auspiciar una milicia que tuviese por misión fundamental intervenir en el cerco y toma de Granada, y, una vez redimida del yugo tiránico, poner por obra otra reconquista: la del cadáver del poeta muerto de modo tan glorioso.

Este batallón fue designado en sus orígenes con el mismo nombre del inmolado: batallón García Lorca. Pero por aquellos días circuló un rumor, según el cual el poeta no había sido asesinado, sino que estaba oculto. Los facciosos, cuya incultura es el antecedente de su crueldad y de su salvajismo, ignoraban realmente la alta significación de García Lorca entre los valores intelectuales contemporáneos. Nuestro optimismo accedió fácilmente a los requerimientos de la esperanza. Pensamos además que cuanto hiciéramos para expresión de nuestra protesta y satisfacer la prisa de nuestra venganza y de sus glorificaciones podría, en el caso de que no hubiese muerto vilmente, provocar un movimiento en la ponzoña facciosa que tuviera por desenlace producir lo que, según las versiones recibidas, aún no se había producido. Entonces se determinó sustituir el nombre del batallón con otro que, recordando al poeta, no hiciese de él un banderín para las balas. Y así nació el llamado Mariana Pineda, granadina como el poeta, mártir de la libertad y víctima de los furores reaccionarios. García Lorca ha rendido en un drama el gran tributo de sus versos a la heroína que fue paisana suya. Su nombre, pues, significa en el fondo una magnífica evocación del nombre del poeta. Y así nació el atribuírselo al batallón inspirado por García Lorca, como un poema guerrero y vindicativo.

Cuando desplegamos nuestra bandera es deber nuestro alzar la voz, con los ojos clavados en el Sur, para gritar:

¡Granadinos! En el batallón Mariana Pineda tenéis un emplazamiento justo y obligado. Unas tristes noticias posteriores a los primeros optimismos confirman el asesinato del gran poeta. Alistándoos bajo la bandera de nuestro batallón combatiréis alentados y estimulados por la gloria de un hombre que, elevado a la categoría de símbolo de la libertad, expresa por eso mismo nuestros propios anhelos.

¡Granadinos! Vuestros cármenes están manchados por los crímenes de los facciosos y el agua de vuestras acequias está teñida de sangre leal. Es la de los inmolados a la traición. Vuestras mujeres tiemblan de espanto y vuestros hombres vibran de impaciencia. Uníos a nosotros, granadinos libres, para acudir a liberar a los que aún viven y a vengar a los que han muerto.[2]

¡Por la nueva reconquista de Granada! ¡Por tributo a la memoria de su hijo más preclaro! ¡Viva el batallón Mariana Pineda! –Madrid, 27 de septiembre de 1936–. *El comandante mayor.*

Alistamiento: cuartel de Maravillas, plaza del Dos de Mayo.

───── N O T A S ─────

1. Texto publicado en *Heraldo de Madrid* (30 septiembre 1936), p. 4.

2. Según Antonio Seco Otero, algunos de los componentes del batallón Mariana Pineda, «encuadrados en una compañía de "guerrilleros", consiguieron llegar a Granada y regresar. Fueron los que, en los primeros días de 1937, me quitaron la última esperanza» («Sobre la última *interview* de García Lorca», *La Torre. Revista General de la Universidad de Puerto Rico*, XII (octubre-diciembre 1964), pp. 55-63; la cita en p. 63.

──────────APÉNDICE IX──────────

MENTIRAS Y ODIO ANTISEMITAS
DE LOS NACIONALISTAS[1]

Cuando Israel manda

¿Contra quién estamos luchando los españoles? No es sólo contra nuestros compatriotas marxistas, ni contra la hez de las grandes ciudades europeas, fauna de puertos y arrabales fabriles, piojería de los *slums* y de los barrios malditos, ni contra la vasta y triste Rusia. O, mejor dicho, no es contra todo eso solamente. Empujando a esas hordas, alentándolas, dirigiéndolas, está el Comité Secreto Israelita que gobierna al pueblo judío distribuido por el mundo, obstinado ahora más que nunca en dominarlo. En realidad, España está guerreando contra la Judería universal, que ya es dueña de Rusia y que ahora pretendía apoderarse de nuestro país. Puesto que no puede lograrlo, va a dejarlo asolado y empobrecido. Y como es posible que a muchos parezca esto un tanto fantástico, algo así como una interpretación folletinesca del enorme drama que estamos viviendo, conviene que se fijen en ciertas coincidencias que, habrán de confesarlo, son, por lo menos, extrañas.

Hay, en primer término, muchos periódicos de gran circulación, de tipo aparentemente burgués, cuya actitud resulta sospechosa de parcialidad en favor de nuestras hordas rojas. No es que las elogien; eso, no. Lo que hacen es paliar sus crímenes, simular que no los creen por falta de pruebas, fingir que aquí todos somos más o menos igualmente bárbaros, llamar rebeldes a los patriotas españoles y leales a los que obedecen a Rossemberg[2], mantener mediante un juego tipográfico de titulares bien distribuidos la creencia de que nuestras victorias son dudosas y nuestro éxito final poco probable. Como por casualidad esos periódicos son propiedad clara o vergonzante de judíos. Es evidente que ahora ya están percibiendo dinero del que los bolcheviques han robado en España. Pero con anterioridad su actitud era idéntica, sin que razonablemente sea posible justificar que publicaciones de naciones civilizadas pudieran considerar de otro modo que con profundo horror una revolución que había comenzado por las hazañas de los profanadores de tumbas. Sin embargo, cuando nuestras tropas entraron en San Sebastián, encontraron, por ejemplo, en el despacho del gobernador rojo fugitivo, una carta confidencial del periódico inglés *News Chronicle*, de gran circulación entre las clases populares, en la que el director o editor de dicho periódico hacía saber al menguado funcionario bolchevique español que estaba a sus órdenes para relatar los éxitos del Gobierno rojo de Madrid. De esta carta mandé yo hacer copias fotográficas, que he enviado a todos los grandes periódicos del mundo para evidenciar el género de objetividad e imparcialidad de cierta Prensa británica. Pero es natural que si ya servía a los bolcheviques espontáneamente, ahora se le recompense en la forma generosa y discreta como esas cosas suelen hacerse.

Por casualidad también es un judío español –Fernando Ríos, y no de los Ríos, como el muy farsante suele firmar– el que trata de la colaboración en el aprovisionamiento de los rojos por parte del Gobierno de Francia, con otro pedazo de judío, León Blum, según se ha probado documentalmente. Judío Rossemberg, el jorobado siniestro que es ahora el verdadero dictador de España. Judía y bien empedernida y hedionda esa alimaña de Margarita Nelken, venida aquí de un *gheto* alemán, con el padre buhonero. Judío es Companys –descendiente de judíos conversos, y no hay más que verle la jeta para comprenderlo, sin necesidad de más exploraciones en su árbol genealógico. Judío es Indalecio Prieto, bien que lo ignore, porque –como decía el profesor Canseco– el cangrejo es un animal crustáceo, pero eso no lo sabe el cangrejo, sino el naturalista. Judío es –muy señor nuestro– el excelente doctor Marañón, y éste de sí mismo no lo desconoce. El número de judíos conscientes o no, pero de judíos de raza, con todas las cualidades buenas y malas de ese pueblo, con todos los apetitos y todas las aptitudes demoledoras y todos los instintos antipatrióticos y todas las indiferencias territoriales y todo el sentido de tribu presta a emigrar, llevándose las riquezas del país en que provisionalmente acampan, el número de esos judíos que han operado sobre España, no sólo en estos últimos cinco años, sino desde hace muchos más, disimulados con religión y nombres falsos, es enorme, y su historia está por hacer, aunque yo la haya esbozado en un libro añejo.

Pero hay otras coincidencias infinitamente más elocuentes. Una de ellas es el método con que se ha organizado el saqueo de todas nuestras riquezas muebles, susceptibles de tráfico mercantil: oro, joyas, tapices, obras de arte. Para llevarse los cuadros de Toledo compareció un judío húngaro, perito en esa materia. Todo se ha hecho con una previsión, con un orden, con un espíritu sistemático, que prueba la previsión de una organización gigantesca de mercaderes, inductora y beneficiaria del saqueo. A esta hora ya están prestos los juristas judíos internacionales para legitimar en cada caso ese modo de adquirir la propiedad, y con ella el derecho de enajenarla. Los banqueros judíos, en condiciones de hacer desaparecer el oro. Los chamarileros y los joyeros judíos, que han de vender y distribuir las alhajas y los tapices por el mundo. Los Museos rusos, es decir, en manos del Gobierno judío de Moscú, donde irán a parar los grandes lienzos del Prado, que nadie podría adquirir sin demasiada complicidad notoria con los ladrones.

Y hay más, y esto es definitivo: el furor iconoclasta que lleva a las hordas rojas a destruir las imágenes sagradas con verdadero ensañamiento. Al ateo, que lo es sinceramente, las imágenes de Cristo, la Virgen y los santos le parecen pueriles y le dejan indiferente. Para sentir esa furia vengativa es preciso estar animado de una especie de fanatismo religioso, opuesto al cristiano, de un afán rencoroso de talmudista o de rabino, largo tiempo reprimido, u obedecer las sugestiones del que lo sienta. Si se piensa que *el puño cerrado y en alto es un ademán ritual de la Sinagoga*, se comprenderá la conexión profunda que hay entre la inspiración bolchevique y la decapitación –que a primera vista parece estúpida– de las imágenes religiosos cristianas. El bruto que en Castilla, Extremadura o Andalucía corta la cabeza a los santos de madera, obedece la impulsión religiosa del Samuel o el Levy que en Londres, en París o en Nueva York, parece un perfecto hombre de mundo, cuyas únicas e inocentes distracciones de sus negocios consisten en las comidas rotarias.

JUAN PUJOL

——— N O T A S ———

1. Editorial de Juan Pujol publicado en *ABC*, Sevilla (20 diciembre 1936).
2. Es decir, a Marcel Rossemberg, embajador de la URSS en Madrid.

APÉNDICE X

OTRAS REFERENCIAS DE AUTORES ISLÁMICOS A AINADAMAR, LA MODERNA FUENTE GRANDE[1]

1) Ibn al-Jatīb (1313-1374). El más importante historiador islámico de Granada. Visir bajo Mahoma V y maestro del poeta Ibn Zamrak, cuyas odas cubren las paredes de la Alhambra, Ibn al-Jatīb poseía él mismo un palacio en Ainadamar. Vemos primero su descripción en prosa del lugar:[2]

En cuanto a la Fuente de las Lágrimas, ésta se inclina hacia la Fuente del Sur y se sitúa en las faldas del monte Alfacar. Tiene una gran abundancia de agua que se lleva por una acequia al lado del camino, y disfruta de una situación maravillosa con huertos deliciosos y jardines incomparables, un clima benigno y agua muy dulce, además de unas vistas panorámicas espléndidas. En un paisaje verdecido por mirtos se encuentran allí palacios bien protegidos, mezquitas donde acude multitud de gente y edificios altos y fortificados. Los ricos perezosos se han congregado allí a costa de los hombres eruditos y sabios que antes habitaban el lugar, y han invertido grandes caudales en sus propiedades. Los funcionarios de la Corte han competido unos con otros en comprar fincas, hasta el punto que el paraje ha llegado a tener fama mundial de encontrar la belleza allí una imagen tan perfecta de sí misma que Ainadamar se menciona frecuentemente en la poesía y su nombre se halla a menudo en labios de los elocuentes que viven allí o visitan el lugar.

Después de esta descripción elogiosa de Ainadamar, Ibn al-Jatīb reproduce versos de dos poemas suyos:

a) ¡Ay, Ainadamar, cuántas lágrimas vertidas como perlas durante nuestra amistad podrías restaurar! Cuando por la noche tus brisas soplan frías y húmedas, me agita una pasión ardiente por ti.
b) Si Ainadamar fuera un verdadero ojo,[3] entonces [...].[4]
No ha parado nunca de ser carrera para los caballos de la orgía y del placer, ni sus céspedes blandos de formar un pasto abundante.
[Es tan brillante que] las mismas Pléyades quisieran vivir allí; el Can quiere ensalzarlo [por su abundancia aun durante la canícula] y al-Mu" protegerlo.[5]

2) *El alfaquí Abū-l-Qāsim ibn Qūtīya.* Versos de tres poemas citados por Ibn al-Jatīb:

a) Pasé la noche en Ainadamar donde sus prados me festejaron y sus casas me colmaron de amor.

Cuando sopla el levante me trae el aroma [de Ainadamar] y evoca la fantasma de la amada perdida.

b) Era una noche de unión amorosa en Ainadamar cuando sus estrellas, entre todas las demás, presagiaban la buena fortuna y en la cual se podía contemplar la belleza que desplegaba su misterio y la larga sombra de las esperanzas sobre las montañas.

Allí pasamos la noche, y había flores en el jardín de las mejillas y mejillas entre las rosas del jardín, y nuestras manzanas eran rojas y nuestras granadas llenas entre los senos;

y una pasión ardiente y una bella mujer aprendieron de nuestros hígados[6] los límites y la extensión del amor.

c) Sin duda alguna, Ainadamar encanta los ojos de quien lo contempla, así que da libertad a tus ojos para gozar de su [?]...[7]

Y descansa allí, si deseas amar, pues en sus colinas pacen vacas agrestres;

y aprieta allí la mano del narciso en salutación, besando las mejillas de la amistad entre flores;

y paséalas [las vacas] libremente en los valles y en los montículos donde apagarán la sed de tus ideas.

Tal fuente es un vino madurado por el mismo Tiempo, así que no tengas miedo, al beber de ella, que a ti te abrumen los vaivenes de nuestros días.

Ella podría hablarte de Cósroes y hasta de Sasán, que vivió antes[8] e informarte de una viña mortal hecha inmortal.

Como ya dijimos al final de nuestro capítulo «Muerte en Fuente Grande», hoy día no quedan rastros visibles de las espléndidas residencias de verano edificadas por los moros de Granada alrededor de Ainadamar. Está en plena evolución moderna el paraje (chalets, piscina, hotel) y muchos granadinos vienen aquí a pasar los días de calor estival.

———— N O T A S ————

1. Nos complace expresar aquí nuestra profunda gratitud al distinguido arabista el doctor James Dickie, quien no sólo nos buscó y facilitó la información y los textos contenidos en este apéndice sino que preparó las traducciones de éstos al inglés y al castellano.

2. Todas las citas de este apéndice se toman de Ibn al-Jatīb, *al-Ihāta fī ajbar Garnāta [Historia de Granada],* edición de 'Abd 'Ala 'Inan, El Cairo, 1955, I, pp. 127-128.

3. «'Ayn significa a la vez ojo y manantial en árabe» (nota del doctor Dickie).

4. «Errores de los escribas hacen incomprensible este párrafo» (nota del doctor Dickie).

5. «Al-Mu" es una estrella o constelación y para identificarla habría que consultar los tratados astronómicos» (nota del doctor Dickie).

6. «Entre los árabes el hígado se considera como sede del amor» (nota del doctor Dickie).

7. Véase nota 4.

8. Sasán, que dio nombre a la dinastía *sasánida* del imperio neopersa fundado en 226. El imperio sasánida, del cual Cósroes I (531-597) fue el más poderoso rey, fue conquistado por los árabes en 637, menos de un siglo antes de su invasión de la Península Ibérica.

APÉNDICE XI

RAMÓN RUIZ ALONSO EN GALICIA EN 1937[1]

La estancia de Ruiz Alonso en Santiago

Procedente de Vigo llegó ayer domingo, a nuestra ciudad, el exdiputado obrero de Acción Popular y miembro de la Comisión de Prensa y Propaganda, don Ramón Ruiz Alonso. En la Jefatura Provincial fue recibido por las Juntas de Mando de la J.A.P. Femenina y Masculina, y significadas personas de esta ciudad.

Después de asistir a la misa dominical de la J.A.P., que se celebra a las doce en la iglesia conventual de San Francisco, presenció el desfile de las fuerzas japistas desde el balcón de la J.A.P. femenina. El público estacionado en la calle, al darse cuenta de la presencia del líder del obrerismo católico español, le hizo objeto de grandes muestras de simpatía, a las que contestó Ruiz Alonso con vivas a España y al General Franco.

A la una de la tarde, en el patio del cuartel de San Martín, le esperaban los «Cruces Negras», en donde, después de hacer resaltar la personalidad del Sr. Ruiz Alonso, el jefe provincial de las Milicias de la J.A.P. en el Consejo Nacional, don Ramón de Soto Lemus, pronunció una magnífica arenga patriótica, excitando a los japistas a obedecer ciegamente al mando militar.

A las dos de la tarde fue obsequiado en el Hotel Compostela con una comida íntima, a la que asistieron la Junta de Mando de la J.A.P. y significadas personas de esta ciudad. A las tres y media pronunció por Radio un magistral discurso, siendo unánimemente elogiado por todas las personas que cooperan al movimiento salvador de España. A su terminación se dirigió a la Basílica, en donde el Sr. Deán le enseñó todo cuanto de notable encierra.

A las cinco y media de la tarde se trasladó al local de la J.A.P. Femenina, donde después de visitar los Comedores de Asistencia social, se vio obligado a dirigir la palabra a los centenares de japistas allí reunidas.

A pesar de la lluvia torrencial y de no estar anunciada la hora de salida para La Coruña, se congregaron ante el Compostela centenares de personas, las que, al salir el señor Ruiz Alonso, le hicieron objeto de una cariñosísima despedida, dando vivas a España, al General Franco y al obrero honrado, Ruiz Alonso. La Junta de Mando de la J.A.P. y varias personalidades de esta ciudad acompañaron al Jefe Nacional de Reclutamiento de los «Cruces Negras» hasta La Coruña, en donde le esperaban los jefes de la J.A.P. y significadas personas de la ciudad hermana.

En el libro de la Capilla de las Reliquias, Ruiz Alonso estampó su firma y las siguientes frases:

«En Oriente amanece otro sol. ¡Adelante con fe en la victoria!»

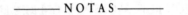

—————— N O T A S ——————

1. *Faro de Vigo* (20 abril 1937), p. 2. Nuestro sincero agradecimiento a José Landeira Yrago, que tuvo la amabilidad de mandarnos una copia de este artículo.

BIBLIOGRAFÍA

1. Obras de Federico García Lorca

Todas las referencias a las obras y entrevistas del poeta se toman de *Obras completas*, 2 vols., Aguilar, Madrid, 20.ª edición, 1977.[8] Sigla: *OC.*

2. Principales libros y artículos consultados en conexión con las ideas y actitud política de García Lorca

Agustí, Ignacio, *Ganas de hablar*, Planeta, Barcelona, 1974. Alonso, Dámaso, *Poetas españoles contemporáneos*, Gredos, Madrid, 1978[3].

Cano, José Luis, [«Desde Madrid, José Luis Cano nos envía este artículo en que recuerda los 25 años de la muerte de Federico García Lorca. En él demuestra que el poeta nunca fue neutral en política, aunque, tampoco, hombre de partido. Días antes de su fusilamiento, afirmó: "Yo nunca seré político. Soy revolucionario, porque no hay verdadero poeta que no sea revolucionario"»], *Gaceta del Fondo de Cultura Económica*, México, VIII, n.º 84 (agosto 1961).
–, «Últimos meses de Federico García Lorca», *Asomante*, Puerto Rico, XVIII (1962), pp. 88-93.
Laffranque, Marie, *Les idées esthétiques de Federico García Lorca*, Centre de Recherches Hispaniques, París, 1967.
–, «Bases cronológicas para el estudio de Federico García Lorca», en *Federico García Lorca*, edición de Ildefonso-Manuel Gil, Taurus (El Escritor y la Crítica), Madrid, 1973, pp. 411-459.
Laffranque, Marie, «Puertas abiertas y cerradas en la poesía y el teatro de García Lorca», en *Federico García Lorca*, edición de Ildefonso-Manuel Gil, pp. 249-269.
–, *Lorca*, Seghers (Théâtre de Tous les Temps), París, 1966.
–, «Lorca et la guerre d'Espagne», en *Les écrivains et la guerre d'Espagne*, Pantheon Press (Les Dossiers H), París, 1975, pp. 125-136.

Lechner, J., *El compromiso en la poesía española del siglo* XX, 2. vols., Universidad de Leyden, 1968.

Olmos García Francisco, «"Yerma" o la lucha de la mujer española», *Tiempo de Historia*, Madrid, n.º 29 (abril 1977), pp. 80-89.

Rodrigo, Antonina, *García Lorca en Cataluña*, Planeta, Barcelona, 1975.

Torre, Guillermo de, *Tríptico del sacrificio. Unamuno, García Lorca, Machado*, Losada, Buenos Aires, 1960².

3. Principales fuentes utilizadas en conexión con la República y la guerra civil

Barrios, Manuel *El último virrey*, Barcelona, Argos-Vergara, 1978.

Borrás, Tomás, *Ramiro Ledesma Ramos*, Editora Nacional, Madrid, 1971.

Brenan, Gerald, *El laberinto español*, Ruedo Ibérico, Barcelona, 1978.

Cruzada: Historia de la cruzada española, director literario, Joaquín Arrarás, vol. III, tomo XI, Ediciones Españolas, Madrid, 1941.

Gil Robles, José María, *No fue posible la paz*, Planeta, Barcelona, 1978.

Gollonet y Megías, Angel, y Morales López, José, *Rojo y azul en Granada*, Prieto, Granada, 1937.

Jackson, Gabriel, *La República española y la guerra civil*, Crítica, Barcelona, 1978.

Lanzas, Roberto [seudónimo de Ramiro Ledesma Ramos], *¿Fascismo en España? (Sus orígenes, su desarrollo, sus hombres)*, Ediciones de La Conquista del Estado, Talleres gráficos de Ernesto Giménez, Madrid, 1935.

Ortiz de Villajos, Cándido G., *Crónica de Granada en 1937. II Año Triunfal*, Granada, 1938.

Payne, Stanley G., *Falange: A History of Spanish Fascism*, Oxford University Press, Londres, 1962.

Preston, Paul, *La destrucción de la democracia en España. Reacción, reforma y revolución en la Segunda República*, Turner, Madrid, 1978.

Ruiz Alonso, Ramón, *Corporativismo*, Salamanca, 1937.

Salaya, Guillén, «Aquellos muchachos de las JONS», *Arriba*, Madrid (21 octubre 1939), p. 3.

Sánchez Diana, José María, *Ramiro Ledesma Ramos. Biografía política*, Editora Nacional, Madrid, 1975.

Southworth, Herbert Rutledge, *Le mythe de la croisade de Franco*, Ruedo Ibérico, París, 1964.

–, «The Falange: An Analysis of Spain's Fascist Heritage», en *Spain in Crisis. The Evolution and Decline of the Franco Regime*, edición de Paul Preston, The Harvester Press, Hassocks, Sussex, Inglaterra, 1976, páginas 1-22.

Thomas, Hugh, *La guerra civil española*, 2 vols., Grijalbo, Barcelona-Buenos Aires-México, D. F., 1978.

Tusell, Javier, *Las elecciones del Frente Popular*, 2 vols., Cuadernos para el Diálogo, Madrid, 1971.

4. *Fuentes impresas contemporáneas sobre el cerco y represión de Granada, ordenadas cronológicamente*

1936

«Cinco mil kilos de bombas sobre Granada», *Claridad*, Madrid (11 agosto), pp. 1, 5.

Davidson, D. A., and Neville, Robert, «Granada's Ordeal under White Terror», *Chicago Daily Tribune* (17 agosto), p. 2.

Allen, Jay, «White Terror Grips Granada; Draw Lots to Name Victims», *Chicago Daily Tribune* (18 agosto), p. 2.

Neville, Robert, «Mass Executions and Air Raids in Spain Related in Neville Diary. Granada Incidents of Civil War Are Described by *Herald Tribune* Bridge Editor; Victims of Firing Squad Hauled Alive to Cemetery», *New York Herald Tribune* (30 agosto), páginas 1 y 6.

«Llegan a Iznalloz muchos evadidos de Granada y pueblos en que los traidores fusilan a mujeres y niños», *La Voz*, Madrid (2 septiembre), p. 4.

«Mientras se estrecha el cerco sobre Granada», *ABC*, Madrid (3 septiembre), p. 7.

«Ante el próximo avance sobre Granada», *ABC*, Madrid (9 septiembre), p. 12.

Vidal, Antonio, «Desde Guadix, Cuartel General del frente de Granada. Los fascistas emplean en Granada procedimientos criminales...», *Solidaridad Obrera*, Barcelona (11 septiembre), p. 2.

«¡Criminales! En Granada, por cada bomba que arrojan nuestros aviones, son fusilados diez hombres de izquierda», *Solidaridad Obrera*, Barcelona (16 septiembre), p. 15.

«Los facciosos han fusilado a los masones de Granada después de hacerles cavar sus tumbas», *La Voz*, Madrid (22 septiembre), p. 2.

«En Granada han sido fusilados todos los masones», *ABC*, Madrid (23 septiembre), p. 9.

«Los grandes crímenes del fascismo en Granada. En Granada son asesinados catedráticos, médicos, abogados y centenares de trabajadores, sin formación de causa. Interesante relato de dos testigos presenciales huidos hace pocos días de la capital», *Solidaridad Obrera*, Barcelona (29 septiembre), p. 4.

«Granada bajo el terror. Los sicarios fascistas han perpetrado más de cinco mil asesinatos. Las mujeres, víctimas preferidas de sus ensañamientos», *Claridad*, Madrid (14 octubre), p. 4.

«El terror blanco. Los fascistas granadinos ejecutan a numerosos niños», *Heraldo de Madrid* (25 octubre), p. 4.

«El terror fascista. En Granada han sido fusiladas muchas personas», *La Libertad*, Madrid (26 octubre), p. 2.

«En los frentes de Andalucía. Más de mil cuatrocientos antifascistas fusilados en Granada», *ABC*, Madrid (10 noviembre), p. 10.

«En la Granada infernal de los fascistas. Ochenta y noventa fusilamientos diarios, martirios, envenenamientos, violaciones... Allí se ha dado cita toda la crueldad de una guerra emprendida contra un pueblo», *Claridad*, Madrid (10 noviembre), p. 7.

«Nuevo acto de cruel salvajismo en Granada», *ABC*, Madrid (19 diciembre), p. 4.

1937

Nicholson, Helen (Baroness de Zglinitzki), *Death in the Morning*, Loval Dickson, Londres.

5. *Referencias de prensa, artículos y libros consultados en conexión con la muerte de García Lorca y la siguiente polémica. Ordenados cronológicamente*

1936

«¿Ha sido asesinado García Lorca?», *El Diario de Albacete* (30 agosto), p. 1.

«Por orden de Cascajo. Se dice que García Lorca ha sido asesinado en Córdoba», *Informaciones*, Madrid (31 agosto), p. 6.

«¿Han asesinado a García Lorca?», *ABC*, Madrid (1 septiembre), p. 16.

«Una noticia increíble. Federico García Lorca», *La Voz*, Madrid (1 septiembre), p. 2.

«¿Ha sido fusilado el gran poeta García Lorca?», *Heraldo de Madrid* (1 septiembre), p. 3.

«¿Pero será posible? ¿Federico García Lorca, el inmenso poeta, asesinado por los facciosos?», *El Liberal*, Madrid, (2 septiembre), p. 3.

«Los fascistas han fusilado a Federico García Lorca», *Solidaridad Obrera*, Barcelona (5 septiembre), p. 2.

Escarlata, Gil de, «En el frente de Guadix. Se confirma la muerte del gran poeta Federico García Lorca, a manos de los fascistas», *El Liberal*, Murcia (5 septiembre), página 3.

Gil Belmonte, L., «En el frente de Guadix. Un amigo del conocido socialista granadino señor Fernández-Montesinos, asesinado vilmente por los traidores, afirma que también han dado muerte los facciosos al gran poeta de fama universal Federico García Lorca», *Heraldo de Madrid* (8 septiembre), p. 5.

Rivera, Carlos, «Tres golpes de sangre tuvo... García Lorca», *Informaciones*, Madrid (8 septiembre), p. 3.

«Se confirma el asesinato de Federico García Lorca», *El Sindicalista*, Madrid (8 septiembre), p. 4.

«Se confirma el asesinato de Federico García Lorca», *ABC*, Madrid (8 septiembre), p. 9.

«La barbarie. Se ha confirmado la ejecución del gran poeta García Lorca», *La Voz*, Madrid (8 septiembre), p. 1.

«Sobre el supuesto asesinato de Federico García Lorca», *El Sol*, Madrid (9 septiembre), p. 1.

«Se confirma el asesinato de García Lorca por los fascistas», *La Batalla*, Barcelona (9 septiembre), p. 5.

«Suma de la barbarie. El sacrificio, por los pretorianos, de un poeta del pueblo», *El Socialista*, Madrid (9 septiembre), p. 1.

«La ejecutoria de los bárbaros. Al asesinar a García Lorca pretendían matar al pensamento», *Mundo Obrero*, Madrid (9 septiembre), p. 1.

«Vuelve a asegurarse que el gran poeta García Lorca fue asesinado por los traidores», *El Liberal*, Madrid (9 septiembre), p. 1.

«¿Ha sido fusilado por los traidores el gran poeta popular Federico García Lorca?», *Milicia Popular*, Madrid (9 septiembre), p. 3.

«El vil asesinato de García Lorca. Se confirma el monstruoso crimen», *El Liberal*, Madrid (10 septiembre), p. 3.

«Se ha confirmado que los generales analfabetos han asesinado al gran poeta García Lorca», *La Batalla*, Barcelona (10 septiembre), p. 8.

«Sobre el asesinato de García Lorca», *ABC*, Madrid (10 septiembre), p. 9.

«La Barraca y el asesinato de García Lorca», *ABC*, Madrid (10 septiembre), p. 14.

«Duelo por la muerte de Federico García Lorca. Una nota de la "Barraca"», *La Voz*, Madrid (10 septiembre), página 3.

«Ante la noticia del asesinato de García Lorca. Un comunicado de la Asociación de Amigos de la Unión Soviética», *Heraldo de Madrid* (10 septiembre) p. 6.

«Emisoras intervenidas por los rojos», *La Provincia*, Huelva (10 septiembre), p. 2.

«Ya se matan entre ellos. ¿Ha sido asesinado Federico García Lorca?», *Odiel*, Huelva (10 septiembre), p. 1.

Rodríguez Espinosa, Antonio, «Sobre el monstruoso asesinato de Federico García Lorca. ¡Qué infamia!», *El Liberal*, Madrid (11 septiembre), p. 3.

Endérez, Ezequiel, «La máscara y el rostro. Hay que identificar los cadáveres "ilustres"», *Solidaridad Obrera*, Barcelona (11 septiembre), p. 2.

«A propósito de una ofensa a la memoria de García Lorca» [se refiere al artículo precedente], *La Batalla*, Barcelona, (12 septiembre), p. 6.

Referencia a la muerte del poeta en *The Times*, Londres (12 septiembre), p. 11, col. 1.

«La protesta de los autores por el asesinato de García Lorca», *El Liberal*, Madrid (12 septiembre), p. 6.

«Dolor por la muerte de García Lorca», *ABC*, Madrid (13 septiembre), p. 11.

«El festival de homenaje a García Lorca», *La Batalla*, Barcelona (13 septiembre), p. 6.

«Condenación de los autores españoles por el asesinato de García Lorca», *El Liberal*, Madrid (13 septiembre), página 5.

«El bárbaro asesinato de García Lorca. Se formará una Milicia de escritores y artistas que asistirá a la toma de Granada para rescatar su cadáver. Numerosos testimonios de protesta», *Hoja Oficial del Lunes*, Madrid (13 septiembre), p. 2.

Referencia a la muerte del poeta en *The Times*, Londres (14 septiembre), p. 12, col. 4.

«Puerto Rico y su protesta por la muerte de García Lorca», *ABC*, Madrid (15 septiembre), p. 14.

Castrovido, Roberto, «El poeta de *Mariana Pineda*», *El Liberal*, Madrid (16 septiembre), p. 4.

Ferragut, Juan, «El fusilamiento de un gran poeta del pueblo. Federico García Lorca», *Mundo Obrero*, Madrid (16 septiembre), p. 11.

«En Barcelona ha sido fusilado el poeta Federico García Lorca», *El Diario de Huelva* (19 septiembre), p. 10.

«García Lorca ha sido fusilado», *Diario de Burgos* (19 septiembre).

«En Barcelona. Federico García Lorca, fusilado. Otros fusilamientos», *La Provincia*, Huelva (19 septiembre), página 2.

«Nuestro homenaje a García Lorca», *¡Ayuda!*, Madrid (19 septiembre), p. 1.

«Jacinto Benavente hace constar su protesta por el asesinato de García Lorca», *El Sindicalista*, Madrid (19 septiembre), p. 1.

«Jacinto Benavente hace constar su protesta por el asesinato de García Lorca», *El Liberal*, Madrid (20 septiembre), p. 5.

«El poeta García Lorca fusilado con los obreros», *El Castellano*, Burgos (21 septiembre).

«Rivas Cherif tiene la impresión de que no ha muerto García Lorca», *Heraldo de Madrid* (21 septiembre), p. 5.

Referencia a la muerte del poeta en *The Times*, Londres (23 septiembre), p. 12, col. 5.

«La traición a Federico García Lorca. Fue delatado por la criada de la casa donde se refugiaba», *El Liberal*, Murcia, (25 septiembre), p. 4.

Villa, Antonio de la, «Un evadido de Granada cuenta el fusilamiento de García Lorca», *Estampa*, Madrid (26 septiembre).

Sánchez del Arco, M., «Detención del duque de Canalejas. Benavente. García Lorca», *ABC*, Sevilla (27 septiembre), p. 4.

«Honremos la memoria de Federico García Lorca», *Hoja Oficial del Lunes*, Madrid (27 septiembre), p. 6.

«La Alianza de Intelectuales celebra un gran acto de afirmación cultural antifascista. José Bergamín no cree en la muerte de García Lorca, pero sí en el... fusilamiento de Unamuno», *Heraldo de Madrid* (28 septiembre), página 5.

«El fusilamiento del poeta García Lorca», *El Día*, Alicante (29 septiembre), p. 4.

Castrovido, Roberto, «Dulce esperanza: ¿Vive el poeta García Lorca?», *El Liberal*, Madrid (29 septiembre), páginas 1 y 2.

«Un importante documento sobre la insurrección. El Colegio de Abogados de

Madrid expone los casos de barbarie fascista que se han registrado en las poblaciones ocupadas por los facciosos», *Heraldo de Madrid* (30 septiembre), p. 5.

«Un llamamiento a los patriotas granadinos» [para la formación del batallón Mariana Pineda], *Heraldo de Madrid* (30 septiembre), p. 4.

«Detalles del asesinato de García Lorca. La odisea de un evadido de Granada», *ABC*, Madrid (1 octubre), p. 9.

«La barbarie fascista. Un evadido de Granada confirma el fusilamiento del poeta García Lorca», *La Libertad*, Madrid (2 octubre), p. 2.

«Nuevos detalles del fusilamiento de García Lorca», *El Sol* Madrid (2 octubre), p. 3.

«El presidente de la FUE de Granada confirma el fusilamiento de García Lorca», *Claridad*, Madrid (2 octubre), p. 2.

«Un evadido de Granada confirma el asesinato por los fascistas del gran poeta García Lorca», *Heraldo de Madrid* (2 octubre), p. 3.

«Un grupo escolar llevará el nombre de García Lorca», *ABC*, Madrid (3 octubre), p. 12.

«La subversión de Granada. El relato de un evadido de la capital andaluza confirma el asesinato de Federico García Lorca», *Hoja Oficial del Lunes*, Madrid (4 octubre), p. 6.

«El batallón Mariana Pineda hace un llamamiento a los patriotas granadinos», *Ibídem*.

Referencia a la muerte del poeta en *The Times*, Londres (5 octubre), p. 11, col. 4.

«Un mitin del Socorro Rojo Internacional» [Isidoro Acevedo, del SRI, se refiere a la muerte de Lorca], *Heraldo de Madrid* (5 octubre), p. 2.

«Después del crimen. Wells pregunta por García Lorca, y el gobernador militar rebelde de Granada contesta que ignora su paradero», *La Libertad*, Madrid (14 octubre), p. 1.

«Una gestión de Wells. El gobernador faccioso de Granada dice que ignora el paradero de García Lorca», *El Sol*, Madrid (14 octubre), p. 1.

«La muerte de Federico García Lorca. El insigne Wells pide noticias de nuestro gran poeta nacional», *La Libertad*, Madrid (15 octubre), p. 6.

«Ante el asesinato del gran poeta español Federico García Lorca», *El Sol*, Madrid (15 octubre), p. 4,

Machado, Antonio, «El crimen fue en Granada: a Federico García Lorca», *¡Ayuda!*, Madrid (17 octubre), p. 3. La famosa elegía se reprodujo en muchos periódicos y revistas de la zona republicana.

Trend, J. B. [«Federico García Lorca»], carta sobre la muerte del poeta, *Times Literary Supplement*, Londres (17 octubre), p. 839.

«Un grupo de intelectuales argentinos protesta por el asesinato de García Lorca en Granada», *Heraldo de Madrid* (30 octubre), p. 4.

Torres Rioseco, A. «El asesinato de García Lorca», *Repertorio Americano*, San José de Costa Rica (7 noviembre), pp. 268-269.

1937

Hurtado Álvarez, Luis «A la España Imperial le han asesinado su mejor poeta», *Unidad*, San Sebastián (11 marzo), p. 1. Reimpreso en *Antorcha*, Antequera (28 marzo), p. 4, y *La Falange*, Segovia (2 abril).

Machado, Antonio, «Carta a David Vigodsky», *Hora de España*, Valencia, n.º 4 (abril), pp. 5-10.

Merry del Val, The Marquis de, «Spain: Six of One and Half a Dozen of the Other», *The Nineteenth Century*, Londres (mayo), pp. 355-371.

Quintanar, Marqués de, «Los inocentes poetas», *ABC*, Sevilla (27 mayo), pp. 3-4.

S. B. [Sánchez Barbudo], «La muerte de García Lorca comentada por sus asesinos», *Hora de España*, Valencia, n.º 5 (mayo), pp. 71-72. Una crítica del artículo de Hurtado Mendoza, véase arriba.

Ríos, Fernando de los, Referencia a la muerte del poeta en una conferencia reproducida por *Hora de España*, Valencia, n.º 8 (agosto), pp. 25-29.

El Bachiller Alcañices, «*ABC* en Chile. Puerta Cerrada», *ABC*, Sevilla (31 agosto), p. 4.

Vidal Corella, Vicente, «"El crimen fue en Granada." "Yo he visto asesinar a García Lorca..." "Federico fue cazado a tiros por la Guardia Civil cuando defendía, antes de morir, la verdad de nuestra lucha" relata un testigo de aquel crimen», *Adelante*, Valencia (15 septiembre), p. 1.

«Un testigo presencial relata cómo asesinaron los facciosos al inmortal García Lorca. "Se levantó, sangrando... Con ojos terribles miró a todos, que retrocedieron espantados"», *ABC*, Madrid (17 septiembre), p. 7.

«El asesinato de García Lorca. "Allí quedó el poeta insepulto, frente a su Granada." Relato de un testigo presencial», *Claridad*, Madrid, (17 septiembre), p. 4.

«Como su amigo el Camborio. Pasión y muerte de Federico García Lorca», *Solidaridad Obrera*, Barcelona (21 septiembre), p. 6.

Ríos, Fernando de los, «Fusilaron a F. García Lorca porque él representaba el pensamientos español...», discurso pronunciado en el homenaje a Lorca organizado por la Sociedad Hispana de Nueva York, *La Prensa*, Nueva York (11 octubre).

Sáenz Hayes, Ricardo, «Para *La Prensa* hizo el general Franco importantes declaraciones», *La Prensa*, Buenos Aires (26 noviembre).

Sáenz, Vicente, «Consideraciones sobre civilización occidental a propósito de Federico García Lorca», *Repertorio Americano*, San José de Costa Rica (18 diciembre), pp. 353-357.

1938

El Bachiller Alcañices, «*ABC* en Chile. Destruccion de la mentira», *ABC*, Sevilla (6 enero).

González Carbalho, José, *Vida, obra y muerte de Federico García Lorca (escrita para ser leída en un acto recordatorio)*, Ercilla, Santiago de Chile.

«García Lorca fue muerto por miembros del partido "Acción Católica"», *La Prensa*, Nueva York (27 julio).

1939

Campbell, Roy, *Flowering Rifle: A Poem from the Battlefield of Spain*, Longmans, Green and Company, Londres.

Martínez Nadal, Rafael, Introducción a *Poems*. F. *García Lorca*, con traducciones inglesas de Stephen Spender y J. L. Gili, Dolphin, Londres.

Rubia Barcia, J., «Cómo murió García Lorca», *Nuestra España*, La Habana, n.° 2; reproducido en *España Libre*, Brooklyn (1 marzo 1940), p. 2.

1940

Bergamín, José, Introducción al *Poeta en Nueva York* de Lorca, Séneca, México, y W. W. Norton, Nueva York.

Crow, John A., «The Death of García Lorca», *Modern Language Forum*, Los Ángeles, XXV, pp. 177-187.

1941

Río, Angel del, *Federico García Lorca. Vida y obra*, Hispanic Institute in the United States, Nueva York, páginas 23-24.

1947

Otero Seco, Antonio, «Así murió Federico García Lorca», *Iberia*, Burdeos, V (mayo), pp. 8-10.

Camacho Montoya, Guillermo, «Por qué y cómo murió García Lorca», *El Siglo*, Bogotá (15 noviembre).

1948

Chávez Camacho, Armando, «La verdad sobre España», *El Universal Gráfico*, México (2 enero).

Serrano Suñer, Ramón [«Sobre la muerte del poeta García Lorca»], carta a Armando Chávez Camacho (véase arriba), *El Universal Gráfico*, México (3 mayo).

Chávez Camacho, Armando, *Misión de prensa en España*, Jus, México, pp. 372-374; reproduce los dos artículos precedentes.

Pemán, José María, «García Lorca», *ABC*, Madrid (5 diciembre).

1950

Brenan, Gerald, «Granada», capítulo 6 de *The Face of Spain*, The Turnstile Press, Londres, pp. 122-148.

–, «Dolor de España. En busca de la tumba del poeta», *El Socialista*, París (5 octubre); traducción del capítulo 6 de *The Face of Spain*.

1951

Brenan, Gerald, «La vérité sur la mort de Lorca», *Les Nouvelles Littéraires*, parís (31 mayo); traducción del capítulo 6 de *The Face of Spain*.

Couffon, Claude, «Ce que fut la mort de Federico García Lorca», *Le Figaro Littéraire*, París, n.° 278 (18 agosto), p. 5.

1953

Couffon, Claude, *El crimen fue en Granada*, Universidad de Quito, Ecuador; una versión ampliada del artículo de Couffon publicado en *Le Figaro Littéraire*.

García Serrano, Rafael, *Bailando hacia la Cruz del Sur*, Gráficas Cíes, Madrid, pp. 330-331.

1954

Dalí, Salvador, «La morte di García Lorca», *Il Popolo* (1 julio), p. 3.

1956

«La mort de Lorca», *L'Express*, París (24 agosto), p. 17; publicación, por vez primera, de algunas frases de la partida de defunción de Lorca.

Vega, Esteban, «Federico García Lorca en el XX aniversario de su muerte», *Novedades*, México (16 septiembre).

Schonberg, Jean-Louis [seudónimo de Louis Stinglhamber-Schonberg], «Enfin, la vérité sur la mort de Lorca! Un assassinat, certes, mais dont la politique n'a pas été le mobile», *Le Figaro Littéraire*, París, n.° 545 (29 septiembre).

Schonberg, Jean-Louis, y Couffon, Claude, [«Enfin, la vérité sur la mort de Lorca: une lettre de M. Claude Couffon et la réponse de M. J.-L. Schonberg»], *Le Figaro Littéraire*, París (13 octubre), pp. 1, 5-6.

«*Le Figaro Littéraire* confiesa: "¡En fin, la verdad sobre la muerte de García Lorca!" "No fue la política el móvil"», *La Estafeta Literaria*, Madrid (13 octubre), p. 1.

Chabrol, Jean-Pierre, «Grenade a retrouvé les assassins de Lorca», *Les Lettres Françaises*, París (18 octubre).

Ridruejo, Dionisio, Carta en la cual protesta ante el ministro de Información y Turismo, Gabriel Arias Salgado, por el artículo de Schonberg publicado en *La Estafeta Literaria* (véase arriba), 22 de octubre; reproducido por Vázquez Ocaña (véase abajo), pp. 381-382.

Schonberg, Jean-Louis, «Víznar», capítulo 6 de *Federico García Lorca. L'homme-L'œuvre*, Plon, París, páginas 101-122: contiene el mismo texto que se publicó en *Le Figaro Littérarie* (véase arriba).

M. A., «A morte de García Lorca», *Brotéria*, Lisboa (noviembre), pp. 480-481.

1957

Rivas Cherif, Cipriano, «Poesía y drama del gran Federico. La muerte y la pasión de García Lorca», *Excelsior*, México (6, 13 y 27 enero): en los dos primeros artículos se reproduce una conversación entre Rivas Cherif y Luis Rosales en la cual éste da su versión de cómo murió García Lorca.

Vázquez Ocaña, Fernando, «La muerte fue en Granada, en su Granada», capítulo XV de *García Lorca. Vida, cántico y muerte*, Grijalbo, México, pp. 364-389.

1958

Albe [R. Joostens], *Andalusisch Dagboek*, Drukkerij-Uitgeverij Brems, Herk-de-Stad, Bélgica, s. f. (casi seguramente de 1958): el autor habló con Miguel y Luis Rosales y con su tía, Luisa Camacho.

Mora Guarnido, José, «La muerte en la madrugada» y «Los perros en el cementerio», capítulos XVI y XVIII de *Federico García Lorca y su mundo. Testimonio para una biografía*, Losada, Buenos Aires, pp. 196-208 y 216-238.

Morla Lynch, Carlos, *En España con Federico García Lorca (Páginas de un diario íntimo. 1928-1936)*, Aguilar, Madrid, pp. 491-498.

1959

Cobelli, Enzo, *García Lorca*, 2.ª edición, Editrice La Gonzaghiana, Mantua, pp. 64-81.

León, María Teresa, «Doña Vicenta y su hijo», *El Nacional*, Caracas (14 mayo).

Schonberg, Jean-Louis, *Federico García Lorca. El hombre. La obra*, Compañía General de Ediciones, México: añade algunos detalles a la edición original francesa.

1960

Pierini, Franco, «Incontro a Spoleto con la sorella di Federico. Quella notte a Granada. Conchita García Lorca ha raccontato per la prima volta ciò che avvenne quando alla famiglia vennero a dire: "lo hanno portato via"», *L'Europeo* (17 julio), pp. 74-76.

Porro, Alessandro, «Las últimas horas de García Lorca» [entrevista con Concha García Lorca], *El Tiempo*, Bogotá (4 diciembre).

1961

«Dramma in Andalucia: Ecco la morte di Garcia Lorca», *Epoca*, Milán (2 julio), pp. 34-39.

Lorenz, Günter, *Federico García Lorca*, Stahlberg, Karlsruhe, pp. 133-168.

Thomas, Hugh, *The Spanish Civil War*, Eyre and Spottiswoode, Londres, pp. 169-170.

1962

Couffon, Claude, «Le crime a eu lieu à Grenade...», *À Grenade, sur les pas de García Lorca*, Seghers, París, pp. 59-123; la versión definitiva del trabajo de Couffon.

Belamich, André, «Sur la mort de Lorca et ses causes», *Lorca*, Gallimard, París, pp. 254-258.

1963

Martínez Nadal, Rafael, «El último día de Federico García Lorca en Madrid», *Residencia. Revista de la Residencia de Estudiantes*, México, número conmemorativo, diciembre, pp. 58-61.

1964

Southworth, Herbert R., «Campbell et García Lorca», *Le mythe de la croisade de Franco*, Ruedo Ibérico, París, pp. 119-122 y notas.

Saint-Paulien, «Sur la vie et la mort de Federico García Lorca», *Cahiers des Amis de Robert Brasillach*, Lausanne, n.º 10 (navidad), pp. 7-10: este artículo se reprodujo, titulado «"Comparer la mort de García Lorca à celle de Brasillach constitue un blasphème" (Saint-Paulien)», en *Rivarol*, París (14 enero 1965).

1965

«Nuestro entrañable Federico García Lorca, el poeta en Nueva York...», *La Estafeta Literaria*, Madrid, n.º 314 (27 marzo), p. 36.

García Serrano, Rafael, «Nota para Mme. Auclair», *ABC*, Madrid (7 mayo).

1966

Celaya, Gabriel, «Un recuerdo de Federico García Lorca», *Realidad. Revista de Cultura y Política*, Roma, n.º 9 (abril).

Rodríguez Espinosa, Antonio, «Souvenirs d'un vieil ami», fragmentos de las memorias inéditas del primer maestro de García Lorca, traducidos por Marie Laffranque y publicados en su *Federico García Lorca*, Seghers (Théâtre de Tous les Temps), París, pp. 107-110.

Laffranque, Marie, «Lorca, treinta años después, 1936-1966», *Le Socialiste*, París (19 agosto).

Crónica de la guerra española. No apta para irreconciliables, Editorial Codex, Buenos Aires, n.º 10 (octubre), pp. 222-225, 227, 237-238.

Neville, Edgar, «La obra de Federico, bien nacional», *ABC*, Madrid (6 noviembre), p. 2.

Schonberg, Jean-Louis, *À la recherche de Lorca*, À la Baconnière, Neuchâtel; refundición de la edición original francesa.

Giménez Caballero, Ernesto, «Conmemoración de García Lorca en el Paraguay», *La Tribuna*, Asunción, Paraguay (4 diciembre).

1967

Payne, Stanley, *Politics and the Military in Modern Spain*, Stanford University Press and Oxford, pp. 416-417 y notas, pp. 526-527.

Couffon, Claude, «El crimen fue en Granada», *Granada y García Lorca*, traducido por Bernardo Kordon, Losada, Buenos Aires, pp. 77-132; traducción de la versión definitiva del trabajo de Couffon, *À Grenade, sur les pas de García Lorca*, 1962.

1968
Auclair, Marcelle, *Enfances et mort de García Lorca*, Seuil, París.

1970
León, María Teresa, *Memoria de la melancolía*, Losada, Buenos Aires, pp. 198-200.

1971
Gibson, Ian, *La represión nacionalista de Granada en 1936 y la muerte de Federico García Lorca*, Ruedo Ibérico, París.

García Lorca, Francisco, Entrevista con Max Aub sobre la muerte de su hermano, reproducida con inexactitudes por Aub en *La gallina ciega*, Joaquín Mortiz, México, pp. 243-246.

1972
Rosales, Luis, Entrevista con René Arteaga, titulada «Eran 50 o 60 "patriotas" los que fueron por García Lorca», *Excelsior*, México (13 enero).

Apostúa, Luis, «Jornada española», *Ya*, Madrid (24 marzo), p. 5.

Gibello, Antonio, «García Lorca y Luis Apostúa», *El Alcázar*, Madrid (24 marzo), p. 2.

«¿Qué pretenden?», *Arriba*, Madrid (25 marzo), p. 3.

Apostúa, Luis, «Jornada española», *Ya*, Madrid (25 marzo), p. 5.

«Esto pretendemos», *Ya*, Madrid (26 marzo).

Gibello, Antonio, «La verdad ocultada», *El Alcázar*, Madrid (27 marzo), p. 3,

Romero, Emilio, «La guinda», *Pueblo*, Madrid (27 marzo).

Rosales, Luis, «Carta de Luis Rosales», *ABC*, Madrid (29 marzo), p. 14.

Gibson, Ian, «The Murder of a Genius», *The Guardian*, Londres (17 abril), p. 8.

Granell, E. F., «Lorca, víctima marcada por la Falange», *España Libre*, Nueva York (marzo-abril).

Vila-San-Juan, José Luis, «¿Quién mató a Federico García Lorca?», capítulo 6 de *¿Así fue? Enigmas de la guerra civil española*, Nauta, Barcelona, 1971, aparecido en abril de 1972, pp. 104-118; el capítulo fue reproducido en *Sábado Gráfico*, Madrid, n.º 790 (22 julio 1972), pp. 67-71.

Rosales, Luis, Entrevista con Manolo Alcalá titulada «Luis Rosales recuerda los últimos días de Federico García Lorca», *Informaciones*, Madrid (17 agosto), pp. 12-13.

–, Entrevista con Tico Medina titulada «Introducción a la muerte de Federico García Lorca», *ABC*, Madrid (20 agosto), pp. 17-21.

Pemán, José María, «Las razones de la sinrazón», *ABC*, Madrid (23 septiembre).

«En torno a la muerte de García Lorca», *Sábado Gráfico*, Madrid (21 octubre).

1973
Muñiz-Romero, Carlos, «A vueltas con una muerte en clave», *Razón y Fe*, Madrid, n.º 901 (febrero) pp. 139-145.

Gibson, Ian, *The Death of Lorca*. W. M. Allen, Londres, y J. Philip O'Hara, Chicago.

1975

Eisenberg, Daniel, «Una visita con Jean-Louis Schonberg», *Textos y documentos lorquianos*, editado por el compilador, Tallahassee, Florida State University, página 37-50.

Monleón, José, «La muerte de Federico García Lorca», *Triunfo*, Madrid (1 marzo), pp. 25-29.

Castro, Eduardo, *Muerte en Granada: la tragedia de Federico García Lorca*, Akal, Madrid.

Vila-San-Juan, José Luis, *García Lorca, asesinado: toda la verdad*, Planeta, Barcelona.

Ramos Espejo, Antonio, «Los últimos días de Federico García Lorca. El testimonio de Angelina», *Triunfo*, Madrid (17 mayo), pp. 27-28.

Gibson, Ian, «La muerte de García Lorca. Carta abierta a José Luis Vila-San-Juan por su libro "García Lorca, asesinado: toda la verdad", *Triunfo*, madrid (31 mayo), pp. 38-39.

Monleón, José, «¿Toda la verdad?», *Triunfo*, Madrid (31 mayo), p. 40.

Vila-San-Juan, José Luis, Respuestas a sendos artículos de Gibson y Monleón (véanse arriba), *Triunfo*, Madrid (14 junio), p. 13.

Gibson, Ian, «Gibson a Vila-San-Juan. La muerte de García Lorca», *Triunfo*, Madrid (28 junio), pp. 34-35.

Monleón, José, «Sobre el "cinismo histórico" y la carta de Vila-San-Juan», *Triunfo*, Madrid (12 julio), p. 23.

Gibson, Ian, Entrevista con Antonio Saraqueta, *Blanco y Negro*, Madrid (12 julio), p. 6.

Pérez Vera, María del Carmen, «Aclaraciones a Vila-San-Juan», carta acerca del catolicismo de su padre, el abogado socialista Antonio Pérez Funes, *Triunfo*, Madrid, (16 agosto), pp. 34-35.

Rubio Cabeza, Manuel, «Dos asesinatos: el de Ramiro de Maeztu y el de Federico García Lorca», en *Los intelectuales españoles y el 18 de julio*, Acervo, Barcelona, páginas 96-110.

1976

Sueiro, Daniel, «En los escenarios de los últimos días de Lorca», *Triunfo*, madrid (7 febrero), pp. 34-38.

Gómez Burón, Joaquín, «Al pie de un olivo próximo a Víznar. Aquí enterraron a García Lorca», *Personas*, Madrid (11 abril), pp. 34-38.

Casado, Marisa, «García Lorca. Revelaciones sobre su muerte», *Gaceta Ilustrada*, Madrid (6 junio), pp. 56-59.

Naveros, José Miguel, «García Lorca y Falla. Cuarenta años de un fusilamiento y cien de un nacimiento», *Historia 16*, Madrid (septiembre), pp. 138-140.

«"No maté a García Lorca ni estuve jamás en Víznar" afirma Perete», *Ideal* Granada (27 noviembre).

Zarzo Hernández, Manuel [Perete], [«No fue Perete»], carta en la cual el exnovillero Perete niega haber participado en la muerte de Lorca, *Historia 16*, Madrid (noviembre).

Ridruejo, Dionisio, *Casi unas memorias*, edición al cuidado de César Armando Gómez, Planeta, Barcelona, pp. 133 y 134.

Salgado-Araujo, teniente general, *Mis conversaciones privadas con Franco*, Planeta, Barcelona, p. 78.

Suanes, Héctor, *Llanto por Federico García Lorca. La detención y la muerte del poeta en Granada y los más bellos poemas escritos a su memoria*, Ediciones del Libertador, Buenos Aires.

1977

Barricart, Adolfo C., «García Lorca, víctima del caciquismo granadino», *Reporter*, Barcelona (9-16 agosto), páginas 20-23.

Sorel, Andrés, *Yo, García Lorca*, Zero, Madrid.

–, «Como García Lorca, miles de personas fueron asesinadas por los fascistas. Granada: las matanzas no se olvidan», *Interviu*, Barcelona (1-7 diciembre), páginas 32-35.

Higuera, Eulalia-Dolores de la, «Habla el chófer de García Lorca ["Paco de Loja"]», *Gentes*, Madrid (24 abril), pp. 30-33.

1978

Gibson, Ian, «Lorca y el tren de Granada», *Triunfo*, Madrid (8 abril), pp. 26-27.

Guijarro, Fernando, «¿Dónde está Federico?» *Tierras del Sur*, Sevilla (agosto), pp. 4-7.

Rosales, Luis, Entrevista con Félix Grande titulada «Luis Rosales: "Yo no invento nada, vivo"», *El País*, Madrid, «Arte y Pensamiento» (17 septiembre), pp. I, VI-VII.

Franco, Enrique, «El día que Falla se fue de Granada. En torno a Hermenegildo Lanz», *El País*, Madrid, «Arte y Pensamiento» (23 julio) p. IX.

Fernández-Montesinos, Manuel, Entrevista con Eduardo Castro titulada «Manuel Fernández-Montesinos, diputado por Granada y sobrino de Lorca. "Todavía queda gente que debe saber lo que pasó con mi tío"», *El País Semanal*, Madrid (30 julio), pp. 6-8.

Atienza Rivero, Emilio, «Las coordenadas históricas del destino de Federico García Lorca», *Tiempo de Historia*, Madrid (noviembre), pp. 26-39.

1979

Jiménez, Serafín, «Un episodio inédito de la Guerra Civil. García Lorca no pudo ser liberado por las locuras de un militar republicano», *Blanco y Negro*, Madrid (10-16 enero), pp. 24-27.

Rosales, Luis, Entrevista con Ian Gibson titulada «Los últimos días de García

Lorca: Luis Rosales aclara su actuación y la de su familia», *Triunfo*, Madrid (24 febrero), pp. 40-43.

Gibson, Ian, *Granada en 1936 y el asesinato de Federico García Lorca*, Crítica, Barcelona.

López Castellón, Enrique, «La muerte de García Lorca», en *Grandes enigmas históricos españoles*, Círculo de Amigos de la Historia, Madrid, pp. 7-108.

Rosales, Luis, Entrevista con Antonio Ramos Espejo titulada «Luis Rosales: ¿Por qué han desaparecido los documentos sobre la muerte de Federico García Lorca?», *Ideal*, Granada (24 octubre), p. 12.

1982

Rosales, Luis, Entrevista con Miguel Fernández-Brasero, «"Me jugué la vida por García Lorca". Luis Rosales, con la llaga sangrante», *Informaciones*, Madrid (10 septiembre).

1983

Molina Fajardo, Eduardo, *Los últimos días de García Lorca*, Plaza y Janés, Barcelona.

Gibson, Ian, «Aparece un documento inédito de Luis Rosales sobre la detención y el asesinato de su amigo Lorca», *El País*, Madrid (16 enero), p. 33.

Vaquero, Benigno, «Más sobre la muerte de García Lorca», *Diario de Granada*, (23 enero), p. 29.

Moreiro, José María, «El día que mataron a Lorca», *Hoja del Lunes*, Madrid (29 agosto).

Madrid, Juan, «El indulto de García Lorca. La increíble historia del granadino Pepe Roldán», *Cambio-16*, Madrid, núm. 614 (5 septiembre), pp. 72-74.

Fernández, Victoria, «José Roldán revela que en la madrugada del 19 de agosto de 1936 llevó a Víznar un indulto que hubiera podido salvar la vida de Lorca», *Ideal*, Granada (11 septiembre).

Paselli, Luigi, «García Lorca "apolítico" (1931-1936)», *Nova Antologia*, Florencia, núm. 2148 (octubre-diciembre 1983), pp. 288-312.

1984

Ramos Espejo, Antonio, «El capitán Rojas en la muerte de García Lorca», *Diario de Granada*, (16 febrero), pp. 16-17.

ÍNDICE ONOMÁSTICO

H

I

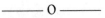

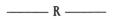

Santugini López, Francisco 172, 182
Sanz Blanco, Juan Félix 139
Sarmiento, Vicente 29
Sasán 364 s.
Saval, Francisco 29
Seco Otero, Antonio 358
Sediles, Salvador 316
Sender, Ramón J. 314 s., 318, 323, 329, 332 s.
Serrano Plaja, Antonio 333
Serrano Plaja, Arturo 318, 323, 329-332
Serrano Suñer, Ramón 288-291, 296, 306
Serval, viuda de 41
Sevilla 80 s., 84 s., 93, 98, 106 s., 127, 137, 193, 218, 222, 224, 227, 258, 298
Sevilla, El (apodo) 234
Schonberg Jean-Louis (seudónimo del barón L. Stinglhamber) 77, 182 s., 256, 268, 292-295, 297 s., 307
Soler Fernández, Emilio 251
Sorel, Andrés 270
Soriano, Rodrigo 316
Soto Lemus, Ramón 367
Southworth, Herbert Rutledge 10, 64, 76, 163
Subirá, Manuel 177, 280
Sueiro, Daniel 77
Suero, Pablo 29, 42
Sunyer, Joaquín 326

———— T ————

Tapia, Luis de 315, 321, 329, 333
Tapia Martín, Manuel 321
Tello, José Francisco 321
Tello, Luis 123
Tello Ruiz, José Antonio 139
Tenreiro 41
Tetuán 79
Thomas, Hugh 102, 298
Tía del abanico, La 123
Toledo 81
Tomé, Manuel 332
Toro, Francisco del 76
Torre Cardela 57
Torre, Guillermo de 15, 35, 42, 48, 323
Torreblanca, Luis 28
Torres López, Manuel 58
Torres Martínez, César 66 s., 76, 80, 82-89, 94 s., 102, 107, 109, 119, 124-128, 227, 339, 341-347
Torres Monereo, Francisco 121, 125, 128
Torres Romero 59
Torres Soto, Isidro 125

Torriente, Cosme de la 17
Trabal 333
Trescastro, Cayetano L. 28
Trescastro, Juan Luis 205 s., 209, 225, 265 s.
Turner, Frances 233 s.
Tusell, Javier 75

———— U ————

Ugarte, Eduardo 314 s., 318, 329
Uribe, José Antonio 333
Uribe, Vicente 333

———— V ————

Vahamonde, José L. 316, 326
Valdeavellano, Luis G. de 314
Valdés, Francisco 287
Valdés Guzmán, José 68-74, 69, 71, 77, 88 s., 95, 107, 110, 117, 125, 185, 191, 200, 204, 209-214, 217 s., 222-226, 223, 228, 230, 233, 236, 249, 256, 258 s., 264, 266, 268, 303 s., 343, 347, 355 s.
Valdés Larrañaga, Manuel 65
Valenzuela, José 121, 137, 333
Valera, Fernando 333
Valparaíso 286
Valverde, José María 43
Valle-Inclán, Ramón del 26 s., 41, 109, 315, 321
Vallejo, César 318
Vaquero, Rafael 121
Varela Rodío, Manuel 326
Varela, José Enrique 65, 106, 117
Vargas Corpas, Plácido E. 121, 128
Vargas, Getulio 29 s.
Vasco Vargas, Manuel 156
Vázquez Humasqué, Adolfo 316
Vázquez López, L. 316
Vázquez Ocaña, Fernando 295, 307
Vázquez Sánchez 329
Vega 105
Vega, Ernesto 63, 66
Vega, Esteban 30 s., 42, 326, 329-331
Vela, Fernando 41-314
Velasco, teniente coronel 203, 211 s., 260
Venegas, José 41, 314, 333
Venta de las Angustias 105
Venta del Pulgar 106
Vera, Francisco 321
Verdier, Rafael 29
Verdugo, El (apodo) 234

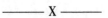
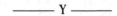

DOCUMENTACIÓN GRÁFICA

Las cifras iniciales remiten al número de página del libro.

ESTE LIBRO HA SIDO IMPRESO
EN LOS TALLERES DE
HUROPE, S. L.
LIMA, 3 BIS. BARCELONA